Frankreich und Preußen

Philippe Meyer

Frankreich und Preußen
Vier Jahrhunderte gemeinsamer Geschichte

Aus dem Französischen übersetzt
von Gabriele Franz

be.bra wissenschaft verlag

Dieses Buch wurde gedruckt mit freundlicher Unterstützung von:

Bibliografische Information der Deutschen Nationalbibliothek
Die Deutsche Nationalbibliothek verzeichnet diese Publikation
in der Deutschen Nationalbibliografie; detaillierte bibliografische
Daten sind im Internet über http://dnb.d-nb.de abrufbar.

Alle Rechte vorbehalten.
Dieses Werk, einschließlich aller seiner Teile, ist urheberrechtlich
geschützt. Jede Verwertung außerhalb der engen Grenzen des
Urheberrechtsgesetzes ist ohne Zustimmung des Verlages unzulässig
und strafbar. Das gilt insbesondere für Vervielfältigungen, Übersetzungen,
Mikroverfilmungen, Verfilmungen und die Einspeicherung und
Verarbeitung auf DVDs, CD-ROMs, CDs, Videos, in weiteren
elektronischen Systemen sowie für Internet-Plattformen.

Französische Originalausgabe:
France et Prusse – Une histoire croisée
Jérôme Do. Bentzinger Editeur, Colmar 2009

© be.bra wissenschaft verlag GmbH
Berlin-Brandenburg, 2009
KulturBrauerei Haus S
Schönhauser Allee 37, 10435 Berlin
post@bebraverlag.de
Lektorat: Marijke Topp, Berlin
Umschlag: hawemannundmosch, Berlin
Satz: typegerecht berlin
Schrift: Minion 11 / 14,5 pt, Officina Sans
Printed in Germany
ISBN 978-3-937233-59-8

www.bebra-wissenschaft.de

Inhalt

Vorwort von Michael Werner 7
Einführung 9
Ludwig XIV. und die Revokation des Edikts von Nantes 12
Der große Kurfürst und die preußische Toleranz 19
Hugenotten oder Preußen? 28
Rheinsberg – ein französisches Glück in Preußen 38
Voltaire in Sanssouci 50
Französische Gelehrte in Preußen 65
Lumières und Aufklärung 77
Die französische Revolution in Deutschland 85
Preußische Neutralität und kulturelle Erneuerung 94
Napoleon in Preußen 107
Widerstand und aufkommender Nationalismus in Preußen 116
Restauration in Preußen und Krisen in Frankreich 129
Aufschwung in Preußen und Stagnation in Frankreich: 1830–1848 141
1848 in Paris und in Berlin 149
1848 bis 1870 158
Ein preußischer Politiker: Otto von Bismarck 169
Die Irrtümer Napoleons III. 181
Die Annexion Elsass-Lothringens 185
Preußens Agonie 197
Preußens Untergang 208
Schlusswort 214

Anhang
Anmerkungen 216
Literaturverzeichnis 225
Personenregister 229
Über den Autor 237

Vorwort

Frankreich und Preußen – der Titel mag zunächst überraschen, stellt er doch Frankreich als eine nach ureigenstem Modell aufgebaute Staatsnation als gleichwertig neben den preußischen Vielvölkerstaat, der – zumindest bis 1918 – von einer starken polnischen Minorität, ganz zu schweigen von Sorben, Kaschuben und Masuren, geprägt war. Jedoch ist gerade die Betrachtung dieser offensichtlichen Verschiedenartigkeit beider Staaten aufschlussreich, wenn sie als Resultat von unterschiedlichen Zeitabläufen, Projektionen und Auffassungen verstanden wird, die sich zwar unterscheiden, aber dennoch eng miteinander verwoben sind.

Aus französischer Sicht war Preußen vor seiner Wandlung zu Fahnenträger und Speerspitze des deutschen Nationalismus eine – oft im Kampf gegen die Habsburger verbündete – Kontinentalmacht. Lange Zeit wurde in Frankreich sorgfältig zwischen Preußen und Deutschen unterschieden, zwischen einer staatlichen Einheit Preußen und einem als Kultureinheit verstandenen, aber politisch diffusen Deutschland. Den Wendepunkt bei diesem Verständnis markierte der Krieg von 1870/71. Auch wenn über eine kurze Zeitspanne noch versucht wurde, den als militaristisch eingestuften preußischen Staat von einem den liberalen Wertvorstellungen anhängenden Deutschland zu trennen, sprachen nun die Tatsachen für sich, und der Philosoph Ernest Renan (1823–1892) erklärte: »Preußen wird vergehen, Deutschland wird bleiben.« Mit der Proklamation des deutschen Kaiserreichs im Spiegelsaal des Versailler Schlosses im Januar 1871 festigte sich das Feindbild einer deutschen Nation, die sich Preußen einverleibt hatte, um Frankreich ebenbürtig zu sein. Aus Berliner Sicht hatte Frankreich lange Zeit Modellcharakter für politische und kulturelle Modernisierung. Nicht nur für den König und die Aristokratie, sondern auch für das liberale Bürgertum, die hohen Staatsbeamten und die Gelehrten der Akademie der Wissenschaften.

Getrübt hat dieses Bild Napoleon, der durch die Besetzung weiter Teile Preußens die Sympathien einer den Idealen der Französischen Revolution gegenüber aufgeschlossenen Bevölkerung verspielte und gleichzeitig den bereits im Entstehen begriffenen deutschen Nationalismus anfachte. Die napoleonische Besatzung Deutschlands war ein ganz entscheidender Modernisierungsfaktor in Preußen.

»Am Anfang war Napoleon« – so leitet Thomas Nipperdey seine Geschichte Deutschlands im 19. und 20. Jahrhundert ein. Die preußische Niederlage gegen Napoleon war der Ursprung einer weitläufigen Reformbewegung zur Regenerierung des Landes, die sich zwar von französischen Wertvorstellungen inspirieren ließ, aber von dem Sieger abzugrenzen versuchte, indem großer Wert auf die traditionell verankerten preußischen Tugenden gelegt wurde. Alle großen preußischen Reformer dieser Zeit, von Karl vom und zum Stein bis Wilhelm von Humboldt über Hardenberg und Scharnhorst, waren ausgezeichnete Kenner Frankreichs. Die intensive Auseinandersetzung mit den Lumières, mit den Ideen, aber auch Exzessen der Revolution, mit der französischen Militärkunst und letztlich auch mit dem von Napoleon eingeführten Code Civil hat in ihrem Werk Spuren hinterlassen.

Diese Dialektik zwischen Modell und abschreckendem Gegenmodell kehrte nach 1871 wieder und entfaltete – dieses Mal in Frankreich – erneut ihre Wirkung. Angesichts des Ausmaßes der Niederlage riefen die französischen Intellektuellen ihre Landsleute auf, dem Beispiel Preußens zu folgen, das sich nach 1806 auf seine ureigenen Werte besonnen und mit einem Reformwerk die Grundlagen für eine nationale Neugeburt geschaffen habe. Renan sah sich in der Rolle eines französischen Fichte und hatte zum Ziel, solch eine grundlegende Reform auch in Frankreich zu erwirken. Zur selben Zeit wollten Gabriel Monod, Michel Bréal, Gaston Paris, Camile Jullian und Ernest Lavisse – allesamt bestens mit der deutschen Wissenschaft vertraut – es besser als ihre deutschen Hochschullehrer machen, indem sie die Exzesse des Nationalismus vermieden und ihre Reformen auf rein französische, durch die kantische Lehre veredelte Wertvorstellungen stützten.

Die nationalistische Radikalisierung und das Gemetzel des Ersten Weltkriegs setzten der Hoffnung auf friedlichen und rein intellektuellen Wettbewerb ein Ende und vertieften den Graben, der 1918 als für alle Zeiten unüberwindlich galt. Erst eine zweite geschichtliche Erfahrung, noch dramatischer und destruktiver in Bezug auf die kulturellen Werte Europas, brachte eine Annäherung und Aussöhnung zwischen Franzosen und Deutschen. Um diese Entwicklung voranzutreiben und auf allen gesellschaftlichen Gebieten wirksam werden zu lassen, war ein im besten Sinne pädagogisches Unterfangen notwendig: eine geschichtliche Aufarbeitung und Erinnerungsarbeit, die unter anderem zeigt, dass die Geschichte der Franzosen und Deutschen von Anfang an immer auch eine gemeinsame Geschichte gewesen ist, die nur zu verstehen ist, wenn man das Ausmaß der tiefen Verbindung beider Länder und die Wechselwirkung, in der sie wurzelt, begreift.

Prof. Dr. Michael Werner, École des Hautes Études en Sciences Sociales, Paris

Einführung

Die Geschichte des untergegangenen Preußens ist in Frankreich wenig bekannt, obgleich es unmöglich ist, sich mit der Geschichte des einen Landes zu beschäftigen, ohne die des anderen einzubeziehen. Dieses Desinteresse zeugt von einem Misstrauen der Franzosen gegenüber einem verhältnismäßig weit entfernten Land mit strengen, dunklen Wintern, das sich durch seine Rigorosität in der Erinnerung als unangenehm gehalten hat. Die Kriege der vergangenen zwei Jahrhunderte, in denen sich ein arrogantes Frankreich und ein ehrgeiziges Preußen gegenüberstanden, haben nicht zur Annäherung der beiden Länder beigetragen.

Dies war nicht immer so gewesen. Zwischen Frankreich und Preußen bestanden über lange Zeit hinweg zahlreiche und fruchtbare Verbindungen. Im 17. Jahrhundert nahm Preußen die durch die Revokation des Edikts von Nantes aus Frankreich vertriebenen Hugenotten mit offenen Armen auf. Wer weiß, was ohne die Hugenotten aus Preußen geworden wäre. Sehr wahrscheinlich wären die Geschicke ganz anders verlaufen, vielleicht sogar in so dunklen Bahnen, dass es keine Zukunft für Preußen gegeben hätte. Ohne die *Lumières françaises* hätte zwar das militärische Genie Friedrichs II. zweifellos zur Annektierung Schlesiens und Polens geführt, aber Preußen hätte nicht so schnell den Anschluss an die aufgeklärten europäischen Großmächte finden können, denn Voltaire, d'Alembert, Maupertuis und Mirabeau hätten sich von einem prestigesüchtigen, aber in Schnee, Sumpf und Sand verlorenen Berliner Hof wohl kaum angezogen gefühlt. Die großen preußischen Denker haben die Französische Revolution von 1789 in ihrer ursprünglichen Reinheit sehr bewundert. Ihre Faszination war so groß, dass viele von ihnen, an erster Stelle die Brüder Humboldt, nach Paris kamen, um die dort herrschende unbändige Hoffnung auf Freiheit zu erleben. Ohne die ab 1795 elf Jahre andauernde preußische Neutralität hätten Österreich und Russland vielleicht das revolutionäre Frankreich besiegt. Der Friede mit Preußen führte zu einem fruchtbaren intellektuellen Austausch mit Mme de Staël in Berlin und Alexander von Humboldt im *Jardin des Plantes* und im *Observatoire* in Paris.

Aber auch die Revolutionen von 1830 und 1848 in Frankreich haben in Preußen das Streben nach Idealen wie Volkszugehörigkeit, Geistes- und Meinungsfreiheit geweckt. Man kann heutzutage, ohne als Reaktionär zu gelten, die Meinung vertreten, dass die Belagerung Straßburgs durch Preußen von 1871 bis 1918 die Stadt bereichert hat.

Und doch wurde dieser wechselseitige Austausch durch vier Kriege zwischen Frankreich und Preußen immer wieder verhindert: Napoleon fiel 1805 in Preußen ein. Mit Bismarcks Hilfe besiegte Wilhelm I. Frankreich im Jahre 1871. Wilhelm II. verlor 1918 den von ihm vier Jahre zuvor ausgelösten Krieg und Preußen wurde nach dem Zweiten Weltkrieg, den die Alliierten, darunter Frankreich, gegen die Naziherrschaft führten, ausradiert.

Die Geschichte, die Frankreich und Preußen teilen, überrascht durch alternierende Friedens- und Kriegsperioden, durch das Wechselspiel von Philosophie und mörderischen Hassausbrüchen – von der Philosophie zur Pickelhaube. Wenn man sich mit dieser Geschichte – nämlich der deutsch-französischen – befasst, muss man nach dem »Wie« und, was schwieriger ist, nach dem »Warum« fragen. Diese Frage betrifft vor allem jene Zeiträume, in denen die Geschichte plötzlich ihren regelmäßigen Verlauf unterbricht, um auf anderer Ebene mit veränderter Geschwindigkeit dem bitteren Ende zuzusteuern.

Die starken Abweichungen in den französisch-preußischen Beziehungen stellen Beispiele einer Aggressivität dar, die weit über die zahllosen Konflikte unter den europäischen Nationen hinausgehen und für die die größenwahnsinnigen Staatsmänner, die dem Volk ihre sich als Albtraum erweisenden Hirngespinste aufzwangen, verantwortlich waren. Um der Macht willen haben sich Napoleon, Wilhelm II. und Hitler zum Kaiser oder Führer ernannt und sich lügnerischer Vorwände bedient, um Gewalt auszuüben. Die Umstände, die dabei eine Rolle spielten, müssen einer historischen Analyse unterzogen werden.

Wäre Napoleon bis nach Preußen gelangt, wenn eine monarchische Koalition sich ihm in den Weg gestellt hätte? Hätte Bismarck Frankreich angegriffen, wenn es einen Hohenzollern auf dem spanischen Thron akzeptiert und nicht die Nachbarländer hätte annektieren wollen? Wäre Wilhelm II. in einen Krieg eingetreten, wenn er nicht von Admiral Tirpitz und den Industriellen von der Ruhr und Hamburg dazu angetrieben worden wäre? Wäre die Weimarer Republik gefestigter gewesen, wenn der Versailler Vertrag nicht so viele Forderungen enthalten hätte? Wie es häufig der Fall ist, haben beide Staaten sich gegenseitig der Schuld für ihre Konflikte bezichtigt und die Auslöser ihres Handelns in den äußeren Umständen gesucht.

Historiker, die sich mit der Geschichte eines Landes befassen, das nicht ihr eigenes ist, wollen ihrem Untersuchungsgegenstand unvoreingenommen gegenübertreten. Dies erlaubt ihnen, ein gewisses Wohlwollen diesem Land gegenüber zu entwickeln. Und so ist die Zeit reif für eine nüchterne Betrachtung der Vergangenheit, in der sowohl Frankreich als auch Preußen den geschichtlichen Ereignissen mit Klarsicht entgegentreten. Die Kenntnis der Geschichte beider Länder ist unerlässlich für das Verständnis der Geschichte des jeweils eigenen Landes.

Es haben sich bereits zeitgenössische Historiker um die Aufarbeitung dieser Geschichte, die sich »kreuzte«[1] und eine »geteilte«[2] war, verdient gemacht. Meine in den letzten zehn Jahren erlangte Kenntnis über Deutschland ermöglicht es mir, mit diesem Buch ihr Werk fortzusetzen. Es ist für Deutsche und Franzosen gedacht, die eine gemeinsame Zukunft als aufrichtige Staatsbürger aufbauen wollen. Es fügt sich ein in die Linie des neuen deutsch-französischen, von Historikern beider Länder für Gymnasiasten beider Länder geschriebenen Geschichtsbuchs.[3]

Ludwig XIV. und die Revokation des Edikts von Nantes

Martin Luther reformiert 1520 den katholischen Glauben insofern, als er jeglichen klerikalen Vermittler zwischen den Menschen und Gott zurückweist. Er lehnt sich gegen die Machtübernahme der dekadenten römischen Kirche auf, was einer Proklamation für die menschliche Würde gleichkommt. Sein Triumph- und Befreiungsgesang »hat Echowirkung in einem Europa, das bei seinem Erklingen aufzuwachen und von den Toten aufzuerstehen scheint«[1]. Luther hatte allerdings nicht vorausgesehen, dass er einen der dramatischsten Gewaltausbrüche in der Geschichte des Westens einleiten würde. Die Substitution einer 1000-jährigen, aufgrund ihrer starken Hierarchie, ihrer Traditionen, ihrer gesellschaftlichen und rechtlichen Grundlagen präsenten Kirche durch eine ungreifbare, auf der individuellen Beziehung des Menschen zum Schöpfer beruhenden, kann nur auf Unverständnis stoßen. Der Gesellschaft werden Orientierungspunkte entzogen, die allein in der Zugehörigkeit zu einer mächtigen Kultureinheit, zu einer sehr ausgeprägten, aus dem Römischen Reich hervorgegangenen Hierarchie bestehen.

Trotz einer starken Verteidigungsreaktion seitens der Katholiken findet die Lutherische Reformation von Anfang an in ganz Europa Anhänger. Ausgehend vom Ursprungsland Thüringen verbreitet sich diese Lehre bis hin zum Ostseeufer. Durch den Genfer Prediger Johann Calvin (1509–1564) weitet sie sich ab 1531, nach einigen geringfügigen Änderungen, auf westlich des Rheins gelegene französische Provinzen bis in den Süden des Zentralmassivs aus.[2] Die Reformation stellt die erste Etappe der französisch-preußischen Geschichte dar, denn durch sie werden in etwas mehr als einem Jahrhundert Tausende von französischen Reformierten gezwungen, Exil in aufnahmebereiten Ländern, darunter Preußen, zu suchen, um dort ihr Heil zu finden.

Die Religionskriege in Frankreich – das Edikt von Nantes

In Frankreich greifen die empörten Katholiken unverzüglich zu den Waffen. Die Antwort der Protestanten, die ihre Spiritualität in Kriegsausrüstung umwandeln, bleibt nicht aus.[3]

Hundertfünfzig Jahre lang hat die Religionsfrage die Regierungsgeschäfte der französischen Herrscher dominiert. Die Intoleranz gegenüber dem Protestantismus – rücksichtslos unter Franz I. (1515–1574), progressiv unter Katharina von Medici (1547–1559) und undifferenziert unter ihrem Sohn Karl IX. (1560–1589) – führte zu den Massakern von Wassy (1562), von Saint-Denis (1567), von Jarnac Moncontour (1569) und zu den Gräueltaten der Sankt-Bartholomäus-Nacht am 24. August 1572, in der mehrere Zehntausend Protestanten auf grausame Art den Tod fanden.

Eine heilige Katholische Liga hat sich daraufhin der protestantischen Union bis zur Thronbesteigung eines konzilianten Herrschers mit Gewalt entgegengestellt. Heinrich von Navarra, der spätere Heinrich IV., Sohn einer protestantischen Mutter und eines katholischen Vaters, hat ohne Zögern den Glauben den Umständen entsprechend gewechselt.[4]

Am 30. April 1598 dekretiert er durch das sogenannte Edikt von Nantes die Glaubensfreiheit in seinem Reich. Es gelingt ihm, ein prekäres, schwieriges, aber reales Gleichgewicht zwischen – wie François Mitterrand es ausdrückt – »dem sozialen Gewicht der katholischen Mehrheit, den spezifischen Rechten einer protestantischen Minderheit und dem gemeinsamen, durch den Staat verkörperten Interesse«[5] herzustellen. Erstmals ist in Frankreich ein Hauch von Toleranz und Freiheit spürbar.

Jedoch flammt nach einem halben Jahrhundert des Appeasements die Gegnerschaft zwischen Protestanten und Katholiken erneut auf.[6] Eine in dem befestigten Platz La Rochelle zusammengezogene protestantische Armee wird von Soldaten König Ludwigs XIII. (1610–1643) angegriffen und am 30. Oktober 1627 besiegt. Daraufhin beschließt der König, den Protestanten keine befestigten Plätze mehr zuzugestehen, hält aber an der Klausel der Glaubensfreiheit im Edikt von Nantes fest.

Die französische Monarchie kann nun mit Hilfe von Kardinal Richelieu ihre Hegemonialbestrebungen auf jenseits der Landesgrenzen liegende Gebiete ausdehnen, auf Spanien, Italien und das Heilige Römische Reich Deutscher Nation, geht aus Schlachten oft als Sieger hervor und strebt danach, auch an Autorität zu gewinnen. Der Sohn Ludwigs XIII. ist beim Tode seines Vaters erst fünf Jahre alt und die Regierungsgeschäfte gehen an seine Mutter Anna von Österreich, die die Unterstützung Kardinal Mazarins sucht. Die Politik des nicht zum Priester geweihten Kardinals provoziert durch Strenge und Ungeschicklichkeiten eine allgemeine Protestbewegung. Die drei Jahre anhaltenden Parlaments- und Fürstenfronden können nur aufgrund von Uneinigkeit untereinander und der allgemeinen Erschöpfung der Bevölkerung in Schach gehalten werden.

Die Regierungszeit Ludwigs XIV. und die Revokation des Edikts von Nantes

Durch die Krönung Ludwigs XIV. (1643–1715) wird die Ordnung in Frankreich wiederhergestellt. Sie wird von Dauer sein und die Monarchie wird sich nach den Vorstellungen des neuen Herrschers, der mit der Toleranz der Vergangenheit nichts im Sinn hat, zum Absolutismus hin entwickeln.

Unmittelbar nach dem Tod des Hofrats Kardinal Mazarin am 9. März 1661 trifft der 22-jährige Ludwig XIV., der Sonnenkönig, die Entscheidung für eine Alleinherrschaft. Diesem Absolutismus liegen ein enormes Machtstreben, eine Machtbesessenheit und ein Herrschaftsanspruch auf den Hof und das französische Volk zugrunde, der sich durch seine Überzeugung, durch Gottes Willen auf den Thron gelangt zu sein, erklärt. Ludwig XIV. sieht sich als Gottes Bote auf Erden, macht *Nec pluribus impar* zu seinem Wahlspruch und wählt die Sonne als Sinnbild seiner Herrschaft.

Frankreich wird von nun an wie niemals zuvor mit eiserner Hand regiert. Der Adel ist gezwungen, den Herrscher anzubeten und den rauschenden Festen im Schloss von Versailles Glanz zu verleihen. Einzige Verhandlungspartner des Königs sind die hohen, aus dem Bürgertum stammenden Staatsbeamten Colbert, Vauban und Louvois. Ludwig XIV. vergrößert sein Reich durch 33 Jahre andauernde Kriege, was mehr als die Hälfte seiner 54-jährigen Regierungszeit ausmacht. Während der ersten zwanzig Jahre besiegt er Spanien, wodurch Frankreich ein Dutzend befestigte Plätze im Norden, die Franche-Comté und mehrere Städte der spanischen Niederlande zurückerhält. Später annektiert er das Saargebiet, Luxemburg und das Elsass. Frankreich ist nun eine »militärische Monarchie«[7].

Der ruhmreiche Ludwig XIV. wünscht weder zivile noch religiöse Unruhen in seinem Königreich. Die durch die Fronde zugefügten Verletzungen haben bei ihm Spuren hinterlassen. Die deutschen und schwedischen Protestanten waren während des Dreißigjährigen Krieges seine Verbündeten, doch handelte es sich nur um ein kurzlebiges Bündnis hinsichtlich seiner vom Antagonismus mit den katholischen Habsburgern beherrschten Außenpolitik. Die französischen Protestanten dagegen sieht er als ein andersartiges Problem an, das ihn bei der Umsetzung seiner Hegemonialbestrebungen behindert.

Am 17. Oktober 1685 revoziert der König ohne Skrupel in Fontainebleau das Edikt von Nantes und macht mit einem brutalen Federstrich die Ausübung der protestantischen, der »vorgeblich reformierten« Religion unmöglich. Das neue Edikt, nach der Stadt Fontainebleau benannt, verbietet den protestantischen Glauben im ganzen Land, sogar in Privaträumen, und befiehlt den Abriss der protestantischen Kirchen, die Konvertierung des reformierten Klerus zum Katholizismus und die Schließung der Schulen. Die Reformierten, die diesen Forderungen nicht entsprechen, müssen das Königreich unter Zurücklassung ihrer Habe verlassen oder werden zu den Galeeren verurteilt.[8]

Was sind die Gründe, aus welchen Überlegungen heraus hinsichtlich der Staatsräson fühlt sich König Ludwig XIV. gezwungen, das von seinem Vorfahren im vorausgegangenen Jahrhundert dekretierte Edikt der Toleranz zu annullieren, ein Edikt das einen langen Bürgerkrieg zwischen Katholiken und Protestanten beendet hatte? Hat er die von beiden Seiten verursachten Massaker und Gräueltaten vergessen? Warum soll das den inneren Frieden sichernde Gleichgewicht aufgehoben werden? Seine Entscheidung überrascht umso mehr, als er einige Monate zuvor seine Absicht erklärt hat, die den Protestanten zugesicherten Freiheiten und Konzessionen zu respektieren. Warum geht er so brutal und schonungslos vor, wo doch der Protestantismus den inneren Frieden des Königreichs nicht mehr erschüttert?

Darauf gibt es eine ganz klare Antwort. Ludwig XIV., ein sehr christlicher König, der sich als ältester Sohn der römisch-katholischen Kirche betrachtet, duldet nicht länger, dass eine Minderheit seiner Untertanen den religiösen Zusammenhalt seines Volkes in Frage stellt, selbst wenn dies auf sehr gedämpfte Art und Weise geschieht. Diese Haltung ist nicht neu. Er hat schon die Abweichungen der Jansenisten, der Jesuiten und Augustiner in den Griff bekommen und hat sich mit Priestern zu umgeben gewusst, welche die durch die Religionskriege verunsicherte Bevölkerung von Grund auf wieder christianisierten. Aufgrund des somit wieder mehrheitlich gültigen Katholizismus erscheint es ihm notwendig, sich der letzten Hindernisse, die eine die nationale Einheit zementierende religiöse Einheit bedrohen, zu entledigen. Der Katholizismus ist für ihn ein Gegengewicht zu den zahlreichen ablenkenden Kräften, einem Durcheinander von sozialen Mächten, Relikten regionaler Autonomien und der Diversität der Dialekte und Bräuche. Der von allen christlichen Nationen Europas anerkannte Leitsatz *Cuius regio eius religio* (Wes das Land, des der Glaube) muss auch für Frankreich Gültigkeit haben.[9] Hatte nicht schon der Schriftsteller Guillaume Postel im letzten Jahrhundert »einen Glauben, ein Gesetz, einen König« für Frankreich gefordert?[10] Die religiösen Minoritäten sind übrigens in ganz Europa dem Ostrazismus ausgesetzt: 2000 Verdächtige sind 1618 in London verhaftet worden. Warum tolerierte Frankreich, das seine Juden 1394 und 1615 verfolgt hatte, eine protestantische Minderheit? In der Gesellschaft des 17. Jahrhunderts zählte das Individuum als solches nicht und abweichende Minoritäten konnten leicht aus einer Nation ausgeschlossen werden. Der ständig von der Angst vor einer neuen Fronde verfolgte Ludwig XIV. meint, durch autoritäre Verschmelzung des katholischen mit dem monarchischen Glauben, den Schlüssel gegen jedwedes Ansinnen von Revolte in der Hand zu haben und seine Popularität zu stärken. Es ist auch denkbar, dass Mme de Maintenon, seine sehr katholische und heimliche Ehefrau, und die Pfälzer Prinzessin, seine bissige Schwägerin, die königlichen Überlegungen dahingehend beeinflusst und so die Unterzeichnung der Revokation beschleunigt haben.

Die am Galgen und auf Galeeren mündende Verfolgung der Protestanten hat es in der Tat seit Anfang der Regierungszeit Ludwigs XIV. gegeben, nur gelingt es ihm anfangs noch, den Anschein zu erwecken, er wisse von alldem nichts, da diese Verfolgungen kein großes Aufsehen erregen. Seit 1661, also beinahe zwanzig Jahre vor der Revokation des Edikts von Nantes, haben der königliche Rat, die Minister, der Staatsanwalt, der Polizeidirektor, die Intendanten und die religiösen Bruderschaften die Ausübung des protestantischen Glaubens immer stärker verurteilt und nach und nach eingeschränkt.

So darf z. B. niemand bei einer katholischen Prozession unbeteiligt erscheinen. Der Pastortitel wird den protestantischen Pfarrern aberkannt und sie dürfen keine Sutane tragen. Ab 1666 erfolgt der Abriss protestantischer Kirchen. Nach und nach werden die Protestanten von Ämtern wie Hof- und königlichen Finanzämtern ausgeschlossen. Der Zugang zu Berufen, die mit der öffentlichen Meinung zu tun haben – Medizin, Recht und Verlagswesen – wird ihnen nicht mehr gestattet. Es ist Katholiken nicht erlaubt, eine Protestantin zu heiraten oder den lutherischen Glauben anzunehmen.

Umgekehrt kommen die Katholiken kraft einer königlichen Genehmigung in den Genuss von Pensionen und Zahlungsaufschüben für Steuern und Schulden und erhalten zusätzliche Geldzuwendungen. Der Übertritt zum katholischen Glauben wird als unwiderruflich erklärt. Einige vorausblickende Protestanten flüchteten bereits 1662 nach Deutschland. Drei Jahre nach der Unterzeichnung des Edikts von Fontainebleau folgen ihnen namhafte Persönlichkeiten, unter anderem Le Maître de Sacy und Le Nain de Tillemont aus dem Kloster Port Royal. Viele andere wählen das Exil aufgrund von schrecklichen Misshandlungen, die sie jedoch nicht an ihrem Glauben zweifeln lassen.

Für den königlichen Rat stellt die Konvertierung die Lösung des Problems, wie dem Protestantismus beizukommen sei, dar. Die königlichen Autoritäten stacheln, sich auf das Edikt von Fontainebleau berufend, zu Gewalttaten an. Kriegsminister Louvois konzipiert eine ursprünglich *mission bottée* genannte Verordnung, die die Bevölkerung dazu verpflichtet, kostenintensive und den häuslichen Frieden störende Soldaten aufzunehmen. Entsprechend einer ministeriellen Direktive gilt diese Verordnung nur für protestantische Haushalte; Katholiken und konvertierte Protestanten sind davon ausgenommen. Die Protestanten, die sich einer Konvertierung widersetzen, werden also gezwungen, ihre Häuser den Dragonern, Reitern und Soldaten zu öffnen, die aber nicht Quartier beziehen. Diese als »Dragonaden« bezeichnete Methode erweist sich als äußerst wirksam: Im Poitou konvertieren innerhalb eines Jahres 30 000 Protestanten und die protestantische Bevölkerung ist um ein Drittel geschrumpft. Wurde ein Dorf erfolgreich zur Konvertierung gezwungen, ziehen die Dragoner weiter in das nächste, um es zu plündern und auszurauben. Damit gehen Vergewaltigungen und Morde einher. Oftmals genügt allein die Nachricht von der Ankunft der Soldaten, um Konvertierungen herbeizuführen. Die ausländische Presse berichtet über Gewaltakte und Demütigungen von Frauen. Empörte protestantische Könige im Ausland öffnen ihre Grenzen den protestantischen französischen Familien, die zu Tausenden heimlich Frankreich verlassen und damit das ihnen auferlegte Gebot übertreten.

Das Elsass – obwohl mehrheitlich protestantisch – ist als einzige Provinz verhältnismäßig wenig betroffen von dieser Entwicklung. Es war erst 1680 von Frankreich annektiert worden und die königlichen Autoritäten hatten Respekt vor den Gewohnheiten der Elsässer und des deutschen Partikularismus verlangt, um jeglichem Widerstand vorzubeugen. Das Straßburger Münster wird dennoch den Katholiken zurückgegeben und zahlreiche Jesuiten rufen zur Konvertierung zum katholischen Glauben auf. Den anderen Provinzen mit einer protestantischen Mehrheit, dem Fürstentum Oranien, dem Languedoc und den Cevennen, wird jedoch nicht dieselbe Toleranz zuteil. Aufrührer aus den Cevennen werden in die Strafkolonien überführt und über Bord geworfen, wenn sich ihr Gesundheitszustand während der Ozeanüberquerung stark verschlechtert.

Louvois steht dieser Art von Machtmissbrauch gleichgültig gegenüber. Den Klagen der Protestanten schenkt er kein Gehör. Ludwig XIV. verfolgt weiterhin seine religiöse, de facto ethnische, Bereinigung und lässt eine Ausweitung der Dragonaden auf ganz Frankreich zu. Vor den Exzessen seiner Truppen, die ihren Auftrag meist durch ein Blutbad beenden, verschließt er die Augen. Er rechtfertigt seine Haltung dadurch, dass er, wie er es ausdrückt, »einer heiligen Pflicht genügen müsse, indem er alles tut, um seine verirrten Untertanen zu konvertieren und die unter ihnen waltende Häresie auszurotten und wenn dafür seine rechte Hand die linke abhacken müsse, er dies ohne zu zögern täte«[11].

Die katholische Bevölkerung Frankreichs protestiert nicht. Die Angst vor dem Verlust ihres Schutzes wie auch Egoismus, Feigheit und Dummheit führen dazu, dass sie sich blind dem königlichen Willen unterwerfen, obwohl das Martyrium der Protestanten zum Himmel schreit. Am Hof verkehrende bedeutende Persönlichkeiten und renommierte Schriftsteller lassen nicht den geringsten Protest verlauten und einige, darunter La Bruyère, La Fontaine, Racine, Bussy Rabutin und seine Kusine Mme de Sévigné oder der Philosoph Grand Arnaud, nehmen sogar offen gegen die Protestanten Stellung, obwohl sie früher Anhänger des Jansenismus waren.

Gewalt, Drohung, konfessioneller Druck und soziale Ausgrenzung erschweren zunehmend das Leben. Flucht und Exil sind trotz Verbot der einzige Ausweg. Die Flüchtlinge sind gezwungen, ihre Habe zurückzulassen oder sie notfalls katholischen Verwandten anzuvertrauen. Trotzdem sehen sich 200 000 Protestanten aufgrund ihres Glaubens und der damit verbundenen Angst veranlasst, unter dramatischen Bedingungen, was besonders die Bevölkerung aus grenzfernen Gebieten betrifft, Frankreich zu verlassen. Diejenigen, die Verbindungen außerhalb der Landesgrenzen haben, dienen ihnen als Führer. Edelleute, Arbeiter und Bauern in Begleitung ihrer Familien können mit der Hilfe der protestantischen Botschaften Preußens und der Niederlande in Frankreich rechnen. Gefälschte Papiere, Visa, Geldtransfer, Führer und Fluchthelfer müssen jedoch bezahlt werden und die Exilanten stehen bald gänzlich mittellos da. Häufig wenden sie sich den nordischen Ländern zu, die ihre Sache unterstützen, und noch öfter erreichen sie die aufnahmebereiten Länder auf dem Fußweg und durchqueren dabei oftmals die Schweiz, die ihnen keine Aufnahme gewährt. Sie haben Angst, erkannt oder denunziert zu werden, denn sie riskieren eine lebenslängliche Haftstrafe, die die Frauen in Gefängnisse, Klöster oder Krankenhäuser verbannt und die Männer auf die Galeeren. 2 000 französische Protestanten flüchten nach Dänemark oder Schweden und finden dort eine neue Heimat. 40 000 bis 50 000 gehen nach England und Irland und 50 000 bis 60 000 in die Niederlande. Ungefähr 30 000 Protestanten gelangen nach Deutschland, vor allem nach Brandenburg, angezogen durch den vorbehaltlosen, herzlichen Empfang durch den Kurfürsten Friedrich Wilhelm I. von Brandenburg.

Einige machen Halt in der Pfalz oder in Hessen, wo sie sich einer Gemeinschaft alteingesessener Franzosen anschließen, jedoch von den lutherisch-protestantischen Fürsten aufgrund ihres Calvinismus zurückgewiesen und der Häresie angeklagt werden.[12] In Brandenburg ist die Situation erheblich besser. Friedrich Wilhelm ist ein frommer, toleranter Calvinist, der an Arbeitskräften, die möglicherweise zum Wiederaufbau seines verwüsteten Landes herangezogen werden können, sehr interessiert ist.[13] Das Exil der Franzosen in Preußen, das der Intoleranz ihres Monarchen geschuldet ist und das von vielen als Drama empfunden wird, erfährt Milderung durch die Offenheit, mit der der preußische König ihrem Glauben, ihren Traditionen und ihrer Sprache begegnet und die zu einer Verschmelzung der beiden Bevölkerungsgruppen, der Protestanten aus Frankreich und der schon in Deutschland ansässigen, führt.

Der große Kurfürst und die preußische Toleranz

Während Frankreich mehr und mehr seine wirkenden Kräfte zu verlieren droht, sucht das kleine Brandenburg, eine bescheidene, zwischen Elbe, Oder, Mecklenburg und Magdeburg gelegene Mark, sich neu zu orientieren. Hier regiert die Dynastie der Hohenzollern und der Throninhaber zu jener Zeit ist Kurfürst Friedrich Wilhelm (1620–1688), der zugleich auch Vasall des Königs von Polen ist. Von seinem Vater Georg Wilhelm hat er neben der Mark Brandenburg auch ein abgelegenes Gebiet im Norden, das Herzogtum Preußen mit der Stadt Königsberg im Zentrum, geerbt.[1]

Friedrich Wilhelm hat ehrgeizige Pläne. Er möchte sich Schwedens, das die Ostseeküste besetzt, entledigen, die polnischen Lehnshoheit über Preußen abschütteln und seine durch den Dreißigjährigen Krieg ruinierte, entvölkerte und ausgehungerte Mark Brandenburg wieder instand setzen. Außerdem will er seine beiden Hauptgebiete, die Mark Brandenburg und Preußen, zu einem einzigen großen Gebiet vereinen. Er verbündet sich zunächst mit Schweden, um durch Waffengewalt die Souveränität über Preußen wiederzuerlangen. Nach der Schlacht von Warschau verzichtet der polnische König in dem Vertrag von Wehlau (1657) auf die Lehnshoheit über Preußen und Preußen tritt im Gegenzug aus dem Bündnis mit Schweden aus. Im Frieden von Oliva (1660) schließlich erkennt der polnische König die Souveränität Preußens an. Das besiegte Polen gesteht ihm zudem den Rechtsanspruch auf die polnische Thronfolge im Falle von Erbfolgeproblemen zu. Im folgenden Jahr stößt Friedrich Wilhelm die Allianz um und vereint sich mit Polen und Russland in einem Feldzug gegen Schweden. Die preußische Armee unter Führung von General Derfflinger schlägt am 25. Juni 1675 bei Fehrbellin nordwestlich Berlins die gefürchtete schwedische Kavallerie, ein Aufsehen erregender Sieg der jungen preußisch-brandenburgischen Armee über die zweitgrößte Militärmacht der damaligen Epoche. Der Sieg trägt dazu bei, dass Friedrich Wilhelm ab 1675 den Beinamen Großer Kurfürst erhält; in Frankreich bezeichnet man ihn als *Grand Electeur*. Frankreich, der Bündnispartner Schwedens seit dem Dreißigjährigen Krieg, hatte seine Armee antreten lassen, um Brandenburg für die Unterstützung seines Bündnispartners Wilhelm von Oranien zu bestrafen. Vier

Jahre später greift die Armee Frankreichs ebenfalls ein, um Brandenburg-Preußen zu einem Abzug aus den Schweden entrissenen Gebieten, Stettin und der Odermündung in Hinterpommern, zu veranlassen. Der Gewinn dieser Gebiete hat die Entfernung zwischen Preußen und Brandenburg auf ungefähr hundert Kilometer reduziert und Brandenburg-Preußen einen Zugang zur Ostsee verschafft. Dem Kurfürsten fallen außerdem die Bistümer Cammin, Minden und Halberstadt zu.

Um auch weiterhin erfolgreich zu sein, stattet er sich mit weitgehenden Machtbefugnissen aus und stellt eine nach französischem Vorbild um einen Generalkriegskommissar organisierte Armee auf, die mit für die damalige Zeit hochwirksamen Waffen ausgerüstet ist. 1641 hat sein Heer eine Stärke von 3 000 Mann, von 1655 bis 1660 sind es 25 000 und zehn Jahre später 30 000.[2]

Trotz seines Expansionsdrangs steht Friedrich Wilhelm dem Elend seiner Länder und seines Volkes nicht gleichgültig gegenüber. Er ist sich bewusst, dass er sein Erbe von innen heraus durch eine Peuplierungspolitik stärken muss, damit es nicht in »den Abgrund stürze«[3]. Bei der Rückkehr des Fürsten aus Königsberg, wohin er während des Dreißigjährigen Krieges geflüchtet war, ist die Bevölkerungszahl Brandenburgs von 330 000 auf 190 000 gesunken.[4] Berlin ist zu einer heruntergekommenen Stadt in einer der Gesundheit abträglichen Sumpflandschaft geworden und soll nun von Neuem das Aussehen einer Hauptstadt erhalten. Der Bau von Festungsanlagen, von Straßen und Kanälen ist geplant. Friedrich Wilhelm lässt holländische Architekten und Ingenieure kommen, die ihr Talent schon bei den Ostseestädten unter Beweis gestellt haben und deren Kunst er anlässlich seines Aufenthalts in Den Haag schätzen gelernt hat. Die großen Bauarbeiten und die Einrichtung der beiden Lieblingsresidenzen des Fürsten, Berlin und Potsdam, werden an die Schulen von Johann Gregor Memhardt (1650), Michael Matthias Smids (1653), Cornelius Rickewaert (1666) und Rutger von Langevelt (1678) vergeben, die sich auch bei der Konstruktion des Oder-Spree-Kanals und beim Bau und der Instandsetzung von Kirchen bewähren sollten.[5]

Das durch den Krieg entstandene Bevölkerungsdefizit wird durch Juden und Hugenotten ausgeglichen. Im Gegensatz zu anderen europäischen Herrschern ist der Kurfürst Juden gegenüber sehr aufgeschlossen. Eine kleine Anzahl ist im Juli 1669 aus Wien vertrieben worden und hat sich außerhalb des habsburgischen Reiches lebenden Verwandten angeschlossen. Nur einige von ihnen sind in das nach gängigem Urteil teure und wenig attraktive Brandenburg gekommen. Im Mai 1671 nimmt sich Friedrich Wilhelm jedoch ihres Schicksals an und gewährt vierzig wohlhabenden und über gute Handelsbeziehungen verfügenden jüdischen Familien das Wohnrecht in Berlin, in der Absicht, mit ihrer Unterstützung den Handel zu beleben. Die Juden genießen keine Privilegien – sie sind frei, aber dauerhafter

Aufenthalt wird ihnen nicht garantiert und es ist ihnen nicht erlaubt, mehr als ein Kind zu haben. Trotzdem kommen immer mehr Juden nach Berlin, wo 1700 bereits 117 Familien ansässig geworden sind.[6]

Durch die Revokation des Edikts von Nantes kommt der Fürst nun auf unverhoffte Weise durch die aus Frankreich vertriebenen Protestanten zu größeren Kolonnen an Arbeitskräften. Schon ab 1662 zeigt er sich seinen von der Krone Frankreichs bedrohten Glaubensbrüdern gegenüber sehr aufgeschlossen. Diese Haltung ist durch persönliche Faktoren bestimmt. Seine Familie ist calvinistisch, seit sein Großvater Johann Sigismund, Herzog in Preußen von 1608 bis 1619, Anhänger der Reformation wurde. Die Jugendjahre Friedrich Wilhelms, der in den Niederlanden aufwuchs, sind beeinflusst vom Protestantismus. 1646 heiratet er die Calvinistin Louise Henriette, Tochter des Statthalters Friedrich Heinrich von Nassau-Oranien, und umgibt sich mit hoch angesehenen Theologen, unter ihnen Philipp Jakob Spener, der den Pietismus durch Gebetskreise im brandenburgischen Adel verbreitet. Die vom Fürsten in die Wege geleiteten Toleranzedikte sind durch die Macht der Anhänger Luthers bedroht und die Mittel, mit denen sie in Schach gehalten werden können, bestehen lediglich darin, die Zahl der Calvinisten zu vergrößern und ihren Einfluss innerhalb der brandenburgischen Gesellschaft zu stärken. Vielleicht ist der Große Kurfürst auch dem Einfluss des Philosophen und liberalen Juristen Samuel von Pufendorf, der als Historiograph von Stockholm nach Berlin wechselte, unterlegen. Die Calvinisten scheinen ihm geeignet, Brandenburg-Preußens Mehrheit an Lutheranern – nur ungefähr 15 000 Einwohner sind Calvinisten[7] –, die nicht dieselbe Auffassung von Toleranz wie der Fürst haben, in ihre Schranken zu verweisen.

An die hundert französische Calvinisten, die die Katastrophe vorhergesehen haben, finden zwischen 1662 und 1670 in Berlin und dem östlich davon gelegenen Altlandsberg Zuflucht. Drei Jahre später folgen weitere Glaubensbrüder nach. Einige kommen direkt aus Frankreich, andere wiederum haben Halt in Amsterdam, Hamburg und Frankfurt am Main gemacht, ehe sie der Verlockung folgten, aufgrund der günstigen Bedingungen nach Brandenburg zu gehen. Sie sind sämtlich von Rekrutierungsbeamten des Großen Kurfürsten, der sie aus Notwendigkeit, aber auch aus Mitgefühl mit offenen Armen empfängt, angeworben worden. »Fortwährende Empörung hat dem Kurfürsten Größe verliehen.«[8] Er garantiert ihnen in seinem Herzogtum Brandenburg-Preußen Schutz und Freiheit. Nach der Revokation des Edikts von Nantes werden 500 französische Calvinisten in Berlin angesiedelt; ihre Zahl steigt – gegen 1690 auf das Zehnfache – und sie stellen ein Viertel der Stadtbevölkerung. 1730 sind es schon etwa 7 000. 15 000 französische Protestanten finden Zufluchtsstätten auch außerhalb der Hauptstadt. Sie bilden insgesamt 48 kleine Kolonien in folgenden Städten und Dörfern: Angermünde, Bernau, Köpenick, Magdeburg und Spandau. Dabei handelt es sich um die Mark, das Havelland und die Prignitz, das Ruppiner Land, die Uckermark, das Barnimer Land, den Oderbruch und das Oder-Spree-Gebiet. Einige lassen sich, trotz der Entfernung, auch in Ostpreußen nieder.

Das Edikt von Potsdam

Am 29. Oktober 1685, also nur wenige Tage nach der Revokation des Edikts von Nantes, reagiert Friedrich Wilhelm mit dem Edikt von Potsdam, einer Absichtserklärung zur Unterstützung der Einwanderer bei der Ausübung des Glaubens und der Bürgerrechte. Es ist möglich, dass schon früh nach Berlin gekommene Protestanten, insbesondere die aus dem Languedoc über die Schweiz geflüchteten Brüder Gaultier, die Abfassung des Edikts befürwortet haben. Privilegien, Rechte und Freiheiten werden den Exilanten in Provinzen zugestanden, die dem Herrschaftsbereich des Fürsten unterstehen.[9] Das Edikt enthält eine Liste von aufnahmewilligen Personen in Frankfurt am Main, Hamburg, Kopenhagen und Köln und präzisiert die vom Fürsten gewährten Leistungen: vier Jahre Steuerbefreiung, Gratis-Bauholz für sechs Jahre, um den Wohnungsbau zu fördern, Bürgerrecht, kostenfreie Aufnahme in den Zünften und Befreiung von der Beherbergungspflicht für Soldaten. Die französischen Protestanten erhalten die Erlaubnis, ihren Glauben nach ihrer Vorstellung zu leben und ihre eigenen Kirchen zu bauen, was ihnen wichtiger ist als gewisse materielle Vorteile. Brandenburg-Preußen gesteht ihnen all das zu, was Frankreich ihnen entrissen hat. Es dient anderen aufnahmebereiten Ländern als Beispiel und gewinnt so an Ruhm und Ehre. Auch die späteren Hohenzollern-Herrscher, die auf den Großen Kurfürsten folgen, haben die Verfügungen ihres Ahnen wohlweislich nicht in Frage gestellt.

Die Aufnahme der französischen Protestanten verursacht anfänglich einige Probleme. Man nennt sie Hugenotten, wie früher in Guyana, was sie, so scheint es, als verfluchtes Volk abstempelt. Die ihnen zugestandenen Konzessionen wie auch die den Ärmsten unter ihnen gewährte Hilfe gibt Anlass zu Neid. Ihr Verhalten, ihre Sprache, ihre Art sich zu kleiden, zu ernähren und zu trinken, wirkt auf die Einheimischen bestenfalls fremd und schlimmstenfalls verabscheuenswürdig, ganz besonders in der Uckermark. Ein Ratsherr des Grafen von Schwerin berichtet, dass die Einwohner von Altlandsberg sich weigern, sie zu ernähren, obwohl sie dafür bezahlt werden.[10] Kurz gesagt, die Lutheraner stehen einer Massenankunft von Anhängern Johann Calvins misstrauisch gegenüber.

Nach und nach können die Hugenotten jedoch durch ihre Kompetenzen überzeugen. Menschen, die aus idealistischen Gründen emigrieren, gehören oft zu den Besten ihres Landes. Die Qualitäten der aus dem Adel oder Intellektuellenkreisen stammenden Hugenotten werden bedingungslos anerkannt, vor allem in Berlin. Sie führen in Preußen die an den europäischen Höfen geschätzte französische Sprache ein, die Diplomatensprache und Ausdruck der raffinierten Lebenskunst eines Landes ist, das nach landläufiger Meinung zur Spitze des Fortschritts zählt. Im Gegensatz zu den Arbeiterkreisen stellt der Calvinismus in privilegierten Kreisen kein Hindernis dar, da er auch an einigen europäischen Höfen und bei einer gewissen Elite Anhänger gefunden hat. Die Hugenotten führen in Berlin schätzungsweise 46 bis dahin unbekannte Berufe ein,[11] die in ihrer Heimat, im lothringischen Moselland, im Languedoc und der Champagne sehr verbreitet sind. Unter den ersten Hugenotten kann man »mindestens hundert Kaufleute, 45 Schuster, 42 Goldschmiede, 41 Schneider, 36 Perückenmacher, 25 Ärzte, 20 Schreiner, 20 Posamentierer und 10 Apotheker ausmachen [...]. Es gab auch 18 Sänftenträger, eine bis dahin in Preußen unbekannte Tätigkeit, die jedoch am Berliner Hof schnell populär wurde [...]. Die Hugenotten sind sehr geschickt in den Weberberufen und Goldschmiedearbeiten.«[12] Die Strumpfhersteller sind hochgeschätzt und die geschickten Klöpplerinnen verkaufen ihre Stickereien auf der hübschen holländischen Brücke von Friedrichswerder, die als Jungfernbrücke bekannt wird.

Durch die Ankunft der Hugenotten erfährt die Wirtschaft Berlins eine Umwälzung. Sie errichten Manufakturen ihrer Spitzenberufe, der Hof wird mit Seidenstoffen, Gobelins und Präzisionsinstrumenten ausgestattet. Schmieden und Mühlen tauchen in der Landschaft um Berlin auf. In Frankreich haben die Hugenotten das Eisen-, Zinn-, Kupfer- und Töpferhandwerk erlernt. Ihre Mühlen mahlen Getreide und farbige Erde. Einige Hugenotten sind in der Glasverarbeitung für Kirchenfenster und Spiegel tätig. Die Textilindustrie ist fast ausschließlich in französischer Hand. Etliche Hugenotten werden schnell berühmt, so der Juwelier Fromery, der die fürstlichen Schmuckstücke entwirft, oder der aus Metz stammende Arzt Samuel Duclos, der ein fiebersenkendes Mittel entwickelt. Desweiteren der Architekt Philippe de la Chièze, der Erbauer einer eleganten Kalesche, der Berline, die Seidenhändler Jean Biet und Pierre Bourguignon und die Strumpfhersteller Tondeur und Lagarde sowie der Fleischer Bertrand und der Spitzenhändler Blanchet, der wichtigste Lieferant für die Verkäufe auf der Jungfernbrücke. Französische Läden werden am Mühlendamm, dem ehemaligen Fischmarkt, eröffnet.

Die hugenottischen Bauern machen die Artischocke heimisch, pflanzen Kirschbäume, errichten die ersten Treibhäuser und bauen mit Erfolg bis dahin unbekanntes Gemüse an. Ganz Köpenick[13] bewundert die Blumen von Gärtner Ruzé. Landwirtschaftliche Entwicklung wird vor allem in Eberswalde, Buchholz, Spandau und Magdeburg vorangetrieben. Buchholz wird zu Französisch-Buchholz, da mehr als die Hälfte der Arbeiter Franzosen sind. 1716 besiedeln hugenottische Bauern ein verlassenes Gebiet im Norden Berlins, das sie Moabit nennen, in Anlehnung an die Wüste Moab in der Bibel. Sie pflanzen Maulbeerbäume und später Obstbäume, auch Gemüse wie Spargel und Bohnen. Von nun an sind die Berliner durch ihre Baum- und Gartenanlagen, die denen in anderen europäischen Ländern in nichts nachstehen, vor Hungersnot gefeit. Während der Regierungszeit Friedrich Wilhelms werden die durch den Dreißigjährigen Krieg verursachten Schäden, zum großen Teil dank der Hugenotten, beseitigt und brachliegendes Gelände wieder genutzt. Der Wiederaufbau hat begonnen und es kann beinahe von einer florierenden Wirtschaft gesprochen werden.

Schon früh hat der Große Kurfürst den Wunsch geäußert, Berlin zu einer Hauptstadt werden zu lassen, die diesem Titel gerecht wird. Er beauftragt den Architekten Johann Gregor Memhardt mit dem Wiederaufbau des Schlosses in Cölln und überträgt die Anlage des Parks holländischen Landschaftsgärtnern, die diesen »Lustgarten« neu gestalten. Der Militäringenieur Mathias Dögen und Memhardt umgeben Cölln und Berlin mit einer Befestigungsanlage, durch die beide Viertel zu einer einzigen Stadt vereint werden. Maßnahmen hinsichtlich Hygiene und Gesundheitsvorsorge werden ergriffen. Die zweite Gattin des Großen Kurfürsten, Dorothee von Holstein-Glücksburg, lässt eine breite, von Lindenblüten gesäumte Allee vom Schloss zum Jagdrevier Tiergarten bauen, die die berühmte Straße Unter den Linden werden wird. Das Cöllner Schloss ist der Sitz von Regierung und Verwaltung, die die Ankunft von Hugenotten, aber auch ausländischen Ingenieuren und Technikern, vor allem aus dem militärischen Bereich, regeln muss. Berlin ist zur Garnisonstadt geworden. 1657 leben hier 2 500 Soldaten mit Frauen und Kindern. Die Bevölkerungszahl des neuen Berlin wird zu Ende der Regierungszeit 20 000 erreicht haben. Der demographische Aufschwung ist beeindruckend. Die Stadt erstreckt sich jetzt über die erst kürzlich erbauten Befestigungsanlagen hinaus. Jenseits der Stadtmauer entstehen Vorstädte, die sich schnell zu neuen Vierteln wandeln, wie der Friedrichswerder in der Nähe von Cölln. Der Fürst rät den Neuankömmlingen, sich dort niederzulassen. Die Hugenotten finden sich in der Dorotheenstadt zusammen, später in der zwischen Unter den Linden und Gendarmenmarkt[14] gelegenen Friedrichstadt. »Zweifellos sind sie es, die am meisten zur Veränderung der Stadt beigetragen haben; es gab viele Reiche unter ihnen und die Armen waren erfolgreiche Gewerbetreibende, die an allen Straßenecken und Winkeln des Fürstenschlosses Verkaufsbuden eröffneten. Die Reichen bauten im Dorotheenviertel, das die Flüchtlinge als Adligenviertel bezeichneten, Häuser, deren Besitzer zu zivilisiert waren, um die Passanten dem Anblick unsauberer Ställe voller dreckiger, grunzender Tiere auszusetzen.«[15] Auch in Potsdam lassen sich Hugenotten nieder, angezogen von den Plänen Friedrich Wilhelms, Potsdam zu einer Garnison- und Residenzstadt zu machen. Als Militärangehörige, Arbeiter oder Gärtner leisten sie ihren Beitrag beim Bau und der Instandsetzung der königlichen Liegenschaften. Ihnen werden neue Barockgebäude zur Verfügung gestellt.[16]

Die französische Kolonie von Berlin

In dem von den Exilanten so bezeichneten Berliner Refugium werden die Hugenotten besonders gut behandelt. Schon ab 1672 wird die französische Kolonie im Potsdamer Schloss empfangen, dessen Kapelle ihnen für Gottesdienste zur Verfügung gestellt wird. Sehr schnell wird eine autonome Behörde geschaffen (Französisches Kommissariat) unter der Oberaufsicht der brandenburgischen königlichen Verwaltung.[17] Die französische Einwanderungswelle ist, was die beruflichen, intellektuellen und handwerklichen Fähigkeiten und den Glauben dieser Menschen betrifft, mit keiner anderen Exilbewegung vergleichbar.[18] Sie leistet einen Beitrag zur Festigung der Macht des Königs und erhält im Gegenzug dadurch Vorteile. Die Hugenotten haben eine Stadt in der Stadt geschaffen. Ein französischer unabhängiger Rat, ursprünglich vom Prediger David Fornerod geleitet, wacht über die Entwicklung der französischen Kolonie. Charles Ancillon, der gleichzeitig Justizbeauftragter und verantwortlich für die Sozialstruktur ist, wird 1681 zum Hauptprediger. 1687 wird er, mittels Hinterlegung von 2000 Talern, mit dem Amt des obersten Richters für alle französischen Kolonien in Brandenburg betraut.

Die Pastoren Jacques Abbadie und Gabriel d'Artis stehen ihm zur Seite. Die Kirche passt sich an die deutsche Tradition an, nimmt 1694 die Form eines Konsistoriums unter dem Namen *Commission ecclésiastique* (Kirchenkommission) an und wird 1701 zum *Consistoire français supérieur*. Das französische Hospital ist das älteste Armenhaus, 1672 von Fürstin Dorothee auf einem zuvor von einer Molkerei besetzten Gelände erbaut. Kranke und ältere Leute werden auf Empfehlung des Konsistoriums hier aufgenommen. Eine aus Freiwilligen und Glaubensbrüdern bestehende Kommission beschließt, ein professionelles Krankenhaus zu errichten mit getrennten Abteilungen für chronische und sich schnell ausbreitende Krankheiten sowie einer Ambulanz, einer Kapelle und einem nahe gelegenen Friedhof. Ein kleines Hospiz wird ab 1687 eingerichtet und das erste Hospital wird 1730 in der Friedrichstraße 119 in Höhe des Brandenburger Tors eröffnet.[19] Die barmherzigen Einrichtungen für Arme, neu angekommene Emigranten, Witwen und Waisen sind zahlreich, darunter das 1688 gegründete »französische Haus der Barmherzigkeit«, das 1700 eingerichtete »Zufluchtshaus« und die erste Schenkung der Kolonie, das »Haus Achard«. Das »Haus Oranien« nimmt die aus dem Fürstentum Oranien kommenden und von Ludwig XIV. und den Spaniern vertriebenen Hugenotten auf. Die Armenbäckerei und die *Marmite* (Kochtopf) ernähren die Armen und eine Kooperative, die 1776 zugelassene französische Holzgesellschaft, liefert ihnen Bauholz.

Die Berliner Hugenotten gründen auch ein französisches Gymnasium als Zeugnis dafür, wie sehr ihnen die Erhaltung und Erweiterung des geistigen Niveaus ihrer Kolonie am Herzen liegt. Den Vorsitz im Verwaltungsrat übernimmt Charles Ancillon, Oberhaupt einer künftig sehr berühmten Familie, der vom Konsistorium der protestantischen Kirche unterstützt wird. Ab dem Gründungsjahr 1689 teilen sich fünf Lehrer den streng überwachten Unterricht von drei Klassen. Später wird zudem ein »Ausbildungsstätte für Kantoren und Schulmeister« genanntes theologisches Seminar, das die Ausbildung der Schüler abschließt, eingerichtet werden. Der Ruf des Gymnasiums zieht bald auch Schüler aus der preußischen Gesellschaft an.

Die den französischen Protestanten zugestandenen Gebetsorte, wie Dominikanerkloster, Schloss- und Erasmuskapelle, werden nach und nach durch protestantische Kirchen ersetzt. Die erste ist die Friedrichstadtkirche, deren Bau schon 1700, im Hinblick auf die zunehmende Zahl an Flüchtlingen, vom Konsistorium beschlossen wird. Der hugenottische Architekt Jean de Boldt entwirft eine rechteckige, einstöckige Galerie, die auf beiden Seiten von einer Apsis abgeschlossen ist, entsprechend der ehemaligen Hauptkirche der Hugenotten in Frankreich, in Charenton, die auf Befehl Ludwigs XIV. zerstört wurde. Sie wird an der Ecke Französische Straße / Charlottenstraße erbaut. Die Bauaufsicht liegt bei Louis (Alois) Cayard und Abraham Quesnay, den Erbauern der Befestigungsanlagen und des Waisenhauses in Berlin. Am 1. Juli 1701 findet die Grundsteinlegung durch den Kronprinzen statt und 1705 wird die Kirche für den Gottesdienst geöffnet. Die fünfzig Jahre später durch Friedrich II. beschlossene Restrukturierung des Viertels, durch die der Gendarmenmarkt entsteht, lässt die Kirche zum Mittelpunkt dieses Platzes werden. Sie bekommt als Doppelgängerin eine Deutsche Kirche; beide werden von einer Kuppel nach den Plänen Carl von Gontards gekrönt.[20]

Der Beitrag der Hugenotten zur Entwicklung Berlins ist auch heute noch, nach vier Jahrhunderten, zu sehen. Die zu Zeiten der Ankunft der Hugenotten arme und mittelmäßige Berliner Gesellschaft wird innerhalb von zwanzig Jahren in den Bann der Hugenotten gezogen, die sogar die Berliner Umgangssprache prägten. Das Hochfranzösisch, das anfangs dem Gottesdienst vorbehalten war, ist zunächst

Umgangs-, dann Handelssprache und zum Schluss ein Instrument der sozialen Kohäsion und Orientierungshilfe für die französische Gemeinde geworden.[21] Viele oftmals abgewandelte französische Ausdrücke sind bis heute in Berlin verbreitet. Aus dem Bereich der Mode und der Gastronomie stammen die Begriffe Eclair, Filet, Bulette, Frikassee, Haschee, Kotelett, Omelett, Roulade, Remouladensoße und Bluse, Kostüm, Manschette, Paletot, Pelerine, Posamente, Robe, Toilette, Taille. Hier auch einige kaum mehr wiedererkennbare Wörter als Beispiel: Ragufeng (ragoût fin), Lameng (la main), Hauju (haut goût), Neesepleng (nez plein), putelje (bouteille). Plätze (Carrée, Rondell), Paläste und Schlösser (Bellevue, Monbijou, Sanssouci)[22] werden vom Hof vorzugsweise mit französischen Namen belegt.

Abschließend ist zu sagen, dass die Immigration und die Aufnahme der Flüchtlinge in deutschen Landen zwei spezifische Züge aufweist, die nirgendwo sonst in der Migrationsgeschichte anzutreffen sind.[23] Es handelt sich um die Promulgation und um die Verbreitung von Aufnahmeverordnungen in Preußen, die den allgemeinen Rahmen der Privilegien von Flüchtlingen festlegen. Zu diesen Maßnahmen kommen ein besonderer finanzieller Aufwand sowie die Beschaffung von materiellen Mitteln zur unmittelbaren Hilfe der Flüchtlinge hinzu. Das Steuerprivileg ist umso bemerkenswerter, als es während einer allgemeinen Härtepolitik zur Wiederherstellung der Wirtschaft bewilligt wird. Dadurch wird eine institutionelle Grundlage geschaffen, die die Entwicklung eines spezifischen Lebensrahmens ermöglicht.[24]

Aufgrund ihrer Widerstandsfähigkeit widrigen Umständen gegenüber, haben die Hugenotten in Preußen eine kollektive Identität gefunden, mit Hilfe derer sie den späteren Integrationsprozess würdig beginnen können. Ihr Erfolg wird ermöglicht durch Willens- und Organisationskraft, hätte aber ohne tatkräftige Unterstützung des Großen Kurfürsten Friedrich Wilhelm, der ihre Initiativen im sozialen Leben anerkannte und ermutigte, nicht stattfinden können. Später werden die Hugenotten aus Dankbarkeit zum Erfolg der Hohenzollerndynastie beitragen. Voltaire hatte Recht, als er einige Jahre später die Emigration der Hugenotten als ein »schlechtes Glück für Frankreich« beschrieb. Diese Worte sind als eine Anklage gegen König Ludwig XIV. und seine Politik der absoluten Monarchie[25] zu verstehen.

Hugenotten oder Preußen?

Das Edikt von Potsdam vom 29. Oktober 1685 ist vor allem zum Schutz des protestantischen Glaubens konzipiert, lässt aber auch ein gewisses Ressentiment dem Königreich Frankreich gegenüber zum Ausdruck kommen.[1] Der Große Kurfürst hat sein Land den Protestanten und allen von Frankreich – mit dem Preußen manchmal eigennützige und oft feindliche, ja hasserfüllte Beziehungen unterhält – Verfolgten geöffnet und das bereits vor den eigentlichen religiösen Verfolgungen.

Chaos in Europa im 17. Jahrhundert: Ludwig XIV. und Preußen
Der Angriff Ludwigs XIV. im Jahre 1672 gegen die Vereinigten Provinzen, denen er vorwirft, ihm seinen Teil des spanischen Erbes vorzuenthalten, bewegt den Großen Kurfürsten als Verwandten von Wilhelm von Oranien dazu, zu den Waffen zu greifen. Die Ereignisse nehmen einen für Preußen ungünstigen Verlauf. Der Große Kurfürst wird im Rheinland vom französischen Marschall de Turenne trotz seines Bündnisses mit dem habsburgischen Kaiser Leopold I. geschlagen und ist kurz vor der militärischen Vernichtung, als auch noch die Schweden die Gelegenheit zu ihrem Vorteil nutzen und als Frankreichs Verbündete in Brandenburg einfallen. Als es Friedrich Wilhelm am 18. Juni 1675 gelingt, die Schweden in Fehrbellin aufzuhalten, hat er sich damit indirekt auch gegen Frankreich gestellt, wodurch sich wiederum die französische Interferenz hinsichtlich einiger von Preußen in Pommern eroberter Gebiete erklärt.

Dem Kurfürsten bleibt nichts anderes übrig, als die französische Überlegenheit anzuerkennen. Durch Friedrich Wilhelms, mit eventuellen Geldzuwendungen erklärbare, Unterwürfigkeit kann Ludwig XIV. seine Annexionspolitik fortsetzen, die 1683 zur Besetzung Straßburgs und 1688 zur militärischen Okkupation des linken Rheinufers führt. Doch die Religionspolitik Ludwigs XIV., die mit dem Edikt von Fontainebleau ihren Höhepunkt erreicht, veranlasst schließlich den Großen Kurfürsten zur Opposition und bringt eine neue Koalition gegen Frankreich hervor, die Augsburger Liga, in der sich die wichtigsten deutschen Fürsten, Spanien, Schweden, Holland und England zusammenschließen.

Der Sohn des Großen Kurfürsten, Friedrich III. (1685–1713), Kurfürst von Brandenburg und Herzog von Preußen, proklamiert sich am 18. Januar 1701 selbst zum König Friedrich I., »König in Preußen«, um dem Kaiser des Heiligen Römischen Reichs nicht zu nahe zu treten. Die prunkvollen Krönungsfeierlichkeiten finden in Königsberg statt. Friedrich I. erbt Brandenburg, Ostpreußen, Ostpommern und die etwas entfernteren kleinen Gebiete Kleve, Minden und Mark. Er strebt aber nach mehr. Im Verhältnis zum Habsburger Reich, das gerade mit den Türken abgerechnet hat, stellt Brandenburg im europäischen Kontext eine zu vernachlässigende Größe dar und für Friedrich ist das Königtum ein unabdingbarer Schlüssel zum Erfolg.[2] Diese Entscheidung liegt auch in dem Machtzuwachs der Nachbarn begründet. Der König in Preußen ist »von blindem Hass allem Französischen gegenüber«[3] erfüllt. Drei Jahre nach seiner Thronbesteigung kämpft er gegen französische Truppen in der Pfalz, auf die Ludwig XIV. wegen seiner Verwandtschaft mit der pfälzischen Prinzessin Anspruch erhebt. Ludwig befiehlt die Plünderung der Pfalz sowie der Städte Heidelberg, Mannheim, Rastatt und Speyer. Die Antwort Friedrichs von Preußen ist die Entsendung einer kleinen Armee unter den Fahnen der Augsburger Liga.

Später, im Spanischen Erbfolgekrieg (1702–1713), handelt der preußische König gemäß dem am 31. Dezember 1701 zwischen Hohenzollern und Habsburgern ausgehandelten Bündnisvertrag und sendet Truppen zur Unterstützung Kaiser Leopolds I. Der im November 1700 verstorbene König von Spanien hat keinen Habsburger, sondern den Enkel Ludwigs XIV., Philippe von Anjou, zu seinem Nachfolger bestimmt. Österreich, England, Holland und Preußen erklären daraufhin am 15. Mai 1702 Frankreich den Krieg, um diese Verbindung Frankreichs mit Spanien zu verhindern.

Brandenburgische und französische Truppen sind in den Niederlanden und im Norden Frankreichs (1702), in Bayern (1704–1705), am Fluss Po und in der Provence (1705–1706) in Kämpfe verwickelt. Brandenburgische Soldaten zeichnen sich unter der Führung des Fürsten Leopold von Anhalt-Dessau bei Höchstädt, Ramillies, Turin und Malplaquet aus. Unter den Vertretern der Großen Allianz gegen Frankreich und Spanien genießt das Königreich Preußen das besondere Vertrauen Kaiser Leopolds und Friedrich I. von Preußen wird die Achtung, die man einem König mit großem Reich entgegenbringt, zuteil. Sein Enkel Friedrich der Große wird später über die Krönung seines Großvaters sagen, »dass er seine Vorliebe für Zeremonien befriedigen und sie durch trügerische Vorwände rechtfertigen«[4] wollte. Die Geschichte hat jedoch Friedrich I. Recht gegeben: Er hat der Dynastie der Hohenzollern zu respektabler Größe verholfen, auch wenn der Weg beschwerlich und anfangs nicht von Erfolg gekrönt war.

Im Jahre 1700 triumphiert der König von Schweden, Karl XII., über Zar Peter den Großen in Estland, überfällt Polen, ersetzt König August II. durch Leczinski und richtet sich in Sachsen ein, wodurch er für einige Monate zum Schiedsrichter in Europa wird. Preußen sieht seine Stellung erneut bedroht, aber es kommt Friedrich gelegen, dass Karl XII. in Russland eingebrochen ist und bei Poltawa (1709) eine große Niederlage erleidet.

Durch den Tod Wilhelms von Oranien 1702 kommt Preußen in den Besitz von kleinen, zwischen Kleve und dem Harz zerstreut liegenden Gebieten. Als Russland und Polen 1704 mit dem schwedischen König in Konflikt geraten, hätte Friedrich I. die Gelegenheit ergreifen und Pommern vollständig erobern können, wäre er dazu in der Lage gewesen. Die Realität aber, so Historiker Droysen, sieht so aus, dass Friedrich I. »im Westen eine Armee ohne Politik und im Osten eine Politik ohne Armee«[5] hatte.

Die Friedensverträge von Utrecht und Rastatt (1713 und 1714), die den Spanischen Erbfolgekrieg beenden, sind für Frankreich nicht von Vorteil. Jedweder Anspruch auf den spanischen Thron ist erloschen. Frankreich darf seine flämischen, burgundischen und elsässischen Gebietsvergrößerungen behalten, verliert allerdings Neufundland und Akadien an England. Durch die Verträge wird dem Nachfolger Friedrichs I., König Friedrich Wilhelm I., über die schon eroberten Gebiete hinaus noch das spanische Geldern, welches das Herzogtum Kleve vergrößert, übertragen.

Durch den zehnjährigen Krieg hat sich Preußen zwar letztendlich nicht vergrößert, aber es hat sich als würdig erwiesen, bei den europäischen Bündnisspielen dabei zu sein. An der Frankophobie Preußens allerdings ändert der Frieden von Utrecht nichts.

Aggressivität und Kultur – das französische Paradox

Ungeachtet seines ehrgeizigen, autoritären und auf Eroberungen zielenden Königs, hat das königliche Frankreich im 17. Jahrhundert in Europa den Ton angegeben. Die europäischen Höfe hassen es zwar mehrheitlich und neiden ihm seinen Erfolg, bewundern es aber wegen seiner prunkvollen Hofhaltung, seiner Kunstschätze, seiner Armee, seiner Organisation und seiner umfangreichen Bevölkerung. Dieses Jahrhundert gehört Frankreich. Die Nationen Europas müssen sich bewaffnet gegen seine Hegemonialbestrebungen schützen, aber es wirkt dennoch durch seine Macht und seine Moden faszinierend. Dem gesamten europäischen Kontinent werden die französische Zentralmacht und ein eindrucksvoller und sichtbarer Hof als Vorbild dienen.

Preußens Einstellung ist widersprüchlich. An seinen Grenzen will es Frankreich bekämpfen, aber das tägliche, vor allem kulturelle Leben soll nach französischem Vorbild ausgerichtet sein. Schon 1652 lässt der architekturliebende Große Kurfürst Friedrich Wilhelm ein zentral gelegenes Schloss für seine Familie, die zentrale Verwaltung und den Landtag von Brandenburg nach französischem Muster bauen. Seine Privatgemächer sind von holländischer Schlichtheit, aber der mit Statuen verzierte Prunksaal, der Alabastersaal, ist von großer Pracht. Er gibt auch den Auftrag zu einem weitläufigen Herrensitz, ähnlich dem von Vaux-le-Vicomte, in Potsdam, einem damals noch verschlafenen Ort, wo er sich gegen Ende seiner Regierungszeit oft aufhielt. Aber er liebt es vor allem auch, wie Ludwig XIV. von einem Schloss zum anderen zu reisen, von Oranienburg, der Lieblingsresidenz seiner ersten Frau Louise-Henriette von Oranien, nach Caputh, Glienicke, Bornim und Köpenick. Dort zerstreut er sich bei der Jagd und führt ein einfaches Leben, ohne jedoch auf Feste nach Versailler Vorbild zu verzichten. Die Etikette wird immer ausgefeilter, das Personal nimmt zu und französische Perücken werden eingeführt.

Zu Beginn des 18. Jahrhunderts wird diese Tendenz von Friedrich I., der seine Motivation »nicht mit einer Laune, sondern mit Notwendigkeit«[6] begründet, noch verstärkt. Sein vordergründiges Anliegen ist es, monarchische Größe durch entsprechende Bauten zum Ausdruck zu bringen. Er beauftragt den berühmten Baumeister Andreas Schlüter mit einer Vergrößerung des Berliner Schlosses im Barockstil.

Die neue Fassade übertrifft die damals üblichen Vorstellungen und auch von innen wirkt das Schloss sehr feierlich mit seiner großen Prunktreppe, seinem Thronsaal und allegorischen Deckengemälden, die Ludwig XIV. als Apollo, August II. von Sachsen als Herkules und Friedrich als Jupiter darstellen. Für seine Frau Sophie Charlotte lässt Friedrich I. ein Schloss in Lietzen bauen, das er nach ihrem Tode Charlottenburg nennt. Auch hier ist an der von Eosander von Göthe entworfenen Fassade der französische Einfluss zu beobachten. Der Niederländer Arnold Nering und der Franzose Jean de Boldt haben bei der Erbauung mitgewirkt. Ebenso die Gärten sind *à la française*. Le Nôtre hat die Anlage der Bepflanzungen um eine Terrasse und beidseitig eines großen Kanals inspiriert.

Die Gattinnen der jeweiligen Herrscher haben sich in diesem Flair besonders wohl gefühlt. Im 18. Jahrhundert hat Dorothee von Holstein-Sonderburg-Glücksburg die reichen Geschenke Ludwigs XIV., mit denen er Preußen aus dem rheinischen Schlachtfeld herauszuhalten versucht, sehr geschätzt. Im folgenden Jahrhundert hat Sophie-Charlotte von Hannover anlässlich der Gründung der Akademie der Wissenschaften 1700 mit Leibniz auf Französisch kommuniziert.

Sie ist die Kusine der Pfälzerin und Schwägerin Ludwigs XIV., dessen Einladung nach Versailles sie folgt. Die königlichen Schlösser Fontainebleau und St. Cloud sind ihr wohl bekannt und sie spricht, ebenso wie Dorothee, französisch. Man brilliert durch Tanz, Theater, Musik, Maskenbälle und geschliffene Konversation sowohl in Charlottenburg als auch in Versailles.

Der Aufstieg Ludwigs XIV. beunruhigt nicht nur Preußen, sondern auch die anderen Völker. Durch die Immigration einer großen Zahl französischer Protestanten wird nicht nur der Groll Europas gegen Frankreich schwächer, sondern auch der Notwendigkeit einer Wiederbevölkerung Preußens Genüge getan. Der kulturelle Reichtum der Emigranten lässt die dunkle Seite Frankreichs in Vergessenheit geraten, Berlin wird zur hybriden, französischen und preußischen, Stadt und bei den französischen Protestanten versiegt der Wunsch, in ihr Ursprungsland zurückkehren, an das sie sich jedoch gerne erinnern.

Hugenotten und Preußen

Die Geschichte der Familie Ancillon ist beispielhaft für die seit einem Edikt von 1709 autonome Berliner Hugenottenkolonie, die nach einigen Generationen aus Vernunft- und Herzensgründen preußisch wird.[7]

David Ancillon (1617–1692) stammt aus einer zur Metzer Elite gehörenden Juristenfamilie, die sich sofort der Reformation anschließt. Mehrere seiner Vorfahren gehörten zu den Gründungsmitgliedern der protestantischen Kirche in Metz. David unterliegt nicht dem Einfluss der jesuitischen Erzieher und will Pfarrer werden. Er studiert protestantische Theologie in Genf und bekommt anschließend über das Konsistorium eine Pfarrstelle in Meaux. 1653 kehrt er in seine Heimatstadt zurück, um sich dort mit Unterstützung durch drei andere Prediger niederzulassen. Er verkehrt mit Paul Ferry, einem bekannten Hugenotten, und wird zum einflussreichsten Prediger seiner Religionsgemeinschaft. Er liest viel und schreibt eine *Apologie von Luther, Zwingli, Calvin und Bèze*. Wie jeder lothringische Protestant respektiert er das französische Königtum. Am 20. Oktober 1685 indessen ereilt ihn das vom Oberstaatsanwalt verhängte Verbot, die reformierte Religion in Metz auszuüben. Am 22. Oktober, an dem im Parlament von Metz das Edikt von Fontainebleau aufgenommen wird, macht der königliche Verwalter noch eine Bestandsaufnahme der protestantischen Kirche ehe sie abgerissen wird. Daraufhin beschließt David Ancillon, zusammen mit den anderen Predigern Isaac de Combles, François Bancelin und Paul Joly über die nahe Grenze zu fliehen. Sein Sohn Charles (1659–1715), Jurist im Parlament, ist über die Situation im Bilde. Die Familie Ancillon kann ihr Hab und Gut mitnehmen und lässt nur die schöne

Bibliothek Davids zurück. Zahlreiche Gläubige tun es ihr nach. Sie alle werden sich im Berliner Exil wieder finden.

David Ancillon, dem die Grundsätze des Edikts von Potsdam sehr verlockend erscheinen, ist über Hanau und Frankfurt am Main nach Berlin gelangt. Durch seine charismatische Persönlichkeit ist er zum Oberhaupt der Frankfurter protestantischen Gemeinde gewählt worden, die ihm ins Exil folgte. Ende August 1686, nach zehnmonatiger entbehrungsreicher Reise, kommen sie in der brandenburgischen Hauptstadt an. David Ancillon wird mit seinen Söhnen, Charles und David jr. (1670–1723), vom Großen Kurfürsten in Potsdam herzlich empfangen und zum Prediger der französischen Kirche in Berlin ernannt. Charles bekommt einen Posten als Richter und Flüchtlingsbeauftragter und David jr. wird ein Stipendium für den Abschluss seines Theologiestudiums gewährt. Am 4. September 1686 wird David Ancillon dem Konsistorium vorgestellt und mit der Doppelfunktion eines Predigers und Ratgebers der französischen Kolonie betraut. 1699 haben sich von den 13 847 Hugenotten, die das Reich Friedrich Wilhelms bevölkern, 5682 in Berlin niedergelassen. Im Jahre 1700 werden in den Staatsregistern 1130 in Berlin ansässige Bürger aus Metz erwähnt. Der gute Ruf des Predigers David Ancillon hat dabei mit großer Wahrscheinlichkeit eine entscheidende Rolle gespielt.

1689 steht er an der Spitze der Delegation, die den Fürsten nach seiner Rückkehr aus dem ersten und siegreichen Feldzug der Großen Allianz gegen Frankreich ehrenvoll empfängt. Kurz darauf wird er zum Hofgeistlichen ernannt. Erwiesenermaßen wurde der Fürst von der Familie finanziell unterstützt. David und Charles Ancillon haben dem Kurfürsten Friedrich Wilhelm einen Teil ihres geretteten Vermögens geborgt, was in Zusammenhang mit der Ernennung Charles' zum Richter der Berliner Franzosen stehen könnte. David Ancillon hat die Hugenottenkolonie sechs Jahre lang verwaltet, ohne jemals den Wunsch nach Rückkehr in sein Heimatland verlauten zu lassen. Die aus dem sozialen Aufstieg seiner Familie resultierenden Unannehmlichkeiten hat er gemeistert und die später eintreffenden Protestanten herzlich aufgenommen. Er sprach zwar kein Deutsch, leitete aber eine zumindest politische Integration dadurch in die Wege, dass er den Hohenzollern seine und seiner Pfarrkinder Treue bekundete.

Die Familie Ancillon hat diese Politik auch nach dem Tode Friedrich Wilhelms beibehalten und es gelingt ihr, sich unter seinen Nachfolgern zu behaupten. David hat ein Einführungskapitel zur Biographie Guillaume Farels aus dem Jahre 1691, die eine Lobeshymne auf den neuen Fürsten ist, geschrieben. Im Übrigen betet David täglich um einen Erben für den Nachfolger des Großen Kurfürsten und führt die Konsistoriumsdelegation an, die den Hof zum glücklichen Ereignis beglückwünscht.

Davids Sohn, Charles Ancillon, setzt das Werk seines Vaters fort. Aufgrund seiner juristischen, philosophischen und theologischen Ausbildung wird er Gerichtsvorsitzender, Chef der Polizeibehörde der französischen Emigranten und zusätzlich noch Superintendent des *Collège français*. Er hat somit einen sicheren Platz im französischen Refugium und parallel dazu gelingt ihm eine im Vergleich zu seinem Vater größere Annäherung an den preußischen Hof.

König Friedrich I. und seine Gemahlin, die anmutige und intelligente Sophie Charlotte von Braunschweig-Lüneburg setzen den Aufschwung Berlins weiter fort. Der Hamburger Architekt Andreas Schlüter, ein Meister des Barock, verschönert das Schloss, bringt im Hof des Arsenals zweiundzwanzig Masken von sterbenden Kriegern an und ist als Bildhauer tätig. Die Allee Unter den Linden wird durch den Tiergarten bis nach Charlottenburg verlängert. Wohnhäuser, Rittergüter und herrschaftliche Stadthäuser, wie Schloss Monbijou in der Spandauer Vorstadt, säumen nach und nach Spree und Havel und die Straßen der Berliner Vororte. Die Entwicklung der Friedrichstadt vollzieht sich um Leipziger und Friedrichstraße herum. Das Theater trägt zum intellektuellen Aufschwung bei. Sophie Charlotte will außerdem die Wissenschaften fördern: eine »Churfürstlich-Brandenburgische Societät der Wissenschaften« wird 1696 gegründet, die später zur »Königlich-preußischen Societät der Wissenschaften« und dann, 1700, zur »Akademie der Wissenschaften« wird. Der eigentliche Initiator ist Leibniz, der diesbezüglich schon früh zu Rate gezogen wird und bereits durch die Veröffentlichung seiner metaphysischen Abhandlungen berühmt ist. Er ist Präsident der Akademie der Wissenschaften, die in den schönen königlichen Stallgebäuden untergebracht ist. Berlin kann sich rühmen, nun mit der 1666 gegründeten Pariser *Académie des Sciences* und der 1673 gegründeten Londoner *Royal Society* auf derselben Stufe zu stehen. Der Wahlspruch der Berliner Akademie ist »Cognata ad sidera tendit« (Das Wissen strebt zu den Sternen).[8]

In nur zwanzig Jahren ist es der Familie Ancillon gelungen, der preußischen Elite anzugehören, ohne ihre hugenottische Abstammung zu verleugnen. Charles Ancillon, der eine *Geschichte der Niederlassung geflüchteter Franzosen in Brandenburg* (1690) sowie *Leben Solimans* (1706) schreibt und Historiograph am Brandenburger Hof wird, ist eine in der neuen Akademie einflussreiche Persönlichkeit.[9] Seine auf Französisch verfassten Werke können nicht an denen von Leibniz und Friedrich II. gemessen werden, haben aber in Deutschland zum Ruhm der französischen Literatur[10] beigetragen.

Die Linie der Ancillons wird sich lange fortsetzen. Ein Frédéric Luc Ancillon ist 1733 Prediger am Französischen Hospital. Louis Ancillon, Prediger und Mitglied der Akademie, hat 1786 die Totenrede auf Friedrich den Großen gehalten, was bedeutet, dass er einen hohen Rang am Hofe innehatte. Jean-Pierre Frédéric Ancillon (1767–1837) ist Mitarbeiter Wilhelm von Humboldts in der neuen Universität[11] und wird vom preußischen König Friedrich Wilhelm III. (1797–1840) 1832 zum Außenminister ernannt. Er ist auch für die Erziehung der Königssöhne, des zukünftigen Wilhelms IV. (1840–1861) und seines jüngeren Bruders Wilhelm, des späteren Kaisers Wilhelm I. (1861–1888), zuständig. Wie viele andere berühmt gewordene Hugenotten ruht er im französischen Teil des Dorotheenstädtischen Friedhofs. Das Grabmal mit der Inschrift »König Friedrich Wilhelm IV., sein Schüler, hat ihm dieses Grabmal errichtet und segnet sein Andenken«[12] wurde von König Friedrich Wilhelm IV. ausgewählt.

Die ebenfalls aus Metz stammende protestantische Familie Naudé ist ein anderes Beispiel der Integration der Hugenotten in Preußen. Im 16. Jahrhundert waren die Vorfahren Gerber und Tuchhändler. 1665 emigriert ein Großteil der Familie nach Deutschland und lässt sich vor allem in Berlin nieder, wo sie Tapisserie-Manufakturen eröffnen und als Tuchhändler, Färber und Buchhändler tätig sind. Philippe Naudé kann sich den Handelsaktivitäten entziehen und wird 1696 Professor für Mathematik. Bis 1707 hat er ein Dutzend Schriften verfasst, darunter *Méditations Saintes, De la souveraine perfection de Dieu* und *Interprète de la justice française* und wird Mitglied der Akademie der Wissenschaften. Sein älterer Sohn Roger David ist von 1724 bis 1726 Prediger an der Friedrichstadt-Kirche. Der jüngere, Philippe, ist Mathematikprofessor wie sein Vater. Er wird Mitglied der Preußischen Akademie der Wissenschaften (1714) und der *Royal Society* (1738). Von seinen beiden 1720 und 1739 geborenen Söhnen David und Jacques wird der eine Astronom und der andere Theologieprofessor.

Einen 1858 geborenen Albert Naudé wird man später als Doktor der Philosophie und Professor an der Universität Marburg wieder finden. Am 5. Juni 1918 fällt bei einer deutschen Offensive in Nesle sur Marne ein Großneffe, Hans Joachim, dem französischen Kugelhagel zum Opfer.[13]

Viele Hugenotten sind im Handel tätig. Die Familie Michelet gehört seit 1592 dem calvinistischen Glauben an. Mitglieder dieser Familie, mit Vornamen Paul, Daniel, Jacques, Louis, die Färber, Manufakturisten und Seidenhändler sind, können über ein Jahrhundert in Metz nachgewiesen werden. Ein Louis Michelet hat 1697 Suzanne Mangeot geheiratet und mit ihr zehn Kinder gehabt. Durch die Revokation des Edikts von Nantes wird die Familie zerstreut. Ein in Berlin geborener, auch Louis genannter Sohn gründet eine Seidenfabrik mit David Girard, dem Ehemann seiner Kusine Anne Michelet, die ebenfalls als Flüchtling nach Berlin gekommen ist. Ihre Nachkommen gelangen durch Seidenhandel zu Wohlstand. Der Urenkel

Louis Michelets, Charles Louis, hat allerdings vorgezogen, sich der Philosophie zuzuwenden. 1931 war der Name Michelet in Berlin noch anzutreffen.[14]

Die Hugenotten finden Unterschlupf in der als preußische Machtbasis geltenden Armee. Sie leisten einen enormen Beitrag zur Weiterentwicklung der Armee unter dem Großen Kurfürsten und seinem Nachfolger König Friedrich I. Aus den Armeearchiven von 1713 geht hervor, dass im Regiment von Varennes »alle Unteroffiziere und Kadetten Reformierte waren«. Bis zum Tode Friedrichs I. besteht ein Drittel des Offizierskorps aus Hugenotten. Unter den Soldaten der 34 000 Mann starken Armee sind sie einige Tausend.[15]

Der Soldatenkönig, der den Franzosen wenig Sympathie entgegenbrachte, zog die vom Fürsterzbischof von Salzburg 1732 vertriebenen österreichischen Protestanten vor. Friedrich II. aber greift erneut auf die Hugenotten als Soldaten zurück. Während des Jahrhunderts des großen Aufschwungs, von 1640 (Regierungsübernahme des Großen Kurfürsten) bis 1786 (Tod Friedrichs II.), stellen die Hugenotten die Kadettenkompanien von Varennes, Cornuaud und Briquemault, die der Große Kurfürst nach dem Vorbild Frankreichs unter Ludwig XIV. konzipiert. In die zwei Elitekorps der »Langen Kerls« und der Fußgarde können nur Edelleute und Soldaten, die in Frankreich gedient haben, aufgenommen werden. 65 Kavallerieoffiziere werden diesen von Marschall von Schomberg außerordentlich geschätzten Korps zugeteilt. Zehn Jahre später bildet er, unter Friedrich I., aus ehemaligen französischen Reitern eine Grenadiertruppe zu Pferde.

Viele der nach Brandenburg emigrierten Hugenotten gehören dem französischen Ingenieurkorps an. Sie waren bei Vauban, dem französischen Meister in der Kunst des Belagerungskriegs, in die Schule gegangen. Jean de Boldt wird der Bau des Zeughauses in Berlin anvertraut und Philippe de la Chièze 1666 zum Generaldirektor der Befestigungsanlagen ernannt. 1695 wird Jean Cayart oberster Festungsingenieur der Mark Brandenburg und Ostpreußens. Zehn Jahre zuvor hatte er den Plan der Befestigungsanlagen von Verdun für Ludwig XIV. und Louvois ausgearbeitet. Eduard Muret schreibt ihm den Bau der Langen Brücke und der Französischen Kirche in Friedrichstadt zu.[16]

Unter den Hugenotten gibt es auch Philosophen wie Etienne Chauvin (1640–1725) und Johann Heinrich Samuel Formey (1711–1797). Chauvin ist Prediger in Rotterdam und wird anschließend Nachfolger Charles Ancillons am *Collège français* in Berlin, wo er dreißig Jahre lang Descartes' Philosophie lehrt.[17] Der Pastor und Philosoph Formey hat verschiedene Funktionen in den Jahren 1744 und 1748 in der philosophischen Abteilung der königlichen Akademie der Wissenschaften inne.[18] Friedrich de la Motte, Baron Fouqué (1777–1843) ist ein romantischer Schriftsteller, der in den Kreisen um Kleist, Tieck, Arnim, Brentano und Chamisso de Boncourt verkehrte. Einige Hugenotten waren berühmte Künstler, wie z. B. der Maler Antoine Pesne (1683–1757)[19] und der geniale Schauspieler Ludwig Devrient (1784–1832), und wunderbarer Schiller- und Shakespeare-Interpret und vom Hof vergöttert.

Im 19. Jahrhundert spricht man nicht mehr französisch in Berlin und die Hugenotten sind durch und durch Preußen geworden. Aber die berühmtesten unter ihnen, der Schriftsteller Theodor Fontane, die Brüder Wilhelm und Alexander von Humboldt, deren Mutter eine geborene Blanchard war, und der große Physiologe Emil du Bois-Reymond haben immer ihre französische Abstammung hervorgehoben.

Rheinsberg – ein französisches Glück in Preußen

Die Geschichte Preußens beruht auf Arbeit, Mühe, Leidenschaft und der Verpflichtung gegenüber einem vaterländischen Ideal. Kein Preuße, auch der König nicht, kann sich diesen Verpflichtungen entziehen. Die geistigen Genüsse, kulturelles und intellektuelles Leben und Raffinement werden dabei aber nicht vernachlässigt. König Friedrich II. ist es bestens gelungen, Anstrengung mit Vergnügen, das er zum ersten Mal in Rheinsberg empfindet, in Einklang zu bringen.

Der preußische Anspruch
Bis zur Machtergreifung Friedrichs II. (der Große genannt) im Jahre 1740 hatte das hohenzollernsche Preußen Mühe, sich in Europa zu behaupten. In Frankreich ist 1715 Sonnenkönig Ludwig XIV. gestorben und sein Urenkel Ludwig XV., der 59 Jahre lang regieren wird, ist fest entschlossen, den Ruhm des Großen Jahrhunderts aufrechtzuerhalten. Der Machtanspruch des französischen Königs ist maßlos. Versailles mit seinen kleinen, um den herrlichen Palast gruppierten Schlösschen wird in ganz Europa bewundert und man reist nach Paris wegen seines Stils, seines Geistes, der Akademien, der literarischen Salons und der neuen königlichen Plätze, um die man es beneidet. Frankreich ist reich, schön und glanzvoll und wird es auch weiterhin bleiben. Ludwig XV. hat die Regierungsgeschäfte im Alter von 33 Jahren beim Tod Kardinal Fleurys übernommen, was zu seiner Trägheit beigetragen hat. Seine Regierung gleicht einer bürokratischen Oligarchie. Es fehlt ihm an Festigkeit gegenüber dem religiösen Aufruhr der Jansenisten und Jesuiten und er weicht vor der britischen Vormacht im Atlantik, die eine Unterstützung des Neuen Frankreich nicht zulässt, zurück. Die Jagd und die Frauen halten ihn von seinen königlichen Geschäften ab. Er kennt sein Volk nicht[1] und leistet so der Entwicklung der ersten revolutionären Gärungen Vorschub. Wenn auch »die Regierung brillanter als der König war«[2], so hält Ludwig XV. indessen die französische kulturelle Tradition aufrecht und prägt sie.

Im Gegensatz dazu scheint das Preußen der ersten Hälfte des 18. Jahrhunderts ein weit entferntes, unzivilisiertes, dunkles, kaltes und raues Land zu sein. Der

Große Kurfürst Friedrich Wilhelm bemüht sich, sein vom Krieg verwüstetes Land wieder aufzubauen und erneut zu bevölkern, ohne jedoch geographische Kontinuität sichern zu können. Notgedrungen musste der Erbauer in ihm über den Kulturmenschen siegen. Sein Sohn Friedrich I. (1685–1713) ist dem Prunk verfallen und sein Denken ausschließlich auf die Erlangung der Krone gerichtet, was bei Weitem nicht genügt, um dem Land neuen Atem einzuhauchen.

Der eigentliche Beginn der Geschichte Preußens kann mit König Friedrich Wilhelm I. (1713–1740) angesetzt werden, dessen Ehrgeiz es ist, nach den Prinzipien der vaterländischen Zugehörigkeit zu regieren. Der König begeht jedoch zwei grundsätzliche Fehler: zum einen glaubt er über eine ausreichend große Armee zu verfügen und zum anderen, seine einengenden Moralvorstellungen zum Grundsatz erheben zu können. Er vergrößert sein Land, indem er Schweden Vorpommern und die Odermündung abnimmt, aber er bleibt als Choleriker in Erinnerung, als ordinärer und grausamer Mann, der lieber Trinkgelage abhält als sich kulturell weiterzubilden, als tyrannischer Vater und ungebildeter Konservativer. Er kann als Pendant zum französischen König Ludwig XV. betrachtet werden.

Sein Erbe, der am 24. Januar 1712 im düsteren Berliner Schloss geborene Prinz Friedrich, legt schon von Kindheit an eine Abwehrhaltung den väterlichen Grundsätzen gegenüber an den Tag und wird später Geist und Arbeit in Einklang bringen. Seine Militärerzieher vermitteln ihm Gottes- und Waffenliebe, aber die Franzosen, Mme de Recoules und später Jacques Egide Duhan, bringen ihm Kultur, erlesenen Geschmack und Lebensart bei. Mme de Recoules ist eine aus der Berliner Hugenottengemeinde stammende Gouvernante, die zutiefst Französin geblieben ist und kein Deutsch spricht, obwohl sie seit dreißig Jahren in Preußen lebt und am Hof verkehrt. So hört der Prinz von Geburt an nur französische, zärtliche Worte. Seine Mutter, Sophie Dorothea von Hannover, Schwester des zukünftigen Königs Georg von England, tritt hinter der Gouvernante zurück, zumal sie mehr als vierzehn Kinder zur Welt brachte. Mme de Recoules bringt dem Prinzen gute französische Manieren bei und bleibt für ihn immer die *chère bonne maman* (die liebe gute Mama).

Der ihr nachfolgende hugenottische Präzeptor, Jacques Duhan, ist in Jaudun in der Champagne im Jahre der Revokation des Edikts von Nantes geboren. Er ist Sohn eines Staatsrats, ehemaliger Sekretär von Marschall de Turenne und hat in der preußischen Armee gedient. Er fällt dem Großen Kurfürsten durch seinen Mut im Krieg mit Schweden, bei der Besatzung Stralsunds, auf und wird an den Hof abkommandiert. Seine Vorliebe gilt mehr der Literatur und Kunst als dem Kriegshandwerk. Er bestückt die Bibliothek des Prinzen mit den griechischen, lateinischen und französischen Klassikern und erweckt in ihm die für einen Hohenzollern ungewöhnliche Liebe zur Literatur. Die strikte Anweisung des Königs, den Unterricht auf die Vermittlung rudimentärer Kenntnisse in Mathematik und Geographie und die Geschichtskenntnisse auf die letzten hundert Jahre zu beschränken, wird nicht eingehalten. Literaturkritik und Philosophie sind die Basis einer dauerhaften Freundschaft zwischen dem Prinzen und seinem Präzeptor.[3] General Graf Albert Conrad Finck von Finckenstein, ein Haudegen, der in verschiedenen Kriegen, darunter auch dem Spanischen Erbfolgekrieg, eine Rolle gespielt hat, wird der Militärerzieher des siebenjährigen Prinzen. Von Finckenstein ist weit herumgekommen, pflegt Kontakt zu vielen Herrschern und hat ein gutes Verhältnis zu Louvois, dem Kriegsminister Ludwigs XIV. Er liebt Frankreich und ist in Versailles zu Reichtum gekommen.

Frankreich leistet ebenfalls einen Beitrag zur militärischen Ausbildung Friedrichs.[4] Warum setzt sein Vater, der sich mit den Franzosen nicht im Einklang befindet, den Sohn solch frankophilem Einfluss aus? Sicher hat die Tradition am Hofe und im preußischen Adel, der mehr und vielleicht besser Französisch als Deutsch sprach, über seine Zurückhaltung gesiegt. Und auch der geliebte Bruder Friedrichs, Prinz Heinrich, hat Frankreich bewundert.[5]

Die Atmosphäre am Hofe Friedrich Wilhelms, des Soldatenkönigs, ist geprägt durch seine Launen und sich explosionsartig artikulierenden Forderungen und Ungeduldsbezeugungen. Sein rustikaler Charakter verleitet ihn zur Völlerei und versagt ihm jegliche intellektuelle Komponente. Nur die in Gesellschaft von Militärs und Höflingen verbrachten abendlichen Tabakgesellschaften um einen langen Tisch mit Bierkrügen, holländischen Pfeifen und Tabakdosen, wobei auch ungarischer Wein in Strömen fließt, bieten ihm eine gewisse Zerstreuung.

Paradoxerweise gehört zu diesem ordinären Treiben auch ein Ehrenkodex. Der König versteht sich als christlich, fromm und seinem Reich verpflichtet und drückt dies auf eine unmissverständliche Art aus: »Nicht raisonnieren«. Er fühlte sich verpflichtet, sein Land voran zu bringen, »ein Plus zu machen«. Er hasst Faulheit und liebt das Soldatenhandwerk ebenso wie Gott, und der Ausspruch »Parol' auf dieser Welt ist nichts als Müh' und Arbeit« wird ihm zugeschrieben.[6] Es gelingt ihm nicht, dem Kronprinzen seine heroische Auffassung von der preußischen Monarchie zu vermitteln.

Sicherlich liebt er das Kind Friedrich, aber er ist nicht in der Lage, sich mit ihm über andere Dinge als »Soldat, General, Pflicht und Tradition« zu unterhalten. Er will Friedrich zu seinem Abbild machen: die 54 Militärübungen werden ihm schon im Alter von vier Jahren beigebracht. Zinnsoldaten sind das einzig erlaubte Spielzeug. Mit sechs Jahren wird Prinz Friedrich in die »Kadettenkompagnie des königlichen Prinzen« aufgenommen, in der er zum Oberst, beauftragt mit den Militärübungen von fünfzig Mann, aufsteigt. Nicht einen Augenblick glaubt der König, dass sein Sohn sich seinem Willen entziehen könnte.

Bis zur Pubertät ist der Prinz gefügsam und folgt dem strengen Stundenplan, den seine Militärerzieher auf Geheiß des Königs aufgestellt haben. Wie ein Uhrwerk ist sein Tagesablauf geregelt: Er betet, isst mit der Familie, lernt, geht zu Bett und steht wieder auf.

Er wird zum traditionellen Calvinismus angehalten: Allerdings ist das Dogma der Prädestination aufgegeben worden, da der König dadurch die Eigenverantwortung der Gläubigen gefährdet sieht.

Latein ist, im Gegensatz zu den Gepflogenheiten an den europäischen Höfen, untersagt. »Was die lateinische Sprache betrifft, so wird mein Sohn diese nicht lernen«, ordnet der König an, der »solide«, auf praktische Ziele ausgerichtete Lehrstoffe bevorzugt, wie z. B. die für den Offiziersberuf unerlässliche Mathematik.

Jeden Morgen empfängt er seinen gepuderten und gewaschenen Sohn nach dessen Unterricht. Diese dreistündige Unterhaltung ist als Zuneigungsbezeugung gedacht und soll ein Klima des gegenseitigen Vertrauens schaffen, aber Friedrich empfindet nur für seine Mutter Sophie Dorothea wirkliche Zuneigung. Sie ist eine Frau von erlesenem Geschmack, die, zum Leidwesen ihres sparsamen und rustikalen Gatten, in ihrem Schloss Monbijou Empfänge veranstaltet. Als harmonisch kann das königliche Paar nicht bezeichnet werden: Salons für die Königin und ein Tabakscollegium für den König.

Die Königin ist hauptsächlich mit Plänen für die Zukunft ihrer Tochter Wilhelmine beschäftigt, die sie zur Königin von England machen will. Friedrich wird nur durch seine Schwester, die spätere Markgräfin von Bayreuth, zärtliche Zuneigung zuteil.

Der Kronprinz leidet unter der strengen Erziehung und es überrascht nicht, dass er sich beim Eintritt in die Pubertät, im Alter von zwölf Jahren, nicht mehr in die von seinem Vater entworfene Schablone pressen lassen will und Zuflucht in der Welt der Bücher sucht. Er besitzt eine dreitausend Bände umfassende Bibliothek, durch die er Zugang zu den Philosophen des vergangenen Jahrhunderts findet: Bayle, Descartes, Locke und vor allem Voltaire. Dies ruft den Zorn seines Vaters hervor: »Prinz Friedrich«, schäumt er, sei »weich, verweiblicht, eine Memme und er spricht französisch. Er trägt bei der Jagd Handschuhe, verlangt dreizinkige Gabeln und akzeptiert nicht, dass die These der Prädestination zurückgewiesen wird.«[7] Die Strafe folgt stehenden Fußes: Öffentlich schlägt und erniedrigt der König seinen Sohn und zwingt ihn, seine Stiefel zu küssen. Tag für Tag verschlechtert sich ihr Verhältnis und wird zur Staatsaffäre.

Die Königin ist trotz der Einwände des österreichischen Kaisers weiterhin mit den englischen Heiratsplänen für ihre Tochter beschäftigt. Der König reagiert heftig, als bekannt wird, dass die österreichischen Ratgeber, die von einer Verbindung mit der englischen Krone abraten, Spione sind. Seine Wut steigert sich, als ihm die Freundschaft Friedrichs mit dem Prinzen von Wales und seine Heiratspläne mit Amalia, der Schwester des Herzogs von Gloucester, hinterbracht werden. Die Atmosphäre am Berliner Hof ist für Friedrich unerträglich. Im Juli 1730 – er ist 18 Jahre alt – beschließt er zu fliehen, um seinem despotischen Vater zu entgehen, der sich seiner Musik- und Literaturleidenschaft entgegenstellt, seine Lebenslust auslöscht und ihn mit allen Mitteln in die Militärlaufbahn zwingen will.

Anlässlich einer Reise des preußischen Hofes nach Mühlberg kann er seinen Plan ausführen. Er hat vor, über das Elsass zu fliehen, und hofft, Asyl beim Grafen von Rottenburg, dem ehemaligen Botschafter Frankreichs in Berlin, zu finden, um von dort zu seiner Familie mütterlicherseits nach Hannover zu kommen. Die Flucht misslingt! Friedrich wird von seinem Vater des Hochverrats angeklagt und in der Festung Küstrin gefangen gehalten. Leutnant von Katte, enger Freund und Komplize, wird zum Tode verurteilt. Die Vollstreckung des Urteils wird auf Befehl des Königs vor den Augen seines aufrührerischen Sohnes vollzogen. Friedrich wird zu einer Gefängnisstrafe in Küstrin verurteilt. Es bleibt ihm keine Wahl, als sich dem unterzuordnen. Nach einjähriger Haft gibt ihm der Vater die Freiheit zurück, da er seinen Sohn für geläutert hält. Der Prinz widmet sich nun voll den militärischen Aufgaben, zur großen Befriedigung seines Vaters. Er wird ins Hauptquartier des Prinzen Eugen von Savoyen, dem Kommandanten der preußischen Armeen im polnischen Erbfolgekrieg, abgeordnet. Hier zeichnet er sich durch Tapferkeit aus und scheint verstanden zu haben, was sein Vater von einem zukünftigen König verlangt: Ordnung und Kenntnisse in Mathematik und im Soldatenhandwerk.

Der König glaubt seinen Sohn nun auf dem rechten Weg und verheiratet ihn mit Elisabeth-Christine von Braunschweig-Bevern, einer Nichte der Königin Sophie Dorothea, was eine Freundschaftsgeste gegenüber den allmächtigen Habsburgern sein soll. Friedrich fügt sich. Allerdings fühlt er sich nicht zu Frauen hingezogen und auch die Wunden der Vergangenheit sind noch nicht verheilt.

Glück in Preußen

1733 hat König Friedrich Wilhelm I. von der reichen Hugenottenfamilie Béville ein riesiges Anwesen im Norden Brandenburgs für seinen Sohn, den er nun endlich als seinen fähigen Nachfolger betrachtet, erworben.

Der Norden Brandenburgs ist reich an Seen, von denen die Bévilles rund zwanzig samt den zugehörigen Ländereien und Dörfern erworben haben. Ein kleines, aus dem 14. Jahrhundert stammendes Schloss, am Rande von Rheinsberg am Grienericksee gelegen, wurde ihr Hauptwohnsitz.

Das Gebäude mit zwei Seitenflügeln und Seeblick gefällt dem Kronprinzen, der Regimentskommandeur in der nahe gelegenen Stadt Ruppin ist. Die Schönheit und Heiterkeit, die dieser zwischen Wasser und Eichenwäldern gelegene Ort ausstrahlt, haben eine wohltuende Wirkung auf den Prinzen, der sich langsam von den dramatischen Ereignissen erholt, und so lässt er sich mit seinem Hof 1736 dort nieder. Der sich nach seinem Empfinden eher für geistige Genüsse als für die Jagd eignende Ort soll auch dazu beitragen, seine aus Kindheit und Jugend herrührenden Wunden heilen zu lassen.[8] Er wird in Rheinsberg sein Leben nach seinen Wünschen gestalten, in völliger Gleichgültigkeit gegenüber seiner Gattin. Er hat sich verheiratet, aber *après, voilà qui est fait et bonjour Madame et bon chemin* (»nun hätten wir das hinter uns und Guten Tag Madame und alles Gute«).[9] Er wird später einmal sagen, dass er oft unglücklich gewesen sei und Glück eigentlich nur in Rheinsberg verspürt habe.[10]

Die bereits berühmten Künstler, Hofarchitekt Johann Gottfried Kemmeter und der Dekorateur Georg Wenzeslaus von Knobelsdorff, tragen dazu bei, das kleine Schloss in eine fürstliche Behausung zu verwandeln. Die Flügel werden ausgebessert, das gesamte Gebäude aufgestockt und hohe Fenster eingesetzt. Zwei Türme kommen hinzu und der zum See gelegene Hof wird mit einem Säulengang abgeschlossen. Das Ergebnis ist ein vornehmer, bezaubernder Wohnsitz. Die Innenausstattung stammt von Meister Knobelsdorff, dem hugenottischen Maler Antoine Pesne und dem Bildhauer Christian Friedrich Glume. Der Gartenarchitekt Johann Samuel Selle entwirft einen weitläufigen französischen Park, die Seeufer werden trockengelegt und das Schloss mit Wassergräben umgeben. Elegante kleine Brücken führen in den Park.

Prinzessin Elisabeth Christine und ihre Hofdamen nehmen die ihnen zugeteilten Gemächer in Besitz, da Friedrich nicht in der Nähe einer »weder schönen, noch hässlichen, sehr schlecht erzogenen, schüchternen und geistlosen«[11] Frau leben will. Im Südflügel richtet er seine Bibliothek ein, wo er endlich seiner Leseleidenschaft frönen kann.

Schon im Alter von acht Jahren hat er einen kleinen Text auf Französisch mit dem Titel *Les manières de vivre d'un prince de grande naissance* (»Die Lebensweise eines Prinzen von hoher Geburt«) verfasst. Duhan hatte im Geheimen mit ihm bekannte lateinische Texte erarbeitet, ihn durch Fénelons *Telemach* mit der antiken Geschichte, Homer und der griechische Mythologie vertraut gemacht. Scarrons *Komödiantenroman* ist seine Lieblingslektüre, aber er verschlingt sämtliche Bücher, die Duhan oder seine Schwester Wilhelmine ihm empfehlen.[12] Die von seinem Vater aufgezwungene Lektüre gehört ebenfalls zum Bestand seiner Bibliothek, wie z. B. das *Theatrum europaeum*, eine langweilige Aufzählung der Ereignisse des Dreißigjährigen Krieges.

Inspiriert durch diese vielfältige Lektüre, beginnt Friedrich einen Briefwechsel mit den größten Geistern seiner Zeit, vor allem Voltaire, und konzipiert seinen philosophischen Essay *Der Antimacchiavelli*. Allmählich verblassen die Erinnerungen an die Zornesausbrüche seines Vaters und die traditionelle Militärerziehung der Hohenzollern. Seine Sensibilität, seine Vorliebe für die französische Sprache, sein Verlangen nach Kulturellem und die Freude am Flötenspiel können wieder zum Ausdruck gebracht werden. Es ist ihm möglich, seiner Familie objektiv zu begegnen und die ihm angetane Schmach endgültig zu vergessen. In Rheinsberg setzt Friedrich seine Ausbildung zum Militärkommandanten fort, aber vor allem lebt er so, wie es ihm behagt, in einer geistigen Umgebung.

Prinzessin Elisabeth-Christine steht dem allen anscheinend gleichgültig gegenüber. Die Besuche von Freunden und Vertrauten nehmen kein Ende. Bei den Abendgesellschaften werden Konzerte, oft mit Friedrich als Flötisten, gegeben, am Seeufer wird getanzt, über die Schönheit der französischen Sprache diskutiert und über die Zukunft der Menschen reflektiert. Die Jagd ist kein Thema mehr. Das Glück artikuliert sich in Kultur, Spielen und der Aufklärung. »Wir sind ein Dutzend Freunde hier, abgeschieden von der Welt. Wir erleben die Freude der Freundschaft und die Süße der Ruhe. Wir sind keiner extremen Leidenschaft ausgesetzt und wir fühlen uns einzigartig und allein, ohne uns um die Aufregungen des Lebens zu kümmern«, schreibt Friedrich seinem Lehrer Duhan in einem Brief vom 13. März 1737.[13]

Unter den Freunden befinden sich viele Franzosen: Charles Etienne Jordan ist ein Pastor aus der Uckermark, Sohn eines französischen, über die Schweiz nach Brandenburg geflüchteten Emigranten, der Literatur liebt und die französische Sprache meisterhaft beherrscht. Er ist das »Lexikon des Kronprinzen«, hilft ihm bei der Buchauswahl für seine Bibliothek und korrigiert seine Fehler im Französischen, so wie später Voltaire. Als liebenswürdiger und bescheidener Mann wird Jordan am Hofe respektiert und geliebt. Elisabeth-Christine ist von ihm hingerissen: »Es gibt hier einen Gelehrten mit Namen Jordan. Er verfügt über viel Wissen und Geist und diskutiert auf sehr lebendige Art. Es ist immer eine Freude, etwas von ihm zu lesen oder ihn zu hören. Er spricht sehr vernünftig über alles. Er wird es zu Großem bringen.«[14]

Ein anderer regelmäßiger Gast in Rheinsberg ist Dietrich Freiherr von Keyserlingk, von baltischer Abstammung, Offizier und sprachkundiger Gelehrter, der perfekt Deutsch, Französisch, Lateinisch und Griechisch spricht und an der Königsberger Universität eine Doktorarbeit in Naturwissenschaften verfasst hat. Er vermittelt französische Kultur, durch die er während eines zweijährigen Aufenthalts in Paris geprägt wurde und könnte durchaus für einen Franzosen gehalten werden. Auf Empfehlung Hilles, eines Freundes Friedrichs während seiner Küstriner Gefangenschaft, dient er als Offizier im Ruppiner Regiment des Prinzen und sie werden Freunde. Er kann über Pferde und Jagd referieren und auch über Kriegskunst, Politik, Malerei, Architektur und Literatur. Er bewundert Voltaire, dessen *Henriade* er auswendig kennt, und betätigt sich auch schriftstellerisch.

Der Hugenotte und Militär Heinrich August de la Motte Fouqué stammt aus einer alten normannischen Familie. Sein Enkel Friedrich, ein romantischer Schriftsteller, wird später gegen Frankreich – 1794 während der Schlacht am Rhein und 1814 gegen Napoleon – kämpfen. Der Prinz, der von Heinrich August während seiner Küstriner Gefangenschaft treu unterstützt wurde, ist ihm in Dankbarkeit zugetan. Beide teilen sie die Leidenschaft für Theater und die Freimaurerei und sind Anhänger einer Geheimgesellschaft. Friedrich und la Motte Fouqué gründen eine Freimaurerloge, die beispielhaft ist für den »Kreis von Kultivierten, die durch ein gemeinsames Ideal der Geselligkeit und des freien Denkens verbunden sind, kurz für eine genau dem Geschmack des Prinzen entsprechende Art Gesellschaft, deren Modell er in Rheinsberg verwirklichen will«[15].

Friedrich liest gern philosophische Werke, Descartes und Leibniz sind ihm vertraut. Die Arbeiten von Tycho Brahe, Kopernikus und Newton regen ihn dazu an, über den Stellenwert des Menschen im Universum zu reflektieren. Er ist sich bewusst, dass die großzügige Politik seines Urgroßvaters, des Kurfürsten Friedrich Wilhelm, durch Samuel von Pufendorf beeinflusst war, der den *Contrat Social* als vernünftige Grundlage des Staatswesens begriff.

Der aus Halle stammende Vertreter des Pietismus, August Hermann Francke, setzt Friedrich von der Krise, die das Luthertum durchläuft, in Kenntnis. Ausgelöst wurde sie durch die Annahme, der inneren Überzeugung werde – auf Kosten der religiösen Strukturen – eine größere Rolle zugeordnet.

Der Hallesche Philosoph, Theologe und Mathematiker Christian Wolff, ein großer Verfechter der Prädestination, der die Leibniz'sche Lehre bis zum Exzess formalisiert, ist eine Berühmtheit in Deutschland und gehört ebenfalls zum Rheinsberger Kreis. Und obwohl Friedrich Schwierigkeiten mit seiner komplizierten Philosophie hat, liegt ihm daran, Wolff zu seinen Freunden zu zählen. Er bittet den sächsischen Diplomaten Ulrich von Suhm, das Hauptwerk Wolffs ins

Französische zu übersetzen, da es ihm in dieser Sprache verständlicher erscheint. Diese Übersetzung von *Vernünftige Gedanken von Gott, der Welt und der Seele des Menschen* begeistert den Prinzen und er sendet sie sogleich seiner Schwester und Voltaire, mit dem sich zu dieser Zeit ein Briefwechsel anbahnt. Die *Vernünftige Philosophie* löst in Rheinsberg, wo Wolffs Lieblingsschüler Jean de Champs Schlosskaplan wird, lebhafte Diskussionen aus. Es wird in der Hauptsache über Philosophie der Naturwissenschaften und Rationalismus diskutiert. Jordan thematisiert den englischen Rationalismus und die französische Aufklärung, deren berühmtester Vertreter seiner Meinung nach Voltaire ist.

Ingenieur Major Senning, Kapitän Foqué, Marschall von Wolden machen in ihrer Eigenschaft als Militärangehörige den Rheinsberger Kreis mit Waffen und Kriegskunst vertraut, wodurch Prinz Friedrich bewusst wird, dass die Verbindung von Waffen und Kultur einem Herrscher zu unerreichbarer Größe verhilft. Ökonomische Kenntnisse sind für einen Herrscher ebenfalls unabdingbar. Sie werden ihm von Michael von Federsdorff, der auch Oboist ist, vermittelt. Er wird Finanzverwalter des Prinzen und später Finanzminister. Die Künste spielen im täglichen Leben eine große Rolle. Knobelsdorff ist der Vermittler der an europäischen Höfen aktuellen antiken und barocken Tendenzen. Er stattet das Schloss mit Möbeln im Pariser Stil aus und stellt auf den Terrassen und im Park der griechischen Antike nachempfundene Statuen auf.

Der hugenottische Maler Antoine Pesne (1683–1757) ist am preußischen Hof sehr geschätzt. Ein Auftragsgemälde König Friedrichs I. zeigt ihn im Kreise seiner Ratgeber im »Tabakcollegium«. Es ist das erste einer Serie von gleichartigen, den König bei seinen täglichen Pflichten zeigenden Gemälden. Der Realismus der französischen Schule hat Pesne zum Erfolg verholfen. Er ist 1711 als Zeichenlehrer der Prinzen an den Hof gekommen und dort beinahe vierzig Jahre geblieben. Er zeichnet sich vor allem in der Porträtmalerei und bei allegorischen Darstellungen aus. 1739, kurz vor seiner Thronbesteigung, beauftragt ihn der Prinz mit seinem Porträt. Es zeigt ihn mit allen Machtinsignien, dem hermelinbesetzten Samtumhang und dem von seinem Großvater, Friedrich I., 1701 gestifteten Schwarzen Adler-Orden am Bande.[16] Friedrich beauftragt Pesne ebenfalls mit allegorischen Decken- und Wandbemalungen sowie mit den Porträts von Jordan und Knobelsdorff. Er schätzt Pesne wegen seines Talents, aber auch aufgrund seiner fortbestehenden Beziehungen zu Frankreich und sicher hat der Prinz auf seine Empfehlungen hin Gemälde von Antoine Watteau und dessen Schülern Nicolas Lancret und Jean-Baptiste Pater gesammelt.

Prinz Friedrich ist ein großer Musikliebhaber und ausgezeichneter Flötist. Er lädt viele Berufs- und Amateurmusiker zu seinen Musikabenden ein, bei denen die berühmtesten Komponisten jener Zeit gespielt werden: Johann Joachim Quantz, der Musiklehrer Friedrichs, der zum Kapellmeister ernannt wird, Johann Gottlieb und Karl Heinrich Graun. Man lauscht dem Violinspiel Franz Bendas und der aus Frankfurt an der Oder angereiste Philipp Emmanuel Bach bringt das Spinett zum Erklingen. Friedrich begleitet die Konzertierenden oft auf der Flöte und interpretiert auch eigene Kompositionen.

Theater, Musik, Literatur und Philosophie wechseln sich ab. Die kleine Gruppe der Rheinsberger Schlossbewohner betätigt sich auch schauspielerisch, sowohl in kleinen als auch in den großen klassischen, selbstverständlich französischen, Stücken, wie z. B. *Oedipe, Mérope ou la mort de César* (»Ödipus, Meropus oder Cäsars Tod«). Voltaire war im Repertoire oft vertreten; Friedrich übernahm die Rolle des Philoctenus in *Oedipe*. »Wir ergötzen uns an Kleinigkeiten und sorgen uns nicht um die unangenehmen Dinge des Lebens … Wir spielen Komödie, wir veranstalten Bälle, Maskeraden und Musikabende.«[17] Es wird nur Französisch gesprochen, das der Prinz perfekt beherrscht; Deutsch ist verpönt, da es nach Friedrich »gerade gut für die Stallknechte und Pferde ist«[18].

In Rheinsberg beschließt er, mit »überlegenen Geistesgrößen zu korrespondieren«[19]. Erste Briefe gehen an den Philosophen Fontenelle, an den Historiker Rollin und an Voltaire, der in Europa schon große Beachtung gefunden hat. Voltaire ist Philosoph, Erzähler, Dramatiker und Historiker, was den Prinzen begeistert. Die Brieffreundschaft wird 42 Jahre dauern, in denen mindestens 654 Briefe ausgetauscht werden. Diese einzigartige Korrespondenz hat ihren Ursprung in gegenseitiger Bewunderung. Voltaire fühlt sich geschmeichelt und Preußen erntet Ruhm. Beide Männer haben in überzogener Weise ihre Bewunderung füreinander zum Ausdruck gebracht. Friedrich jubelt in seinen ersten Briefen einem in Delphi wohnenden Voltaire zu, dessen Briefe Orakel seien.[20] In seiner Antwort bezeichnet Voltaire ihn als neuen Markus Aurelius, als modernen Alcibiadus, als Salomon des Nordens. Er stellt ihn über Ludwig XIV. und behauptet, er denke wie Trajanus und schreibe wie Plinius. Er fährt folgendermaßen fort: »Ludwig XIV. war ein großer König, ich respektiere sein Andenken, aber er dachte nicht so menschlich wie Sie, Monseigneur, und drückte sich nicht so aus. Ich habe Briefe von ihm gesehen. Er beherrschte die Orthographie seiner Sprache nicht. Unter Ihrer Herrschaft wird Berlin zum Athen Deutschlands und vielleicht ganz Europas werden.«[21] Friedrich schenkt Voltaire eine Büste von Sokrates und sein Porträt von Knobelsdorff, woraufhin Voltaire ihm sein Porträt zukommen lässt, das der Prinz im Turmzimmer der Rheinsberger Bibliothek über den Werken seines berühmten neuen Freundes anbringen lässt. Er ist stolz auf die Freundschaft mit dem Autor von drei in ganz Europa bewunderten Werken, dem *Oedipe*, der *Henriade* und den *Lettres philosophiques*. Friedrich beabsichtigt, den von der kultivierten Gesellschaft hoch geschätzten Voltaire nach Rheinsberg einzuladen, das inzwischen in Europa sehr bekannt ist. Er würde die anderen, regelmäßig anwesenden Gästen aufgrund seiner Lebhaftigkeit und seiner meisterhaften Sprachgewandtheit in den Schatten stellen und könnte dem Prinzen bei seiner schriftstellerischen Tätigkeit behilflich sein.

Voltaire und Friedrich treffen sich zum ersten Mal am 11. September 1740 in Kleve. Friedrich war kurz zuvor als Nachfolger seines Vaters als Friedrich II. zum König von Preußen gekrönt worden und Voltaire ist stolz, von einem außergewöhnlichen König bewundert zu werden. Vorwand für dieses Treffen ist eine Reise des Königs in seine Westgebiete. Allerdings steht diese erste Kontaktaufnahme unter einem schlechten Stern, da der König fiebrig ist. Voltaire ist beunruhigt, weil er seine Geliebte, Mme du Châtelet, deren Anwesenheit Friedrich nicht wünscht, in Brüssel zurückgelassen hat. Voltaire ist nicht der einzige anwesende Gast, auch der Pariser Naturwissenschaftler Maupertuis ist eingeladen.

Zwei Monate später bekommt Voltaire eine Einladung mit beigefügtem Pass und Reisegeld zu einem Aufenthalt in Rheinsberg, aber, das ist Friedrichs Bedingung, ohne Frau. Emilie du Châtelet bleibt also in Paris, ohne ihre Enttäuschung zu verbergen. Voltaire hatte sich von König Ludwig XV. mit dem Auftrag, die auf Versailles zunehmend beunruhigend wirkende Stärke Preußens einzuschätzen, betrauen lassen. So erweckt er den Anschein einer Pflicht- und keiner Vergnügungsreise nach Preußen, was seine Geliebte wohl ruhig zu stimmen vermochte.

Voltaire tritt die Reise nach Rheinsberg am 11. November 1740 an. Sein Ziel erreicht er erschöpft, aber sich ausruhen kann er nicht. Ausschweifende Feste, die sich mitunter über eine ganze Woche erstrecken, erwarten ihn. »Was machen wir nun?«, fragt der preußische König, »wir tanzen bis zur Atemlosigkeit, essen bis zur Völlerei, verlieren unser Geld beim Spiel, unsere Ohren werden von weichen Harmonien gekitzelt, die, zur Liebe anstiftend, andere Kitzel hervorrufen«[22]. Es werden Bälle, Theatervorführungen, Konzerte, Lesungen veranstaltet und ausgiebig philosophiert. Rheinsberg mit seinen römischen Prunkveranstaltungen hat den von König Friedrich vergebenen Beinamen Remusberg verdient.

Der König verlangt, ja fordert beinahe, Voltaire als Dauergast bei sich zu sehen. Voltaire weist dies zurück, da er es nicht über sich bringt, Mme du Châtelet, der er so viel verdankt, zu verlassen. Darüber hinaus ist es sein Wunsch, sich auf die französischen Akademien, einen Neubeginn am französischen Hof und eine neue Tragödie über den Fanatismus des Propheten Mohammed zu konzentrieren. König Friedrich II. ist von Voltaire enttäuscht und bedauert, ihn bevorzugt behandelt zu haben. Der Briefwechsel wird fortgeführt, aber die Intensität nimmt ab. Ihre Faszination voneinander lässt zwar nach, aber schließlich nehmen sie ihren Dialog wieder auf, aus denselben Gründen, aus denen sie zusammengetroffen sind: Friedrich wünscht den Helden der französischen Literatur an seiner Seite und Voltaire ist auf Bewunderung und die Pension aus, die die französische Krone ihm versagt.

In einem auf den 22. März 1737 datierten Brief an Voltaire macht Friedrich auf ein von ihm begonnenes Werk *Antimacchiavelli* aufmerksam, das er zwei Jahre später beendet und in dem er sein Führungskonzept darlegt. Er gibt sich dort als Anhänger eines aufgeklärten Despotismus zu erkennen, demzufolge ein Machthaber die absolute Herrschaft ausüben kann in dem Maße, in dem er seinen Untertanen Rechte zugesteht und Gerechtigkeit walten lässt. Das Glück seines Volkes ist oberstes Gebot. Friedrich vertritt einen Standpunkt, der dem Machiavellis, der zynisch Politik und Moral trennt, entgegensteht. Diese humanistische Haltung jedoch verliert schon drei Jahre darauf im Krieg gegen die sich in einer Erbfolgekrise befindenden Habsburger ihre Gültigkeit. Durch den Tod Kaiser Karls VI. und durch die Nachfolge seiner Tochter Maria Theresia ist die Dynastie in Schwierigkeiten. Friedrichs pazifistische Einstellung ist schon zu der Zeit, als er in Rheinsberg Feste feiert, ins Wanken geraten und er denkt an Krieg.[23] Am 16. Dezember 1740, sieben Monate nach seiner Thronbesteigung, lässt Friedrich seine Armee in das zum Hause Habsburg gehörende Schlesien einmarschieren.

Vor Friedrichs Zeit übten die Hohenzollern eine rücksichtslose und einfache Politik aus, deren einziges Ziel die Vergrößerung ihrer Gebiete war. Kurfürst Friedrich Wilhelm hat Ostpreußen durch Waffengewalt an sich gebracht. Soldatenkönig Friedrich Wilhelm I. hat den Schweden Gebiete abgerungen. Indessen hat ihr Eroberungswille auf den alten Kontinent keine Auswirkungen gehabt.

Preußen hat nun durch Friedrich II., der in jungen Jahren die Pflichten eines Herrschers übernimmt, eine grundsätzliche Änderung erfahren. Aufgrund seiner Kulturbeflissenheit, seiner Kenntnis der französischen Sprache und seiner Schlösser versteht er sich als aufgeklärten, jedoch absoluten Herrscher – als den mächtigsten Herrscher der Erde. Durch seine militärischen Kenntnisse, seine Zähheit und Willensstärke vereint er Brandenburg und Preußen und annektiert zwischen 1793 und 1795 Schlesien sowie Nord- und Westpolen. Friedrich II. hat seine Größe durch die Armee und seine Staatsauffassung, aber auch durch den Platz, den er den Geistes- und Naturwissenschaften zugesteht, erlangt, wobei er in großem Maße durch den kulturellen Reichtum Frankreichs beeinflusst wird. Rheinsberg ist die glanzvolle Verbindung zwischen Preußen und Frankreich, die die militärischen Interessen beider Länder vergessen lässt. Sanssouci bei Potsdam sollte diese Annäherung weiter vorantreiben.

Voltaire in Sanssouci

Der talentierte und ruhmsüchtige Literat François Marie Arouet, genannt Voltaire, hat eine aufrührerische Natur. Schon sehr früh zeigt er sich unabhängig und kritisiert die Ungerechtigkeiten seiner Zeit. Er wurde am 21. November 1694 geboren und hat dadurch die letzten Jahre der langen, stolzen und konfliktreichen Regierungszeit Ludwig XIV. miterlebt. Voltaire wächst in einem mächtigen, aber intoleranten Frankreich auf, wo sich sein rebellischer Geist entfalten kann. Seine ausschweifende Jugend, in der er Pamphlete gegen das Königtum verfasst, trägt ihm eine einjährige Gefängnisstrafe in der *Bastille* ein.

Sein Ruhm basiert auf epischen Theaterstücken wie der *Henriade* (1723–1728) und infolge seiner Impertinenz ereilen ihn die dem Kontext seiner Zeit und seines Berufs entsprechenden Probleme: Er hat Mühe, Schauspieler für seine Stücke zu motivieren, unehrliche Herausgeber und Kritiker zu entlarven und königlichen Verboten zu trotzen.

Er bewundert die liberale Einstellung der Engländer, die Philosophie Lockes und die Newton'sche Naturwissenschaft und verbringt drei Jahre in England. Seine bei der Rückkehr verfassten *Lettres philosophiques* (»Philosophische Briefe«) stellen eine herausfordernde Auseinandersetzung mit der französischen Gesellschaft dar und lösen eine Lawine der Empörungen und Drohungen aus.

Durch seine Liebe zur Marquise du Châtelet wird er aus diesem gefährlichen Tumult gerettet.[1] Voltaire wird siebzehn Jahre an der Seite seiner intelligenten, gelehrten, beherrschenden und possessiven Geliebten auf Schloss Cirey verbringen – eine ruhige und fruchtbare Zeit, reich an gegenseitiger intellektueller Anregung, bestens geeignet zum literarischen Schaffen und dem Auswerten des Standes der Wissenschaft. Cirey war ein den Studien gewidmetes Paradies.[2]

In Cirey eignet sich Emilie du Châtelet unter Mithilfe Voltaires die Thesen von Newton und Locke an. Voltaire erweist seiner Geliebten und Mitarbeiterin eine geradezu kultische Verehrung. Wie hätte dies auch anders sein können angesichts dieser Frau, »die Anspruch darauf gehabt hätte, sowohl als Physikerin und Philosophin zu gelten, Cicero und Pope im Original las, auf brillante Weise die Physiker der Antike kritisierte, nachts Opern sang und am Tag Newton traf«[3].

Hier findet Voltaire die Inspiration für seine Theaterstücke, Gedichte und philosophischen Werke, die später an allen Höfen Europas gelesen werden. Er verfasst unter anderem *Zadig* (1744), eine das Kurtisanenleben kritisch betrachtende Erzählung.

Erste Treffen mit Friedrich dem Großen

Der für literarischen, vor allem französischen, Ruhm aufgeschlossene Friedrich II. von Preußen hat Voltaire am 8. August 1736, noch vor seiner Thronbesteigung, einen ersten von Schmeicheleien strotzenden Brief gesandt, in dem er seine Hochachtung für die *Henriade* ausdrückt. In seiner Antwort gibt Voltaire seiner Befriedigung Ausdruck, das Gefallen eines großen Geistes hervorgerufen zu haben.

Voltaire ist auf die Freundschaft mit einem Prinzen, dem zukünftigen König von Preußen, stolz und Friedrich seinerseits entzückt, mit einem französischen Genie zu korrespondieren. Was Mme du Châtelet in Unruhe versetzt, sind Briefe von überbordender Leidenschaftlichkeit, unveröffentlichte Manuskripte und Geschenke, die eintreffen und eine nachdrückliche, durch Botschafter Freiherr von Keyserlingk überbrachte Einladung nach Rheinsberg.

Schon beim ersten Treffen von Voltaire und Friedrich in Kleve im August 1740 ist ihr klar, dass Voltaires Bewunderung für den neuen König zu einer Entfernung zwischen ihr und ihm führen könnte und sie befürwortet den Rheinsberger Aufenthalt keineswegs. Voltaire kehrt schuldbewusst in sein Land und zu ihr zurück. Seine an Friedrich adressierten Briefe sind allerdings Zeugnis seiner Zwiegespaltenheit. Als ihm dann bewusst wird, dass seine Verbindung mit Emilie an Leidenschaft verliert, schreibt er Friedrich, dass »seine Seele nicht mehr durch eine lächerliche Liebe entflammt ist«[4]. Nach seinem Aufenthalt in Rheinsberg schreibt er seinem Freund d'Argental, dass das Wiedersehen mit einer versöhnten Emilie für sein Gleichgewicht unerlässlich sei: »Wie niemals zuvor wird Mme du Châtelet vor den Königen der Vorzug gegeben.«[5]

Friedrich II. hat den Sinn dieses Hin und Her schnell durchschaut: Voltaires Ziel ist es, beim König von Frankreich wieder Gnade finden. Aber auch seine nach wie vor vorhandene Zuneigung zu Mme du Châtelet steht einer Niederlassung in Preußen im Wege. Er wird nur übersiedeln, wenn seine Annäherungsversuche an Versailles misslingen und ihn Mme du Châtelet nicht daran hindert, Frankreich zu verlassen, was sehr unwahrscheinlich ist. Er betrachtet Preußen als Notbehelf, wie er seinem Freund Algarotti anvertraut.[6]

Tatsächlich besteht bereits eine klar festgelegte Beziehung zwischen dem König und dem Schriftsteller: die vordergründig leidenschaftlichen Erklärungen verbergen ehrgeizige Bestrebungen auf beiden Seiten. Friedrich II. möchte ganz Europa die Eleganz seines Hofes demonstrieren, während Voltaire die Bewunderung eines gekrönten Hauptes sucht.

Nach einem misslungenen Anlauf 1743 gelingt es Voltaire, 1746 in die – von ihm als zu konservativ angesehene – Französische Akademie gewählt zu werden, was eine Voraussetzung für weitere ehrenvolle Aufgaben ist. Von nun an scheint ihm das Glück hold zu sein. Emilie du Châtelet unterstützt ihn, um ihn nicht zu verlieren.

Schwierigkeiten in Frankreich

Voltaire hat sich um eine Aufgabe bemüht, die ihm die Anerkennung seiner Zeitgenossen und die Achtung des Adels einbringt. Angesichts einer drohenden, gegen Frankreich gerichteten, gemeinsamen Intervention Österreichs, Englands und Hannovers bedient sich König Ludwig XV. Voltaires, um für Frankreich die Unterstützung König Friedrichs zu garantieren. Voltaire wird in offizieller Mission in die Niederlande und nach Preußen gesandt, wo er für eine gewisse Zeit wieder regelmäßig mit Friedrich verkehrt.

Nach der Uraufführung von *La princesse de Navarre* (1745), einem Auftragswerk anlässlich der Geburt des Kronprinzen, wird Voltaire mit dem Ehrenamt eines *gentilhomme ordinaire du roi* (Edelmann des Königs) betraut und bekommt Bezüge in Höhe von zweitausend Lire. Im selben Jahr verfasst er ein episches Gedicht zum Ruhm des Königs von Frankreich, dem Besieger der Engländer und Holländer in Fontenoy, und es kommt nun zu den unvermeidlichen Schwierigkeiten, denen die Persönlichkeiten des öffentlichen Lebens ausgesetzt sind: Kritische Schriftsteller zweifeln an der Qualität seines Werks.

Seine Beziehung zu Mme du Châtelet verschlechtert sich. Ihre »Leidenschaft ist einer Art zärtlicher, eheähnlicher«, seitens der Marquise immer noch possessiver, Verbindung »gewichen«.[7] Voltaire wird Opfer des Hofklatsches und findet Zuflucht bei der Duchesse de Maine in Sceaux. Die Töchter Ludwigs XV. empören sich über Voltaires Madrigal, das die Beziehung ihres Vaters mit Mme de Pompadour thematisiert. Voltaire, der die Ungnade des Königs fürchtet, verlässt in Begleitung Mme du Châtelets Versailles und begibt sich zuerst nach Cirey und später an den Lothringer Hof König Stanislas'.

Er übt indessen weiterhin Kritik an Herrschern, Ministern, Magistraten, Finanzgrößen, Ärzten und Priestern, die er schon 1748 in *Zadig* zum Ausdruck brachte und durch die er sich schließlich Ludwig XV. zum Feind macht. Mme du Châtelet, die inzwischen des ganzen Getöses und auch Voltaires, der ihre Leidenschaft nicht mehr erwidert, überdrüssig ist, beginnt im April 1746 eine leidenschaftliche Beziehung mit dem forschen Marquis de Saint Lambert, von dem sie ein Kind bekommt. Ihr Tod, kurz nach der Entbindung am 19. September 1749, stürzt Voltaire in tiefe Verzweiflung.

Der gekränkte, gesundheitlich angeschlagene und verzweifelte, aber freie Voltaire sieht sich gezwungen, sein Leben zu ändern und sich einen anderen Hof zu suchen. Friedrich kann für ihn zum Retter werden. Angetrieben von seinem Ehrgeiz, lässt er sich am preußischen Hof nieder, der ihn nach wie vor bewundert, denn Friedrich lädt ihn, nachdem er von den Intrigen und Eifersüchteleien erfahren hat, erneut ein: »Ich habe großes Verlangen danach, Sie zu sehen und ich würde es als Verrat ansehen, wenn Sie sich nicht bereit erklärten auf diesen launigen Wunsch einzugehen. Ich möchte mit Ihnen Studien betreiben.«[8] Voltaires Antwort ist von Hochmut geprägt.[9] Er hat vorausgesehen, dass er nur durch eine Tragödie endlich zu Friedrich findet.

Seine neue Gefährtin, seine Nichte Mme Denis, hält ihn nicht in Frankreich, aber verbittert durch die ihm erwiesenen Undankbarkeiten zögert er seine Abreise noch ein ganzes Jahr hinaus. Die gegebenen Umstände bestärken Friedrich in der Auffassung, dass die Zeit zwar für Voltaires Aufenthalt an seinem Hofe endlich reif ist, ein paar kleine Einschüchterungsversuche jedoch nicht von Schaden sein können. Der König von Preußen lädt einige Schriftsteller, darunter den mittelmäßigen jungen Baculard d'Arnaud ein, was Voltaire sehr kränkt. Im Übrigen hat Friedrich Ludwig XV. über die Unverschämtheiten, die Voltaire häufig über den französischen König verlauten lässt, in Kenntnis gesetzt. Voltaire ist verletzt, sieht letztlich aber keinen Ausweg und beschließt, nach Berlin zu fahren. Die ihm in Frankreich zugefügten Wunden sind noch nicht geheilt, man schätzt ihn dort nicht mehr, Emilie du Châtelet, die ihn hätte halten können, lebt nicht mehr und Mme Denis übt keinerlei Einfluss auf ihn aus.

Exil in Preußen

Er verabschiedet sich von Ludwig XV., der keinen Versuch unternimmt ihn zu halten, und verlässt Compiègne am 26. Juni 1750, überschreitet die Grenze um den 30. Juni herum und kommt am 21. Juli in Potsdam an. Er ist sich bewusst, dass sein Kommen der preußischen Krone schmeichelt, da nun zu einem militärischen Sieg auch noch eine ruhmreiche literarische Größe am Hofe hinzukommt.

Friedrich hat Schlesien 1742 annektiert und die Vorboten des Siebenjährigen Krieges zeichnen sich bereits ab. Es ist Voltaire sehr wohl bewusst, dass Friedrich ihn auch in der Funktion als Korrektor seiner auf Französisch verfassten Schriften hat kommen lassen. Voltaires *Mémoires* zeugen von dieser Klarsicht.[10] »Sie werden einen Empfang bekommen«, versprach Friedrich, »wie der Virgilius dieses Jahrhunderts und der *gentilhomme ordinaire* Ludwigs XV. wird bitte schön dem großen Dichter den Vortritt lassen.«[11]

Voller Dankbarkeit und Hochachtung versichert ihm Friedrich, dass er vollständig frei sei und auch jederzeit nach Frankreich zurückkehren könne, wenn dies sein Wunsch sei. Um eine unangemessene Reaktion Voltaires von vornherein zu unterbinden, wird Friedrich nachdrücklich: »Ich verspreche Ihnen, dass Sie hier, zu meinen Lebzeiten, glücklich sein werden.«[12]

Ein diesem Wohlwollen entsprechender Empfang wird Voltaire zuteil. Er kommt in den Genuss zweier Appartements, eines im Berliner Schloss, das andere im Erdgeschoss des Potsdamer Schlosses, in dem der Marschall von Sachsen gelebt hat. Personal, angefangen bei den Köchen bis zu den Kutschern, wartet auf seine Anweisungen. Er wird hofiert und gefeiert wie ein Dichter des Olymp. Der hingerissene Voltaire bringt sein Entzücken über dieses freie, ruhmreiche, Kunst und Philosophie liebende Land mit musikalischen Diners zum Ausdruck.[13]

Anlässlich des Besuchs des Markgrafen von Bayreuth und seiner Gattin Wilhelmine, der Schwester Friedrichs, im August 1750 häufen sich prunkvolle Empfänge, Soupers und Feuerwerke. Französische Küchenchefs aus Lyon und dem Périgueux sind für das leibliche Wohl zuständig. Voltaires Theaterstücke *Jules César*, *Zaire*, *Mahomet*, *Mérope*, *Brutus* und *Rome sauvée* werden aufgeführt. Im Gegensatz zu Paris werden die Aufführungen nicht durch Intrigen gestört. Voltaire dirigiert selbst die Schauspieler, unter ihnen Mitglieder des Königshauses und des preußischen Adels. Seine ehrgeizigen Wünsche haben sich erfüllt, und Paris mit seinen Hofspielchen, seiner Unterdrückung und seinem Spott scheint weit entfernt.

Voltaire erliegt diesem Prunk und den Freundschaftsbezeugungen, den einzigartigen Zärtlichkeitsbeweisen seines Gastgebers. »Er vergisst, dass ich keine schönen Hände habe und küsst sie. Ich gab ihm ebenfalls einen Handkuss und machte mich zu seinem Sklaven.«[14] Voltaire schreibt Mme Denis, dass der König ihm »den Kopf verdrehe« und gibt zu, dass Friedrich weit zärtlichere Briefe als eine Geliebte verfasst. Schon immer haben junge Offiziere mehr Emotionen in Friedrich erweckt als Frauen. Bei Voltaire handelt es sich nicht um Emotionen, sondern um Liebe, wie der König von Preußen ausdrücklich bekennt. Voltaire teilt diese Ansicht: »Eine Geliebte drückt sich nicht anders aus.«[15]

In Paris wird über Voltaires Flucht gespottet, die Intrigen gehen weiter. Ludwig XV. ist über die Abreise dieses »Verrückten« froh und hat sich dadurch in keiner Weise erniedrigt gefühlt. Ein König von Frankreich ist es nicht gewohnt, Reue zu empfinden. Er hat Voltaire den begehrten Titel eines Historiographen am Hofe aberkannt ohne jedoch seine Zulassung als *gentilhomme ordinaire de la Chambre* und eine schon bestehende Pension anzutasten.

Nach den Festen fängt nun für Voltaire ein neues Leben an, das ihm mehr Respekt und Ergebenheit als in Paris einbringt, in dem jedoch unvorhergesehene Schwierigkeiten auftreten. Der zum Kammerherrn des Königs ernannte Voltaire wird in seinen repräsentablen Wohnsitzen umsorgt, muss aber gehorchen. Er ist den Launen seines Herrn ausgesetzt. Friedrich hat sich zunächst in Charlottenburg, im renovierten und durch den Architekten Georg Wenzeslaus von Knobelsdorff vergrößerten Schloss seiner Großmutter niedergelassen. Das königliche Schloss in Cölln, das zu viele trübe Erinnerungen birgt, meidet er. Als jedoch die Berliner Spaziergänger seine Ruhe stören, zieht er in das alte Potsdamer Schloss seiner Vorfahren. Der Hof und auch Voltaire folgen.

Sanssouci

Auch des Potsdamer Schlosses wird Friedrich, der seinen Wohnsitz als zu spartanisch empfindet, überdrüssig. Er möchte seine Hauptstadt zu einem »glänzenden Athen« machen. Knobelsdorff wird mit dem Bau eines Schlosses auf einem kleinen Hügel oberhalb der Havel, dort wo er oft mit seinen Freunden im Grünen speist, beauftragt. Die Bauzeit dauert von 1745 bis 1747 und das Schloss ist bei Ankunft Voltaires somit fertiggestellt.

Friedrich beabsichtigt nicht, ein persönliches Versailles zu besitzen, sondern strebt nach einem Ort, an dem er ungezwungen Gäste empfangen kann. Welch unglaubliche Bescheidenheit! Er gibt dem Schloss den Namen »sans souci« (ohne Sorge). Das auf einer weitläufigen Esplanade stehende Schloss erhebt sich über sechs etagenförmigen Terrassen, deren Bau sich als besonders schwierig erwies.[16] Die Außenfassade des nach Wunsch des Monarchen einstöckig gestalteten Pavillons hat eine große Fensterfront, die Pfeiler zwischen den Fenstern tragen Atlanten.

In der Mitte des Gebäudes liegt ein von einer Kuppel gekrönter Rundbau. Die Agapen mit philosophischen Diskussionen finden hier statt. Die Gemälde im kleinen Gang stammen von Antoine Watteau (1684–1721) und seinen Schülern Nicolas Lancret und Jean-Baptiste Pater. Knobelsdorff hat dem Wunsch seines Herrn nach einer französisch-klassizistischen Architektur des Schlosses entsprochen. Durch die aufgepfropfte Rokokoästhetik entsteht eine Atmosphäre, die zu philosophischen Diskussionen einlädt. Seine vorherigen Residenzen eignen sich dazu weniger: Rheinsberg ist klein, Cölln von Tragik umwoben, Charlottenburg zu unruhig und die Stadt Potsdam ist durch Friedrichs Vater in eine Kasernenstadt verwandelt worden.

Voltaire hält sich häufig im Gästeflügel auf, ist aber nie ständiger Gast in Sanssouci, wie vielfach behauptet wird. Man trifft ihn in der Stadt Potsdam, im Potsdamer wie im Berliner Schloss an. Er nimmt an den philosophischen Empfängen, an Musikabenden und mondänen Abendgesellschaften teil. Der König schätzt, zumindest anfänglich, seine Gesellschaft. Voltaire korrigiert die französischen Schriften des Königs, unterrichtet ihn über seine Fehler und verfasst sogar seine 1751 veröffentlichten *Mémoires pour servir à l'histoire de la maison de Brandebourg* und *Les Oeuvres mêlées du philosophe de Sans souci, imprimés dans le donjon du château*.[17]

Schwierigkeiten in Preußen

Nach und nach gestaltet sich Voltaires Aufenthalt schwieriger als es nach den Briefen Friedrichs zu erwarten war. Preußen ist im Wesentlichen ein Militärstaat, der das vom Soldatenkönig eingeführte und von seinem Sohn fortgesetzte strenge Regiment beibehalten hat. Bei Voltaires Ankunft in Preußen 1750 hatte Friedrich Österreich besiegt und Schlesien bereits seit acht Monaten annektiert, wobei ihm durchaus bewusst ist, dass ihn nur ein langer Krieg zum gewünschten Ziel, der endgültigen Zerstückelung des Habsburger Reiches, führen kann. Er misstraut Bayern und Sachsen, da durch die Ehefrauen verwandtschaftliche Beziehungen zum Hause Habsburg bestehen. Er weiß um die Rivalität Frankreichs und Englands in Nordamerika, die ausschließt, dass beide Länder in Europa im selben Lager kämpfen. Er muss also seine Armee in Kampfstellung halten und so ist Potsdam eine Garnison mit Kasernen und Unterkünften für Unteroffiziere, die wenig Raum für die Zivilbevölkerung lässt. Läden, Lagerhäuser und kleine Manufakturen sind auf Waffen eingestellt. Die strenge Militärdisziplin macht das Leben monoton und langweilig; hinzu kommt, dass Berlin nur in einer fünfstündigen Wagenfahrt erreichbar ist.

Voltaire erträgt diese »Mischung aus Sparta und Athen«, wo man »mit Trommelschlägen und Trompetenlärm und tausend Gewehrschüssen«[18] lebt, nur eine gewisse Zeit. Er verabscheut die allmorgendlichen Militärparaden, zu denen der König ihn hinzuzieht: »Gegen elf Uhr ließ der gestiefelte König sein Garderegiment im Garten Revue passieren und zur selben Stunde machten dies die Obersten in allen Provinzen auch.«[19] Der Soldatenkönig hat seine Spuren hinterlassen.

Friedrich II. entspricht nicht dem aufgeklärten Herrscher, den man nach seinen Briefen, seinem Rheinsberger Leben, seiner Dichtkunst und seinem *Antimacchiavelli* in ihm hätte vermuten können. Was die Staats-, Kriegs- und politischen

Angelegenheiten betrifft, ist er sehr autoritär. Seine einzige Zerstreuung ist der morgendliche Umgang mit »zwei oder drei Favoriten, entweder Leutnants seines Regiments, oder Pagen, Heiduken und junge Kadetten«, die Schriftstellerei, Lektüreempfehlungen von d'Arget, »Sekretär von Valori, dem Gesandten Frankreichs«[20], die abendlichen Konzerte und Essen.

Voltaire schätzt die philosophischen Diners von Sanssouci. »Man aß«, erinnert er sich, »in einem kleinen Saal zu Abend, dessen einzigartiges Dekor ein Gemälde war, dessen Zeichnung er [Friedrich] Pesne, seinem Maler und einem unserer besten Koloristen gegeben hatte. Es war ein obszönes Gemälde. Junge Männer küssen junge Frauen [...] Die Mahlzeit büßte nichts an philosophischer Qualität ein [...]«[21]

Die königliche Familie nimmt ihn herzlich auf und umgibt ihn mit der ihm fehlenden Wärme. Er pflegt eine ausgezeichnete Beziehung zur Mutter des Königs, Sophie Dorothea, die zurückgezogen in ihrem Schloss Monbijou lebt und der Voltaire Tragödien vorliest. Er unterhält sich oft mit Königin Elisabeth Christine, von Friedrich nach Schönhausen verbannt. Ihr, wie auch den meisten anderen Frauen, ist es verboten, nach Potsdam zu kommen. Auch zu den Schwestern und Brüdern des Herrschers unterhält Voltaire eine herzliche Beziehung. Drei der Brüder, die Prinzen August Wilhelm, Heinrich und Ferdinand, dürfen sich niemals aus dem Umkreis des Herrschers entfernen. Voltaire lässt ihnen Komödien vorspielen, »um sie von der Langeweile, die in der Kasernenstadt herrscht, zu befreien«[22]. Von den sechs Schwestern Friedrichs sind fünf verheiratet und haben Berlin verlassen. Die noch am Hof verweilende Prinzessin Amelie, die durch eine komplizierte Liebesgeschichte mit Freiherr Friedrich von Trenck sehr angeschlagen ist, geht nicht aus sich heraus. Zu Voltaires großem Bedauern lebt die von ihm geschätzte frühere Spielgefährtin des Königs und jetzige Markgräfin von Bayreuth, Sophie Wilhelmine, weit entfernt von Preußen.

Von der königlichen Familie abgesehen, trifft Voltaire wenige Leute in Berlin. Zu Maupertuis, dem Präsidenten der Akademie der Wissenschaften seit 1745, hätte er eine engere Beziehung aufbauen können. Dieser renommierte Wissenschaftler wohnt seit fünf Jahren in Berlin und trifft tagtäglich berühmte, für Voltaire möglicherweise interessante Leute. Außerdem kennen sich die beiden seit fünfzehn Jahren. Das Interesse des Königs an den wissenschaftlichen Arbeiten und der Akademie entfacht jedoch Voltaires Eifersucht. Die einzigen Akademiemitglieder, mit denen er einen gewissen Umgang pflegt, sind der Pastor Jean Henri Samuel Formey (1711–1797) und der Herausgeber Dufresne de Francheville. Formey entstammt einer Hugenottenfamilie aus der Champagne und hat das Amt des *secrétaire perpétuel* der Akademie inne. Er steht in ständigem Kontakt mit den französischen Enzyklopädisten und arbeitet an dem Werk mit. Dufresne de Francheville, der auch aus der französischen Kolonie stammt, hat die Herausgabe des *Siècle de Louis XIV.* übernommen, das 1751 in Berlin veröffentlicht wird.

Voltaire verkehrt nicht in den intellektuellen Kreisen, den Logen, literarischen Gesellschaften und Cafés Berlins. Die Berliner Gesellschaft zeigt sich sehr interessiert an den Ideen der französischen Lumières, die 1760 zur Aufklärung führen. Voltaire hat, wie auch Friedrich, diese in Deutschland gärenden Auffassungen ignoriert, ja sogar verachtet. Gotthold Ephraim Lessing, der große Dramatiker (1729–1781) und Bewunderer Voltaires und Diderots, durfte seine Übersetzung des *Siècle de Louis XIV.* nicht veröffentlichen.

Die philosophischen Diners von Sanssouci sind von französischer Kultur geprägt und Voltaire ist damit einverstanden. Baculard d'Arnaud, der Marquis d'Argens, der Diplomat Claude Etienne Darget, der Militär François de Chazot und der Venezianer Algarotti sind häufige Besucher in Sanssouci, lebendig, sorglos, oft lustig, manchmal perfide und Voltaire fühlt sich unter ihnen wohl.

Der französische Schriftsteller Baculard d'Arnaud (1718–1805) ist ein sonderbarer Charakter. Er ist Autor einer Studie über *l'Art de foutre* (»Die Kunst des Fickens«), zu der ihn ein Gedicht Friedrichs über die Freuden des Orgasmus[23] anregte. Friedrich findet die Erotomanie Baculards amüsant und lädt den Schriftsteller, den Voltaire verabscheut, ein, um diesen zu erzürnen. Friedrich genießt es, Menschen gegeneinander auszuspielen. Schließlich wird Baculard abgeschoben, weil er zu hohe Geldforderungen stellt und Voltaire gegenüber der üblen Nachrede verdächtigt wird.

Der Marquis d'Argens (1703–1771) ist ein durch seine *Lettres juives* (1736), *Lettres cabalistiques* (1737) und *Lettres chinoises* (1739) bekannter Abenteurer. Friedrich gefallen die antireligiöse Einstellung und der beißende Spott des Marquis und so stellt er ihn 1743 als Kammerherrn und später als Leiter der Literaturklasse der Berliner Akademie ein. Der aus einer Parlamentarier-Familie in Aix-en-Provence stammende Marquis hat ein bewegtes Leben hinter sich. Er ist jung mit seiner Geliebten nach Spanien geflohen. Später taucht er im Dienst des französischen Botschafters in Konstantinopel, als Kunstmaler in Rom, Freiwilliger in der Rheinarmee 1734, Angestellter einer holländischen Buchhandlung und schließlich als nonkonformistischer Publizist und Vielschreiber wieder auf. Friedrich macht ihn zu seinem Prügelknaben und verbietet ihm unter anderem, Reisen außerhalb Preußens anzutreten.

Claude Etienne Darget ist ein alter Freund Friedrichs aus dem intimen Rheinsberger Kreis. Er versteht sich gut mit dem zwanzig Jahre älteren Voltaire. Darget stand im Dienst des Marquis von Valory, dem französischen Botschafter in

Preußen, und wurde später von Friedrich als Vorleser, Sekretär und Vertrauter übernommen. Er hat Voltaire beim Finanzskandal mit den Brüdern Hirschel 1751 unterstützt.

Auch François de Chazot ist ein Freund aus der Rheinsberger Zeit. Als 18-jähriger Leutnant im Bourbonenregiment hat er im Duell einen entfernten Verwandten des Duc de Boufflers, von dem sein Regiment abhängig war, getötet und ist nach Preußen geflohen. Im ersten Schlesischen Krieg hat er Friedrich in der Schlacht bei Mollwitz das Leben gerettet, indem er ihn mit seinem Körper schützte. Als Anerkennung wurde er von Friedrich zum Major befördert und mit dem Orden *Pour le mérite* ausgezeichnet. Ein erneutes Duell mit einem polnischen Offizier, der dabei getötet wird, bringt ihm eine mehrwöchige Haftstrafe im Spandauer Gefängnis ein. Er wird aber bald wieder vom großmütigen und dankbaren Friedrich zu den philosophischen Diners eingeladen, sicher auch in seiner Eigenschaft als Flötenvirtuose. Voltaire und Chazot werden 1743 miteinander bekannt und treffen sich häufig an der Tafel des Königs und anlässlich festlicher Veranstaltungen in Berlin und Potsdam, sind aber nie eng befreundet gewesen. Voltaire erwähnt ihn nicht in seiner Korrespondenz.

Anders verhält es sich mit dem venezianischen Grafen Francesco Algarotti (1712–1764). Voltaire hatte ihn aufgrund seiner Beliebtheit an vielen europäischen Königshäusern schon früher nach Cirey eingeladen. Er ist Autor des *Neutonianismo per le dame* (»Newtonismus für Damen«), einer Schrift, die das Interesse Mme du Châtelets und Voltaires erregte. Durch eine anschauliche Vulgarisierung der Wissenschaft ist die feine Gesellschaft zu beeindrucken. Der liebenswürdige, oberflächliche, feige, verträgliche und außerordentlich sprachgewandte Algarotti macht zu Friedrichs Vergnügen aus seinen homosexuellen Neigungen keinen Hehl. Mit seinen wissenschaftlichen, kulturellen, künstlerischen und schriftstellerischen Neigungen entspricht er dem Gästeprofil in Sanssouci. Die Begeisterung des Königs für seine Gäste erlischt allerdings rasch wieder. Auf die Liebe folgen Schmollen, Erniedrigungen und überzogene Ansprüche. Algarotti wird zum Schluss vom König beleidigt, so wie Baculard, der Marquis d'Argens oder Darget und später auch Voltaire. 1753 flüchtet der »Schwan von Padua« in sein heimisches Italien, bleibt aber im Briefwechsel mit Voltaire.

Voltaires erste Monate am preußischen Hof gestalten sich nach seinen Erwartungen. Bei allen öffentlichen Zeremonien, zu denen er hinzu gebeten wird, trägt er stolz das Kreuz des Ordens *du mérite* und den vergoldeten Silberschlüssel seines Amts als Kammerherr zur Schau. Durch eine großzügige Pension kann er für den Unterhalt Mme Denis' aufkommen, die er in seinem Appartement in der Rue Traversière in Paris untergebracht hat.

Theater spielt eine große Rolle am Hof. Voltaire übernimmt selbst Rollen in seinen Stücken, so z. B. den Cicero in *Rome sauvée* im September 1750 und den Lusignan in *Zaire* im Januar 1751. Prinz Heinrich tritt in *La Mort de César* auf. Voltaires Pflichten bestehen darin, die Manuskripte Friedrichs zu lesen und zu korrigieren, ihn auf seinen langen philosophischen Spaziergängen zu begleiten, die Soupers zu animieren und Applaus bei den täglichen Konzerten mit Friedrich als Flötisten zu spenden. Voltaire ergeht sich in Entschuldigungen seiner Nichte gegenüber, sie in Paris allein lassen zu müssen, verschweigt ihr aber, dass Gräfin Charlotte-Sophie von Aldenburg, Gräfin von Bentick, große Anziehung auf ihn ausübt. Er war ihr sehr freundschaftlich, sicher auch in Liebe, verbunden.

Schon drei Monate nach seiner Ankunft in Preußen, im November 1750, befallen Voltaire erste Zweifel.[24] Er ist einsam und sein Verhältnis zu Friedrich II. wird durch Schwierigkeiten belastet, die mit einem Streit mit Baculard d'Arnaud ihren Anfang nehmen. Voltaire hat erreicht, dass dieser unangenehme Federfuchser aus den Diensten entlassen wird, eine vom König nur halbherzig getroffene Entscheidung, da er die Intervention Voltaires nicht schätzt. Ein weiterer Riss tut sich Anfang 1751 auf, als es zu Streitereien zwischen Voltaire und dem Juwelier Hirschel kommt. Voltaire hatte ihn beauftragt, wertverminderte Bezugsscheine zu erstehen und sie zu einem hohen Preis weiterzuverkaufen. Es wird ihm später klar, dass sein Verhalten von Friedrich, der seine Hofleute nicht in Geldgeschäfte verwickelt sehen will, für inakzeptabel gehalten wird und er storniert daraufhin seinen Auftrag. Hirschel jedoch gibt die Schuldbriefe zu spät heraus und Voltaire gewinnt den Prozess. Die diesbezüglichen Auswirkungen in der Presse rufen Friedrichs Ärger hervor und er wirft seinem Hofherrn vor, sich von einem Juden zu einem unehrenhaften Abenteuer verleiten lassen zu haben. Sein Brief an Voltaire, in dem er sein Verhalten verurteilt, hat einen sehr harschen Unterton: »Sie haben die schlimmste Affäre mit dem Juden gehabt und haben die ganze Stadt in Aufruhr versetzt […]«[25]

Nach erbärmlichen Entschuldigungen verschwindet Voltaire für mehrere Monate im *Marquisat* in der Nähe des Brandenburger Tores, was einer Verbannung gleichkommt. Friedrich braucht aber Voltaire als Korrektor seiner Schriften, die fehlerlos sein müssen. Gerade hat er sechs poetische Gesänge über die *Art de la guerre* (»Kriegskunst«) geschrieben. So ruft er Voltaire, der immer noch sein Appartement in Potsdam hat und eine Pension bezieht, zurück. Der Dichterphilosoph taucht wieder bei den Diners in Sanssouci auf, die erniedrigenden Vorwürfe des Königs aber hat er nicht vergessen. Der Anschein ist gewahrt, aber von nun an tritt der sie entzweiende Grundkonflikt offen zu Tage. Friedrich zählt zu den aufgeklärten Gelehrten und die dramatischen Ereignisse seiner Jugend scheinen vergessen, aber er hat sich zu einem unbeugsamen Monarchen entwickelt. Er hat eindrucksvolle militärische Siege errungen, niemand kann sich ihm entziehen und er stellt seine Macht gern gegenüber seinen Hofleuten zur Schau.

Voltaire, der von Ehrgeiz getrieben und der Pariser Intrigen überdrüssig nach Potsdam gekommen ist, hält sein schriftstellerisches Talent für unübertrefflich und verachtet im Geheimen das des Königs. Voltaire, der unfähige Machthaber verspottet, kann ebenso wenig absolute Macht akzeptieren. »Das zu sagen, was man zu sagen wünscht, ist der Trost des Lebens« ist seine Devise.[26] Die blinde Leidenschaft, die ihn in den Bannkreis eines Literatur liebenden und konversationsbeflissenen Monarchen mit blauen Augen und sanftem Lächeln getrieben hat, ist Vergangenheit: Friedrich ist ihm unerträglich geworden.[27] Pariser Freunde raten Voltaire, nach Frankreich zurückzukehren. Während seiner eineinhalbjährigen Abwesenheit haben sich die Dinge geändert und man bedauert, dass er fort ist, sogar seine Stücke werden wieder gespielt.

Aber der Zeitpunkt für den Abschied von Sanssouci ist noch nicht gekommen. Voltaire vertraut nicht darauf, in Paris so positiv aufgenommen zu werden wie seine Freunde es ihn glauben machen wollen. Er ist des preußischen Hofes und der Überheblichkeit des Königs noch nicht überdrüssig genug. Die Verunglimpfungen seiner Person durch den König kümmern ihn nicht.

Die Lustbarkeiten, Intrigen und Zwänge am Hof stehen seiner Kreativität im Wege. Voltaire hat sich in Preußen zunächst darauf beschränkt, einige seiner in Vergessenheit geratenen Stücke zu spielen. Seit zehn Jahren wartet seine Schrift *Le Siècle de Louis XIV.* auf die Veröffentlichung. Ludwig XV. war über diese Ehrung seines Urgroßvaters nicht erbaut gewesen und hatte sie beschlagnahmen lassen.

Voltaire nimmt eine Überarbeitung vor und 1751 werden die 3 000 Exemplare der ersten Auflage vom Hofdrucker Henning veröffentlicht. Diese Schrift, die die Regierungszeit eines außergewöhnlichen Königs thematisiert, gefällt Friedrich sehr, da er sich diesem Sonnenkönig ebenbürtig, ja sogar überlegen fühlt. Er schätzt auch die darin enthaltene Kritik an der Philosophie Descartes' und dem Pariser Parlament. Es erfüllt ihn mit Stolz, die Imprimatur für ein in Frankreich indiziertes Werk gegeben zu haben und dies umso mehr, als diese Schrift an einigen europäischen Höfen sehr geschätzt wird. Eine neue, überarbeitete und erweiterte Ausgabe wird vom Drucker Walther in Dresden hergestellt. Voltaire bearbeitet auch sein seit 1734 in Vergessenheit geratenes Werk *Adelaide du Guesclain*.

Das Jahr 1752 ist für Voltaire erneut eine fruchtbare Schaffensperiode, vielleicht weil Friedrich ihm nicht zusetzt. Er verfasst eine *Eloge historique de Mme la marquise du Châtelet*, die in der *Bibliothèque impartiale* von Leiden veröffentlicht wird, und wendet sich mit dem *Dialogue entre un brahmane et un jésuite* wieder

der Philosophie zu. In dem 1756 veröffentlichten Gedicht *La Loi naturelle* vertritt er eine Newton folgende deistische Auffassung, indem er Gott als einen um das Glück der Menschen und der Harmonie des Universums besorgten Uhrmacher versteht. Dies stellt eine erneute Herausforderung an Friedrich dar, denn Voltaire beruft sich auf die Grundprinzipien der Lehre der Aufklärung, nämlich die Universalität der moralischen Werte und die Gleichheit aller vor dem Naturgesetz. Nach Voltaire besteht die Rolle eines Monarchen darin, den Frieden im Innern zu garantieren, indem er alle gleich behandelt. Friedrich hat den *Antimacchiavelli* vergessen.[28]

Das erstmals Anfang 1752 veröffentlichte Gedicht *Poème sur la religion naturelle* ist durch die ein Jahr zuvor herausgekommene *Encyclopédie* beeinflusst. Voltaire hat seine Rolle als Repräsentant der Lumières ständig vor Augen. Friedrich will seine eigene Enzyklopädie veröffentlichen und Voltaire versichert, ihm bei diesem Vorhaben behilflich zu sein. Der erste Band soll sich dem Antichristianismus widmen. Der deistisch ausgerichtete, jedoch zutiefst antireligiöse Voltaire nutzt diese Gelegenheit – auch auf die Gefahr hin, Friedrich zu missfallen –, um sein Credo, die Ablehnung von Prunk und Pracht, Intoleranz, Aberglauben und religiösen Streitereien, zum Ausdruck zu bringen. Die ersten von Voltaire verfassten Rubriken dieser Enzyklopädie Friedrichs, *Athéé, Âme, Abraham, Baptême* strotzen vor Antichristianismus. Friedrich ist über diesen Anfang erfreut und wünscht eine Fortsetzung, die Voltaire zum Anlass nimmt, sich in Form von Schmähschriften, *Le Sermon des Cinquante* und *La Défense de Lord Bolingbroke*, sarkastisch über die Unglaubwürdigkeit der in der Bibel geschilderten Ereignisse zu äußern.

Wenn Voltaire seinem Zorn freien Lauf lässt, so meist auf sehr gewaltsame und hasserfüllte Weise. So auch gegen einen jungen, nach Berühmtheit strebenden Mann, Laurent Angliviel de La Beaumelle, der Voltaire durch seine Kritik an der *Henriade* verärgert hat. De La Beaumelle (1726–1773) hat sich am dänischen Hof ungebührlich verhalten, was seine Verbannung nach sich zog und woraufhin er nach Preußen kam. Von Anfang an zieht er Voltaires Zorn auf sich, weil er sich erneut über sein Werk und sein Verhältnis zum König herabsetzend äußert.[29]

In ihrem Zorn sind sich Voltaire und Friedrich einig.[30] Der König billigt Voltaires Verhalten und jagt Beaumelle fort.

Der Bruch mit Friedrich

Der von seiner Überlegenheit überzeugte Voltaire ist auf den vom König protegierten, an die Spitze seiner Akademie gestellten französischen Gelehrten Maupertuis eifersüchtig. Im April 1752 schwenkt Voltaire zum Mathematiker Johann

Samuel König über, der die Arbeiten Maupertuis' in Frage stellt und einen entsetzlichen Streit verursacht. Das frühere Verhältnis zwischen Voltaire und Maupertuis ist abgekühlt.[31] Der König toleriert keine Zweifel hinsichtlich der Ehrenhaftigkeit und Aufrichtigkeit seines Akademiepräsidenten und ergreift für ihn Partei, was Voltaire zwar zum Rückzug bewegt, ihn aber nicht davon abhält, das den Absolutismus Friedrichs kritisierende Pamphlet der *Diatribe du Docteur Akakia* vom 26. Dezember 1752 zu verfassen.

Voltaire schreibt Mme Denis: »Ich denke nur daran, anständig von hier wegzugehn, mich um meine Gesundheit zu kümmern, Sie wiederzusehn, diesen dreijährigen Traum zu vergessen. Mir ist klar, dass die Orange ausgepresst wurde, jetzt geht es darum, die Schale zu retten. Ich werde mir ein kleines Lexikon zum Umgang mit Königen anlegen: *Mein Freund* bedeutet *mein Sklave*; *Mein lieber Freund* heißt *Sie sind mir mehr als gleichgültig*; verstehen Sie unter *Ich werde Sie glücklich machen Ich werde Sie ertragen, solange ich Sie brauche*; *Essen Sie zu Abend mit mir* bedeutet *ich werde mich heute abend über Sie lustig machen* […]«[32]

Das ist der Bruch zwischen Friedrich II. und Voltaire, den auch ein Versöhnungsessen nicht rückgängig machen kann, und Friedrich befiehlt die Verbrennung der *Diatribe*. Am 1. Januar 1753 lässt Voltaire Friedrich sein Rücktrittsschreiben zukommen.[33] Friedrichs Hofstaat hat sich verkleinert. Chazot hat Preußen im November 1751 verlassen, Darget ist im März 1752 nach Paris und Algarotti im Februar 1753 nach Italien übergesiedelt. So bleiben, aus materiellen Gründen, nur der Kammerherr Pöllnitz und der Marquis d'Argens.[34] Maupertuis wird Preußen drei Jahre später verlassen und ein gutes Verhältnis zum König behalten. Am 26. März verabschiedet sich Voltaire vom Monarchen von Sanssouci, der ihn nicht zum Bleiben bewegt. Seine Rückreise gleicht einem seinem Leben entsprechenden chaotischen Herumirren. Nach dem Besuch bei Fürsten und Prinzessinnen in Leipzig, Gotha und Kassel wird Voltaire in Frankfurt von Bütteln des Königs angehalten, die ihn zur Herausgabe von mitgenommenen Briefen und Schriften Seiner Majestät Friedrichs II. bewegen sollen. Es handelt sich um die *Oeuvres de philosophie de Sans Souci*, eine auf Französisch verfasste und von Voltaire korrigierte Sammlung von Gedichten und anderen Stücken, darunter Briefe in Versen und Prosa, die Friedrich nur seinen engsten Freunden zugedacht hatte. Die auf die Gunst des Königs hoffenden Büttel expedieren Voltaire mitsamt den Schriften, dem Schlüssel des Kammerherrn und dem Orden *Pour le mérite* nach Berlin.

Trotz der sehr turbulenten Beziehungen, die Voltaire während seines Aufenthalts in Potsdam mit seinem Gastgeber, dem preußischen König, unterhielt, hat er doch zu keinem anderen Land, nicht einmal zu England, eine vergleichbar starke Bindung entwickelt.³⁵ In mehreren seiner Werke (*Candide, Annales de l'Empire*) beschäftigt er sich mit seiner Wahlheimat.

Wegen seiner Gottlosigkeit ist er von Lessing, Herder und sogar von den Philosophen der Aufklärung angegriffen worden. Goethe stand Voltaire wegen seiner Oberflächlichkeit reserviert gegenüber, sah in ihm jedoch einen würdigen Vertreter des französischen Geistes. Schiller machte ihm seine Gefühlskälte zum Vorwurf. Hegel stellte die Frage, inwieweit ihm die Unzulänglichkeiten in der französischen Aufklärung, wie Unglaube, Oberflächlichkeit und Immoralität anzulasten seien. Aber nach und nach verstummt die Kritik. Viel später hat Heinrich Mann Voltaire gelobt und Friedrich Nietzsche, der ihm *Menschliches, Allzumenschliches* widmet, sein »griechisches Gefühl für Versmaß und Ordnung« gepriesen. Heutzutage wird er in Deutschland übereinstimmend als große Gestalt der Aufklärung und der französischen Revolution betrachtet und als einer der geistigen Väter der universellen Werte der Menschheit – Recht, Toleranz, Glaubens- und Denkfreiheit – angesehen.

Der von der Aufklärung ergriffene König Friedrich hat Voltaire entdeckt und aufgenommen. Ihre kulturelle Affinität ist stärker gewesen als die vergänglichen Bündnisse der Schlesischen Kriege und hat eine tiefe Verbindung zwischen Frankreich und Preußen geschaffen.

Französische Gelehrte in Preußen

Pierre Louis Moreau de Maupertuis (1698–1759)
Wie Voltaire, so trifft auch Maupertuis in Frankreich auf Schwierigkeiten. Die Pariser Akademie der Wissenschaften, der er angehört, versagt ihm die ihm seiner Meinung nach zustehende Anerkennung.

Friedrich II. weiß die Talente seiner Epoche aufzuspüren und ihre Enttäuschungen für seine Zwecke zu nutzen. Er hat den Geisteswissenschaftler Voltaire zu sich gerufen und nun wird auch ein Naturwissenschaftler sein Gast, der, im Gegensatz zu Voltaire, nicht in Paris verhaftet und an keine Frau gebunden ist. Er nimmt Friedrichs Einladung augenblicklich an und lässt sich Ende September 1744, sechs Monate früher als Voltaire, in Berlin nieder.

Er ist ein exzellenter Naturwissenschaftler, zeichnet sich vor allem auf dem Gebiet der Mechanik und der Astronomie aus und wird schon mit 25 Jahren zum stellvertretenden Geometer an der Akademie der Wissenschaften ernannt. In seinen ersten Arbeiten beschäftigt er sich mit Ballistik und Kurvenlehre, reist 1728 zu Newton nach London, um seine Bewegungsgesetze zu verstehen und wird, gleich nach seiner Ankunft, Mitglied der Royal Society. Später studiert er bei Jean Bernoulli in Basel Integralrechnung und ihre Anwendung in der Physik.

Zurück in Paris knüpft er wieder an sein ursprüngliches Wissenschaftsmilieu an, das den ausländischen »Hirngespinsten« allerdings sehr misstrauisch begegnet,[1] und so finden seine Forschungen in Anlehnung an die Theorien Newtons keinen fruchtbaren Boden. Er veröffentlicht 1732 in den Schriften der Akademie der Wissenschaften zwei Anmerkungen über *Les lois de l'attraction* und *La figure des astres*, die ihn als erklärten Gegner der von der Akademie als einzige Möglichkeit anerkannten cartesianischen Lehre ausweisen. Descartes' – seiner Meinung nach – jeden Sinn entbehrendes *tournoiement des parties de la matière subtile*[2] lässt auf eine an den Polen abgeflachte Erdkugel schließen. Berühmte Akademiemitglieder, allen voran Cassini, durch Fontenelle unterstützt, weiter Moiran, Nollet und Saurin behaupten allerdings, die Enden der Erde hätten eine längliche Form. König Ludwig XV., der Marineminister und die Akademie der Wissenschaften beschließen eine experimentelle Überprüfung und senden Expeditionen nach Peru und zum Nordpol. Maupertuis, unterstützt durch den Geometer der Akademie

Clairaut, organisiert 1735 eine Expedition nach Lappland in Begleitung der Akademiemitglieder Camus, Le Monnier, Outhyhier und des schwedischen Astronomen Celsius, deren Ergebnisse der Akademie am 13. November 1737, früher als die der südlichen Expedition, vorgelegt werden. Trotz des Klimas in Finnlands Norden wurde genau gemessen: »Die Länge des Meridianbogens [zwischen dem 21. und 28. Dezember 1736 gemessen] erwies sich um 378 Klafter größer als der Picards zwischen Amiens und Paris und übersteigt um 950 Klafter den sich aus Cassinis Hypothese ergebenden Meridianbogen.«[3] Die Pole der Erde sind abgeflacht und Newtons These findet somit Bestätigung.

Wie jede ungewöhnliche Entdeckung, hat auch Maupertuis' Bericht Begeisterung entflammt und zahlreiche ausländische Gelehrte bezeugen ihre Bewunderung. Die Engländer frohlocken. Jean Bernoulli und sein Sohn Daniel melden ihr Interesse an. Der deutsche Mathematiker und spätere Widersacher Maupertuis', König, gibt sich zu dieser Zeit noch als Bewunderer. In Frankreich schließen sich hervorragende Gelehrte wie Réaumur Newtons Lehre an, aber viele unter ihnen bleiben ihrem cartesianischen Konservatismus und Cassini verhaftet. Die Anerkennung der Interpretation Maupertuis' würde dem Zugeständnis gleichkommen, die unermüdliche Arbeit dreier Generationen der Familie Cassini sei vergebens gewesen. Die Ehre des Observatoriums und der französischen Astronomie steht auf dem Spiel. Ein zwei Jahre anhaltender Kampf zwischen Maupertuis, Cassini und den jeweiligen Bewunderern und Verleumdern beginnt. Der zu großen Ehren gekommene Maupertuis zeigt jetzt Neigung zu Jähzorn und übertriebenem Stolz. Cassinis von Bitterkeit geprägte, unlautere Verteidigung besteht darin, Zweifel an der von Maupertuis angewandten Rechenmethode anzumelden. Die Akademie der Wissenschaften zerfleischt sich.

Die Unruhe greift auch auf die französische Gesellschaft über. In Cirey begeistern sich Voltaire und Emilie du Châtelet für Newton, den indirekt Schuldigen. Emilie vertieft sich in das Studium der Physik Newtons und unterstützt ihren Liebhaber bei der Abfassung von *Eléments de Newton*, einem populärwissenschaftlichen Werk. Sie hat Newtons lateinische Originaltexte übersetzt und veranlasst Voltaire, ihren Wahrheitsgehalt experimentell zu überprüfen.

Voltaire ergreift offen Partei für Maupertuis – ohne ihm den Umstand nachzutragen, dass er ihn ein Jahr zuvor mit Emilie betrogen hat. Das 1738 veröffentlichte Werk Voltaires entfacht die Kontroverse erneut. Emilie du Châtelet schreibt dem venezianischen Schriftsteller Algarotti, der mit dem gesamten intellektuellen Europa korrespondiert, dass »die Anhänger Newtons in Frankreich als Häretiker angesehen werden«. Voltaire qualifiziert Maupertuis als »Helden der Physik«. Der fortschrittliche Mathematiker d'Alembert schreibt: »Maupertuis glaubte, dass man ein guter Bürger sein könne, ohne die Physik seines Landes blind zu übernehmen, und um diese Physik anzugreifen, brauchte er Mut, für den man ihm dankbar sein muss.«[4] Voltaire und d'Alembert gehören zu den Intellektuellen, die der bei Descartes stehengebliebenen französischen Wissenschaft ihre Verschlossenheit gegenüber denjenigen vorwerfen, die Beobachtung und Experimente der Theorie und dem Inneismus vorziehen. Mit Maupertuis' Hilfe sind sie in das Lager der englischen Erneuerer Locke und Newton übergewechselt und verurteilen nun die altmodischen französischen Akademiemitglieder wie Cassini und seine Freunde, die allerdings in der Mehrzahl sind.[5]

Maupertuis kann mit der Kritik aus dem Umfeld von Cassini nur schlecht umgehen. Sein empfindlicher Charakter leidet darunter und sein Stolz erträgt keinen Zweifel an den Ergebnissen seiner Forschung. Er entwickelt sich zum Megalomanen und fordert unersättlich Ehre und Geld. Die ihm von Kardinal Fleury zugestandene Pension lehnt er ab, da sie die von Clairaut und Celsius nicht übersteigt. Er lässt sich als Lappländer, dessen Hände die Erde umfassen und zusammenpressen, malen; seine Verteidiger sind peinlich berührt von dieser Geste. Er behandelt die Akademie, die es gewagt hat seine Forschungsergebnisse in Frage zu stellen, von oben herab. Einige ihrer alten Mitglieder hatten indes die Bereitschaft gezeigt, öffentlich ihren Irrtum einzugestehen und sich seinen Auffassungen anzuschließen. Er gibt seine Widersacher in einer *L'examen désinteressé* titulierten Schmähschrift der Lächerlichkeit preis. Maupertuis zieht sich immer weiter zurück, der Abstand zum wissenschaftlichen Umfeld vergrößert sich. Er stürzt sich in mondäne und sexuelle Abenteuer, zweifellos um zu beweisen, dass er immer noch bewundernswert ist. Durch seine Abenteuerberichte aus eisigen Gefilden übt er auf die feine Gesellschaft eine Faszination aus, die auch die mit ihm nach Paris gekommene Lappländerin einschließt.[6]

Zu dieser Zeit blüht die Wissenschaft in ganz Europa und die untereinander bekannten Gelehrten halten sich brieflich über den Stand ihrer Forschungen auf dem Laufenden. Sie reisen von einer Akademie zur anderen, oft in Begleitung ihrer Studenten. Die Neuigkeiten verbreiten sich rasch. Maupertuis' Abenteuer sind bald an den europäischen Höfen bekannt, wo man sich über die Missgeschicke des großen französischen Wissenschaftlers überrascht zeigt. Die russische Zarin Elisabeth Petrovna, die Tochter Peters des Großen und Katharinas I., bietet Maupertuis ihre Gastfreundschaft und eine Pension an, die dieser ablehnt – vielleicht, weil ihm das wissenschaftliche Umfeld nicht zusagt.

Friedrich II. ist bemüht, der preußischen Akademie einen der Académie française und der Royal Society entsprechenden Ruhm zu verschaffen. Er möchte sie wieder zu dem Rang erheben, den sie unter seiner Großmutter Sophie-Charlotte mit Leibniz innehatte. Friedrich, der durch Voltaire über die Angelegenheit mit Maupertuis unterrichtet ist, lädt ihn am 14. Juli 1740 zu einem ständigen Aufenthalt ein.[7] Wenn Maupertuis der Pariser Akademie den Rücken kehrt, setzt er seine Pension aufs Spiel. Voltaire rät ihm davon ab, nach Preußen zu gehen – vermutlich aus Neid. Dieser fühlt sich jedoch durch die Ehrbezeugung des preußischen Königs geschmeichelt und der französische Hof, ebenfalls stolz auf die an einen französischen Gelehrten ergangene Einladung, ermuntert ihn, diese anzunehmen.

Maupertuis, der vom Treffen zwischen Voltaire und König Friedrich erfahren hat, reist zu dem Treffpunkt, dem *château de Meuse*, bei Kleve. Friedrich ist hoch erfreut, die beiden französischen Geistesgrößen, die er gern an seiner Seite sähe, kennen zu lernen.[8] Während dieses Treffens vom 11. bis 14. September 1740 nimmt Friedrich durch seine Kulturbeflissenheit und sein angenehmes Wesen beide Männer für sich ein. Maupertuis drängt es geradezu in die Dienste des Königs. Diese Unterwürfigkeit verärgert Voltaire.[9] Maupertuis folgt dem König nach Berlin, das sie am 22. September 1740 erreichen. Der Niedergang der Akademie, die einer leeren Hülse gleicht, macht ihnen beiden zu schaffen.

Wie sein Großvater, der Große Kurfürst, wendet sich Friedrich an ausländische Intellektuelle, allerdings ist der große Schweizer Mathematiker Leonhard Euler der einzige herausragende Wissenschaftler, der der Einladung nach Berlin umgehend folgt. Friedrich will auf seine französische Beute nicht verzichten und überbietet Maupertuis' Pariser Gehalt nicht nur um das Doppelte, sondern ehrt ihn auch durch Dîners im Familienkreis.

Maupertuis nimmt am 7. Oktober 1740 das Amt des Präsidenten der Akademie der Wissenschaften in Berlin an. Mit seiner neuen Aufgabe sieht er sich zwei Problemen gegenübergestellt: Wie kann er weitere brillante Geister für Berlin gewinnen und soll er seinen Berliner Aufenthalt als dauerhaft oder nur vorübergehend betrachten? Seine Freunde, Daniel Bernoulli und Jean II Bernoulli, die zu den größten damaligen Gelehrten zählen, lehnen es ab, in die Dienste eines Herrschers zu treten und raten auch Maupertuis davon ab.[10] Maupertuis aber fühlt sich in Friedrichs Umgebung so wohl, dass er sogar akzeptiert, bei der Schlacht von Mollwitz gegen Österreich (10. April 1741) an seiner Seite zu bleiben. Friedrich siegt trotz einiger Anfangsschwierigkeiten. Maupertuis wird in seiner blauen preußischen Uniform für einige Tage Gefangener der Österreicher. Nach seiner Freilassung kehrt er etwas kleinlaut und deprimiert für ein paar Wochen in seine Heimat nach Frankreich zurück, wo er wieder mit Feindseligkeit, Intrigen, Streitereien in der Akademie, Umkehrung von Bündnissen und persönlichen Ehrgeiz konfrontiert wird. Sein Wettlauf um Anerkennung beginnt erneut und er reicht seine Kandidatur bei der Académie Française ein, in die er am 30. Mai 1743 gewählt wird, auch dank der Unterstützung von Maurepas und Montesquieu. Er strebt das Amt eines *Secrétaire Perpétuel* der *Académie des Sciences* an, was ihm misslingt. Trotz dieser Schicksalsschläge und zahlreicher Affären mondäner Natur und mit Frauen nimmt Maupertuis seine wissenschaftliche Arbeit in Paris wieder auf und erweist sich als herausragender Wissenschaftler. 1743 veröffentlicht er den *Traité d'astronomie nautique* und stellt ein »Gesetz des Minimums« oder »Prinzip der kleinsten Wirkung der Kräfte« auf, nach dem die Natur immer die einfachen Wege geht. Hinsichtlich der Bewegung der Körper, kommt er zu folgendem Schluss: »Die Aktionsmenge (Energie) ist das Produkt aus Körpermasse, Geschwindigkeit und durchmessenem Raum […] Wenn sich Veränderungen in der Natur ergeben, ist die für diese Veränderung notwendige Energie die kleinstmögliche.«[11] Als Mathematiker interessiert er sich gleichwohl für Biologie. Als er auf einen Menschen mit weißer Haut und negroiden Zügen trifft, zieht er die Möglichkeit einer Mutation in Erwägung (*Vénus*, 1745) und ist damit seiner Zeit weit voraus.

Nach dem Ende der Schlesischen Kriege steht die Weiterentwicklung der Berliner Akademie der Wissenschaften erneut zur Diskussion, zur großen Freude Eulers, der in der Stadt geblieben ist. Am 23. Januar 1744 ernennt Friedrich in Abwesenheit Maupertuis' seinen Freund Jordan zum Vizepräsidenten der Preußischen Akademie, ein Amt das er mit vier Kuratoren teilt. Maupertuis ist derweil in Paris erneut Anfeindungen ausgesetzt, sowohl in der Académie française als auch in der Académie des Sciences, obwohl der Leiter der peruanischen Expedition, La Contamine, die Theorie von den abgeflachten Polen der Erde bestätigt und auch Cassini sich schließlich davon überzeugen lässt. Maupertuis ringt sich zu der Entscheidung durch, der schillerndsten Weltmetropole der damaligen Zeit den Rücken zu kehren, um in Berlin eine Akademie zu errichten, die der Pariser überlegen ist. Er reist im September 1744 aus Paris ab und besucht auf der Durchreise die berühmte Familie Bernoulli, die er durch lobende Hinweise auf die Arbeiten seines jungen Schützlings d'Alembert verärgert. Von Basel reist er nach Freiburg, das von der alliierten französischen Armee besetzt ist, und wird vom französischen Kommandanten beauftragt, Friedrich von der Besetzung der Freiburger Schlösser zu unterrichten.

Die Ankunft Maupertuis' am 6. Dezember in seiner Eigenschaft als Bote wird begeistert gefeiert und von seiner Rückkehr nach Frankreich ist keine Rede mehr. Er ist einverstanden, die Modernisierung der Akademie, die ihm schon vor Jahren angetragen wurde, bedingungslos voranzutreiben und wird darin durch Euler unterstützt. Er erhält Bezüge in Höhe von 12 000 Pfund und findet in Eleonore Katharina von Borck, der Tochter eines Kurators der Akademie, eine neue Gefährtin, die er später mit Zustimmung des preußischen Königshauses heiratet.

Die Pariser Akademie akzeptiert seine Beurlaubung, verzeiht es ihm aber nicht, dass er Berlin gegenüber Paris, Friedrich II. gegenüber Ludwig XV. und einer mit den Anfangsschwierigkeiten kämpfenden Akademie gegenüber einer prestigeträchtigen den Vorzug gibt. Seine Freunde, allen voran Voltaire und Emilie du Châtelet, versuchen ihn zurückzuhalten. Voltaire befürchtet, durch einen anderen Schöngeist bei Friedrich ausgestochen zu werden und Emilie, einen weiteren Liebhaber an die Reize Berlins zu verlieren.

Maupertuis findet Erfüllung in Berlin durch Ehe, Ehre und Geld und nimmt seine Aufgabe sehr ernst. Friedrich hat vollstes Vertrauen in ihn und betraut ihn am 1. Februar 1746 mit dem Amt des Präsidenten der Akademie. »Nichts geschieht ohne ihn«, erklärt der König und präzisiert weiter in der Bestallungsurkunde: »Wir wünschen, dass er alle mit diesem Amt verbundenen Rechte, Privilegien und Immunitäten genießt und alle Betroffenen, besonders die Kuratoren, werden ermahnt, ihn in dieser Eigenschaft anzuerkennen.«[12]

Die genaue Bezeichnung der Akademie lautet »Königlich-Preußische Akademie der Wissenschaften«. In ihr ist die ehemalige Königliche Akademie mit einer zuvor entstandenen Literarischen Gesellschaft vereinigt. An ihrer Spitze stehen der Präsident und vier Kuratoren. Den Gelehrtenkörper bilden 33 Akademiemitglieder in den vier Abteilungen Experimentelle Philosophie, Mathematik, Spekulative Philosophie und Literatur- und Geisteswissenschaften. Die Spanne der Diskussionsthemen reicht von der abstrakten bis zur realen Wissenschaft. »Diese Gesellschaft umfasst«, so Maupertuis, »ein viel weiteres Feld als die meisten der anderen Akademien.«[13]

In der ersten Abteilung gibt es neun Ärzte, der zweiten steht der berühmte Mathematiker Leonhard Euler, Mitglied der Akademien in Frankreich, Russland und England vor. Die dritte Abteilung kann sich zugute halten, François Achard, einen Justizrat, als Mitglied zu haben. Die geisteswissenschaftliche Abteilung wird von Jean Baptiste de Boyer, Marquis d'Argens, einem königlichen Kammerherrn präsidiert. Der Philosoph Samuel Formey ist »ewiger Sekretär«.

Die ersten Akademiemitglieder werden von Maupertuis ernannt. Charles Etienne Jordan, der Ratgeber Friedrichs seit seiner Kronprinzenzeit, unterstützt ihn bei der Suche. Ein Drittel der »gewöhnlichen« Akademiemitglieder ist hugenottischen Ursprungs.[14] Diesen »gewöhnlichen« Mitgliedern sind ein altgedientes Mitglied, Ehrenmitglieder sowie externe Akademiemitglieder beigeordnet.

Die berühmtesten Natur- und Geisteswissenschaftler dieser Zeit werden in die Akademie berufen, unter ihnen die großen Schweizer Mathematiker Jean II und Daniel Bernoulli, die ihren Streit mit Maupertuis vergessen haben, der ins Lager Maupertuis' übergewechselte Astronom Jacques Cassini und sein Sohn Jean.

Ebenso dazu zählen die deutschen Chemiker Marggraf und Pott, der Diplomat Marschall, die Astronomen James Bradley (London), Peter Nielsen Horrebow (Kopenhagen), der berühmte italienische Anatomieprofessor Morgagni und die Botanisten Karl von Linné (Uppsala) und Louis Guillaume Le Monnier (Paris).[15] Die überwiegende Zahl besteht aus französischen Gelehrten, wie Clairaut, d'Alembert und la Contamine, und Philosophen, so Voltaire, Diderot, d'Holbach und Montesquieu, der sich über seine Wahl geehrt zeigt. Montesquieu war zu Zeiten des Soldatenkönigs nach Berlin gekommen und ist nun erfreut, sich in Friedrichs Umfeld im Zentrum der Aufklärung zu befinden.[16] Maupertuis' Schützling d'Alembert hat sogleich nach seiner Wahl den großen Preis der Akademie erhalten.[17]

Umgeben von solchen Berühmtheiten ist es Maupertuis ein Leichtes, sich über die üblen Nachreden in Paris hinwegzusetzen.[18] Friedrich kann sich rühmen, an seinen Hof die größten Denker geholt zu haben, die er großzügig vergütet und denen er Sekretäre und Bibliothekare zur Seite stellt. Das von Leibniz konzipierte Observatorium wird renoviert und ein Hörsaal für Anatomie eingerichtet. Die Akademie verfügt über Sammlungen und einen botanischen Garten. Friedrich kann sich zugute halten, die Berliner Akademie auf Kosten der Pariser bereichert und sein kulturelles Verlangen und die Lust an der französischen Sprache – in der Berliner Akademie wird ausschließlich französisch gesprochen – befriedigt zu haben.

Die Akademie kann sich eines dauerhaften Ruhms erfreuen und Maupertuis bezeugt dem König seine uneingeschränkte Bewunderung und Anerkennung.[19] Voltaire hat die tiefe Verbindung zwischen dem König und Maupertuis nicht erkannt. Durch ihr beider Bemühen sind ein kultureller Mittelpunkt und ein Instrument der Wissenschaft entstanden, die keinen Vergleich scheuen müssen. Als es zum Streit zwischen Voltaire und Maupertuis kommt, ist es Friedrich unmöglich, Partei für den berühmten und talentierten, aber oberflächlichen Voltaire und gegen den ergebenen, schöpferischen und aktiven Maupertuis zu ergreifen.

Maupertuis' Forschungsschwerpunkt ist die Verteidigung seines von ihm als universell gültig angesehenen »Prinzips der kleinsten Wirkung der Kräfte« und seiner philosophischen Bedeutung. Im Frühjahr 1751 wird dieses Prinzip von Samuel König, Professor für Naturrecht in Den Haag und Mitglied der Berliner Akademie, in Frage gestellt. Es handelt sich dabei mehr um eine Anklage wegen Täuschung als um einen wissenschaftlichen Angriff. Laut König hätte schon Leibniz dieses Prinzip in einem Brief an einen Professor Hermann in Basel entwickelt. Die Berliner Akademie verlangt, den Originalbrief von Leibniz einzusehen, was nicht möglich ist, und lässt daraufhin am 13. April König einen negativen Bescheid zukommen. Zu Maupertuis' Verteidigern gehörten auch der große Euler[20] und Kant, der Maupertuis' gesamte Werke gelesen hat, ihn in eine Linie mit Leibniz und d'Alembert stellt und ihn weiterhin schätzt.[21]

Voltaire, der seit drei Jahren in Berlin weilt, mischt sich jetzt ein. Auch wenn König von ihm nach Cirey gebeten worden war, um Mme du Châtelet in Newtons Physiklehre zu unterrichten, gibt er sich immer noch als Maupertuis' Freund aus. Tatsächlich aber war Voltaire eifersüchtig auf den Konkurrenten und sein Hass auf ihn findet in den *Mémoiren* Ausdruck.

Nach dem negativen Votum der Akademie eilt auch Voltaire König zu Hilfe. Er wird, wie immer, von seinen ureigensten Gefühlen, darunter Großmannssucht, angetrieben und spielt sich als Verteidiger eines Unterdrückten auf. Voltaire verbringt das Jahr 1752 damit, Maupertuis' Werk in zahlreichen Schriften anzugreifen. Kein einziges Werk des Mathematikers findet darin seine Gnade. Für ihn stellen *L'Essai de cosmologie, La Lettre sur la comète, Vénus physique, Lettres sur les progrès des sciences, Voyage en Laponie, Réflexions philosophiques sur l'origine des langues* und *l'Essai de philosophie morale* nur einen unbedeutenden und von Irrtümern strotzenden Unsinn dar. Am 18. September 1752 wendet sich Voltaire mit einem besonders aggressiven *Lettre d'un académicien de Paris à un académicien de Berlin* an Voltaire. König Friedrich II. kann eine Verunglimpfung seiner Akademie nicht zulassen. Seine *Lettre d'un académicien de Berlin à un académicien de Paris* genannte Reaktion stellt eine ausdrückliche Verteidigung seines Akademiepräsidenten dar. Voltaire geht noch einen Schritt weiter und provoziert durch seine besonders beleidigende und gehässige Schrift *Diatribe du docteur Akakia* seine Entlassung vom preußischen Hof.

Mit seinem Sieg über König und Voltaire hat sich Maupertuis auch an der Pariser Akademie gerächt, die ihn wegen seiner langen Abwesenheit gerügt hatte. Er versucht, seinem »Prinzip der kleinsten Wirkung der Kräfte« eine allgemeine Gültigkeit zu geben. Durch die herrschende anthropomorphische Auffassung kann die Existenz eines Gottes, an die er felsenfest glaubt, nicht bewiesen werden. In seinem *Essai cosmologique* vertritt er die Behauptung, die Gottesexistenz sei durch die von ihm aufgestellten Naturgesetze zu erklären. Gäbe es keinen Gott, wäre die Natur auch nicht durch Gesetze geregelt, besonders durch eines, »nach dem die Bewegung sich erhält, sich verteilt oder sich zerstört«.[22]

Kant bezieht sich in seiner *Allgemeinen Naturgeschichte und Theorie des Himmels* (1755) auf Maupertuis' Sternforschung und geht in Briefen aus dem Jahre 1752 auf einige Theorien aus *Vénus physique* ein. In seiner Schrift *Der einzig mögliche Beweisgrund zu einer Demonstration des Daseins Gottes* erkennt er das Prinzip von der kleinsten Wirkung der Kräfte als einen möglichen Gottesbeweis an, als »neue Beweisführung zugunsten einer Existenz von Gott und seiner Vorhersehung«.[23]

Jean Le Rond d'Alembert (1717–1783)

D'Alembert, als Geistes- wie auch Naturwissenschaftler anerkannt, könnte nach Friedrichs Einschätzung Voltaire als Kammerherrn ersetzen. Der König hält d'Alemberts 1742 veröffentlichten *Traité de Dynamique* für eine Fortsetzung des Werk Newtons und ist der Ansicht, dass sein der *Encyclopédie* (1751) vorangestellter *Discours préliminaire* eine neue Epoche und eine neue Auffassung des Lebens ankündigt. D'Alembert ist Mitglied der Académie des Sciences sowie der Académie française und wurde 1746 auf die Empfehlung Maupertuis' in die preußische Akademie gewählt.

Als Antwort auf einen schmeichelhaften Dankesbrief d'Alemberts spricht Friedrich II. eine Einladung nach Berlin aus, die dieser aber ablehnt, da d'Alembert mit Euler, dem Rivalen seines guten Freundes Daniel Bernoulli, große Schwierigkeiten voraussieht. Damit verzichtet er auf eine ehrenvolle und sehr gut bezahlte Aufgabe. Das trübselige, strenge Leben in Berlin ist für ihn nicht sonderlich verlockend und auch Maupertuis hat keinen Versuch unternommen, ihn zum Kommen zu ermuntern. D'Alembert liebt das mondäne Leben in Paris, wo er gefeiert wird. Dort sind die philosophischen Salons und auch Mme du Deffand, sowie Diderot, Voltaire und ihre Anhänger. Er glaubt, jener Generation anzugehören, die der Gesellschaft ihren dauerhaften Stempel aufdrückt. Seinen impulsiven Charakter meint er in den Griff zu bekommen und die zwischen den Enzyklopädisten und dem König bestehenden Spannungen überwinden zu können.

Die Absage d'Alemberts hat nichts mit Patriotismus zu tun, sondern lediglich mit dem Wunsch, sein literarisches und mathematisches Werk fortzuführen und seine *Encyclopédie* zu vollenden, wie er auch dem König schreibt.[24] Bedingt durch den schlechten Gesundheitszustand Maupertuis' fühlt sich Friedrich veranlasst, seine Einladung an d'Alembert einige Monate später, 1752, erneut auszusprechen. Er versichert ihm – wie schon anderen – seine Zuneigung und bezeichnet sich als »den ersten und intimsten Freund der französischen Nation, der schon mehrere seiner [d'Alemberts] Freunde und Landsleute zu sich gebeten hat«[25]. Doch d'Alembert lehnt auch diese zweite Einladung ab.

Friedrich der Große ist über die Vorgänge in Paris außerordentlich gut informiert. Ihm ist bekannt, dass ab 1757 Uneinigkeit unter den Enzyklopädisten herrscht. Diderot und Rousseau bekriegen und d'Alembert und Diderot entzweien sich. D'Alembert ist die Zielscheibe von »Schurkereien«, wie er es ausdrückt. Die Jesuiten, die Jansenisten und die Lehrer der Sorbonne sprechen ihm literarisches und philosophisches Talent ab, Grimm zählt ihn zu den zweitrangigen Literaten. Friedrich, der weiß, wie weit Intoleranz fortschrittlichen Geistern gegenüber gehen kann, lädt d'Alembert 1760 zum dritten Mal nachdrücklich nach Berlin ein.

Maupertuis ist am 27. Juli 1759 nach drei Jahren der Umherirrens dem Alkohol verfallen und in Basel gestorben. Es muss nun ein ihm ebenbürtiger Akademiepräsident gefunden werden. Friedrich setzt alle ihm zur Verfügung stehenden und schon bei Voltaire erfolgreichen Verführungskünste ein und sendet d'Alembert Geschenke, Gedichte und Huldigungen, wie den 92 Verse umfassenden Brief *l'Epître à d'Alembert*, in dem er die Schriften d'Alemberts zu den unvergänglichen Werken zählt. Die erneute Ablehnung d'Alemberts, die er, um den König nicht zu verstimmen, in Komplimente und Lobpreisungen verpackt, mag auch in Zusammenhang mit dem Siebenjährigen Krieg stehen, da die Reise eines Franzosen nach Preußen zu jener Zeit als Desertierung oder Verrat hätte aufgefasst werden können.

Mit dem Kriegsende im Februar 1763 ist auch das letzte Hindernis für eine Annäherung Frankreichs und Preußens aus dem Weg geräumt. D'Alembert lässt den König seine »im Krieg und im Frieden über Lobpreisung und Verleumdung stehende« Bewunderung wissen und drückt die Hoffnung aus, nach Preußen zu kommen und ihm seine *Eléments de philosophie* vorlegen zu können.[26]

Friedrich antwortet ihm am 10. Juni 1763 aus Geldern, wo er sich auf einer Truppeninspektion befindet. Am 13. Juni bittet er ihn dorthin und d'Alembert folgt der Einladung. Am 22. Juni erreicht die königliche Kutsche mit dem Gast Sanssouci. D'Alembert ist von den Aufmerksamkeiten des Königs, der liebenswürdigen Königsfamilie und dem preußischen Volk angetan. Das Schloss und seine ländliche Umgebung beeindrucken ihn und der überschwängliche Empfang der Berliner Akademie der Wissenschaften überwältigt ihn.

Friedrich lädt ihn zu seinen Spaziergängen und zu Abendessen unter vier Augen ein. D'Alembert findet ihn »seinem Ruhm überlegen«, »weise«, bewundernswert und gibt täglich in Briefen an seine Geliebte Julie de Lespinasse in Paris seiner Bewunderung Ausdruck.[27] Er ist vom König, dem »Helden Europas«, dem absoluten Herrscher in einem erwachenden Reich, der außerdem über immense Intelligenz, Wissbegierde und Aufgeschlossenheit verfügt, begeistert. Für ihn verkörpert Friedrich Preußen.

Friedrich und d'Alembert machen sich gemeinsam über das lächerliche Benehmen Ludwigs XV. lustig und sind sich in den meisten Punkten hinsichtlich Philosophie, Poesie oder Regierungskunst einig. Die *Elements de philosophie* d'Alemberts bilden den Diskussionsrahmen. D'Alembert schätzt die Gedankenwelt seines Gastgebers und ist von der Persönlichkeit des Königs, eines einsamen Mannes, eines absoluten, aber kultivierten und toleranten, mit dem Geist der Aufklärung konform gehenden Monarchen, fasziniert. Er ist beeindruckt vom Einfluss seiner Vorgänger Voltaire und Maupertuis auf das Denken des Königs und entdeckt, um welch unvergleichliche, fruchtbare Erde es sich dabei handelt. Der König nutzt d'Alemberts Anwesenheit, um seinen Rat in Regierungs- und Verwaltungsfragen zu suchen, woraus eine »zivile und militärische Schule« entsteht.

Nach seinem zweimonatigen Aufenthalt soll d'Alembert auf Einladung Voltaires nach Genf reisen, um dort die toleranten Calvinisten kennen zu lernen. Er zieht es jedoch vor, Anfang September 1763 auf direktem Weg nach Paris zurückzukehren. Erneut hatte ihm Friedrich Versprechungen gemacht und ihm die Präsidentschaft der Akademie angeboten. Aber trotz seiner Bewunderung für Friedrich hat d'Alembert dieses Angebot ausgeschlagen. Es sind zum einen preußische Eigenheiten und Charakterzüge, die ihn zu dieser Entscheidung bringen, aber auch seine Leidenschaft für Julie und die angenehme Leichtigkeit des Pariser Lebens und seiner Gesellschaft. Ihre beiden Lebenswege sind zu verschieden: »seiner besteht darin, König zu sein, und meiner, frei zu sein«.[28]

»Der Abschied ist von Melancholie gezeichnet«, schreibt d'Alembert, der unter seiner Absage an einen Freund der Philosophie leidet. Friedrich antwortet ihm voller Zuneigung: »Ich war glücklicher als Diogenes, denn ich habe den Mann, den er so lange gesucht hat, gefunden. Jedoch er geht, er zieht weiter.«[29]

D'Alembert pflegt bis zu seinem Tode eine lebhafte Korrespondenz mit Friedrich, in der beide ihrer großen Leidenschaft, dem Respekt für die Freiheit des menschlichen Gedankenguts, Ausdruck verleihen.

Julien Offray de La Mettrie (1709–1751)

Der Philosoph und Arzt Julien Offray de La Mettrie ist als Gelehrter den bisherigen Gästen des Königs zwar nicht ebenbürtig, aber er besitzt eine ureigene und spielerische Denkweise, durch die Friedrich auf ihn aufmerksam wird. La Mettrie kommt am 8. Februar 1748 in Berlin an. Wegen seiner beiden Bücher *L'Histoire naturelle de l'âme* (1745) und *L'Homme machine* (1747) wird er erst aus Frankreich und später auch aus Holland, wo er sich zur Beendigung seines in Frankreich begonnenen Medizinstudiums aufhält, ausgewiesen, weil Professor Boerhaave von der Medizinischen Fakultät der Universität Leiden ein Leugnen der Existenz der menschlichen Seele nicht akzeptiert. Nur durch eine Einladung Friedrichs II. entkommt er dem Zorn der gesamten Fakultät.

Ein Jahrhundert zuvor hatte Descartes schon den Begriff »Maschine« auf den Menschen angewandt, aber nur in Zusammenhang mit dem menschlichen Körper. La Mettrie dehnt ihn auf den gesamten Menschen, einschließlich seines Gehirns und Geistes, aus: er weist jede Art von Dualismus zugunsten eines Monismus zurück, der aus dem Menschen ein Tier macht, das sicherlich mit einem denkenden

Gehirn ausgestattet ist, aber dessen rein praktisches Funktionieren dennoch an eine Maschine erinnert. Dieser von La Mettrie entworfene mechanische Determinismus ist mit der Gottesidee nicht vereinbar. *L'homme machine* ist unmittelbar nach seinem Erscheinen Gegenstand heftiger Angriffe seitens berühmter Literaten und Geisteswissenschaftler, wie Formey, Lessing, Diderot, Voltaire und dem Mathematiker Abraham Gotthelf Kästner. Formey formuliert seine Kritik folgendermaßen: »Ich bin nicht ganz sicher [...] ob La Mettrie zu den menschlichen Wesen zu zählen ist, da er ja überzeugt ist, nur eine seelenlose Maschine ohne Verstand und Geist zu sein.« Lessing glaubt ihn von einer »Art Verrücktheit« befallen und Diderot macht ihn zum »banalen, skrupellosen Verrückten, einem Autor ohne Urteilsvermögen, der die elementaren Begriffe, auf denen die Moral beruht, nicht kennt«. Voltaire hat ihn als unverständlich eingestuft und sich darüber entrüstet, dass der König diesen immer ordinär aufgetakelten Gestrauchelten schätzt. Kästner hat ihn als eine Person mit »einem guten Herzen, aber einer verwirrten Fantasie, zu deutsch Hanswurst« bezeichnet.[30]

Der teils in Preußen verfasste *Discours sur le Bonheur* (1748) trägt vollends dazu bei, La Mettries Ruf zu schädigen. Hier wird Moral entsprechend der materialistischen Konzeption des menschlichen Wesens konstruiert und eine neue, auf Sinnes- und Genussfreude beruhende Ethik entwickelt: »Die Liebe lässt aus meiner Feder Zärtlichkeit und Wollust fließen [...] Der Mensch ist zum Glücklichsein in allen Lebensstadien gemacht.«[31] Alles, was die Sinne entfacht, ist angesagt.

Friedrich, der Voltaires Vorschlägen folgt, zweifelt und verdammt die Religion. »Die Wahrheit der Spekulationen«, schreibt er in seinem *Essai sur l'amour propre envisagé comme principe de morale*, »weit davon entfernt für den Menschen gemacht zu sein, entzieht sich unaufhörlich seiner mühsamen Nachforschung.«[32] Er hat zuvorderst die katholische Religion mit ihrem Glauben und ihren Mythen im Visier. Er erkennt, wie Voltaire auch, die Existenz eines Schöpfers an, betrachtet aber Jesus Christus als eine Art Philosophen.

La Mettries atheistische Auffassung missfällt Friedrich weniger als den Philosophen, sein ausschweifendes Leben amüsiert ihn.[33] Die Verachtung, der sich La Mettrie durch Voltaire ausgesetzt sieht, hat Friedrich sicher dazu veranlasst, ihn weiterhin zu protegieren. Er bekommt eine Rente und den Titel des Vorlesers des Königs verliehen. Maupertuis öffnet ihm die Türen zur Akademie. 1770 hat Jean II Bernoulli ihn in einer philosophischen Antrittsvorlesung hoch gelobt. Bernoulli hatte nichts von La Mettrie gelesen und seine Hommage war eine Kopie der von Maupertuis vor der Berliner Akademie gehaltenen.[34] Am 11. November 1751 stirbt La Mettrie in Potsdam an einer Lebensmittelvergiftung.

Lumières und Aufklärung

Die Philosophie der Lumières basiert auf der Anerkennung der menschlichen Vernunft. Sie besagt, dass der Mensch durch objektive Wahrheitssuche zu einem verantwortlich handelnden Wesen wird und stellt somit eine Geisteshaltung dar, die am objektivsten und genauesten die *condition humaine* des Menschen beschreibt.[1]

Diese sich im 18. Jahrhundert, dem Jahrhundert der Lumières, voll entfaltende philosophische Richtung – in Deutschland als Aufklärung bezeichnet – hat ihren Ursprung in Frankreich, das zu dieser Zeit kulturell ebenso einflussreich ist wie Italien im *Quattrocento* und *Cinquecento,* und dehnt sich später auf ganz Europa aus.

Die Grundlagen der Lumières

Die Philosophie der Lumières konnte nur durch den wissenschaftlichen Fortschritt im 16. Jahrhundert entstehen. Galileo Galilei (1564–1642), Michel de Montaigne (1533–1592), Francis Bacon (1561–1626) und Thomas Hobbes (1588–1679) sind ihre geistigen Väter. Indem sie einige der Geheimnisse des Weltalls entschlüsselten, haben sie nicht nur die Sicht auf Stellung und Schicksal des Menschen im Universum entscheidend erneuert, sondern auch den Menschen aus seiner über Jahrtausende hinweg bestehenden passiven Haltung heraus zu einem aktiv handelnden Wesen werden lassen. Dadurch, dass sie dem Menschen den Kosmos begreiflich und zugänglich machen, verliert er zugleich an Macht.[2] Diese moderne Auffassung wird in Frankreich von René Descartes (1596–1650) und in Deutschland von Gottlieb Wilhelm Leibniz (1646–1716) vertreten.

Für Descartes resultiert jede Erkenntnis aus einer »Methode«, mit der Naturkräfte beschrieben und analysiert werden. Wissen beruht auf einer universellen Mathematik, denn die Welt unterliegt einer Ordnung, die sie messbar macht. Sogar der menschliche Körper eignet sich für eine Analyse, von der die Seele des Menschen allerdings ausgenommen ist. Die Anordnung der Dinge wird über ihr Wesen gestellt; Vorurteile, abergläubische Vorstellungen und Fabeln müssen der

Vernunft weichen, die allein zur reinen Erkenntnis führt. Der Beweis für eine Existenz Gottes ist nicht a priori intuitiv, sondern leitet sich von den Gesetzen ab, nach denen die Welt geordnet ist.

Leibniz entwirft in einem Kapitel seines 1666 veröffentlichten Werks *De arte combinatoria* eine ebenfalls durch ein »Alphabet des gesamten menschlichen Gedankenguts, das aus der Verständnisübung eine einfache Rechenaufgabe macht«[3], zugängliche Welt. Aufgabe des Denkens ist es, die Dinge zu erklären. Allerdings muss die Vernunft »ausreichend« sein, um den Zustand eines Dings vollständig erklären zu können.[4] Auch für ihn ist die Harmonie des Universums Gottes Werk, das sich der Vernunft aber nicht verschließt.[5]

In Frankreich beginnt das Zeitalter der Lumières mit Pierre Bayle (1647–1706) und Bernard le Bovier de Fontenelle (1657–1757), denen alle nicht durch Vernunft begründeten Dogmen suspekt sind. Vor allem den religiösen Lehrsätzen sei eine »ständige, vorbehaltlose und offene Kritik, die den Geist der Voreingenommenheit vereitelt«[6], entgegenzusetzen. Sie »nehmen nacheinander alle Stützen weg, die die metaphysischen und religiösen Wahrheiten in der menschlichen Natur gestützt haben«.[7] Die Menschen – die einen aufgrund ihrer Erziehung, die anderen durch Gottes Gnade – werden nur durch irrationale Mittel an die Religion herangeführt, die somit keinen Anspruch auf Absolutheit erheben kann.

Diesen Vertretern der Philosophie der Lumières zufolge sind es die rationale Inquisition und das dahin führende menschliche Denken, das zur Toleranz gegenüber anderen führt.

Diese Philosophie steht im Widerspruch zum Begriff der absoluten Monarchie, verkörpert durch den französischen König Ludwig XIV., der sich als von Gott auserwählt versteht und jede andere Glaubensrichtung (Lutheranismus, Calvinismus, Jansenismus) ablehnt.

Die Preußische Aufklärung

Christian Wolff (1679–1754) hat, von Leibniz inspiriert, die Existenz Gottes wie folgt belegen wollen: »Ich erkenne Gott am Licht meiner Vernunft.«[8] Friedrich II. hat sich für diesen Philosophen, den er, wie er Voltaire schreibt, für den »größten Philosophen der Welt« hält, interessiert, und setzt sich 1723 bei der Universität Halle dafür ein, dass Wolff seinen Lehrstuhl, der ihm durch Pietisten streitig gemacht wurde, zurückerhält. Er bewundert Wolffs Beschreibung der Welt als Maschine, deren ineinander greifendes Räderwerk auf das Handeln Gottes zurückzuführen sei. Voltaire dagegen erscheint Wolffs These konfus und er bemüht sich, Friedrich andere Autoren nahe zu bringen.

Johann Heinrich Samuel Formey (1711–1797), der hugenottische Vorfahren hat, rät Friedrich, sich mit Pierre Bayle, einem protestantischen Emigranten, Philosophie- und Geschichtsprofessor am Gymnasium von Rotterdam zu befassen. In seinem *Dictionnaire historique et critique* (1697) bringt Bayle seine Zweifel hinsichtlich der Existenz Gottes und der das Universum erklärenden Systeme zum Ausdruck. Für John Locke (1632–1704), einen Zeitgenossen Newtons, ist die Mathematik zwar ein unvergleichliches Messinstrument für das Universum, er hegt aber Zweifel, ob sie ausreicht, es auch zu verstehen.[9] *An essay concerning human understanding* ist eine Apologie des Zweifels über das Unendliche, Gott, die Spiritualität der Seele und den wissenschaftlichen Fortschritt, der einem Aufschub in der Erfassung der Urgründe gleichkommt. In seinem dreizehnten *Lettre philosophique* bringt Voltaire seine Bewunderung für Locke zum Ausdruck.[10] Kant schreibt noch nicht – er meditiert.

Friedrich bewundert Newton, kann aber den Naturwissenschaften nichts abgewinnen. Dagegen begeistern ihn Bayles und Lockes Philosophie und er schließt sich der philosophischen Auffassung Voltaires an, der eine von Dogmen und Traditionen losgelöste Kultur propagiert. Der Kampf, den Holbach gegen die Religion führt, ohne dabei die Existenz Gottes zu leugnen, findet seine Zustimmung. Er verwirft die Metaphysik, die er in ihrem ganzen Ausmaß nicht begreifen zu können glaubt. Das Konzept der Freiheit ist ihm suspekt und er glaubt an den Zufall als entscheidendes Element. Der Zweifel ist sein Leitgedanke. Er spricht der Monarchie das göttliche Wesen ab, für ihn hat der König ein ebenso pflichtbewusster Mann zu sein wie jeder gute Bürger. Es kann sogar vorkommen, dass »der König, in Vergleich zu seinem Volk, weniger Herr seiner selbst ist«[11].

Friedrich versteht sich als Diener Preußens. Er will sein Land zu einem Rechtsstaat machen und führt fortschrittliche Reformen durch. Dabei möchte er behutsam vorgehen und ist erklärter Gegner radikaler Philosophen wie Rousseau oder Holbach und ihrer Ideen, die die Grundlagen der politischen und sozialen Ordnung zerstören. »In dieser Hinsicht ist er ein Mann der Aufklärung im Gegensatz zu der sehr reaktionären Regierungszeit seines Vaters.«[12]

Im Geiste der Aufklärung und im Sinne der Auffassungen des Großen Kurfürsten, seines Vorfahren, proklamiert er die Religionsfreiheit in Berlin. Sowohl den französischen Hugenotten als auch den nach der Annexion Schlesiens geflohenen Katholiken räumt er Privilegien ein und stellt sich ebenso schützend vor den Jesuitenorden, als Papst Clemens XIV. 1773 mit dessen Auflösung droht. Er ist gegen die Religion, aber nicht gegen die Gläubigen, solange sie sich der preußischen Monarchie gegenüber loyal verhalten. Seine Toleranz lässt sich an folgenden Worten ermessen: »Alle Religionen sind gleich und gut, wenn sie von ehrbaren

Menschen verbreitet werden und wenn Türken und Heiden in unseren Staat kämen, würden wir ihnen Moscheen und Kirchen bauen.«[13] Hingegen sorgt Friedrich II. nicht dafür, dass diese Prinzipien auch für Juden gelten und erweist sich somit zurückhaltender als der Große Kurfürst, der ihnen das Wohnungs- und Handelsrecht zugestanden hat. Vielleicht handelt er so, um es sich nicht mit den Händlern zu verderben. Von dieser Benachteiligung ausgenommen sind allerdings neben dem Unternehmer Benjamin Wulff und dem Bankier Nathan Veitel Ephraim noch etwa zwanzig Familien, die eine wichtige Rolle in der Wirtschaft spielen. 1761 dann werden die Juden rechtlich gleichgestellt.

Friedrich ist auf Frankreich und seine Kultur fixiert und aus dieser Begeisterung heraus vernachlässigt er die deutsche Sprache, die sich nicht als Nationalsprache durchsetzen kann. Aufgrund mangelnder Regeln, schreibt er in seinem Werk *De la littérature française*, spalte sich die deutsche Sprache in »ebenso viele Dialekte wie Deutschland Provinzen hat [...] Was man in Schwaben schreibt, versteht man in Hamburg nicht und der österreichische Stil erscheint den Sachsen als obskur.«[14]

Die deutsch-französische Geschichte der Aufklärung ist in Frankreich durch Philosophen ohne den König und in Preußen durch den König ohne die Philosophen geschrieben worden; erst durch Kant wird sie an Bedeutung und Einfluss gewinnen.

Durch seine Begeisterung für Frankreich ist Friedrichs Blick für sein eigenes Land verstellt. Er ist nicht geneigt, das Werk Wielands, Klopstocks oder Lessings zu entdecken und auch Goethe und Schiller interessieren ihn nicht, was dazu führt, dass in Berlin eine gewisse Gallophobie, ein erster Riss in den preußisch-französischen Beziehungen, auftritt.[15] Lessing scheut nicht davor zurück, Friedrich, den »Despoten des Geschmacks und der Wissenschaft«, anzugreifen und beinahe hätte Goethe es ihm gleich getan. Die von Friedrich proklamierte Toleranz wendet sich in gewisser Weise gegen ihn.

Die von den großen Namen der Nation unbeachtete Aufklärungsbewegung wird schließlich volle Anerkennung finden. Alle Geistesaktivitäten werden sich entfalten, während zur selben Zeit das revolutionäre Frankreich eher im Hintergrund bleibt.

Unterschiede und Gemeinsamkeiten zwischen den Lumières und der Aufklärung

Sowohl der Philosophie der Lumières als auch der Aufklärung ist eine humanistische Finalität inhärent, hinsichtlich ihrer Konzeption und Entwicklung aber unterscheiden sie sich. In Frankreich stellt die Metaphysik Fragen über die Stellung des Menschen im Universum in den Mittelpunkt und ist geprägt von einem generellen Zweifel an den Erkenntnismöglichkeiten des menschlichen Geistes. Die französischen Philosophen stehen der Existenz eines die Menschheit unterwerfenden Gottes äußerst kritisch gegenüber und lehnen vor diesem Hintergrund auch die Zwänge der Monarchie und der Gesellschaft ab.

Die deutschen Philosophen hinterfragen die Beziehung des Menschen zu Gott ebenso wie zwischenmenschliche Verhältnisse, zweifeln aber die Existenz Gottes nicht grundsätzlich an.

Diese Unterschiede sind religiös bedingt. Die französische Gesellschaft des Ancien Régime unterliegt der Allmacht der katholischen Kirche, die die Welt zu erklären vorgibt und das Gewissen beeinflusst. Die Deutschen hingegen haben nach Wegen gesucht, um – gemäß Luthers Konzeption – das Glück im direkten Austausch mit Gott zu finden.

Im Gegensatz zum französischen Absolutismus, der wegen seiner Unbeugsamkeit kritisiert wurde, erkennt der deutsche Absolutismus – der preußische zumindest – individuelle Initiativen zur Verbesserung der kollektiven Lage an. Die französischen aufgeklärten Philosophen waren exaltiert, konfessionslos, fordernd und von ihrem Ego getrieben. In Deutschland waren es bescheidene, von Theologie durchdrungene Akademiker, die durch Bibelexegese dem Staat, der Kirche und dem Volk dienen wollten.

Der König von Frankreich, Ludwig XV., ist kein so hartnäckiger Verfechter des Absolutismus wie sein Vorfahre, der »Sonnenkönig«. Seine Geliebte, Mme de Pompadour schätzt die häretischen Denker im Gegensatz zu Mme de Maintenon, der Geliebten des Sonnenkönigs. Ludwig XIV. führte Krieg mit dem Ziel der Gebiets- und Machterweiterung. Ludwig XV. dagegen nimmt durch politische Allianzen an den Erbfolgekriegen in Polen (1733–1738) und Österreich (1740–1748) teil. Am Konservatismus der Bourbonen und ihrem Bestreben, die Privilegien ihrer Kaste zu erhalten, hat sich jedoch nichts geändert. Ihr Absolutismus findet Ausdruck in dem Einfluss, den der katholische Glaube auf das Leben der Franzosen und ihres Königs ausübt. Die Religion bestimmt den Hof, das Rechtswesen, die auswärtigen Angelegenheiten und behindert die Verbreitung oppositioneller Ideen durch das Buch, dem einzigen Vehikel von Ideen und Wissen im Ancien Régime.[16]

Die suppressive wie die präventive Zensur wird in Frankreich durch Kommissionen ausgeübt, die aus königlichen, für Buchhändler und Verleger zuständigen Inspektoren, aus Intendanten und parlamentarischen Juristen zusammengesetzt sind und Hunderte von Zensoren umfassen. Durch die *Direction de la librairie*, die nach keinen festen Regeln arbeitet und deren Zensoren untereinander rivalisieren, wird das Schreiben erschwert. Nur Untergrund-Druckereien und durch Hugenotten betriebene Druckereien im Ausland, hauptsächlich in den Niederlanden, können diese Schwierigkeiten im Kleinen mildern und es gibt kaum einen Philosophen der Lumières, der nicht darauf zurückgegriffen hat. Viele von ihnen werden in der Bastille eingekerkert, Bücherverbrennungen finden statt und der König von Frankreich ist bemüht, sich die Kontrolle über die Wahlen der Académie française zu sichern.

Bei der deutschen Aufklärung sind solche Vorgänge nicht zu beobachten. Diese neue, durch Leibniz, Wolff, Thomasius, Baumgarten und Formey initiierte und durch Kant formalisierte Philosophie ist nie der Repression durch die öffentliche Macht ausgesetzt gewesen. Im Gegensatz zu Frankreich ignoriert die preußische Krone sie oder ermutigt sie gar. Ludwig XV. behindert die intellektuelle Erneuerung, von Friedrich II. dagegen wird sie gefördert. Grundsätzlich sind die französischen Lumières als Protest gegen die Macht zu verstehen, während die deutsche Aufklärung stets die Unterstützung der Fürsten fand. Die Lumières haben die revolutionären Umbrüche beeinflusst, wohingegen in Deutschland die Aufklärung immer als Erhebung des Geistes betrachtet wurde.

Französischer Populismus und deutscher Elitismus
Die Ideen der Aufklärung verbreiten sich in Preußen nicht auf dieselbe Art und Weise wie in Frankreich, wo sie durch polemische Auseinandersetzungen, intellektuelle Kampagnen und Kämpfe über die Gelehrtenkreise hinausgehen und weite Teile der Gesellschaft mitreißen. Vehementen Widerstand erfahren die aufklärerischen Philosophen von Konservativen, die an dem überlieferten intellektuellen und sozialen System festhalten. Um dennoch eine breite Masse für sich gewinnen zu können, setzen die Aufklärer auf eine allgemeinverständliche philosophische Sprache in ihren Werken.

Die Lumières tragen zum Zusammenbruch des Ancien Régime bei. Die Entwicklung ihrer Philosophie erstreckt sich über mehrere Jahrzehnte und ist geprägt von den angespannten Verhältnissen, unter denen sie konzipiert wird, und heftigen Meinungsverschiedenheiten, die ihre Verfechter auszutragen haben.[17] Condillac (1715–1780) glaubt, durch seine Reflexion der Menschheit von Nutzen zu sein, während d'Holbach (1723–1789), Helvetius (1715–1771) und La Mettrie (1709–1751) nur die positiven Religionen bekämpfen. Rousseau (1712–1778) wiederum lehnt sich gegen die Missstände der Zivilisation auf. Gemeinsames Ziel der Lumières ist die Verbreitung von aufklärerischen Lehren im Volk, was bei den vielen unterschiedlichen Zielen, die die einzelnen Philosophen verfolgen, eine globale und kohärente Übersicht notwendig macht. Aus diesem Grund schließen sich Vertreter der Lumières zusammen und verfassen gemeinsam die *Encyclopédie ou Dictionnaire raisonné des sciences, des arts et des métiers* – Glaubensbekenntnis und Kriegsinstrument zugleich.[18] Diderot und d'Alembert sind hauptverantwortliche Redakteure und werden von den herausragendsten Philosophen des 18. Jahrhunderts, von Voltaire, Rousseau, d'Holbach, Grimm, Turgot und Formey, unterstützt. Die zwischen 1751 und 1772 von 140 Gelehrten und Wissenschaftlern herausgegebene *Encyclopédie* ist ein siebzehnbändiges Werk, darunter elf Bildbände, mit 72 000 Artikeln. Zwei Mal wird die Veröffentlichung durch königliche und päpstliche Zensur verhindert, da das Werk als Gefährdung der öffentlichen Ordnung angesehen wird. Diderot rehabilitiert in dieser *Encyclopédie* die (technischen und schönen) Künste, die er als unabdingbar für das Glück der Menschheit ansieht, und entwirft eine Moralvorstellung, die sich von einer theologischen Illusion des moralisch Absoluten abgrenzt. Für Diderot und d'Alembert ist die enzyklopädische Ordnung jene, die unser Wissen nach unserer Verständnisfähigkeit, unterschieden durch Gedächtnis, Vernunft und Vorstellungskraft, organisiert.

Durch die *Encyclopédie* wird der neue Geist der Philosophie unter der Bevölkerung des ganzen Landes verbreitet und damit auch ihr Streben nach Freiheit, die durch Könige und Priester unterbunden worden war. Der Erwerb an Wissen hat dem revolutionären Geist den Weg geebnet.

In Deutschland dagegen ist die Philosophie der Aufklärung lange Zeit nicht über elitäre Kreise hinaus gelangt. Der durch Voltaire eingeweihte König Friedrich hat sie an seinem Hof heimisch gemacht und sich bemüht, nach ihr zu leben. In das Bewusstsein des preußischen Volkes allerdings findet diese philosophische Strömung keinen Einzug. Religionskritik ist für ein Volk, das seit drei Jahrhunderten der lutherischen Lehre verhafteten ist, undenkbar. Reflexionen über die Aufklärung sind nur in der Korrespondenz einiger Gelehrter der Königlichen Akademie – darunter vor allem Jean Henry Samuel Formey – die einen philosophischen Austausch mit ihren europäischen Kollegen pflegen, zu finden.

Formey ist von Haus aus Philosophielehrer am Collège français und Vorstandsmitglied der französischen Kirche in Berlin. Er wird später Mitglied der Akademie und pflegt eine rege Korrespondenz – etwa tausend Briefe, die meisten in französischer Sprache – im Austausch mit aufgeklärten Persönlichkeiten in ganz Europa. Er hat Rousseau, dem er allerdings vorwirft, die Gefühlswelt über die Vernunft zu stellen und der Religion zu schaden, in Deutschland bekannt gemacht.[19]

Der aus Königsberg in Ostpreußen stammende Immanuel Kant (1724–1804) hat ebenfalls die französische Aufklärung in ihrem tiefsten Wesen begriffen. Er konzipiert, von den vorrevolutionären Wirren unbeeindruckt, seine eigene Philosophie, die der Aufklärung eine besondere und endgültige Bedeutung verleihen wird. Seine tiefgehende Reflexion hebt sich von den meist oberflächlichen und exaltierten Auffassungen der französischen Philosophen ab. Kants Stellung in der Ideengeschichte ist so überragend, dass nach allgemeiner Auffassung seiner Reflexion nichts mehr hinzuzufügen ist.[20] Die *Kritik der reinen Vernunft* (1781) stimmt mit den französischen Lumières darin überein, dass die Metaphysik keine Gewissheit erzeugt hat, sondern sich darauf beschränkt, »die Schulen, die sich untereinander exkommunizieren«, zu vermehren. Die auf ihr basierenden Theorien sind zur Wahrheitserkenntnis nicht ausreichend und bringen lediglich Dogmen hervor. Die menschliche Vernunft »stürzt sich in Dunkelheit und Widersprüche«, wenn sie Prinzipien anwendet, die über die Grenzen der Erfahrung hinausgehen. Dennoch genügt die Erfahrung allein nicht, sie muss von Vernunft begleitet sein. Darin liegt die Einzigartigkeit des deutschen Philosophen.[21]

In *Die Religion innerhalb der Grenzen der bloßen Vernunft* kommt er auf religiöse Probleme zurück und präzisiert, dass sich die Religion von der Moral ableitet und nicht umgekehrt. Die französischen Philosophen haben die Religion verdammt. Für Kant ist es undenkbar, dass Leidenschaft über den Verstand siegen kann. In dem Essay *Beantwortung der Frage: Was ist Aufklärung?* (1784) definiert Kant Aufklärung als den »Ausgang des Menschen aus seiner selbstverschuldeten Unmündigkeit«. Unmündigkeit ist die Unfähigkeit, sich seines Verstandes ohne Anleitung durch andere zu bedienen, und diese Unmündigkeit hat sich der Mensch selbst zuzuschreiben, da die Ursache nicht in einem Mangel an Erkenntnisfähigkeit liegt, sondern in dem mangelnden Mut, sie einzusetzen. *Sapere aude!* (»Wage zu wissen!«), sich seines eigenen Verstandes zu bedienen, ist der Wahlspruch der Aufklärung. Die französischen Lumières haben an ein durch politische und soziale Erneuerung von außen kommendes Glück geglaubt. Für Kant ist es ein durch die Vernunft des Einzelnen hervorgebrachter, innerer Prozess. Hier ist wieder der Einfluss Luthers zu spüren.

Kant glaubt an eine die Erneuerung des Menschen ermöglichende Freiheit. Durch diese optimistische Einschätzung kann seine Begeisterung für die Anfänge der Französischen Revolution erklärt werden. Er übernimmt das Gedankengut der »reaktionären Denker, die voreilig die Revolution wegen der Ausschreitungen bei der Terrorherrschaft anprangern«, nicht. Ihm zufolge »muss man ihnen Widerstand leisten, ohne sich jedoch der Blindheit schuldig zu machen«.[22]

In seinem philosophischen Entwurf *Zum ewigen Frieden* konzipiert er eine Republik, in der Freiheit und Ordnung gleichgestellt sind. Dieses Modell wird von der Menschheit noch für lange Zeit nicht umgesetzt werden.

Die französische Revolution in Deutschland

Marquis Honoré Gabriel de Mirabeau (1749–1791) hat, bevor er als Revolutionär Ruhm erlangt, schon ein abenteuerliches Leben mit Gefängnisaufenthalten und Exil hinter sich. Er hegt gegen die unterdrückende Gesellschaft des Ancien Régime einen gewaltigen Groll und will als Schriftsteller berühmt werden. Seiner Rache lässt er in Preußen, wo er ein umfangreiches Werk zu Ehren Friedrichs des Großen und seiner aufgeklärten Regierung verfasst, freien Lauf.[1]

Mirabeau bewundert Preußen, wo er sich schon 1786 und 1787 längere Zeit aufgehalten hat. Er gehört zu den Letzten, die Friedrich den Großen noch vor seinem Tod im Sommer 1786 gesehen haben. In seinem umfangreichen Werk *De la monarchie prussienne* und seinen *Lettres à un héritier du trône* lobt er ihn über alle Maßen und beschwört seinen Nachfolger, Friedrich Wilhelm II., die Politik Friedrichs II. fortzuführen.[2]

Überraschend ist, dass ein Mann, der später die Souveränität des Volkes befürworten wird, einen Monarchen bewundert, der zwar Anhänger der Aufklärung ist, allerdings niemals auch nur auf einen Funken seiner Macht verzichtet hätte. In Berlin hat Mirabeau jedoch die Toleranz der Aufklärung, die Achtung vor den Religionen, offene, philosophische Diskussionen und eine große Redefreiheit erlebt.[3]

Zu dieser Zeit ist Berlin eine aktive Stadt mit einer für neue Ideen aufgeschlossenen Gesellschaft. Diese Toleranz ist im absolutistischen Frankreich undenkbar. Mirabeau ist beeindruckt von der Toleranz gegenüber den Juden und vom Einfluss Moses Mendelssohns. Abbé Grégoire, der den französischen Juden später die vollen Bürgerrechte verleiht, ist sicher durch Mirabeaus Schrift *Sur la réforme politique des Juifs* (1787) beeinflusst worden. Mirabeau verabscheut die französische Arroganz und schreibt: »Wenn wir uns die Fremdsprachen nicht zu eigen machen, werden wir hinsichtlich der Fortschritte in den Kenntnissen mit Sicherheit in Rückstand geraten.«

Mirabeau war das Vorbild für eine ganze Generation von deutschen anarchistischen Schriftstellern, angefangen von Friedrich Gentz und Wilhelm von Humboldt bis zu Bettina von Arnim und Heinrich von Kleist.[4]

Die Schwächen Friedrichs II.
Friedrich der Große liebt geistige Strömungen, die veraltete Dogmen über den Haufen werfen, er praktiziert einen durchdachten Humanismus, öffnet seine Institutionen und ignoriert nationalistische Strömungen auf intellektueller und künstlerischer Ebene. Aber auch wenn er sich als aufgeklärter Monarch darstellt, verhält er sich doch wie ein absoluter Herrscher. Er stellt hohe Ansprüche, ist erster Diener seines preußischen Staats, dem er wie seine Vorfahren verpflichtet ist. »In einem Staat wie diesem«, schreibt er in seinem Politischen Testament von 1752, »muss der Fürst notwendigerweise seine Angelegenheiten selbst regeln.«[5] Sein *Directoire général* ist eine simple Registrierstelle, seine Minister zählen nicht und der Hofstaat mischt sich nicht in die Staatsangelegenheiten ein. Voltaire wird der Ausspruch »Er lebte ohne Hofstaat« zugesprochen. Seine engen Mitarbeiter, Privatsekretär Friedrich Eichel und Kammerherr Michael Gabriel Fredersdorf, ergreifen keinerlei Initiativen. Die in Zusammenhang mit dem Aufschwung des Landes, der Verwaltung Schlesiens und den Steuereinnahmen neu geschaffenen Verwaltungen sind der alleinigen Verantwortung des Königs unterstellt.

Friedrich bewundert die seit Jahrhunderten bestehende Zentralisation der französischen Verwaltung und hätte dieses Modell liebend gern auf Preußen übertragen. Ein Franzose, Marie-Antoine Marc Launay de la Haye, wurde übrigens Finanzminister. Für Friedrich sollte die Justiz unabhängig von der Macht sein, aber er »hält die Augen offen, um auf das richterliche Verhalten zu achten«.[6] Am 3. Juni 1740 schafft er die Folter ab und entlässt die Richter, die diesem Beschluss entgegen handeln.

Auch die Außenpolitik gehört zu seinem alleinigen Handlungsbereich. Er hat sich darüber empört, dass Gebietseroberungen vom Herrscher allein entschieden werden.[7] Allerdings wurden die in seinem *Antimacchiavelli* entwickelten Gedanken durch die Geschichte widerlegt: Die Interessen Preußens und Österreichs scheinen ihm so unvereinbar zu sein, dass sich ein Krieg als unvermeidlich erweist und er dabei eine Veränderung vom »Philosophenkönig« zum »Soldatenkönig« durchläuft. Die Auseinandersetzungen beginnen am 16. Dezember 1740 mit der Annexion Schlesiens, der reichsten Provinz der österreichischen Monarchie, und enden 1763 mit dem Frieden von Hubertusburg. Sie weiten sich rasch auf ganz Europa aus, da dem militärischen Interesse Preußens dienende Allianzen und Prestigesucht der großen europäischen Mächte im Spiel sind.

Friedrich ist zuerst mit Frankreich, Bayern, Sachsen und später England eine Allianz eingegangen, um die Habsburger Monarchie zu bekämpfen, und wird dabei von Frankreich, Russland und Schweden unterstützt. Preußen gewinnt zahlreiche Schlachten: Lobositz (Oktober 1756), Roßbach und Leuthen (November,

Dezember 1757), Zorndorf (August 1759) und Torgau (November 1759). Niederlagen erleidet es bei Kolin (Juni 1757) und Hochkirch (Oktober 1758).

Preußen steigt zur Großmacht auf, aber um den Preis enormer äußerer und innerer Schwierigkeiten. Seine Rivalität mit Österreich verstärkt sich, England und Frankreich wollen mit Preußen in keine Konkurrenzsituation treten; Russland erscheint auf dem politischen Schachbrett. Den Machtgewinn bezahlt Preußen mit kriegsbedingter Verarmung.[8] Die Entscheidung des Königs, noch in der Zeit zwischen dem Ersten Schlesischen Krieg und dem Siebenjährigen Krieg, das Charlottenburger Schloss und Sanssouci durch einen neuen Flügel erweitern zu lassen, wird missbilligt, da diese Ausgaben die finanzielle Lage des Landes noch weiter verschlechtern.

Das Leben in den einzelnen Provinzen gestaltet sich unterschiedlich. Das Verhältnis zwischen Adel und Bauernschaft ist insofern gleich geblieben, als die Junker die absoluten Herrscher auf ihren Domänen und die Bauern Leibeigene sind. Der Adel hat weiterhin Polizei- und Rechtsgewalt. Er stellt auch die Offiziere, die auf den Schlachtfeldern umkommen. Diese »schönste Zacke seiner Krone« kommt dafür in den Genuss eines Steuererlasses. Dem Bürgertum werden solche Vorteile nicht zugestanden. Friedrich zeigt Größe durch seine Schlösser, die von ihm geförderte Aufklärung und seine Kriegsführung, aber eine tief sitzende Unzufriedenheit ist nach wie vor im Volke spürbar. Protestbewegungen wie die bayrischen, philantrophischen, der Freimaurerei nahestehenden Illuminaten tauchen auf.[9]

Friedrich Wilhelm II.: Ein zweitrangiger Nachfolger

Da der jüngere Bruder Friedrichs II., August Wilhelm, früh verstarb, geht die Krone auf dessen Sohn über, der als König Friedrich Wilhelm II. (1786–1797) den preußischen Thron besteigt. Friedrich II. schätzt seinen Neffen nicht sonderlich – was auf Gegenseitigkeit beruhte – und beschreibt ihn sehr unvorteilhaft.[10] Er wurde nie an die Staatsgeschäfte herangeführt und Friedrich war durch die zerbrochenen Ehen seines Neffen mit Elisabeth von Braunschweig-Wolfenbüttel und Friederike Louise von Hessen-Darmstadt sowie durch die schwärmerische Anbetung Wilhelmine Enckes, Julie von Voss' und der Gräfin Dönhoff sehr irritiert. Eine inkompetente Hofclique um Hans Rudolf von Bischoffwerder und Johann Christoph Wöllner, die beide die Politik Friedrichs II. abwerten, verleitet Friedrich Wilhelm 1781 zum Eintritt in den Rosenkreuzorden, der den Prinzipien der Aufklärung entgegenwirkt. Das Erbe Friedrichs II. wird verschleudert. Friedrich Wilhelm II. knüpft wieder an religiöse Traditionen an und widersetzt sich der toleranten Geisteshaltung der Aufklärung. Das Wöllnersche Religionsedikt vom 9. Juli 1788 verbietet es, Gott, den Staat oder die guten Sitten in Frage zu stellen und Kritik an den drei christlichen Konfessionen zu üben. Theologie ist wieder nach orthodoxen Gesichtspunkten zu lehren und die lutherische Lehre wird Hauptfach in den Grundschulen.

1794 wird Kant wegen seiner die Aufklärungsphilosophie reflektierenden Schrift *Die Religion innerhalb der Grenzen der bloßen Vernunft* zur Rede gestellt. Intellektuellen wird mit Misstrauen begegnet, viele Bereiche werden wieder der Zensur unterworfen. Um ihr zu entgehen, wird die Rezensionszeitschrift *Allgemeine Deutsche Bibliothek* in das unter dänischer Vorherrschaft stehende Altona überführt.

Friedrich Wilhelm II. erweist sich zwar als absoluter Herrscher, befolgt aber letztlich nur die Ratschläge seines Hofstaats. Die Fortsetzung der reaktionären Politik hat Unzufriedenheit zur Folge und die Wohlgesonnenheit, mit der man dem neuen König anfangs aufgrund seiner demagogischen Maßnahmen entgegenkam, ist nun in Misstrauen umgeschlagen.

Die Französische Revolution und Deutschland

Preußen hat sich trotz seiner geographischen Entfernung für diesen überwältigenden historischen Moment sehr interessiert. Die Jahrhunderte währende Verbindung mit Frankreich und die Übernahme der absoluten Herrschaftsform in Verbindung mit der Aufklärungsphilosophie mögen Gründe hierfür sein. Die Vorstellungen Friedrichs II. von einer gleichen und freien menschlichen Gesellschaft und der Hinterfragung der Stellung des Einzelnen im Verhältnis zu den etablierten Mächten sind 1789 immer noch in Mode und konnten auch durch seine politischen Defizite nicht an Aktualität verlieren.

Sein Nachfolger verurteilt die Ideen der Aufklärung und trägt so zu einem vermehrten Interesse Preußens an den Vorgängen in Frankreich bei. Die deutsche Revolution hat zehn Jahre vor der französischen Revolution begonnen, aber nur auf dem Papier. Die literarische Sturm-und-Drang-Bewegung Ende der Siebzigerjahre prangert die sozialen Ungerechtigkeiten an. Drei ihrer Vertreter, Friedrich Gottlieb Klopstock (1724–1803) Friedrich Schiller (1759–1805) und Christian Friedrich Schubart (1739–1791), sehnen ein Ende des Absolutismus herbei. Klopstock hat die Freiheit besungen, ohne sein Deutschtum zu verleugnen. Schiller hat sich in seinen *Räubern* und in *Kabale und Liebe* als Humanist und Gegner des Despotismus zu erkennen gegeben. Der Dichter Schubart musste sein Eintreten für bürgerliche und religiöse Freiheit sogar mit einer zehnjährigen Gefängnisstrafe bezahlen. Die Pariser Ereignisse von 1789, die Proklamation einer verfassungsgebenden Versammlung und die Einnahme der Bastille, werden in Preußen verfolgt. Die siebentausend Schriftsteller zählende »geistige Republik« jenseits des Rheins ist fasziniert und voller enthusiastischer Begeisterung.

Der zu dieser Zeit schon sehr berühmte Johann Wolfgang von Goethe (1749–1832) begeistert sich in *Hermann und Dorothea* für die Revolution (1797),[11] ebenso wie Klopstock in seinen Gedichten.[12] Zu den Schriftstellern, die Anhänger des revolutionären Ideals sind, gehören auch Friedrich Hölderlin (1770–1843), der die Prinzipien von 1789 als Fortsetzung des Ideals der griechischen Antike betrachtet, Georg Wilhelm Friedrich Hegel (1770–1831) und Friedrich Wilhelm Joseph von Schelling (1775–1854). Hegel brachte diesen Franzosen, die die Freiheit zum universellen Wert erheben, eine grenzenlose Bewunderung entgegen und feierte jedes Jahr die Einnahme der Bastille.[13]

Selbst die späteren Gegner der Revolution wie der Philosoph und Anhänger des Jacobinismus Johann Gottlieb Fichte (1762–1814), Hölderlin und Schiller haben sich über den Erfolg der republikanischen Armee gefreut und auch der junge Ludwig Tieck (1773–1853), eine führende Gestalt der deutschen Romantik, teilt diesen Enthusiasmus für Frankreich. Der deutsche Pädagoge Joachim Heinrich Campe (1746–1818) reist nach Paris und verfasst dort seine *Briefe aus Paris, zur Zeit der Revolution geschrieben* zum Ruhm des »Begräbnisses des französischen Despotismus«. Um seine Neugierde zu befriedigen, bricht auch Wilhelm von Humboldt nach Paris auf und wird begleitet von dem Komponisten Johann Friedrich Reichardt, dem Naturforscher Georg Forster sowie von Merck und von Halem. Sie alle preisen die Einnahme der Bastille.[14]

Als Ursache für diese Begeisterung kann die Gefühlswelt der Romantik gelten, die später durch ein philosophisches Konzept bereichert wird. Der Schriftsteller Friedrich von Hardenberg, genannt Novalis, erhebt die Revolution zum »goldenen Zeitalter«. Die Revolution ist eine mystische Erfahrung.[15] Fichtes Philosophie steht im Gegensatz zu dieser Mystik, sie ist rational und realistisch. Kants Schriften haben ihn vom philosophischen Axiom eines befreiten Menschen als verantwortlichen Menschen überzeugt.[16] Er verfolgt die Revolution als Philosoph und weniger als Historiker.[17] Nach seiner Auffassung ist Frankreich weder ein Land der Kultur noch der Wissenschaft oder der Philosophie. Durch die Revolution wird diese Nation Zugang zu einer »tiefgehenden Philosophie« erhalten.[18]

Die Demokratie mit den Waffen

Der Französischen Revolution sind einige Friedrich Wilhelm II. beunruhigende Ausbrüche des Widerstands vorausgegangen. 1776 erklären die Vereinigten Staaten von Amerika ihre Unabhängigkeit und geben sich 1787 eine demokratische

Verfassung, was in den aufgeklärten Kreisen Europas Befriedigung, bei den Monarchen hingegen Beunruhigung auslöst. Die Französische Revolution ist jedoch von ganz anderem Ausmaß. Die Höfe Europas sehen die Gefahr einer Demokratie heraufziehen. Preußen hat Kaiser Leopold II. von der Notwendigkeit der Beendigung des Türkenkriegs überzeugt, damit er sich gegen Frankreich wenden kann, um die Revolution, nicht das Land, zu bekämpfen. Nach der gescheiterten Flucht der königlichen Familie am 20. Juni 1791 und ihrer Festnahme, erklären sich Friedrich Wilhelm II. und Leopold II. mit der französischen Monarchie solidarisch (Pillnitzer Deklaration), signalisieren ihre Bereitschaft zur militärischen Intervention und unterzeichnen am 7. Februar 1792 einen Vertrag zur gegenseitigen Unterstützung.

Der Krieg zwischen Frankreich und Österreich bricht am 20. April 1792 aus. Die Versuche der französischen Regierung, den preußischen König zum Bruch seiner Allianz mit Österreich zu bewegen, scheitern. Die französische Armee, bestehend aus exaltierten, jedoch schlecht ausgestatteten Freiwilligen, die das revolutionäre und nationale Ideal verteidigen, steht einem mächtigen, aber zahlenmäßig unterlegenen Heer von preußischen und österreichischen Soldaten gegenüber. Preußen kann keine Soldaten von seiner östlichen Grenze abziehen, da sie dort im Kampf gegen Polen und Russland gebraucht werden.

Der Herzog von Braunschweig ist fest entschlossen, Paris zu zerstören, aber der Krieg nimmt eine für die Franzosen günstige Wendung, denn die feindliche Armee ohne obersten Heerführer lässt sich durch die Manöver von General Dumouriez in die Irre führen. Am 20. September 1792 erringen die Franzosen einen Sieg bei Valmy. General Kellerman befiehlt 30 000 Kanonenschüsse und verursacht dadurch den Tod von 184 preußischen (und 300 französischen) Soldaten; die übrigen veranlasst er zum Rückzug. Daraufhin gehen die Armeen der französischen Republik zur Offensive über und schlagen den Feind bei Jemappes am 6. November 1792, marschieren über den Rhein und nehmen am 21. Oktober die Festung Mainz ein.

Dumouriez legt Friedrich Wilhelm erneut nahe, sich aus diesem Konflikt auszuklinken, was er wenig später auch tut. Es gibt für ihn mehrere Gründe, Frankreich gegenüber eine moderate Haltung einzunehmen. Es besteht ein enges Verhältnis zwischen dem Frankreich des Ancien Régime und Preußen und auch die Sympathiebezeugungen der Intellektuellen für die Französische Revolution haben sicher dazu beigetragen, dass Friedrich Wilhelm einen Separatfrieden ins Auge fasst. Zudem ist er an der Eroberung östlicher polnischer Gebiete weitaus mehr interessiert als daran, die Unruhen im Westen in den Griff zu bekommen, bei denen für ihn der revolutionäre Aspekt keine Rolle spielt.

Goethe hat seinen Fürsten, den Herzog von Sachsen-Weimar, auf dem Feldzug in Frankreich begleitet und sich immer an einen mit einer Trikolore geschmückten Wegweiser mit folgender Inschrift erinnert: »Passanten, dieses Gebiet ist frei.« Goethe hat auch die Schlacht von Valmy miterlebt und in seinen Erinnerungen schreibt er nach dem Abzug der Preußen: »Von hier und heute geht eine neue Epoche in der Weltgeschichte aus und ihr könnt sagen, ihr seid dabei gewesen.«[19]

In den philosophischen Zirkeln von Jena, Leipzig, Tübingen, Göttingen und Berlin wird dem französischen Angriff gehuldigt. Fichte beglückwünscht im April 1791 öffentlich den Erfolg der französischen Armeen.[20] Klopstock bedauert, dass »sie es sind und nicht wir«, die das Befreiungswerk unternommen haben. In seinem Gedicht *Kenne dich selbst* bedauert Novalis die deutsche Trägheit. Hölderlin schreibt seiner Schwester 1792, dass man für die Franzosen, »die Verteidiger der Menschenrechte«, beten muss. Im selben Jahr erklärt der Konvent Klopstock, Schiller, Campe und Jean Baptiste Cloots zu französischen Bürgern. Ein Beschluss, der jenseits des Rheins viel Aufsehen erregt. Baron Cloots (1755–1794) war ein preußischer Revolutionär, der schon 1776 nach Paris kam, um bei der Abfassung der *Encyclopédie* mitzuwirken, und 1796 dort gestorben ist.

Müdigkeit und Verbitterung

Drei Ereignisse haben sowohl in Preußen als auch in Deutschland dazu beigetragen, die Begeisterung für das revolutionäre Frankreich zu mäßigen: die Exekution von König Ludwig XVI. durch die Guillotine am 21. Januar 1793, die Terrorherrschaft in den Jahren 1793 und 1794 und – in geringerem Maß – die von Friedrich Wilhelm II. ab 1795 beschlossene Neutralitätspolitik.

Obwohl 1793 die Österreicher Dumouriez bei Neerwinden schlagen und die Preußen Mainz zurückerobern, bleibt der Ausgang des Krieges durch die »levée en masse«, eine von Lazare Carnot im Juli beschlossenen Mobilmachung der Massen, ungewiss. Die Österreicher werden erneut 1794 bei Fleurus geschlagen und verlieren die Niederlande. Am 5. April wird der Krieg zwischen Frankreich und Preußen durch den Vertrag von Basel beendet. Preußen unterzeichnet einen Separatfrieden und Österreich setzt einen von vornherein verlorenen Krieg noch zwei Jahre lang fort. Frankreich verlangt und erreicht die Besetzung der linken Rheinseite.

Preußen kümmert das nicht. Da der Westen zu weit entfernt, aggressiv und unerreichbar ist, konzentriert es sich auf seine Ausdehnung nach Polen und wird mit dem Russland Katharinas II. über eine neue Annexion Polens einig. Österreich ist in diese Angelegenheit nicht verwickelt. Der dem zweifachen Druck ausgesetzte polnische Reichstag löst sich auf. Ein Aufstand, angeführt von General Tadeusz Kosciuszko, wird niedergeschlagen. Durch die Aufteilung Polens zwischen Preußen und Russland verschwindet das Land am 24. Oktober 1795 von der Landkarte. Preußen vergrößert sein Gebiet bis zur Weichsel und nimmt Warschau und Lodz ein. Preußen und Russland verfügen nun über eine gemeinsame Grenze. Durch Eroberung von Danzig, Posen und Thorn hat Friedrich Wilhelm einen lang gehegten Plan verwirklicht und die Zahl seiner Untertanen um zwei Millionen erhöht, was ungefähr einem Viertel seines preußischen Volks entspricht.

Als sich im März 1799 Österreich, Russland, England, Portugal, Neapel und die Türkei gegen Frankreich verbünden, bleibt Preußen neutral. Einige Gegner Frankreichs und seiner Revolution haben sich trotz allem Gehör verschafft, wie der Schriftsteller August von Kotzebue (1761–1812) durch sein Theaterstück *Der weibliche Jacobiner-Club* (1791), in dem er die Anarchie und Sittenlosigkeit der Revolution anprangert. Durch seinen Pariser Aufenthalt im Winter 1790 ist er voller Hass und Verachtung für die Revolution und verflucht die Einnahme der Bastille.[21]

Zahlreiche Persönlichkeiten haben in ihrer Einstellung zur Revolution zwei Phasen durchlaufen, eine anfängliche Bewunderung, die sich in eine kategorische Ablehnung der 1793 und 1794 begangenen Gräueltaten wandelt. Kant ist Anhänger der Revolution, kritisiert aber, dass die Vernunft nicht zum Zuge kommt und somit ein Mangel an menschlichem Respekt zu beobachten ist. Die Revolution hat mit dem kategorischen Imperativ »Handle so, dass du die Menschheit sowohl in deiner Person, als in der Person eines jeden anderen jederzeit zugleich als Zweck, niemals bloß als Mittel brauchest«, gebrochen.[22]

Goethe hat die Werte, die die Basis der Demokratie bilden, zeit seines Lebens gepriesen, aber gesellschaftliche Umstürze waren ihm verhasst.[23] Die Revolution erscheint ihm als eine »große Notwendigkeit« hinsichtlich der despotischen Willkür, aber als humanistisch geprägter Kulturmensch kann er Gewalttätigkeiten nicht zulassen.

Schiller legt eine für ihn sehr ungewöhnliche Reserviertheit an den Tag. Er sieht die seiner Meinung nach prinzipiell lobenswerte Französische Revolution als gescheitert an, da sie der Freiheit, die sie den anderen Völkern zu bringen vorgibt, nicht würdig ist.[24] Fichte verleiht seiner Empörung über die Exzesse schriftlich Ausdruck. Friedrich Schlegel und Friedrich von Hardenberg (Novalis) erweisen sich als erbitterte Feinde der Revolution. Wieland zeichnet sich durch große Weitsicht hinsichtlich des Verlaufs der Revolution aus. Ihnen allen ist die Lektüre der *Reflections on the Revolution in France* von Edmund Burke, in der Übersetzung des ehemaligen Kant-Schülers Friedrich von Gentz, eine Hilfe bei der Meinungsbildung. Gentz, der ursprünglich Anhänger der Revolution war und später zum Gegner wird, hat diese Übersetzung dem reaktionären König Friedrich Wilhelm II. gewidmet.

Preußen und Frankreich werden trotz dieser Gegensätze nicht zu unversöhnlichen Feinden. Der Krieg zwischen Preußen und dem revolutionären Frankreich ist durch monarchische Solidarität und nicht durch einen tiefgehenden Antagonismus, wie bei Österreich und Polen, ausgelöst worden. Friedrich Wilhelm II. führt die Tradition der Hohenzollern weiter, indem er französische Offiziere in seine Armee aufnimmt und französische Intellektuelle, die nicht zu den revolutionären Kreisen gehören, wie Antoine Rivarol (1753–1801) und Adelbert von Chamisso (1781–1822), an seinen Hof einlädt. Rivarol ist ein bissiger royalistischer Schriftsteller und der Hugenotte Chamisso ein junger Offizier, der zu einem großem Schriftsteller wird.

Innerhalb von zwei Jahren hat sich die preußische Wertschätzung Frankreichs zu einer strengen Verurteilung gewandelt. Dennoch hat sie weiterhin einen pazifistischen Unterton und kann auch jederzeit zurückgenommen werden, sollte Frankreich wieder den Weg zur Toleranz finden. Die preußische Neutralität gegenüber einem unter Waffen stehenden Frankreich hat sich über elf Jahre erstreckt. Als General Bonaparte an die Macht kommt, werden sich die Dinge ändern. Anfangs wird Preußen die neue Stabilität in Frankreich begrüßen, dann aber vor dem abenteuerlichen Größenwahn des französischen Kaisers zurückschrecken.

Preußische Neutralität und kulturelle Erneuerung

Im Jahre 1795, nach Beendigung der feindlichen Konfrontationen zwischen Frankreich und Preußen, hat sich die Gestalt Europas grundlegend geändert. Polen, einvernehmlich zwischen Russland und Preußen aufgeteilt, ist verschwunden. Beide Mächte haben nun eine über tausend Kilometer lange, gemeinsame Grenze zwischen den Flüssen Memel im Norden und Bug im Süden. Polens Mitte mit Warschau ist zum »Neuen Ostpreußen« geworden.

Friedrich Wilhelm verfolgt schon lange das Ziel, Danzig, Posen und Thorn zu erwerben und verständigt sich mit dem Zaren darüber. Preußen ist ein deutschpolnischer Staat geworden. Durch die Annektierung Polens gewinnt Preußen drei Millionen Einwohner und zusätzliche Gebiete.

Durch den von Preußen und der französischen Republik am 5. April 1795 unterzeichneten Vertrag von Basel wird Preußens Stellung in Westeuropa gefestigt. Frankreich ist erfreut, vorübergehend das linke Rheinufer als Grenze zu behalten und Preußen erwirbt eine Reihe von Gebieten, die sich von der Nordsee bis zum Main erstrecken. Der Baseler Vertrag ist sowohl für Frankreich als auch für Preußen von Vorteil. Preußen hat die Hände frei, um sich um seine östliche Grenze zu kümmern und gewinnt eine gewisse Unabhängigkeit vom Habsburger Reich.[1]

Durch den Gebietszuwachs Preußens ist das westliche Europa beunruhigt. Österreich, England und Russland gehen eine Allianz ein, weil sie Preußen misstrauen und die französische Republik hassen. Frankreich, das von der preußischen Aversion gegenüber Österreich weiß, schlägt dem ehemaligen Feind vor, alle eingegangenen Allianzen aufzugeben und eine gemeinsame Front gegen Österreich aufzubauen, was Preußen jedoch aus Angst vor seinem neuen Nachbarn Russland ausschlägt.

Durch seine Neutralität ist Preußen verwundbar geworden. Der Tod Friedrich Wilhelms II. und die Thronbesteigung Friedrich Wilhelms III. (1797–1840) haben bei der Entscheidung zu dieser pazifistischen Haltung zweifellos auch eine Rolle gespielt.[2] Friedrich Wilhelm II. ist krank und sein Nachfolger sehr schüchtern. Preußen wird bei dem Konflikt, den Österreich und England gegen Frankreich austragen, Zuschauer sein.

In den elf Jahren nach dem Separatfrieden mit Frankreich ist es Preußen gelungen, seine Neutralität zu bewahren. Die politische und soziale Instabilität im nachrevolutionären Frankreich – das Direktorium von 1798, die Machtübernahme Bonapartes 1799, die Konsulatszeit 1800 und, ab 1804, das Empire – hat Preußen nur als Betrachter miterlebt und ist auf kein Ansuchen der Feinde des republikanischen Frankreichs eingegangen.

1798 stellt England zum zweiten Mal eine Koalition mit Russland, der Türkei, dem Königreich Neapel und Österreich, die alle wegen der französischen Expedition in Ägypten aufgebracht sind, gegen Frankreich zusammen. Das in Berlin durch Sieyès repräsentierte Direktorium fürchtet auch den Eintritt Preußens in diese Koalition, aber Friedrich Wilhelm III. leistet der erneuten Aufforderung der Alliierten nicht Folge. Durch den Putsch Napoleons gegen das Direktorium und die Siege Frankreichs am 14. Juni 1800 in Marengo und am 3. Dezember 1801 in Hohenlinden sieht er sich in seinem Entschluss bestätigt. Russland zieht sich daraufhin aus der Allianz zurück und das besiegte Österreich akzeptiert im Frieden von Lunéville am 9. Februar 1801 die Bedingungen Frankreichs. Das linke Rheinufer bleibt die Grenze des französischen Siegers ebenso wie der Niederlande, und Wien verliert die Lombardei, annektiert aber Venedig. England ist allein und verlangt schließlich, dass die feindlichen Handlungen eingestellt werden.

Zum ersten Mal nach zehn Jahren kehrt durch den am 27. März geschlossenen Frieden von Amiens für kurze Zeit wieder Ruhe in Europa ein, die Preußen nutzt, um aus seiner zwanzigjährigen Lethargie zu erwachen. Das Land macht sich daran, sein kulturelles Leben zu bereichern und seine Stellung in Europa zu finden.

Rückgang des kulturellen Einflusses Frankreichs

Im 18. Jahrhundert wird am preußischen Hof notwendigerweise und auch weil es gefällt, französisch gesprochen. Die Tausenden von Hugenotten, die der Große Kurfürst nach der Revokation des Edikts von Nantes aufgenommen hat, sprechen nur französisch. Vor allem aber verbreitet Frankreich eine solche Aura, dass französisch zur Kultur- und Diplomatensprache wird. Der den Spanischen Erbfolgekrieg abschließende Vertrag von Rastatt ist auf Französisch verfasst. Die preußischen Königinnen haben eine Vorliebe für die französische Sprache. Königin Sophie Charlotte, die Gemahlin des Großen Kurfürsten, korrespondiert mit Leibniz auf Französisch. Sie hat sich am Hof Ludwigs XIV. aufgehalten und sich beinahe mit dem Herzog von Burgund verlobt. Ihr Charlottenburger Hofstaat, dem auch zahlreiche Franzosen angehören, teilt ihre Neigungen. Die Mutter Friedrichs II., Königin Sophie Dorothea, sprach französisch wie eine französische Prinzessin.[3]

König Friedrich I. eröffnet in Berlin ein französisches Theater. Friedrich II. erweist sich als großer Befürworter der französischen Sprache in Preußen. Er begeistert sich für die französischen Schriftsteller und spricht seine deutsche Muttersprache nur mit Mühe. Er ist auch davon überzeugt, dass er nur mit Hilfe der französischen Sprache zu dem ihm gebührenden Ruhm gelangen könne. Seine Erziehung ist durch die von Hugenotten vermittelte französische Kultur geprägt. Seine Schwester Wilhelmine hat ihre Leidenschaft für die französische Sprache, bedingt durch dieselbe Erziehung, an ihren Sohn, den Markgrafen von Ansbach, weitergegeben, der nur Frauen liebt, die kein Deutsch sprechen. Der Rheinsberger Hof und später der Hof in Sanssouci unterscheiden sich hinsichtlich des Sprechens, der Gäste und des Stils nur wenig von den französischen Höfen. Voltaire hat auf den König mehr Einfluss als sein ganzer Hofstaat und der Marquis d'Argens trägt durch seinen langen Aufenthalt sehr zur Verbreitung der französischen Kultur bei. Wie auch Voltaire korrigiert er die Werke des Königs, seine *Mémoiren*, sein Geschichtswerk und seine umfangreiche Korrespondenz. Friedrich wünscht, dass seine Berliner französisch sprechen und lässt zu diesem Zweck 1770 die *Comédie française* nach Berlin kommen, die am Gendarmenmarkt untergebracht wird. Französische Theatertruppen geben Vorführungen in allen deutschen Theatern. Französischer Einfluss ist auch an den Höfen von Braunschweig, der Pfalz, Württemberg und Hannover festzustellen. Leibniz verfasst zwar die *Theodizee* (1710) und die *Monadologie* (1714) auf französisch, hat aber seiner Befürchtung eines allzu großen Einflusses des Französischen zuungunsten des Deutschen Ausdruck gegeben. Der Schriftsteller Johann Christoph Gottsched will Leipzig zur Hauptstadt der Literatur machen, mit einer Akademie, in der die französische Sprache dominiert. Herder schreibt: »Die Deutschen bildeten sich viel darauf ein, nur noch französische Werke zu lesen und verstanden schließlich ihre eigenen Schriftsteller nicht mehr.«[4] Klopstocks religiöses Epos *Messias* und Lessings *Minna von Barnhelm* werden auf Französisch herausgebracht, beinahe wäre es auch zu einer Übersetzung von *Laokoon* gekommen. Goethe hat nach eigenem Bekunden anfänglich gezögert, welcher der beiden Sprachen er den Vorzug geben solle.

Voltaire und Rousseau sind in der Originalsprache gelesene Autoren. Wieland und Lessing haben den Geist Voltaires geschätzt. Wieland, der als »Voltaire Deutschlands« bezeichnet wird, wurde von Romanen und Erzählungen der französischen Literatur des Mittelalters beeinflusst, und Lessing, der später einen Kreuzzug gegen Frankreich beginnen wird, lässt sich von französischen Fabeln und Theaterstücken inspirieren. Voltaire ist ihr Vorbild. Rousseaus romantische Vorstellungen begeistern Herder, den jungen Goethe und Schiller. Auch Wieland hat seiner Bewunderung für das französische Sprachgenie Ausdruck verliehen.

Die zu einem großen Teil durch Rousseau beeinflusste vorromantische Bewegung des Sturm und Drang (1770–1790) hat dem Rationalismus der Aufklärung die Forderung nach Sensibilität und einer idealen Natur, in der der Mensch seinen Platz findet, entgegengestellt.

Schiller erhebt Rousseau zu seinem absoluten Meister. In *Die Räuber* und *Kabale und Liebe* macht er sich dessen Hass auf Despotismus und Feudalprivilegien zu eigen. Die *Leiden des jungen Werther* von Goethe ähneln der *Nouvelle Héloise* Rousseaus. Der Einfluss Beaumarchais' ist bei Goethes *Clavigo* zu spüren. Goethe übersetzt 1804 Diderots *Neveu de Rameau*. Französische Schriftsteller waren die Lehrmeister seiner Jugendjahre. Er fühlte sich in den französischen Kreisen von Leipzig und Frankfurt sehr wohl und reiste nach Straßburg.

Alle Künste sind beeinflusst von der französischen Kultur. Der Maler Pesne ist in Preußen sehr beliebt und zu den Hofmalern im weitesten Sinne gehören auch seine Schüler Nicolas Blaise, LeSueur, Amédée Vanloo, Joseph Pater, ein Schüler Watteaus, und Nicolas de Lancret. Friedrich hat eine Vorliebe für Watteau und die galante Malerei. Preußische Fürsten, darunter vor allem Christian Ludwig von Mecklenburg-Schwerin, sind stolz auf ihren Besitz französischer Meisterwerken der Malerei. Auch die französische Bildhauerkunst darf nicht ungenannt bleiben: François Gaspard Adam leitet die Bildhauerwerkstatt von Potsdam und Sanssouci von 1742 bis 1760 und der berühmte Jean Baptiste Pigalle hat zum Ruhm der königlichen Gärten beigetragen.

Als Friedrich II. und Voltaire, die beiden großen Verfechter der französischen Kultur, Ende des 18. Jahrhunderts sterben, zeigt Frankreich schnell sein wahres Gesicht. Kulturelle Belange werden von der Innenpolitik und die Künste von revolutionärem Aufruhr verdrängt.

Diese nicht voraussehbaren französischen Wirren haben das Nationalbewusstsein der Deutschen angefacht. Man ist empört darüber, dass die deutsche Sprache zum Gespött wird und begehrt dagegen auf, dass die Künste im französischen Einflussbereich angesiedelt sind. Man kritisiert die Arroganz Frankreichs, die sich auch auf das tägliche Leben, vor allem in Preußen, auswirkt. Wie kann man akzeptieren, dass sich gebürtige und geistige Aristokraten in einer anderen als der vom Volk gesprochenen Sprache ausdrücken? Die alten anti-französischen Dämonen, die Erinnerung an die Pfälzer Kriege Ludwigs XIV., Valmy und die französische Intoleranz in religiösen Fragen stehen wieder vor dem geistigen Auge auf und führen zu einer wahren Gallophobie. Frankreich hat seine Beachtung besonders den Wohlhabenden geschenkt und dafür den Preis in seinem Land, aber auch in Deutschland, bezahlt.

Die französische Kultur hat in der zweiten Hälfte des 18. Jahrhunderts an Einfluss in Preußen verloren und die deutsche Sprache gewinnt wieder an Beliebtheit. 1757 veröffentlicht der Buchhändler Nicolai in Berlin die sehr geschätzte *Allgemeine deutsche Bibliothek,* die den französischen Lumières äußerst kritisch gegenübersteht. Als Kant 1755 seine Lehrtätigkeit an der Universität Königsberg aufnimmt, spricht er nur deutsch. Goethe hat keine einzige Zeile auf Französisch verfasst und am Hof von Weimar und Dresden nur deutsch gesprochen. Er hat die französische Sprache sogar verspottet, die sich seiner Ansicht nach nicht nur dazu eignet, Gedanken und Gefühle auszudrücken, sondern sie auch zu verbergen. Die Romantik stellt gern die deutsche Sprache als Sprache der unschuldigen Liebe und Französisch als Sprache des Verrats und der Trennung dar.[5] Und Gottsched wünscht sich, trotz seiner Bewunderung für die französische Sprache, das Entstehen einer wahren deutschen Literatur.

Geschichtliche Werke, darunter vor allem Kleists *Hermannsschlacht*, haben zum Aufleben des deutschen Nationalbewusstseins beigetragen. In seinem Gedicht *Der deutsche Nationalruhm* erklärt Herder die deutsche Kultur zum universellen Kulturgut. Anfang des 19. Jahrhunderts ist das intellektuelle Frankreich noch Gegenstand der Bewunderung, aber Preußen und einige andere deutsche Provinzen haben gelernt, ihm zu misstrauen.

Der Hof Friedrich Wilhelms III.

Der neue 1797 an die Macht gekommene Herrscher wird die von seinem Vater beschlossene und von ihm selbst begrüßte Neutralität bis 1806 aufrechterhalten. Sein Ehrgeiz richtet sich nicht auf die Eroberung neuer Gebiete. Er ist schüchtern, oft melancholisch, kultiviert, ein ausgezeichneter Cellospieler, der seine schöne, in der Ehe glückliche Frau Luise von Mecklenburg-Strelitz und seine zehn Kinder liebt. Die Königin wird von den Berlinern verehrt.

Friedrich Wilhelm III. gleicht in seiner Toleranz seinem Großonkel Friedrich II. Er schafft die von seinem Vater eingeführte Zensur ab und entlässt dessen Berater und enge Vertraute Johann Christoph von Woellner und Johann Rudolf von Bischoffwerder aus dem Dienst. Berlin wird wieder zum Zufluchtsort für Verfolgte, wie den Atheisten Fessler und den sächsischen Philosophen Fichte. Ihre Präsenz verleiht der Hauptstadt, auch wenn sie noch nicht mit London und Paris mithalten kann, eine gewisse Attraktivität.[6]

Friedrich Wilhelm III. interessiert sich wenig für die Verwaltungsgeschäfte. Der Krieg seines Vaters hat ein Loch in den Finanzen hinterlassen und die soziale Lage hat sich trotz der Reformen Friedrichs II. nicht verbessert. In Bezug auf Staat, Junker und Bauern herrscht Chaos. Durch das in einem Geheimvertrag mit Frankreich am 23. Mai 1802 erneuerte Neutralitätsabkommen wird wenigstens eine Verbesserung der wirtschaftlichen Lage erreicht, da keine Kriege mehr finanziert werden müssen.

Zehn Jahre sind seit dem Sieg der revolutionären französischen Armeen über Preußen vergangen und sieben Jahre seit dem Friedensschluss. Die kulturellen Beziehungen zwischen Frankreich und Preußen sind zwar immer noch vorhanden, haben aber an Intensität verloren. Preußen kommt in den Genuss der von Talleyrand bewilligten Kriegsreparationen und nach dem Frieden von Amiens weiterer Gunstbezeugungen seitens Napoleons.[7] Es gewinnt die säkularisierten Erzbistümer Paderborn und Hildesheim, die Städte Erfurt, Mühlhausen, Nordhausen und Goslar, zusätzlich zu den schon durch Erbschaft erworbenen Fürstentümern Ansbach und Bayreuth. Der Fürst von Nassau-Oranien, ein Verwandter des preußischen Königs, bekommt Fulda und Corvey, die bei Aussterben der Linie an Preußen zurückfallen.[8] 66 Kirchenstaaten, darunter Köln und Trier, werden von der Landkarte gestrichen. Insgesamt verschwinden 112 der 300 Staaten des Heiligen Römischen Reiches Deutscher Nation von der Landkarte.

Österreich hatte keine andere Wahl, als den durch ein Abschlussprotokoll vom 25. Februar 1803 sanktionierten Beschluss zu ratifizieren. Napoleon beschert Preußen südlich und westlich der Elbe einen Gebietszuwachs, aber noch keine geographische Kontinuität. Das Verschwinden der Kirchenstaaten beeinträchtigt den Katholizismus und so dominiert das protestantische Preußen das katholische Österreich.

Preußens Neutralität kommt Frankreich zugute, dessen ist sich der Erste Konsul bewusst und so wünscht Kaiser Napoleon, der am 2. Dezember 1804 gekrönt wurde, keine Änderung der Politik Preußens. England jedoch nimmt die feindlichen Handlungen am 18. Mai 1804 wieder auf und wird eine Änderung in der Haltung Frankreichs gegenüber Preußen hervorrufen.

Die wohltuende Neutralität

Die preußische Neutralität ermöglicht dem König ein Familienleben und einen Beitrag zur kulturellen Erneuerung seines Landes. 1799 gründet er in der neuen Münzanstalt eine Schule für Architektur, die dann später in ein von Schinkel entworfenes Gebäude umzieht.

Die königlichen Gemächer werden im neoklassizistischen Stil neu eingerichtet. Neben französischen Gemälden sind nun auch die deutscher Maler, wie Julius Rosenberg und Angelika Kauffmann, zu finden. Der Architekt Carl von Gontard errichtet am Ufer des Heiligen Sees, zwischen Potsdam und Berlin, das Marmorpalais im vom König bevorzugten gotischen Stil, der seine Sommerresidenz wird.

Unter allen Künsten gilt die Vorliebe Friedrich Wilhelms III. der Musik. Er ist ein ausgezeichneter Cellospieler und Mitglied des siebzig Musiker umfassenden Hoforchesters, in dem auch von Mozart bewunderte Virtuosen musizieren. Er liebt Kammermusik und die Musik seiner Epoche im Gegensatz zu Friedrich II., der Rokokomusik bevorzugte. Sein Freund Haydn komponiert vier Streichquartette für ihn. Im Mai 1789 ist Mozart sein Gast in Berlin. Es ist nicht ausgeschlossen, dass Friedrich Wilhelm ihn an seinen Hof holen wollte. Beethoven wird 1796 zu einem Gastspiel nach Berlin eingeladen. Er komponiert für den König zwei Sonaten für Klavier und Cello. Aber der König von Preußen vernachlässigt darüber nicht die Geisteswissenschaften. August Wilhelm Iffland (1759–1814) macht das Nationaltheater Berlin zu einem der bedeutendsten Theater Europas, das mit dem Burgtheater in Wien rivalisiert und die Werke Lessings, Goethes und Schillers in seinem ständigen Repertoire hat. Friedrich Wilhelm baut mehrere neue Theater, unter anderem das in Potsdam, welches nach Plänen des Architekten Carl Gotthard Langhans (1732–1808) entworfen wurde. An die Spitze der Akademie der Künste stellt er den berühmten Kupferstecher und Grafiker Daniel Chodowiecki, der ihr zu neuer Blüte verhilft.

Friedrich Wilhelm III. beendet die unter Friedrich II. übliche Praxis, ausländische Persönlichkeiten in die Akademie der Wissenschaften aufzunehmen und ordnet an, dass die Debatten auf Deutsch und nicht mehr auf Französisch zu führen seien. In ganz Deutschland werden neue Kulturstätten eingerichtet: in Königsberg, durch den Einfluss Kants, in Halle, Göttingen sowie Jena und vor allem in Weimar im Umfeld Goethes und Schillers. Dennoch bleibt Berlin Kulturhauptstadt, das privilegierte Zentrum, dessen Akteure sich kennen, treffen und zusammen vereisen. Einige Jahre später als Paris brilliert Berlin mit seinen literarischen Salons, in denen die Romantik über die Aufklärung gesiegt hat. Eine ausgewählte, aus Aristokraten, Bürgern, Offizieren, Schriftstellern, Künstlern und Schauspielern bestehende Gesellschaft trifft sich hier, um über Literatur, Philosophie und Kunst und – an zweiter Stelle – internationale Politik zu diskutieren. Es gibt ungefähr fünfzehn solcher von Frauen geführten Salons, unter denen jene der jüdischen Gastgeberinnen Henriette Herz (1764–1847) und Rahel Levin (1771–1834) wegen ihres regen Austauschs besonders hervorzuheben sind. Die angesehenen, konvertierten oder nicht konvertierten Juden vermischen sich mit allen Gesellschaftsklassen Berlins.[9] Der Theologe Schleiermacher macht Henriette Herz den Hof, Rahel Levin hat vor ihrer Heirat mit dem Diplomaten Varnhagen von Ense mehrere leidenschaftliche

Liebschaften und Friedrich Schlegel (1772–1829) entbrennt für Dorothee Veit, die konvertierte Tochter von Moses Mendelssohn (1729–1786), einem jüdischen Reformator. Durch Dorothee Veit wurde Schlegel 1799 zu seinem Roman *Lucinde* inspiriert, eine heftig umstrittene Apologie der freien Liebe.

Alle berühmten Romantiker Berlins sind in den Salons heimisch: Die Dichter und Schriftsteller Wackenroder, Novalis, August Wilhelm und Friedrich Schlegel, Clemens Brentano, Achim und Bettina von Arnim, Jacob und Wilhelm Grimm, Ludwig Tieck, Johann Gottlieb Fichte, Friedrich von Gentz, Adam Müller.[10] Auch der Arzt Christoph Wilhelm Hufeland, königliche Prinzen, Aristokraten wie die Grafen Radziwill und Dohna, der Hofbildhauer Johann Gottfried Schadow, die Brüder Humboldt und 1804 Mme de Staël besuchen diese Salons.

Indessen ist die französische Kultur keineswegs in Vergessenheit geraten und Nachfahren der Hugenotten, wie Adalbert von Chamisso und Friedrich de la Motte Fouqué, bringen sie immer wieder in Erinnerung. In diesen spezifisch deutschen und Berliner Salons werden die Gefühle über die Vernunft gestellt und sich bis zum Mystizismus entwickelnde religiöse Empfindungen tauchen wieder auf.

Durch die preußische Neutralität wird einer neuen, dem intellektuellen Europa zugewandten Welt der Weg bereitet. Erneut werden diplomatische Beziehungen zwischen Berlin und Paris aufgenommen. Die französischen Emigranten von 1789 werden, entgegen ihren Erwartungen, in deutschen Ländern nicht mit offenen Armen aufgenommen, da sie arrogant und anspruchsvoll sind. In Preußen aber wird ihnen ein warmer Empfang zuteil;[11] die Toleranz in Preußen war von Dauer.

Das neutrale und von Napoleon geachtete Preußen übt auf Franzosen große Anziehungskraft aus. Einige Persönlichkeiten halten sich nur hier auf, wie Mme Vigée-le Brun, Mme de Genlis, Louis de Fontanes oder Charles-Maurice de Talleyrand-Périgord. Andere wiederum bleiben für immer, ohne jedoch mit dem Mutterland zu brechen, wie der junge Adelbert von Chamisso, der Page der Königin Luise, der zunächst Botaniker wird und sich dann der deutschen Dichtkunst verschreibt.[12] Ein reger intellektueller Austausch zwischen Preußen und Frankreich ist zu registrieren und die Zahl der Eheschließungen zwischen Franzosen und Preußen ist weitaus höher als die anderer Europäer untereinander.

Aber auch viele Preußen besuchen Frankreich, so zum Beispiel die Brüder Alexander und Wilhelm von Humboldt, Friedrich Schlegel, Gustav von Schlabrendorf, Friedrich Tieck oder Rahel Levin.

Wilhelm von Humboldt kommt 1789 in Begleitung seines Hauslehrers Campe nach Paris. Die gerade beginnende Revolution fasziniert ihn. Er ist Frankreich durch seine französische Mutter verbunden. 1797 kommt er wieder nach Paris und bleibt zwei Jahre, in denen er seine literarische Bildung durch eine soziologische Studie über ein Land, in dem ein »moderner Geist« weht, ergänzen kann.[13] Wilhelm hat alle wichtigen Persönlichkeiten aus Politik, Literatur, Wissenschaft und die Pariser von Welt kennengelernt, sowie auch Bonaparte, der ihm gefällt. Er philosophiert mit Pierre-Jean-Georges Cabanis und Bernardin de Saint-Pierre über Étienne Bonnot de Condillac. Er wundert sich über Mme de Staël, die die Verfassung von 1791 begrüßt und das Schicksal Europas mit dem Schicksal Frankreichs verwechselt. Er hat die Charakterschwächen der Franzosen erkannt und zieht den Schluss: »Deutschland ist stolz darauf, etwas als Volk und Nation realisieren zu können, wohingegen Frankreich als Nation unbedeutend, aber als Volk unternehmungslustig ist.«[14]

Der jüngere Bruder Alexander von Humboldt (1769–1859), ein Naturforscher und Bewunderer der Lumières,[15] interessiert sich für die Naturwissenschaften, die in Frankreich auf einem hohen Niveau betrieben werden. Er besucht 1790 Paris und kehrt acht Jahre später, seines Amts als Direktor der schlesischen Bergwerke müde, wieder dorthin zurück und reiht sich ein in die Riege der Pariser Wissenschaftler.

Auf Bitten Karls IV. von Spanien unternimmt er Forschungsreisen in die »Neue Welt« in Begleitung des Marinearztes und Botanikers Aimé Bonpland (1733–1858). Fünf Jahre lang ist er unermüdlich als Geograph, Ethnologe und Naturforscher tätig und verzeichnet alle seine Beobachtungen in einem umfangreichen Werk.[16] Nach einer Reise nach Nordamerika 1804 und einem Besuch beim Präsidenten Thomas Jefferson kehrt Humboldt nach Frankreich zurück. Er hat ein Drittel seines Vermögens ausgegeben und wird als Held gefeiert. Bis November 1805 bleibt er in Paris, umgeben von alten und neuen Freunden wie dem Chemiker Claude Louis Berthollet und den Physikern Pierre-Simon Laplace und Joseph Louis Gay-Lussac und beschäftigt sich mit den Sammlungen, die er von seinen Reisen mitgebracht hat. Nach einem Treffen mit Napoleon, der ihm seinen Erfolg neidet, reist er wieder nach Berlin. Er verkehrt von Neuem in der gehobenen Berliner Gesellschaft, vermisst aber Paris und begegnet einer lauernder Depression, indem er seine Forschungsergebnisse aufzeichnet. *Ansichten der Natur* ist in dieser Zeit entstanden. Gemeinsam mit seinem Bruder Wilhelm gehört er der Delegation an, die Napoleon um die Befreiung des seit 1806 militärisch besetzten Berlins ersucht. Nach den gescheiterten Verhandlungen bekommt Alexander von Humboldt wieder die Erlaubnis zur Rückkehr nach Paris und »niemandem, weder seinem Bruder, noch seinem König, noch seinen Verleumdern gelingt es, ihn Paris zu entreißen; er fühlt sich jetzt endlich zu Hause und wird zwanzig Jahre lang bleiben«.[17] Dort verfasst er geschichtliche, politische und geographische Abhandlungen über den Neuen Kontinent (1811 und 1836) in französischer Sprache.

Der Literatin Germaine de Staël (1766–1817) ist ein leidenschaftliches Plädoyer für Deutschland zu verdanken.[18] Die Tochter von Jacques Necker, dem Finanzminister Ludwigs XVI., begeistert sich für die Revolution, und ihr literarischer Salon steht den Schöpfern der Verfassung von 1791 zur Verfügung. Gleichzeitig entwirft sie einen Fluchtplan für die königliche Familie und für andere Freunde, die sich in der Gewalt der Revolutionäre befinden. Ihre Aktivitäten spielen sich zwischen ihrem Herrensitz Coppet und Paris ab. Sie schmiedet Intrigen für den politischen Erfolg ihrer Freunde und kommentiert die Ereignisse mit derselben Leichtigkeit, mit der sie sie erzählt.

Einer ihrer zahlreichen Liebhaber, der Literat Benjamin Constant, spielt kurzzeitig eine Rolle in der aktiven Politik, ehe er 1802 vom Ersten Konsul Bonaparte aus seinen Ämtern entlassen wird. Constant hat die Freiheit, von der niemand mehr hören will, zu hoch gepriesen. Mme de Staël lehnt sich in aller Öffentlichkeit gegen diesen Machtmissbrauch auf und lässt ihre Abneigung gegen Napoleon durchblicken. Sie wird ins Exil verbannt und wählt Deutschland, das Land dessen Sprache und Literatur sie kennt und wo ihre Werke positiv aufgenommen werden.[19] In Weimar trifft sie Goethe, Schiller und Wieland, in Berlin wird sie von Königin Luise empfangen und von den Literaten in ihren Salons bewundert. Sie erobert Schlegel, der mit ihr nach Coppet geht.

Erst 1806 kehrt sie nach Frankreich zurück. *De l'Allemagne* erscheint 1813 auf Französisch. In diesem Werk kommt die leidenschaftliche Bewunderung der Verfasserin für Deutschland, seine Geschichte, seine Literatur, seine Universitäten und Landschaften zum Ausdruck. Es wird auf eine »starke Nation und bezaubernde Gesellschaft«, auf ein »zu Täuschungsmanövern unfähiges« Volk, auf die »Sentimentalität« in Liebesdingen und die »gelehrtesten Universitäten Europas« hingewiesen, eine Kritik sowohl an Deutschland als auch an Frankreich ist ebenfalls enthalten. Mme de Staël hat »nicht danach getrachtet, Deutschlands Nachteile zu verbergen«. So wird Friedrich II. gleichzeitig zum Deutschen, »der dauerhafte Spuren hinterlässt«, wie zum Franzosen, »der auf keine fruchtbare Weise zum Sprießen« kommt.

Bruch zwischen Frankreich und Preußen

Der vom Ersten Konsul Bonaparte am 25. März 1802 mit England geschlossene Friede von Amiens ist instabil und die feindlichen Handlungen werden ein Jahr später wieder aufgenommen. Napoleon hatte sich das in englischem Besitz befindliche Kurfürstentum Hannover angeeignet, das in preußischem Gebiet liegt und in Preußen die Befürchtung weckt, Frankreich könne sich via Elbe und Weser einen Zugang zur Nordsee verschaffen. Preußen schlägt Frankreich eine Allianz vor, unter der Voraussetzung der Aufgabe Hannovers, was Frankreich nicht akzeptiert. Zur selben Zeit errichtet Napoleon ein Feldlager in Boulogne-sur-Mer, da England erneut mit feindlichen Handlungen begonnen hat.

Die Proklamation des französischen Kaiserreichs im Jahre 1804 und die Exekution des Herzogs von Enghien lassen ganz Europa einhellig gegen Frankreich Stellung beziehen, eine Situation, die sich ein Jahr später, 1805, durch die Bildung einer Koalition zwischen England, Russland und Österreich noch verschärft. Zar Alexander I. tritt der Koalition am 11. April 1805 bei. Für den Angriff auf Frankreich müssen die russischen Truppen durch Preußen oder Österreich marschieren.

Österreich tritt der Koalition am 9. August 1805 bei mit dem Hintergedanken, die von Frankreich besetzten deutschen Gebiete zurückzuerobern. Preußen dagegen behält seine Neutralität bei. Friedrich Wilhelm gibt dem Druck seiner Berater nicht nach, die ihn gleichermaßen in eine europäische Koalition wie auch an Frankreichs Seite treiben wollen. Napoleon ist daran gelegen, sein Bündnis mit Preußen zu erneuern, und er ist nun bereit, Hannover zurückgeben, was sicherlich nicht zuletzt mit seiner Bewunderung für Friedrich den Großen zusammenhängt. Friedrich Wilhelm III. erliegt dieser Versuchung jedoch nicht, denn durch seine Neutralität hat Preußen Frieden und Wohlstand erlangt und der preußische Adel hätte einem Bündnis mit Napoleon niemals zugestimmt. Die einzige Alternative zur Neutralität ist der Koalitionsbeitritt. Friedrich Wilhelm macht sich mit diesem Gedanken vertraut. Auf Intervention seiner nationalistisch gesinnten Gattin Luise werden der Frankreichhasser Freiherr Karl vom und zum Stein und Freiherr Karl August von Hardenberg, der Napoleon ebenfalls ablehnend gegenübersteht, dem König als Ratgeber zur Seite gestellt. Friedrich Wilhelm ändert schließlich seine Meinung und öffnet das preußische Polen und Schlesien für den Durchmarsch der russischen Truppen. Das Truppenkorps des französischen Generals Bernadotte ist während des Vormarschs der Großen Armee auf Ulm bei Ansbach durch preußisches Gebiet marschiert und Napoleon beschließt, nach der Zerstörung seiner Flotte bei Trafalgar im Oktober 1805 den Rückzug aus Boulogne, um Österreich und Russland anzugreifen. Daraufhin schickt Friedrich Wilhelm seine Armee zur Besetzung des von den Franzosen evakuierten Kurfürstentums Hannover. Friedrich Wilhelm III. und Alexander I. verständigen sich über eine preußische Intervention, die für Napoleon, der weit entfernt von seinen militärischen Stützpunkten und bei einbrechendem Winter in einen Krieg verstrickt ist, verheerende Konsequenzen hätte. Preußen verpflichtet sich zu einer bewaffneten Schlichtung. Es wird der Koalition beitreten, sollte Napoleon nicht bereit sein, sich bis zum

Rhein, sowie aus Holland, der Schweiz und Italien zurückzuziehen, und hätte die Chance, Hannover zurückzuerlangen. Der preußische König, der russische Zar und Königin Luise geloben am Grab Friedrichs II. gegenseitige Unterstützung und Preußen tritt der gegen Napoleon gerichteten Koalition bei; Berlin bekommt einen Alexanderplatz.

Friedrich Wilhelm schickt seinen Minister Haugwitz zu Napoleon in dessen Hauptquartier, der als Sieger von Austerlitz (Dezember 1805) aber jegliche Verhandlungen ablehnt. Haugwitz lässt sich von Napoleon, der ihm erneut ein Bündnis mit Frankreich anbietet, einschüchtern und geht auf Napoleons Forderungen ein. Preußen soll Hannover erhalten, aber Kleve an das Herzogtum Berg, Neuchâtel an Frankreich und Ansbach, ein altes Besitztum der Hohenzollern, an Bayern abtreten.[20] Haugwitz ist aus Preußen mit einem an Frankreich gerichteten Ultimatum abgereist und kommt mit einem Friedensvertrag zurück, demzufolge Preußen der französischen Gewalt untersteht. Durch einen am 15. Dezember in Schönbrunn unterzeichneten zweiten Vertrag wird das Bündnis zwischen Frankreich und Preußen durch den Tausch Hannovers, das an Preußen zurückfällt, bestätigt. Preußen hat sich nicht nur verpflichtet, im Kampf gegen Russland, das nach der Niederlage Österreichs bei Austerlitz nicht aufgegeben hat, Truppen zu stellen, sondern auch, seine Häfen für die englischen Kriegsschiffe zu schließen, was am 8. Juni 1806 zum Krieg zwischen England und Preußen führt. Der König von Preußen ist in äußerster Verlegenheit: er ist ungewollt zu Napoleons Verbündetem gegen Russland und England geworden und kann wegen Napoleons Machtstellung diesem enormen Verrat nicht entgehen. Ihm bleiben nur Hinhaltetaktik und Verhandlungsstrategien. Er zögert den Gebietsaustausch hinaus und wird sogar aus einer unglaublichen Gedankenlosigkeit heraus Frankreich vorschlagen, ihm zusätzlich zu Hannover auch Bremen und Hamburg zu überlassen. Napoleon nimmt dies nicht zur Kenntnis und seine Truppen bleiben in Hannover, das er im Falle eines Friedens schon England zugedacht hat. Er verachtet die Unentschlossenheit und Schwäche seines neuen preußischen Verbündeten.

Am 12. Juli 1806 gründet Napoleon den Rheinbund, als dessen Schutzherr er sich proklamiert und dem 16 deutsche Staaten, darunter Bayern, Württemberg, Baden und Hessen-Darmstadt, angehören. Er macht sich dabei über Preußen lustig, indem er einige preußische Gebiete dem Großherzogtum Berg zuspricht, an dessen Spitze er Joachim Murat stellt. Er zerschlägt das Heilige Römische Reich, dessen Kaiserkrone Franz II. von Österreich ablegt. Friedrich Wilhelm III. kann dieses Mal den Krieg nicht vermeiden, seine Ehre steht auf dem Spiel. Ein preußischer Nationalismus wird entfacht und auf den Stufen der französischen Gesandtschaft in Berlin wetzen preußische Offiziere ihre Schwerter, französische Diplomaten werden beschimpft, man spendet dem Kriegsausruf in Schillers *Wallenstein* Beifall und der preußischen Armee Lob. Durch einen Steinwurf gehen die Fenster in Haugwitz' Wohnung zu Bruch. Königin Luise unterstützt diese nationalistische Bewegung. Das ihr untergeordnete Regiment von Ambach, dessen Uniform sie trägt, nennt sich die »Dragoner der Königin«.

Napoleons Anhänger in Preußen, von Bülow und Buchholtz, verteidigen in der Presse das Militärgenie Napoleon und seine ehrgeizigen europäischen Pläne, was aber nur eine geringe Reaktion in der öffentlichen Meinung bewirkt. Aufgrund der Überalterung des Offizierskorps und der Soldaten ist die preußische Armee nicht sehr schlagkräftig, mehrere preußische Festungen sind veraltet. Zwischen Frankreich und England kommt es zu Friedensverhandlungen, die die Gefahr einer Gebietsverkleinerung Preußens mit sich bringen.

Preußen verliert sich ständig in Ausflüchten und greift Frankreich ungleich schwereren Herzens an als es beim Krieg gegen Polen oder Österreich der Fall war. Friedrich Wilhelm III. ist sich bewusst, dass er ein enormes Risiko eingeht, diesen Krieg zu verlieren, aber er sieht sich nicht in der Lage, noch länger zu taktieren. Die Preußen machen am 8. August 1806 mobil. Durch vage Konzessionen in letzter Minute will der französische Kaiser den preußischen Wahnsinn aufhalten, aber der König von Preußen ist diesmal fest entschlossen. Die preußische Armee ist durch einige Kontingente aus Sachsen und Weimar verstärkt worden. Friedrich Wilhelm fordert Napoleon auf, sich vor dem 9. Oktober 1806 auf das linke Rheinufer zurückzuziehen. Russland hält sich im Hintergrund, solange es nicht mit Sicherheit weiß, ob der Krieg ausgebrochen ist. Friedrich Wilhelm III. macht sich zusammen mit seiner Frau sofort auf den Weg zu den von General Herzog Karl Wilhelm Ferdinand von Braunschweig aufgestellten Truppen. Braunschweig hatte vierzehn Jahre zuvor die Schlacht bei Valmy verloren.

Napoleon in Preußen

Da sich England am 21. Oktober 1805 bei Trafalgar die Vorherrschaft zur See gesichert hat, wendet sich Napoleon seinen Feinden auf dem Kontinent zu. Der Kaiser schlägt die Österreicher bei Ulm am 20. Oktober 1805 und nochmals bei Austerlitz am 2. Dezember 1805, einer Schlacht, in der die Österreicher von den Russen unterstützt werden. Der Siegeszug der Großen Französischen Armee unter der ungestümen, glanzvollen und taktisch genialen Führung ihres obersten Heerführers hat begonnen.

Im Juli 1806 formiert sich eine vierte, gegen Frankreich gerichtete Koalition aus Preußen, England, Russland, Sachsen und Schweden. Der Herzog von Braunschweig wird am 25. August zum Generalkommandanten des preußischen Heeres ernannt. Friedrich Wilhelm III. verlangt, aus Naivität oder weil er sich der Konsequenzen seiner Forderung nicht bewusst ist, einen Rückzug Napoleons aus Deutschland vor dem 8. Oktober und die Ersetzung des Rheinbunds durch einen Norddeutschen Bund unter der Führung Preußens. Die weit entfernt stationierten russischen Truppen können nicht intervenieren.

Die Antwort des Kaisers ist der Marsch der Großen Armee auf Berlin über den Frankenwald, nördlich von Bayreuth. Anfang Oktober wird ein Heer von 125 000 preußischen und 20 000 sächsischen Soldaten in Thüringen aufgestellt.

Die Schlacht von Jena und Auerstedt

Die drei französischen 160 000 Mann starken Armeekorps werden von Lannes und Augereau, Bernadotte und Davout, Soult und Ney kommandiert; ihre Kolonnen stehen östlich der Saale. Am 8. Oktober greifen 12 500 preußische Soldaten unter der Führung des Herzogs Karl August von Sachsen-Weimar bei Saalfeld die ranzosen an; das preußische Lager unterliegt. Prinz Ludwig Ferdinand von Preußen fällt beim Angriff Lannes' mit seinem 1 700 Mann starken Korps. Friedrich Wilhelm III. zieht sich nach Jena zurück. Napoleon entsendet unnützerweise ein Armeekorps nach Gera und als er seinen Irrtum erkennt, leitet er seine Männer weiter an die Saale, einige Kilometer nordwestlich von Jena. Die preußische Armee ist zersprengt und nur das Armeekorps Hohenlohe hält dem französischen Vormarsch stand. Napoleon beschließt einen Angriff am 14. Oktober um sechs Uhr morgens. Die Generäle Davout und Bernadotte werden auf die hinteren Linien der Preußen angesetzt. Lannes und Ney, mit Verstärkung durch die Armeekorps der Marschälle Soult und Augereau, schlagen eine Bresche in das Armeekorps Hohenlohe. Napoleons Armee hat eine Stärke von 95 600 Mann. Ihr gegenüber stehen die 38 000 Soldaten von Hohenlohe und 15 000 von Rüchel. Am selben Tag greift das abseits stehende dritte, 38 000 Mann starke Armeekorps des Marschall Davout bei Auerstedt das Gros der von Hohenlohe entfernt stehenden preußischen Armee an, das auf diesen Angriff nicht vorbereitet ist. Dieser Teil der Armee ist 49 800 Mann stark und wird vom Feldmarschall Herzog von Braunschweig kommandiert. Obwohl zahlenmäßig unterlegen, tragen Davouts Soldaten den Sieg davon und verursachen innerhalb weniger Stunden große Verluste unter der preußischen Armee, die in unbeschreiblichem Chaos die Flucht ergreift. Auch Blüchers berühmte Kavallerie hat diese Katastrophe nicht verhindern können.

Durch den Sieg in der Doppelschlacht bei Jena und Auerstedt am 14. Oktober 1806 öffnen sich dem französischen Kaiser die Tore Berlins. Murat nimmt am 15. Oktober Erfurt ein, ohne dass ein einziger Schuss abgefeuert wurde. Fürst Hohenlohe kapituliert am 28. Oktober. Das besiegte Preußen hat 45 000 Soldaten, 325 Offiziere, 300 Kanonen, 1 800 Pferde und 45 Fahnen verloren. Zwanzig Generäle sowie das berühmte Berliner und Potsdamer Garderegiment werden gefangen genommen. Der Herzog von Braunschweig ist im Kampf gefallen.

Als Sieger begibt sich Napoleon auf den Weg nach Berlin. Viele Städte werden im Vorbeimarsch geplündert. In Rossbach wird der Gedenkstein an den Sieg Friedrichs II. über Frankreich 1752 abmontiert. Zwei Wochen später erreicht Napoleon die Hauptstadt und macht es den Preußen unmöglich, sich zu ihren russischen und österreichischen Bündnispartnern durchzuschlagen. Auch der Rückzug an die Ostsee, die für englische Kriegsschiffe noch nicht abgeriegelt ist, wird ihnen verwehrt. Napoleon siegt erneut in Brandenburg, Stettin und Lübeck. Preußen ist innerhalb von zwei Monaten vernichtet worden und hat einen Verlust von 145 000 toten oder gefangenen Soldaten zu beklagen.[1]

Der Sieg Frankreichs ist wieder einmal auf kühne und schnelle Angriffe, den Mut der Marschälle und die soldatische Begeisterung zurückzuführen. Für die Niederlage der preußischen Armee sind ihre Schwerfälligkeit, überholte friderizianische Traditionen und die Überalterung ihrer Befehlshaber verantwortlich. Der Herzog von Braunschweig ist bereits schon 71 Jahre, der königliche Berater Möllendorff 81 Jahre und Blücher 64 Jahre alt. Napoleon dagegen ist gerade erst 37 geworden.

Napoleon in Berlin

Preußen ist ratlos. Der wie immer zaudernde Friedrich Wilhelm hat sich vom Schlachtfeld auf die Festung Küstrin zurückgezogen, wo er sich sicher wähnt. Er wird nicht mehr nach Berlin zurückkehren. Königin Luise hat sich zunächst als sehr kaltblütig erwiesen, ist aber dann doch verzweifelt. Am 14. Oktober lässt sie sich in Weimar noch über die militärische Situation unterrichten, fährt dann nach Berlin, wo sie erfährt, dass ihr Mann zwar lebt, die preußische Armee aber nicht mehr existiert und Preußen besiegt ist. Diese Niederlage ist unerträglich für sie und sie beschließt, mit ihren Kindern zu ihrem Gatten zu fliehen.

Das Königspaar bricht mit einigen Ministern, darunter Haugwitz als Außenminister, nach Königsberg am äußersten Ende des Königsreichs in unmittelbarer Nähe des verbündeten Russlands auf. Dort steht das noch bewaffnete Armeekorps des preußischen Generals hugenottischer Abstammung Lestocq.

Berlin wird zur offenen Stadt für die französischen Soldaten erklärt. Am 17. Oktober 1805 erkennt der Repräsentant des Gouverneurs von Berlin, der Kavalleriegeneral und Staatsminister Graf Schulenburg-Kehnert, die Niederlage Preußens an und beschwört die Bewohner der Stadt, Ruhe zu bewahren.[2] Dann lässt er sich durch seinen Schwiegersohn, Fürst Hatzfeld, ersetzen und flieht. Das Armeekorps Marschalls Lannes' besetzt die Stadt. Davout richtet sich in Tempelhof ein und Augereau nimmt Schloss Bellevue in Beschlag. Am 24. Oktober, dem Tag der Kapitulation Spandaus, bewegen sich ungefähr 200 berittene Jäger und Husaren auf Berlin zu.

Der zum Kommandanten von Berlin ernannte General Pierre Augustin Hulin, der Kommandant der Grenadiere der Kaiserlichen Garde, hat sich im Palais der geflohenen Herzogin Dorothea von Hurland Unter den Linden eingerichtet. Marschall Davout verlangt von Fürst Hatzfeld die Schlüssel Berlins, um sie dem Kaiser zu übergeben.[3] Die Berliner flehen um Nachsicht und Rücksicht. Als Antwort verlangt man von ihnen Ordnung und Sicherheit. Der Kaiser schreibt seinem Bruder Joseph, er habe die preußische Dynastie ausgelöscht und werde es mit den Russen ebenso halten, sollten sie nach Berlin kommen.[4]

Das Potsdamer Schloss wird zu seinem Hauptquartier. In Schloss Sanssouci hält er sich lange im Arbeitszimmer des von ihm bewunderten Friedrichs des Großen auf und lässt verlauten: »Dies ist ein Ort, der unseren Respekt verdient«, gibt aber Anweisung, das Schwert und den Schwarzadlerorden des Königs nach Paris zu überführen. Durch den Satz »Ich ziehe diese Trophäen allen Schätzen des Königs von Preußen vor« gibt er zu verstehen, dass er Friedrich II. als großen König und Freund des französischen Genies ansieht und Friedrich Wilhelm III., genau wie schon sein Vater, die Dynastie enthert. Er nimmt eine Wanduhr und die silberne

Taschenuhr an sich, die er immer bei sich tragen wird, sogar im Exil.[5] Er verneigt sich am Grab Friedrichs des Großen in Begleitung seiner treuen Marschälle Duroc, Berthier, Caulaincourt und Ségur. Später verlagert er sein Hauptquartier ins Schloss Charlottenburg.

Am 27. Oktober 1806 zieht Napoleon auf spektakuläre Weise gegen drei Uhr nachmittags in Berlin ein. In der grünen Uniform eines Jägerobersten, umgeben von Mamelucken und Grenadieren, reitet er auf einem grauen, golden und purpurrot aufgeschirrten Araberhengst majestätisch durchs Brandenburger Tor, ihm voraus der Sieger von Auerstedt, Davout, und im Nachzug seine Marschälle und sein Stab.

Eine Kürassierdivision, zwei Karabinerschützenregimenter und acht andere Kürassierregimenter bilden ein Doppelspalier in der Straße Unter den Linden, die der kaiserliche Zug hinunter reitet. Es ist ein prächtiges Schauspiel. Alle Soldaten tragen Paradenuniform ihrer Armeekorps. Helme und Harnische blinken, Trommeln und Blech dröhnen. Der Sieger lässt sich die Stadtschlüssel übergeben und zieht im Schloss von Cölln ein. Die Prominenz hat die Flucht ergriffen, aber die Bevölkerung Berlins verfolgt sprachlos den triumphalen Einzug der feindlichen Armee.

In Bezug auf Napoleon ist die Neugierde größer als der Hass und er verbreitet den Eindruck eines unbesiegbaren Eroberers. Einige Berliner haben den Vorbeimarschierenden sogar Applaus gezollt aber viele weinen aus Verzweiflung über den totalen Zusammenbruch ihres Landes. Ein Bürger schreibt: »Ich erlebe alles ganz nah. Man muss über eine selten starke Energie verfügen um nicht unter seinem Blick den Kopf zu senken.«[6] Der Kaiser, »diese Seele der Welt«, wie ihn Hegel nennt, fasziniert die Menge.[7]

Nach seiner Ankunft im Berliner Schloss lässt sich Napoleon von Duroc die führenden Persönlichkeiten Berlins vorstellen, darunter den Kriegsminister und Präsidenten der königlichen Domänen, Karl Friedrich von Gerlach, und den königlichen Gerichtspräsidenten Friedrich Leopold von Kircheisen. Es wird beschlossen, eine neue Verwaltung einzusetzen. Sechzig Vertreter von 2 000 Berliner Notabeln werden beauftragt, ein Verwaltungskomitee zu bilden. 1 200 Bürger in Uniform sollen als Garde Polizeifunktionen ausüben. Der französische Militärkommandant erhält den Befehl, nach Anbruch der Dunkelheit den Lustgarten, einen beim Schloss gelegenen Park, und die benachbarten Häuser zu illuminieren.

Den ganzen Tag sind zwei Armeekorps, zwei Kavalleriedivisionen und zahllose Soldaten und Militärverwalter durch Berlin marschiert, die sich zum Schluss im Lustgarten in einem Biwak niederlassen. Im Berliner Schloss ist der treue Feldwebel Berthier im Bett der Königin Luise eingeschlafen.

Die französische Besatzung

Kaiser Napoleon beschließt, Preußen als Feind zu behandeln. Die durch eine massive Militärbesetzung hervorgerufenen Schwierigkeiten machen das Leben in Berlin unmöglich. Der Hochmut der Franzosen trägt dazu bei, dass den Anweisungen zu Gehorsam und Respekt nicht sehr lange Folge geleistet wird. Lieferschwierigkeiten ziehen Preiserhöhungen, das Florieren des Schwarzmarkts und Plünderungen nach sich.[8]

Von den Berliner Damen werden die ruhmreichen Franzosen freundlich aufgenommen. Die französischen Offiziere und Soldaten haben die Gunst der Berlinerinnen erworben und oft auch dafür bezahlt.[9]

Die Unterbringung der französischen Soldaten verursacht große Schwierigkeiten. Ende 1806 umfasst die französische Garnison über 30 000 Soldaten und während des Winters müssen noch 10 000 zusätzlich untergebracht werden.[10] In den vornehmen Wohnvierteln sind die Offiziere eingezogen. Gräfin Dönhoff muss zwanzig französische Generäle und deren Gefolge in ihrem Herrschaftshaus in der Wilhelmstraße aufnehmen. Das Haus von Minister Graf Reden in der Leipziger Straße wird von einer aus einem General, einem Kommandanten, zwei Feldwebeln, vierzehn Soldaten und 41 Pferden bestehenden Wohngemeinschaft besetzt und den Verleger Friedrich Nicolai ereilt dasselbe Schicksal, da auch er 22 Soldaten und zwölf Pferde unterbringen muss.[11] Einige Häuser werden requiriert und zu Lazaretten umfunktioniert, eine Angelegenheit, die dem Kaiser besonders am Herzen liegt.

Die französische Armee hat Jena hemmungslos geplündert. In Berlin findet eine selektive und offiziell genehmigte Plünderung statt. Der Kunstsammler Dominique Vivant Denon wird mit der Plünderung von Kunstwerken beauftragt. Frankreich hat sich so 123 Gemälde, 28 Statuen, 56 Büsten und Plastiken, mindestens 500 Kameen und 12 363 Geldmünzen angeeignet, viele dieser Schätze stammen aus dem königlichen Schloss.[12] In Mecklenburg und Pommern ist Vivant Denon mit derselben Raubgier vorgegangen. Diese enorme Beute wurde nach Paris gesandt.

Napoleon zufolge soll nur den Herrschern der Krieg erklärt werden, die sich seiner Auffassung widersetzen. In Berlin hat die französische Armee das Volk erniedrigt und gedemütigt. Als Gipfel der Arroganz hat Napoleon die Quadriga von Johann Gottfried Schadow auf dem Brandenburger Tor abmontieren und nach Paris überführen lassen, als Schmuck des geplanten Triumphbogens auf dem Hügel des *Etoile*. Die Quadriga kommt erst bei Napoleons Niedergang wieder nach Berlin zurück und wird mit Adler und Eisernem Kreuz als Symbolen der wieder gewonnenen preußischen Würde ausgestattet.

Beginn des preußischen Widerstands

Vor dem Vormarsch der französischen Armee nach Ostpreußen flieht die königliche Familie aus Küstrin, ihrem ersten Zufluchtsort, nach Königsberg, wo sie in einem unkomfortablen Schloss aus dem 13. Jahrhundert drei Jahre ausharrt. Die Atmosphäre an diesem bescheidenen Hof mit königlichen Verwandten, treuen Politikern und Militärs sowie einigen Persönlichkeiten aus der literarischen Welt ist sehr bedrückend. Der Dichter Achim von Arnim, der auch zu diesem Kreis gehört, hat diese Dynastie schon am Ende gewähnt.[13]

Der König hat, ohne es zu wissen oder zu wollen, das Ende des Aufstiegs Preußens herbeigeführt. Die Situation verschlechtert sich noch während des Winters 1806 durch die Typhuserkrankung zweier Königskinder und der Königin Luise, die in ihrer Verzweiflung oft einen Vers aus Goethes *Wilhelm Meister* zitiert: »Wer nie sein Brot mit Tränen aß.« Der Gedanke, dem Angreifer Widerstand entgegenzubringen, setzt sich allmählich durch und ist hauptsächlich Königin Luise zu verdanken: »Nur Ausdauer und Widerstand können uns retten.«[14]

Die charmante und patriotische Königin Luise, die beim Volk sehr beliebt ist, hasst Napoleon seit der Schlacht von Jena, deren entsetzliche Szenen sie mit eigenen Augen ansehen musste. Ihr ist bewusst, dass sie das Volk in ihrer Entschlossenheit zum Widerstand hinter sich hat, und sie kann ebenfalls wichtige Männer, die Politiker Hardenberg und vom Stein, die Militärs Scharnhorst und Gneisenau und unter den Dichtern Kleist, von Arnim und Schiller für ihre Pläne gewinnen.

In Berlin nimmt der Hass auf die Franzosen mit jedem Tag zu. Friedrich Wilhelm III. legt seine Passivität ab und ruft sein Volk dazu auf, den Knüppel gegen die »Franzosenhunde« zu schwingen, wodurch Napoleon alarmiert wird. Schon vor seinen Siegen von 1806 stand Napoleon Luise von Mecklenburg-Strelitz, der zukünftigen Königin Luise misstrauisch gegenüber. Er weiß, dass sie schön, intelligent und in Hannover, wo ihr Vater in Diensten des Königs von England steht, geboren ist, und auch über das Ansehen, das sie im künstlerischen und literarischen Umfeld genießt, ist er informiert. Ihm ist bekannt, dass sie in engem Verhältnis zu liberalen Geistern wie Novalis steht, der in der Nachfolge Kants das Konzept einer idealen Monarchie verteidigt. »Nur wer schon mehr als ein König ist, kann königlich herrschen«, schreibt der Philosoph in seiner Abhandlung *Zum ewigen Frieden*.[15]

Napoleon hat Königin Luise, die er mit allen Untugenden belegt, von vornherein verabscheut. Er weist immer wieder darauf hin, wie sehr er von dieser Frau entsetzt ist. Laut Napoleon ist sie eine aufgeregte, aufrührerische Intrigantin und er behauptet, dass »es Gerüchte gibt, sie wolle ihr Bett nicht mehr mit dem König teilen, solange nicht dem ›französischen Unmenschen‹ der Krieg erklärt sei«[16].

Französische Historiker haben oftmals die Sichtweise des Kaisers übernommen und nicht auf den Mut der Königin, sich gegen die Besetzung ihres Landes aufzulehnen, hingewiesen. Luise wird in Preußen als Nationalheldin gefeiert, die sich dem Wüten der feindlichen Soldaten entgegengestellt und ihrem Land dazu verhilft, wieder den ihm gebührenden Platz einzunehmen. Dadurch schürt sie den Zorn des Kaisers auf ihr Land weiter.

Preußens Vernichtung

Nicht einen Augenblick hat Napoleon die Möglichkeit in Betracht gezogen, dass mit der Besetzung Berlins die französische Militäraktion zu Ende sein könnte. Der König von Preußen hat nicht abgedankt und auch seine Popularität hat dank seiner Gattin nicht gelitten. Er verfügt über eine kleine, 20 000 Mann starke und mit Russland verbündete Armee.

Die in Berlin am 21. November 1806 beschlossene Kontinentalsperre zur Ruinierung der Wirtschaft Englands reicht nicht aus, um England in die Knie zu zwingen. Außerdem muss Russland besiegt werden, damit der französische Kaiser die europäische Karte zu seinem Vorteil neu ordnen kann.

Napoleons 150 000 Mann starke Große Armee setzt sich zu Beginn des Winters 1806 in Richtung des von den Russen besetzten Warschaus in Bewegung. Napoleon zieht am 19. Dezember, einen Monat nach dem Armeekorps von Murat, in die Stadt ein, die von den Russen evakuiert worden war, da sie einen Aufstand der Polen fürchten.

Der Polenfeldzug hat schlecht begonnen. Der Sieg Lannes' über die Russen am 26. Dezember in Pultusk hat keine Entscheidung gebracht. Die an Kälte, Schlamm und Schnee nicht gewöhnte französische Armee hat einen neuen Feind kennengelernt, den Winter des Kontinentalklimas, und erreicht Warschau in einem Zustand der totalen Erschöpfung. Bennigsen, der neue Generalstabschef der russischen Armee, nutzt dies aus und zwingt die Franzosen zum Kampf in der Nähe von Eylau. Bennigsens Armee ist der französischen an Soldaten und Kanonen überlegen, aber Napoleon hat verstanden, was mit dem Kampf, der am 18. Februar 1807 beginnt, auf dem Spiel steht. Trotz der Erschöpfung zwingen die Marschälle Augereau, Murat und Ney die Truppen des Zaren zur Flucht. Frankreich hat gewonnen, aber der Preis sind schreckliche Menschen- und Materialverluste, durch die der Sieg in ungewisse Ferne rückt. Der Zar und Bennigsen halten an der Idee, den französischen Kaiser aus den polnischen Gebieten herauszudrängen, fest. Die vernichtende Antwort auf den Angriff Bennigsens auf das Armeekorps Ney am 6. Juni 1807 erfolgt unmittelbar. Acht Tage später vernichten die Armeekorps von

Lannes, Oudinot und Grouchy Bennigsens Armee. Zusammen mit Ney, Mortier, Victor, Senarmont und anderen Befehlshabern haben sie eine Schlacht gewonnen, die vom Kaiser als neues Austerlitz bezeichnet wird.[17]

Russen und Preußen sind bis zum Fluss Niemen geflüchtet. Von dort aus bitten sie am 25. Juni um einen Waffenstillstand, der ihnen von Napoleon gewährt wird. Preußen ist nicht eines Blickes wert. Andererseits ist Napoleon der Ansicht, dass es sich bei Zar Alexander I. (1801–1825), dem Engel Katharinas der Großen, um keinen unversöhnlichen Feind handelt.

Das erste Treffen der beiden Herrscher, ohne den König von Preußen, findet am 19. Juni 1807 auf einem Floß im Fluss Niemen statt. Die beiden verstehen sich gut, reden schlecht über die Engländer und ignorieren Preußen, das seinen russischen Verbündeten enttäuscht hat. Der besiegte Zar fürchtet jetzt die Türkei; die französischen und russischen Armeen sind ausgelaugt. Napoleon verspürt kein Bedürfnis, weiter in Russland vorzudringen. Die Friedensgespräche werden vom 7. bis 9. Juli 1807 in Tilsit am Ufer des Niemen geführt. Preußen verschwindet zwar nicht von der Landkarte, verliert aber ein Drittel seines Gebiets. Seine polnischen Gebiete werden in das Großherzogtum Warschau umgewandelt, das dem König von Sachsen untersteht. Seine links der Elbe gelegenen Gebiete werden zum Königreich Westfalen, das dem von Alexander gezwungenermaßen anerkannten Rheinbündnis zugeführt wird und in dem Napoleon seinen Bruder Jérôme als König einsetzt. Dieses ehemals preußische Besitztum muss der Großen Armee 25 000 Soldaten zuführen. Ein Großteil der Gebiete Preußens und Schlesiens wird vom neuen preußischen Königreich abgetrennt. Die Stadt Danzig wird wieder zur freien Stadt und gehört nicht mehr zu Preußen. So bleiben Friedrich Wilhelm III. nur, dank Russlands Mitleid, Brandenburg, Pommern und Schlesien. Sein Land hat wieder annähernd dieselben Grenzen wie ein Jahrhundert zuvor, unter Friedrich I. Preußen hat die Hälfte seines Gebiets und seiner Einwohner (fünf Millionen) eingebüßt.

Der Zar und Napoleon sind Bündnisse eingegangen, an die sie vermutlich beide nicht glauben. Der Zar verpflichtet sich, eine Annäherung zwischen Frankreich und England herbeizuführen und im Falle eines Scheiterns, England den Krieg zu erklären. Napoleon bietet seinerseits eine Vermittlung zwischen Russland und der Türkei an.

Königin Luise begleitet Friedrich Wilhelm III. nach Tilsit, was von der kleinen Hafenstadt Memel aus, dem Sitz des Königspaares, nur einen Katzensprung entfernt ist. Das Treffen mit Napoleon am 6. Juli 1807 verläuft in eisiger Atmosphäre. Napoleon versucht vergeblich seine Haltung seit den Anfangsschwierigkeiten Hannover betreffend zu rechtfertigen.[18] Luises Bitten werden nicht erhört.

Damit ist der Bruch zwischen ihnen besiegelt, trotz des Doppelspiels Napoleons mit dem Zaren,[19] der für seinen Teil die preußische Königsfamilie nicht besonders schätzt.[20] Der Zar wird vom Kaiser als treuer Bündnispartner betrachtet.[21] Das Verhältnis ist so, als habe die Schlacht von Friedland niemals stattgefunden. Der Zar hat seinerseits eine Teilung des europäischen Kontinents in Erwägung gezogen. Napoleon regiert von den Pyrenäen bis zur Memel und der Zar beherrscht im Norden Finnland und Schweden und im Süden die Türken, was Erinnerungen an Peter den Großen und die große Zarin hervorruft.[22]

Der in Tilsit unterzeichnete, für Preußen schändliche Friede und die Tatsache, dass Friedrich Wilhelm III. und seine Ratgeber sich mit den drastischen Gebietseinschränkungen abfinden, versetzt Königin Luise in höchste Aufregung. Sie betrachtet die Friedensbedingungen als inakzeptabel und kann nicht vergessen, dass Napoleon den Tod von zwei Feldmarschällen, zwölf Generalleutnants, 44 Generalmajoren, 5 121 Offizieren und 123 000 Unteroffizieren und Soldaten verursacht hat.

Frankreich bleibt in den befestigten Plätzen Stettin, Küstrin und Glogau, bis die Schuld beglichen ist. Preußen muss ertragen, dass 200 000 Franzosen und andere Soldaten aus dem Rheinbündnis die baltische Küste Preußens besetzen, um ein Anlegen von britischen Schiffen zu verhindern. Aber Königin Luise hat die Hoffnung nicht aufgegeben und ist überzeugt, dass Europa die von Frankreich und seinem Kaiser aufgezwungene Neuordnung letztendlich nicht akzeptieren wird. Diese Überzeugung kommt in einem ihrer Briefe zum Ausdruck: »Ich finde Trost, Kraft und Mut in dieser Hoffnung, die tief in meiner Seele liegt. Ist doch alles in der Welt nur Übergang. Wir müssen durch.«[23]

Die Verachtung, die Napoleon Preußen und seinem König, der weder ein Militär noch Politiker war, entgegenbringt, wird noch einmal, im Herbst 1808 in Erfurt, deutlich. Die Vertreter des Rheinbündnisses und Zar Alexander haben sich getroffen, um ihre Stellungnahmen zu diskutieren. Der König von Preußen ist nicht eingeladen worden und Luise hat dieses Treffen als »zweites Tilsit« betrachtet.[24]

Widerstand und aufkommender Nationalismus in Preußen

Indem Napoleon in Europa das labile Gleichgewicht und die schwachen Bündnisse in Frage stellt und aus Hegemonialbestrebungen heraus sich nicht um die uralten nationalen Traditionen kümmert, zieht er den Hass aller europäischen Nationen auf sich. Seine abenteuerliche Politik verursacht nicht nur schreckliches Blutvergießen, sondern ruft auch Widerstand hervor, der einen dauerhaften Nationalismus zur Folge hat. Napoleon brüskiert ein im Entstehen begriffenes politisches Europa und beschwört dadurch spätere Konflikte herauf. Preußen, auf das die französischen Waffen sich schließlich richten, erweist sich als hartnäckiger Gegner. Der preußische Widerstandswille ist beispielhaft.

Beginnender Widerstand in Preußen
Im Mai 1808 nutzt Napoleon eine Erbfolgekrise in Spanien, um seinen Bruder Joseph als König von Spanien einzusetzen. Er erweist sich als dieses Amtes nicht fähig und es kommt zu einem von den Engländern unterstützten Volksaufstand. Der Kleinkrieg, der gegen die ersten nach Spanien entsandten französischen Truppen geführt wird, veranlasst Napoleon, zu stärkeren Mitteln zu greifen und im Oktober 1808 Dreiviertel seiner Großen Armee aufmarschieren zu lassen, von der nur 70 000 Soldaten in Deutschland verbleiben. Bis zum Kriegseintritt Napoleons in Spanien hat sich Preußen dem französischen Eindringling untergeordnet. Aufgrund des Machtverlusts des Königs konnten sich die französischen Besatzer Berlins bemächtigen, die Stadt ihrer Kunstschätze berauben und sie durch Kriegsschulden verarmt zurückzulassen. Das Exil des Königs, eine faktisch nicht vorhandene Verwaltung und ein ratloses Volk machen Preußen zu einem handlungsunfähigen Staat, der sich seiner Schande kaum noch bewusst ist. Die Passivität gegenüber der französischen Besatzung ist die einzig mögliche Haltung.

Ein erster, wenn auch schwacher Ausbruch von Patriotismus ist in den Jahren 1807/1808 nach der Erniedrigung durch den Vertrag von Tilsit spürbar. Vom Stein und Scharnhorst sowie andere Politiker und Militärs, die gehofft hatten, ihr Land durch Zusammenarbeit mit dem Feind befreien zu können, ändern plötzlich ihre

Strategie und entscheiden sich für den Aufstand. Eine kleine geheime Gesellschaft, der »Tugendbund«, bildet sich in Königsberg und der Widerstandsgeist erwacht auch in den Berliner Salons, bei Henriette Herz, Schleiermacher oder jeden Sonntagnachmittag bei Fichte, der seine *Rede an die deutsche Nation* vorbereitet.

Die Schwierigkeiten der Franzosen während des Spanischen Krieges haben die preußische Revolte noch verstärkt. Die durch den Rückzug der napoleonischen Truppen ermöglichte Rückkehr des Königspaars nach Berlin hat den Patriotismus offen zu Tage treten lassen. Ein Militärbündnis Preußens mit Österreichs wird in Erwägung gezogen, ein Plan, den Staatsminister Karl vom und zum Stein Friedrich Wilhelm III. gegenüber voll unterstützt. Napoleon verlangt von Friedrich Wilhelm, sich von seinem Minister zu trennen. Da Zar Alexander nicht beabsichtigt, seine Friedenspolitik gegenüber Frankreich zu ändern und Ungewissheit wegen des preußisch-österreichischen Bündnisses herrscht, sieht sich Friedrich Wilhelm gezwungen, den Anordnungen Napoleons im Dezember 1808 Folge zu leisten und vom Stein geht nach Wien ins Exil.

Der ewig ängstliche und verschüchterte Friedrich Wilhelm gibt dem Wunsch Königin Luises und General Gneisenaus nach bewaffnetem Widerstand nicht nach und verurteilt im April 1809 den Obersten Ferdinand von Schill, der sein Freikorps mobil machen wollte.

Die österreichische Armee wird von Frankreich am 5. Juli bei Wagram erneut geschlagen, nachdem sie die französische Armee bei Essling zunächst in die Irre geführt hat. Friedrich Wilhelm hat allen Grund, Napoleon zu fürchten. Er muss jetzt nur noch die inneren Angelegenheiten ordnen. 1810 ernennt er den Staatsrat Karl August von Hardenberg zum Kanzler, der wie vom Stein bei Napoleon in Ungnade fällt. Hardenberg will das Werk seines Vorgängers, die Wiederherstellung des preußischen Staates, fortsetzen. Er ist vom Stein an politischem Geschick überlegen und bevor er Preußen in einen bewaffneten Widerstand verwickelt, geht er ein Bündnis mit Frankreich ein.

1811 hebt der Zar eine 1806 von Napoleon verfügte Kontinentalsperre gegen England auf, durch die sein Land große wirtschaftliche Einbußen hat. Angesichts eines unmittelbar drohenden französisch-russischen Krieges greifen der König von Preußen und sein Ratgeber auf nicht sehr glänzende, aber geschickte und wirksame politische Schachzüge zurück. Freundschaftsbeweise werden sowohl Napoleon als auch dem Zaren erbracht: General Scharnhorst wird nach Sankt Petersburg zur Unterzeichnung eines Militärabkommens beordert, während Preußen Paris unterstützt.

Am 24. Februar 1812 wird ein, angesichts der feindlichen Atmosphäre völlig unpassendes, französisch-preußisches Bündnis geschlossen, das Preußen zur Bereitstellung eines Armeekorps von 20 000 Soldaten verpflichtet und der Großen Armee die Erlaubnis zum Durchmarsch durch preußisches Gebiet einräumt. Gleichzeitig versichert Friedrich Wilhelm Zar Alexander, dass »die Große Armee sich auf Scheinangriffe beschränken wird«.[1] Napoleon beruhigt den russischen Zaren.[2] Der Zar ist umso verunsicherter, da auch Österreich sich Frankreich angenähert hat und Kaiser Franz I. sich verpflichtet, Frankreich ein Korps von 34 000 Soldaten zur Verfügung zu stellen.

Diese Politik hat die aufrichtigen preußischen Funktionäre und Militärs entsetzt. Aus Solidarität mit ihnen verlässt Scharnhorst die Regierung und wird durch Gneisenau ersetzt. In Sankt-Petersburg trifft General Karl von Clausewitz (1780–1831) auf vom Stein, der seine Ansichten nicht geändert hat.

Als sich Friedrich Wilhelm III. am 3. Februar 1813 darüber im Klaren ist, dass die französische Gefahr durch den sechs Monate zuvor ausgebrochenen französisch-russischen Krieg beinahe gebannt ist, beschließt er, ins andere Lager überzuwechseln und sich an Russlands Seite militärisch gegen Napoleon zu engagieren. Der Vertrag von Tilsit mit seinem französisch-russischen Bündnis ist im Jahr zuvor gebrochen worden. Napoleons Große Armee, bestehend aus zwanzig Nationen und 700 000 Mann, ist am 24. Juni 1812 in Russland einmarschiert. Zu Anfang dieses Feldzugs steht der König von Preußen noch an der Seite Frankreichs, er distanziert sich von preußischen Militärs, die für die Russen kämpfen, begrüßt den französischen Kaiser bei seinem Besuch in Dresden im Mai 1812 und beglückwünscht ihn zur Einnahme Moskaus im September 1812. Nach der Niederlage der französischen Armee in der eisigen Weite Russlands, wird er wieder zum Verbündeten des Zaren.

Er verlegt seinen Sitz nach Breslau östlich der Oder, schafft eine Landwehr aus preußischen Jungbauern zwischen 18 und 24 Jahren und unterzeichnet am 27. Februar 1813 in Kalisch ein Bündnis mit Russland. Russland akzeptiert Preußens annähernde Wiedererlangung der Grenzen von 1806, vor allem seiner polnischen Gebiete. Im März 1813 lässt Preußen es zum offenen Konflikt kommen und erklärt Frankreich den Krieg, um eine Revolution in Preußen unter Einwirkung der antifranzösischen Patrioten zu vermeiden. Der hugenottische Prediger und Berater des Königs, Ancillon, lässt Friedrich Wilhelm wissen, dass der Widerstand gegen Napoleon nun der »allgemeine Wille der Nation« sei.[3]

Dem preußischen König wird bewusst, dass Preußen durch die günstigen Umstände wieder den ihm gebührenden Platz unter den europäischen Nationen erringen kann. Der seit dem Frieden von Tilsit nicht mehr spürbare preußische Nationalismus kann und muss wieder zutage treten. Friedrich Wilhelm erweckt einen erschreckenden Eindruck von Schwäche, Unsicherheit und Untergebenheit, aber es gibt für ihn keine Alternative. Die grundlegenden Reformen, die er nach seiner Rückkehr nach Berlin unternommen hat und die in einer Kriegsatmosphäre niemals möglich gewesen wären, zeugen vom Willen zur Restauration eines ausgebluteten preußischen Staates. Königin Luise ist am 19. Juni 1810, kurz nach ihrer Rückkehr nach Berlin, verstorben. Das Zögern ihres Mannes mag auch mit für ihren Tod verantwortlich sein.

Die Befreiung Preußens
Sofort nach Unterzeichnung des Vertrags von Kalisch stellt Friedrich Wilhelm eine Militärmacht zusammen, die vor dem Zaren bestehen kann und zu deren oberstem Befehlshaber wieder Scharnhorst ernannt wird. Freiwillige, davon viele aus der städtischen Bourgeoisie (darunter einige hundert Juden), bilden die Jägereinheiten und kommen mit Begeisterung der Einberufung zuvor. Einige zehntausend Freiwillige aus ganz Deutschland, aber überwiegend aus Preußen, setzen sich nach Schlesien in Marsch. Der Kampf gegen Napoleon ist zur preußischen Angelegenheit geworden. Studentische Freikorps mobilisieren sich ebenfalls. Die Jäger, besonders die aus Lützow, sind das Symbol der nationalen Befreiung. Ihre schwarz-rot-goldene Fahne ist zum Wahrzeichen der wiederhergestellten Nation geworden. Die Landwehr ist eine Armee von 120 000 per Losentscheid rekrutierter Soldaten, die nicht ersetzt werden können. Der Adel bleibt weiterhin die Bastion zur Rekrutierung von Offizieren.

Der offene Bruch mit Napoleon ist am 17. März 1813 zu verzeichnen. Die in Berlin verbliebenen französischen Truppen evakuieren die Stadt am 4. März und überqueren die Elbe vier Tage später. Friedrich Wilhelm und der Zar treffen sich am 15. März in Breslau. Am 17. März verliest Friedrich Wilhelm zusammen mit seiner Kriegserklärung an Frankreich eine denkwürdige Rede, in der er seine in der Vergangenheit vorherrschende Vorsicht und den gegenwärtigen Aufstand rechtfertigt. Diese geschickte Mischung aus Radikalpatriotismus und Respekt vor der Monarchie wurde von Theodor Gottlieb Hippel verfasst, einem Königsberger, der der Regierung von Hardenberg angehört.

Der Text wird oft mit den Aufrufen zum Aufstand gegen die Regierung verglichen, wie sie in der Vendée 1793, in Spanien 1808 und in Tirol 1808 proklamiert wurden, enthält aber keinerlei revolutionären Assoziationen, wie den »Aufstand der Massen« von 1793. Er ist vor allem eine Lobpreisung des Widerstands der Armeen. Diese Rede, die die Preußen sehr berührt, hält ein Friedrich Wilhelm III., der eben den Orden des Eisernen Kreuzes gestiftet hat.[4]

Durch den preußischen Kriegseintritt gegen Frankreich an der Seite Russlands wird der Prozess der Entfremdung zwischen König und Volk zum Stillstand gebracht. Der Kriegserklärung ging eine kohärente und sichtbare Politik Preußens voraus, verbunden mit dem Willen zur Bekämpfung des französischen Unterdrückers, die so in den vorangegangenen Jahren nicht zu beobachten war. Das hinter seinem König stehende Preußen wird zum Vorbild für ganz Deutschland, wird von allen deutschen Staaten unterstützt und erwirkt, dass der Rheinbund als überholt betrachtet wird. Preußen übernimmt die Führung der deutschen Staaten und der anti-napoleonischen Bewegung auf dem Kontinent. Der Rhein wird erneut der vom Ancien Régime bestimmte Grenzfluss, der als solcher weder von den Soldaten der Revolution noch von den napoleonischen Truppen respektiert wurde.

Indessen gelingt es Napoleon, nach dem Russischen Feldzug 1812 – von der Erschöpfung der russischen Truppen profitierend – in kurzer Zeit eine Armee zusammenzustellen, die in der Lage ist, dem russisch-preußischen Bündnis entgegenzutreten. Der unermüdliche Kaiser nimmt den Kampf mit einer Armee auf, die schwächer ist als angenommen, und marschiert in Richtung Sachsen und Elbe, von wo aus er gegen Berlin vorzupreschen plant. Seine Truppen stehen in der Ebene von Lützen. Am 2. Mai 1813 gelingt es Marschall Ney, die Verbündeten unter großen Verlusten zurückzudrängen. Am 8. Mai zieht Napoleon in Dresden ein und nimmt die Huldigung des Königs von Sachsen entgegen.

Die deutschen Fürsten üben sich angesichts dieser erneuten Niederlage gegenüber den Franzosen in Zurückhaltung. Napoleon weiß, dass ein zweiter, noch entscheidenderer Sieg notwendig ist, umso mehr, als Österreich beabsichtigt, der Koalition beizutreten. Vom 20. bis 22. Mai 1813 kommt es in dem zwanzig Kilometer von Dresden entfernten Bautzen zu einem dreitägigen Kampf. Napoleon siegt – jedoch ohne den Feind vernichten zu können – da Ney zu träge vorgeht und die preußische Armee ihren alten Schwung wiedergefunden hat. Sicher akzeptiert Napoleon aus diesem Grund, aber auch weil er die Ratlosigkeit in seinem eigenen Lager spürt, den vom österreichischen Minister Fürst Metternich (1773–1859), der Österreich erneut ruhmreich sehen will, vorgeschlagenen Waffenstillstand. Metternich möchte gleichzeitig Napoleon, der Marie-Luise von Österreich geheiratet hat, schonen. Einer von Napoleons großen Irrtümern ist die Unterzeichnung des zehn Wochen dauernden Waffenstillstands, während dessen Preußen seine Armee auf 260 000 Soldaten aufstockt.

England hätte gern eine neue Koalition unterstützt, aber Metternich ist trotz Scharnhorsts diesbezüglichem Eifer, der auf eine Dreierkoalition von Preußen, Russland und Österreich abzielt, von diesem Plan nicht erbaut. Er befürchtet, dass ein siegreiches Russland zum Alleinherrscher in Europa aufsteigen könnte. Aber auch das Risiko einer Hegemonie Napoleons bleibt nach wie vor bestehen, trotz seiner neuen Ehe, durch die er der Schwiegersohn von Kaiser Franz I. von Österreich geworden ist.

Österreich befindet sich nun in entscheidender Position. Wenn es neutral bleibt, könnte dies Napoleon zum Vorteil gereichen. Wenn Österreich sich Preußen und Russland anschließt, wäre Napoleon sehr gefährdet. Was ist nun besser? Ein gestärktes Russland oder ein geschwächtes Frankreich? Metternich legt Napoleon den Entwurf für eine Kompromissvereinbarung vor, derzufolge Frankreich auf das Großherzogtum Warschau verzichtet, die illyrischen Provinzen an Österreich zurückgibt und Preußen in den Grenzen von 1806 anerkennt. Frankreich behält das linke Rheinufer. Im Verhältnis zu seiner Ausdehnung von 1812 würde es einen empfindlichen Rückschlag erleiden, aber es würde, anders als noch 1789, nicht ununterbrochen Krieg führen müssen und bliebe eine intakte Großmacht.[5]

Napoleon hat die Tragweite dieser Konstellation nicht begriffen, was ihm zum Verhängnis werden wird. Er wähnt sich unbesiegbar und will nicht zulassen, dass das 1807 wiederhergestellte Polen erneut in die Hände der Preußen und Russen fällt. Napoleons Treffen mit Fürst Metternich am 16. Juni 1813 im Marcolini-Palais in Dresden scheitert. Metternich soll ausgerufen haben: »Sie sind verloren, Sire. Ich habe es geahnt, nun habe ich die Gewissheit.«[6]

In Sachsen beginnen die militärischen Operationen erneut. Napoleon steht drei Armeen gegenüber. Im Norden schützen die preußischen Soldaten unter von Bülow Berlin, im Osten steht Blüchers Heer mit Gneisenau als oberstem Heerführer und im Süden die Böhmische Armee von Schwarzenberg, die hauptsächlich aus Österreichern besteht. Kampfhandlungen entwickeln sich zunächst gegen französische Soldaten weit ab vom Armeekorps. Macdonald wird von Blücher bei Katzbach geschlagen und Oudinot und Ney erleiden am 19. August 1813 eine Niederlage bei Großbeeren. Zu der entscheidenden dreitägigen Schlacht, in der sich 190 000 französische und 300 000 alliierte Soldaten gegenüberstehen, kommt es im Oktober 1813 bei Leipzig. Preußen trägt zu diesem entscheidenden Sieg, durch den Napoleon wieder über den Rhein zurückgedrängt wird, wesentlich bei.

Somit hat Preußen seine 1807 verlorenen Gebiete zurückgewonnen und, was noch wichtiger ist, seinen verlorenen Ruhm wiedererlangt. König Friedrich Wilhelm III. beschließt nun, den Kampf gegen Napoleon weiterzuführen. Am 1. Januar 1814, einem denkwürdigen Tag im deutschen Nationalbewusstsein, überquert Blücher bei Kaub den Rhein und rächt so die in Valmy zwanzig Jahren zuvor erlittene Niederlage. Während der Kämpfe von La Rothière am 1. Februar, von Montmirail, von Champaubert vom 10. bis 14. Februar und von Laon am 9. März tritt Blücher ruhmreicher hervor als der österreichische Oberbefehlshaber Schwar-

Die Befreiung Preußens 121

zenberg. Dank eines preußischen Marschalls ziehen König Friedrich Wilhelm III. und Zar Alexander I. am 31. März 1814 in Paris ein. Napoleon dankt am 6. April 1814 ab und wird auf die Insel Elba verbannt. Das Schwert Friedrichs II. ist im Invalidendom nicht aufgefunden worden, aber im August wird die Schadow'sche Quadriga wieder auf das Brandenburger Tor gesetzt. Preußen rächt sich an Napoleon, indem er der Göttin ein mit Lorbeer umwundenes Eisernes Kreuz in die Hand gibt.

Die Fürsten des Rheinbunds gehen ins preußische Lager über, um ihren Thron zu retten. Der Napoleon in Treue verbundene König von Sachsen hat einen hohen Preis bezahlt. Die patriotische Begeisterung, durch die Preußen wieder eine Seele bekommt, ist in den süddeutschen Ländern, vor allem Bayern, auf kein Echo gestoßen, was wesentliche politische Konsequenzen nach sich ziehen wird und zunächst zu einem größeren Einfluss Kanzler Metternichs führt.

Der literarische Patriotismus

Im Gegensatz zu Frankreich, das seit Langem eine *Etat-Nation* ist, wird ein Territorialstaat in Preußen wie auch in anderen Ländern erst in der zweiten Hälfte des 18. Jahrhunderts mit den Begriffen »Vaterland« und »Nation« belegt. Goethe gibt sich in seinem Jugendwerk *Dichtung und Wahrheit*, das auch seine Erinnerungen an den Siebenjährigen Krieg behandelt, als Anhänger des Alten Fritz zu erkennen, was keine Patriotismusbekundung ist, sondern die Proklamation der Zugehörigkeit zu einem aufgeklärten Staat. Er steht, wie Schiller auch, bis Ende des Jahrhunderts der Idee einer deutschen Nation sehr gespalten gegenüber.

Das Gefühl der Zugehörigkeit zu einer um einen Herrscher versammelten Gemeinschaft hat sich allmählich, während der Regierungszeit Friedrichs II. und besonders im Verlauf der Schlesischen Kriege ab 1740, verbreitet. 1761 beruft sich Thomas Abbt in *Vom Tode für das Vaterland* auf seine preußische Nationalität. Er stammt aus Ulm, vertritt aber die Ansicht, die Nationalität könne unabhängig vom Geburtsort gewählt werden.

Für den Dichter Christoph Martin Wieland (1733–1813) ist die Nation ein durch Tradition verbundenes Menschenkonglomerat: »Die deutsche Nation ist keine Realität, sondern eine Zusammensetzung aus zahlreichen Nationen.«[7] In seiner 1768 veröffentlichten *Hamburger Dramaturgie* ist Gotthold Ephraim Lessing (1729–1781) derselben Ansicht.

Der Philosoph Johann Gottfried Herder (1744–1803), ein Schüler Kants, ist der Begründer des »romantischen Nationalismus«.[8] Für ihn besteht die Einzigartigkeit eines Volks in seiner Sprache und seiner Kultur, die es gegen eine »Überschwemmung mit Fremdem« abschotten. Es ist die Aufgabe einer jeden Nation, sich selbst die Mittel zur Vermeidung von Tragödien zu schaffen.[9]

Mehrere Umstände haben zum Entstehen eines preußischen Kulturnationalismus beigetragen: Das Auseinanderfallen des Alten Reiches, die im Wesentlichen französischen Ursprünge der Aufklärung, die Bedrohung einer europäischen Vereinigung unter Napoleon und die Vorherrschaft des Protestantismus (des Pietismus sogar) über den Katholizismus der Habsburger haben dabei eine maßgebliche Rolle gespielt. Der deutschen Sprache kommt eine Rolle als Hilfsmittel zur Bildung einer deutschen Nation mit Preußen als Mittelpunkt zu. »Auf Betreiben Herders konnte die Romantik auf Entdeckungsreise zum Nationalgeist gehen.«[10] Durch Herder erhält die Sprache eine neue philosophische Bedeutung. Sie stellt die grundlegende, kulturelle Basis einer Nation dar. Humboldt, Hegel und Jacob Grimm denken wie Herder. Eine aus diesen ersten Reflexionen abgeleitete wesentliche Vorstellung ist die Demokratisierung dieses im Entstehen begriffenen Nationalismus, denn die Sprache birgt einen verbindenden Wert in sich, der, unabhängig von der sozialen Klasse, sowohl bei der Elite als auch beim Volk zum Tragen kommt. Der romantische Nationalismus ist im Wesentlichen eine Volksbewegung.

Die anfängliche Begeisterung von Hegel, Kant, Wieland, Goethe und anderen deutschen Intellektuellen für die Französische Revolution geht von der Idee aus, dass Deutschland einer Neuordnung unterzogen werden muss, deren Basis eine demokratisch-konstitutionelle Vereinigung aller deutschen Staaten sein könnte. Das revolutionäre Frankreich hat übrigens den Nationalismus als politisches Glaubensbekenntnis betrachtet und plädiert für die »eine, unteilbare Nation«. Die deutsche Sprache könnte das Bindeglied in einer großen deutschen Nation sein, die, wie das neue Frankreich, Freiheit und Gleichheit ihrer Untertanen zum Prinzip erhebt.

Diese Hoffnung wird bald enttäuscht. Der regionale Partikularismus stellt sich als unüberwindliches Hindernis heraus, selbst wenn die deutschen Staaten innerhalb einer Einheit ihre Besonderheiten behalten und ihre inneren Angelegenheiten weiterhin autonom mit gemeinsamen Gesetzen regeln würden. Einige Literaten, wie Wieland, haben in dieser Heterogenität sogar einen Vorteil gesehen, denn sie setzt voraus, dass jeder Staat »nach seinen Möglichkeiten und seinem Stand, nach seinem Reichtum und gemäß seinem Verhältnis in Bezug auf diese Einheit«, dazu beiträgt, die deutsche Gesellschaft als Ganzes »zu bewahren und verbessern«.[11] Da Deutschland, anders als Frankreich, seine Regionen nicht fusionieren kann, bleibt ihm lediglich, die Prinzipien der Aufklärung ohne politischen Aufruhr in der gesamten deutschen Bevölkerung zu übernehmen.

Der im Entstehen begriffene deutsche Kulturnationalismus, der noch konturenlos und romantisch ist, erfährt durch das kaiserliche Frankreich eine Veränderung hin zum politischen Nationalismus. Das Wesen des deutschen Nationalismus hat sich nach und nach der französischen Politik entsprechend gewandelt: Auf die verschwommene Auffassung eines auf Kultur und Sprache begründeten Staats folgt die eines harten und bewaffneten Staats, dessen Grundlagen im Widerstand gegen diejenigen bestehen müssen, die sich seiner zu bemächtigen gedenken.

Das Abgleiten der Französischen Revolution in Gewalt, Blutvergießen und Ungerechtigkeit ist in Deutschland verurteilt worden, auch von denen, die der Revolutionsbewegung anfangs positiv gegenüberstanden. Durch seinen Staatsstreich 1790 und seine Selbstproklamation zum Ersten Konsul der Französischen Republik hat der kleine korsische General Bonaparte die Revolution beendet. Er hat Ordnung und Frieden in Frankreich hergestellt, Verwaltungs-, Rechts- und Wirtschaftsreformen eingeleitet und mit seiner sehr motivierten, unbesiegbaren Armee wieder Frankreichs Ruhm verbreitet. Die Machtergreifung Bonapartes hat in Deutschland eine den Anfängen der Revolution vergleichbare frankophile Begeisterung hervorgerufen.

Bonaparte tritt nicht nur als Reformer, sondern auch als friedliebender Herrscher auf, der mit England 1801 einen Waffenstillstand in Lunéville und später 1802 in Amiens verhandelt. Viele sehen in Napoleon den Mann, der in der Lage ist, ein »drittes« Deutschland, durch die Verbindung des hohenzollernschen Preußens mit dem habsburgischen Österreich zu bilden. Andere betrachten ihn als Genie, das durch seine die Freiheit verkündenden Armeen mit sozialer Ungerechtigkeit aufräumt.

Dieser charismatische französische General, der als Sieger und Friedensstifter auftritt, beruhigt zunächst die Geister. Niemand prangert den mit seiner Machtübernahme verbundenen Machtmissbrauch an, der mit der Entlassung seines republikanischen Rivalen, General Moreau, und der Ermordung des Herzogs von Enghien in Zusammenhang steht.

Die Selbstproklamation des Kaisers Napoleon und die unglaubliche Pracht dieser Zeremonie rufen indessen in Europa Erschütterung hervor. Ein anfängliches Misstrauen schlägt zusehends in Hass über. Selbst idealistische Republikaner wie Joseph Görres und Ernst Ludwig Posselt sind empört. In seinem *Rheinischen Merkur* übernimmt Görres (1776–1848) die Thesen des romantischen Nationalismus, um sich vor dem französischen Eindringling, selbst wenn er ein aufgeklärter Kaiser ist, zu schützen. Beethoven soll »die Seite mit der Widmung der eben komponierten Symphonie Eroica, die er ›Bonaparte‹ genannt hatte, zerrissen haben, als ihn die Nachricht von der Krönung erreichte«.[12]

Vom Triumphmarsch des Kaisers angefangen bis zu den Siegen von Auerstedt und Jena bleibt die Frage nach den tatsächlichen Absichten Napoleons in Europa aktuell. Die Besatzung Berlins und die Flucht der preußischen Königsfamilie sind die Antwort. Mit dem Angriff auf Preußen verliert Napoleon seinen in zehn Jahren erworbenen Ruhm. Eine durch England unterstützte anti-napoleonische und pro-preußische Kampagne mobilisiert Presse, Literatur und Universitäten in Deutschland. Empörung macht sich überall in den deutschen Ländern breit, sogar in den Rheinprovinzen, die im Rahmen des Rheinbundes vorteilhafte Handelsbeziehungen mit dem kaiserlichen Frankreich unterhalten.

Schriftsteller wie Adam Müller und Friedrich Schlegel treten die Flucht aus dem besetzten Preußen an. Heinrich von Kleist, der dem Andenken der Königin Luise verbunden ist, verspottet Napoleon in seinen Gedichten und Theaterstücken.[13] Ganz Deutschland ist vereint im Hass auf den französischen Kaiser und eine endgültige Diabolisierung erfolgt durch Friedrich Rückert, Achim von Arnim, Clemens Brentano und Chamisso.

Sowohl in den *Geharnischten Sonetten* von Friedrich Rückert als auch in der Volksliedersammlung *Des Knaben Wunderhorn* von Brentano und von Arnim werden die Schandtaten des Eroberers Napoleon angeprangert, der in zweifacher Hinsicht, durch seine Kaiserkrone und seine Ehe mit Marie Louise von Österreich, ein Usurpator ist. Hochschullehrer, unter ihnen Johann Gottlieb Fichte in Berlin, Henrik Steffen in Breslau und Wilhelm Traugott Krug in Leipzig, rufen zum bewaffneten Widerstand auf und werden darin von den Militärs, in erster Linie von Blücher, Gneisenau und Scharnhorst unterstützt. Als logische Folge dieser Proteste entsteht ein starker preußischer Nationalismus. Folgende Persönlichkeiten müssen in diesem Zusammenhang besonders hervorgehoben werden: Johann Gottlieb Fichte, Ernst Moritz Arndt, Friedrich Ludwig Jahn und Karl vom und zum Stein.

Fichte stellt die Einheit und Größe der deutschen Völker, ihre religiösen Werte und die Überlegenheit Preußens über jede andere deutsche Provinz, vor allem Österreich, hervor. In seinem *Kurzen Katechismus für deutsche Soldaten* sieht Arndt Preußen als führend unter den deutschen Ländern an und spricht sich für Befreiungskriege aus. In seinem *Aufruf an die Preußen* nimmt er in brutaler Weise Bezug auf Volk, Sprache und Kultur: »Nur ein blutiger Hass auf alles Französische kann die deutsche Macht bündeln, die deutsche Souveränität wieder herstellen und die vornehmsten Volksinstinkte zum Vorschein bringen.« Das deutschsprachige Elsass und Lothringen sollen an Frankreich zurückgegeben und der Rhein als deutscher Fluss und nicht als Grenze betrachtet werden. Der Sieg über Napoleon durch Waffengewalt wird als Ausdruck des göttlichen Willens verstanden.[14]

Der literarische Patriotismus

Bildung eines starken Preußen

Der Frieden von Tilsit vom Juli 1807 war aufgrund der sich daraus ergebenden Gebietsabtretungen westlich der Elbe und dem Verlust der seit 1772 eroberten Teile Polens eine Katastrophe für Preußen. Während die Franzosen Königsberg erobern und sich auf weiteren militärischen Ruhm vorbereiten, sehen sich die Preußen gezwungen, ihren Wiederaufstieg mit politischen, administrativen, sozialen und kulturellen Mitteln in die Wege zu leiten, mit dem Ziel, sich aus der französischen Vorherrschaft zu befreien.

Männer wie Karl vom und zum Stein und Karl August von Hardenberg haben sich daran gemacht, die ausgeblutete preußische Gesellschaft wieder zu erneuern und ihr eine Seele zu geben in der Überzeugung, dass Preußen dies wert sei. Ohne sie hätte sich der preußische Nationalismus nicht entfalten können. Staat und Gesellschaft werden einer radikalen Modernisierung unterzogen. Preußen wird ein liberaler Staat, der den Bürgern das Recht zur kommunalen Selbstverwaltung zugesteht. Vom Stein führt die Stadtfreiheit wieder ein und die Bauern werden von der Erbknechtschaft befreit. Die bisher aus dem öffentlichen und militärischen Dienst ausgeschlossenen Juden werden endlich mit den anderen Preußen gleichgestellt. Durch Abschaffung des Zunftzwangs und Einführung der Gewerbefreiheit wird der wirtschaftliche Aufschwung begünstigt. Die Binnenzollgrenzen verschwinden. Ein nach dem Ressortprinzip klar gegliedertes Staatsministerium ist nun oberste Verwaltungsbehörde. Eine wirksame Dezentralisierung nach englischem Vorbild wird eingeleitet. Die Minister stehen in direktem Kontakt zum Kabinett.

Diese Revolution von oben hat ihre Lehren aus der Französischen Revolution gezogen: die Teilnahme der Bürger an politischen Entscheidungen wird zur Selbstverständlichkeit. Das Nationalgefühl, durch das der Kampfgeist der französischen Armeen seit 1772 beflügelt wird, ist ein Vorbild für einen Zusammenhalt, den vom Stein auch in der preußischen Bevölkerung aufkommen lassen will. Hardenberg, von Kant beeinflusst, führt demokratische Prinzipien in die monarchische Regierungsform ein. Sein Programm, das er von Riga aus im September 1807 König Friedrich Wilhelm III. zukommen lässt, empfiehlt den Entwurf einer Verfassung und eine enge Verbindung zwischen Staat und den verschiedenen Gesellschaftsschichten.[15]

Nach der Niederlage von Jena hat vom Stein es abgelehnt, die Leitung des vom König unabhängigen Außenministeriums zu übernehmen, und beantragt seine Entlassung. Hardenberg, dessen Ablösung Napoleon ebenfalls fordert, wird sein Nachfolger. Später appelliert der König wieder an die Dienste vom Steins, der diesem Ruf aber nicht nachkommen kann, da er von Napoleon zum Rückzug auf seine Ländereien in Nassau verurteilt ist. Somit ist der Reformer vom Stein nur vom 4. Oktober 1807 bis zum 24. November 1808 an der Macht gewesen, hat aber in dieser kurzen Zeit seine Reformgesetze formuliert.

Das Edikt vom 9. Oktober 1807 befreit die Bauern aus der Erbuntertänigkeit und der sich langsam entwickelnden Industrie wird die daraus resultierende Freisetzung von Arbeitskräften zugute kommen. Allerdings wird in diesem Edikt die wichtige Frage der Zehntabgabe und des Frondienstes noch nicht behandelt; dies wird erst im Regulierungsedikt von 1811 geschehen.

Die Gesellschaft ist mobil geworden, Nichtadlige können Adelssitze erwerben und Adlige bürgerliche Berufe ausüben. Durch die Städteordnung vom 18. November 1808 wird den städtischen Gemeinden die Selbstverwaltung übertragen und die Macht des Königs, die sich seit dem Mittelalter vergrößert hat, eingeschränkt. Das Wahlrecht bleibt in Händen der Bourgeoisie, die sich durch Vermögen, durch Grundbesitz oder Ausübung eines Handwerker- oder Handelsberufs definiert. Durch den Erlass vom 24. November 1808 werden fünf Ministerien (Finanzen, Inneres, Äußeres, Justiz und Krieg), die sich ohne Umweg über das Kabinett direkt an den König wenden können mit spezifischen und hoheitlichen Funktionen ausgestattet. Vom Stein und Hardenberg planen auch eine gesamtstaatliche Nationalrepräsentation zur Meinungsbildung und Klärung von Fragen und Beschwerden. Friedrich Wilhelm III. beauftragt Wilhelm von Humboldt, der die Leitung der Sektion Kultus und öffentlicher Unterricht im Innenministerium übernimmt, mit der für ein nach Modernität strebendes Land notwendigen Bildungsreform. Humboldt legt Wert darauf, dass sich der Geist in einem freiheitlichen Klima entfalten kann und begünstigt den Unterricht literarischer Fächer gegenüber den Naturwissenschaften. Er macht die Kultur zum Motor eines moralischen Fortschritts, zu dem die Bourgeoisie ihren Beitrag leisten muss. Das ist Aufgabe des Staats. Die Friedrich-Wilhelms-Universität wird 1810 nach den von Humboldt vorgegebenen Prinzipien gegründet und vom Staat finanziert. Die Professoren haben Lehrfreiheit, die Studenten Unterrichtsfreiheit.

Alle diese Reformen werden mit einem Eifer durchgeführt, der bezeugt, welche Notwendigkeit der Neuorganisation des Königsreichs auf Regierungs-, Verwaltungs- und Gesellschaftsebene zugeschrieben werde. Die Nation musste so organisiert werden, dass sie die zahllosen politischen und sozialen Verbesserungen, die Frankreich durch die Revolution erhalten hatte, aufnehmen konnte. In dem nur einige Jahre umspannenden Zeitraum zwischen der Auflösung des Heiligen Römischen Reichs deutscher Nation und dem Wiener Kongress hat sich Preußen als aufgeklärte, organisierte und kultivierte Monarchie präsentiert, als ein aus unsicheren Gewässern herausragender Fels.

Um Gerechtigkeit nach den Prinzipien der Französischen Revolution zu erreichen, müssen zahlreiche Privilegien abgeschafft werden, wodurch es zu einigen reaktionären Ausbrüchen bei dem sich verraten fühlenden Adel kommt. Dagegen sind sich die Bürger bewusst, dass Gegner nur durch Solidarität in Schach gehalten werden können. Der preußische Nationalismus gründet sich auf staatlicher Erneuerung mit Hilfe der Kultur.

Restauration in Preußen und Krisen in Frankreich

Napoleon dankt am 6. April 1814 ab und wird ins Exil auf die Insel Elba verbannt. Preußen ist im Freudentaumel. Der an das Brandenburger Tor mit seiner wieder aufgesetzten Quadriga angrenzende Platz wird in Pariser Platz umbenannt, als Erinnerung an den Einmarsch Friedrich Wilhelms III. in die französische Hauptstadt. Ein anderer, in der Nähe gelegener achteckiger Platz wird im Gedenken an die Niederlage der napoleonischen Armee in Leipzig zum Leipziger Platz.

Trotz seiner Niederlage und der von König Ludwig XVIII. eingeleiteten und von der Pariser Bevölkerung begrüßten Restauration hat Napoleon noch nicht begriffen, welches Schicksal ihn erwartet. Sein Größenwahn ist grenzenlos. Es gelingt ihm, von Elba zu fliehen und ein Heer aus Getreuen zusammenzuziehen. Über hundert Tage, vom 20. März bis zum 20. Juni 1814, versucht er mit allen Mitteln, wieder an die Macht zu kommen und zieht dabei von den Ufern des Mittelmeers bis nach Belgien, wo er von den preußischen, englischen und holländischen Armeen am 18. Juni in Waterloo aufgehalten wird. Die Generäle Blücher, Gneisenau, Bülow und Wellington rechnen mit den Marschällen Ney, Grouchy, Soult und Mouton ab.

Darauf dankt Napoleon ein zweites Mal ab, während die alliierten Truppen Paris plündern. Blüchers militärische Umgebung zieht in Erwägung, den *Pont d'Iéna* zu sprengen und Elsass-Lothringen an Preußen zurückzugeben. Der König und seine Minister, allen voran Hardenberg, behaupten sich gegenüber den Militärs, und so kann der am 30. Mai 1814 unterzeichnete Vertrag von Paris als ein allein von Politikern ausgehandeltes Abkommen betrachtet werden. König Ludwig XVIII. geht auf die verhältnismäßig zurückhaltenden Bedingungen der Alliierten ein. Frankreich wird in seine Grenzen von 1792 verwiesen und muss auf seine während der Revolution und des *Empire* errungenen Eroberungen, einschließlich Belgiens und des linken Rheinufers, verzichten. Frankreich hat seine Macht verloren. Ein neues Mächteverhältnis ist aus den Trümmern des napoleonischen Reiches entstanden. Am 1. Oktober wird in Wien ein Kongress eröffnet, an dem Friedrich Wilhelm mit seinen Unterhändlern Kanzler Hardenberg und Minister Wilhelm von Humboldt teilnimmt.

Der Wiener Kongress

Die Beschlüsse des Pariser Vertrags werden problemlos bestätigt. Österreichs Stellung in Oberitalien festigt sich, England eignet sich Malta und mehrere französische Kolonien an. Belgien wird mit Holland vereinigt und Genua dem wieder entstandenen Königreich Sardinien-Piemont zugesprochen. Die großen Fragen betreffen die zukünftigen Grenzen Preußens, seine Beziehungen zu Österreich, das Schicksal der deutschen Staaten und die Zukunft Polens und Sachsens.

In Wien geht Preußen als großer Sieger hervor. Im Norden bekommt es Stralsund, Greifswald und Rügen zugesprochen, im Westen annektiert es einen großen Teil des Rheinlands und Westfalens. Essen, Trier, Köln, Koblenz und Aachen fallen ebenfalls an Preußen, sowie Gebiete zwischen Saar, Mosel und Sauer, sodass Frankreich und Preußen eine gemeinsame Grenze haben. Nunmehr existieren zwei große, zwischen fünfzig und hundert Kilometer voneinander entfernte, preußische Länder. Bei dem einen handelt es sich um das rheinische, beim anderen um das östliche, oberhalb Sachsens gelegene Preußen. Sie sind durch das Königreich Hannover, das Herzogtum Braunschweig und Hessen-Kassel voneinander getrennt. Um die Kontrolle über Deutschlands Zugang zur Nordsee zu behalten, hat England die Rückgabe des Königreichs Hannover verlangt.

Der östliche Teil Preußens vergrößert sich im Süden auf Kosten Sachsens, das nach preußischem Urteil Napoleon zu lange unterstützt hatte. Sachsen behält das 1802 erworbene Erfurt, indessen steht eine Rückgabe der ehemaligen fränkischen Gebiete, die Bayern zugeschlagen werden, nicht zur Diskussion. Leipzig bleibt in der Hand seines ehemaligen Herrschers.

Im Osten müssen russische Ambitionen in Betracht gezogen werden. Durch eine neue Teilung Polens kommt Preußen zu einem langgezogenen Gebiet in Großpolen mit Posen, Gnesen, Thorn und Danzig. Österreich erhält alle seine bei den vorherigen Teilungen Polens erworbenen Gebieten wieder, einschließlich Galiziens, auf das Russland ein Auge geworfen hat. Krakau wird zur freien Stadt erklärt. Den größten Teil Polens eignet sich Russland an. Zusätzlich zu den schon im 18. Jahrhundert erworbenen Gebieten bekommt es noch den Großteil des ehemaligen preußischen Besitzes mit der Hauptstadt Warschau.

Durch den am 9. Juni 1815 unterzeichneten Vertrag von Wien steigt Preußen zu einer imposanten Macht mit 10,4 Millionen Einwohnern und einer Fläche von 278 000 Quadratkilometer auf. Die Verhandlungen mit dem nach mehr Macht strebenden Zaren sind zäh. England, Preußen und Österreich, in einem Bündnis unter Führung Metternichs vereinigt, versuchen vergebens, sich ihm entgegenzustellen. Friedrich Wilhelm, der sich ganz Sachsen einverleiben wollte, muss sich mit einem Teil begnügen und lässt den Zaren Polen nach seinem Willen zerstückeln.

Ein Deutscher Bund wird am 26. Juni 1815 als Nachfolgeinstitution des Heiligen Römischen Reiches Deutscher Nation gegründet, seine endgültige Gestalt erhält er 1820. Österreich mit seinen zwei Millionen Einwohnern steht an der Spitze dieses Bundes, der alle hauptsächlich deutschsprachigen Staaten – 36 unterschiedlich großen Staaten und vier freie Städte – vereint. Die drei durch die napoleonischen Kriege begünstigten Königreiche Württemberg, Sachsen und Bayern werden von dem Wiener Vertrag nicht angetastet. Drei preußische, östlich der Oder gelegene Provinzen schließen sich dem Bund nicht an.

Die logische Konsequenz der Restauration wäre nun eine Wiederbelebung des ehemaligen deutschen Reiches mit einem Kaiser an seiner Spitze gewesen. Der österreichische Kaiser strebt jedoch nicht nach dieser Würde. Ihm liegen vor allem seine Donaugebiete im Osten am Herzen. Die 1806 unter der Protektion Napoleons im Rheinbund zusammengeschlossenen Machthaber hätten gern ihre Unabhängigkeit und die für sie vorteilhafte vorige Regelung behalten. Die deutschen Nationalisten (u. a. Görres und vom Stein), die einen neuen großen, aus deutschsprachigen Ländern bestehenden Staat befürworten, widersetzen sich der im Wiener Vertrag festgelegten Zerstückelung Deutschlands. Sie können jedoch ihre Mitbürger, die ihren revolutionären Geist fürchten, nicht in ihrem Sinne beeinflussen.[1] Somit gibt es keinen großen Widerstand gegen den neuen Deutschen Bund, einen Entwurf Metternichs, der Deutschland um ein dominierendes Österreich herum aufbauen soll. Die südlichen Staaten unterstützen den Plan. Im Übrigen ist er gemeinsam mit dem englischen Außenminister Castlereagh der Ansicht, eine Zerstückelung der deutschen Gebiete schütze Europa vor einem Aufflammen des französischen Imperialismus.[2] Der Gedanke, die deutschen Staaten vollständig zu zersprengen, kommt nicht auf; vielmehr setzt sich die Idee einer föderativen Vereinigung durch. Somit entsteht dieser Bund, um »die innere und äußere Sicherheit Deutschlands« und »die Unabhängigkeit und Unantastbarkeit der in diesem Bund zusammengeschlossenen Staaten aufrecht zu erhalten«. Die Bundesversammlung mit den Gesandten der Fürsten als Repräsentanten tagt unter österreichischem Vorsitz in Frankfurt. Die Staaten sind unabhängig und sollen eine eigene Verfassung bekommen. Sie sind sich aber gegenseitig verbunden, kein Staat kann dem anderen den Krieg erklären und im Falle eines Angriffs von außen sind sie zu gegenseitiger Hilfe verpflichtet. Der Bund besitzt aber weder exekutive noch judikative Gewalt und keine oberste Armee. Er ist ohne die Unterstützung der Vormächte Preußen und Österreich, die den kleinen Staaten ihre Entscheidungen auferlegen, nicht funktionsfähig. Beide beeinflussen die Außenpolitik durch die gemeinsam mit Russland begründete »Heilige Allianz« und die »Viererallianz«, die sich gegen Frankreich, das vom europäischen Mächtespiel ausgeschlossen ist, richten. Das im Verhältnis zu Österreich geringer besiedelte und in zwei getrennte Gebiete aufgeteilte Preußen ist indessen Österreich überlegen. Österreich hat sich den Donaustaaten zugewandt, dadurch seine Bevölkerungszahl und seine Fläche vergrößert und trauert dem Heiligen Römischen Reich nicht mehr nach. Durch seine so gewonnene Heterogenität kompliziert sich allerdings auch sein Schicksal. Dagegen ist das nach Westen hin offene Preußen zur großen deutschen Nation, zur Zentralmacht in Europa, aufgestiegen. Um seine Überlegenheit unter Beweis zu stellen, muss es die staatlichen Strukturen stärken, die Monarchie aufrecht erhalten, die durch die französische Besatzung stark in Mitleidenschaft gezogene Wirtschaft restaurieren, Reformen vorantreiben, sich eine Verfassung geben und sich mit dem fortwährenden Nationalismus arrangieren. Dies alles kann relativ problemlos in die Wege geleitet werden, weil innerhalb kürzester Zeit alle Spuren der Besetzung durch Napoleon verschwunden sind.[3] Eine Ausnahme stellt allerdings der *Code Napoléon* dar, der bis 1900 in Kraft bleibt. Was die außenpolitische Ebene anbelangt, so kann Friedrich Wilhelm III. eine Dominanz Österreichs über den Deutschen Bund nicht akzeptieren. Frankreichs Niederlage ermöglicht es Preußen, den Anspruch auf die Vormachtstellung anzumelden.

Verworrene französische Verhältnisse

Innerhalb von zwei Monaten findet Frankreich zu dem zwanzig Jahre zuvor blutig bekämpften Königtum zurück. Die Brüder Ludwigs XVI., Ludwig XVIII. und der Graf von Artois kehren am 8. Juli 1815 nach Paris zurück. Das göttliche Recht ist wieder hergestellt. Eine *Charte constitutionnelle* wird vom neuen Herrscher ohne Mitspracherecht der Bürger verkündet. Darin ist festgelegt, dass »in Frankreich die gesamte Autorität beim König liegt«, die Volkssouveränität wird negiert; Frankreich findet zur absoluten Monarchie zurück. Die weiße, mit Lilien verzierte Fahne ersetzt die mit Blut und Ruhm bedeckte Trikolore. Der ins Exil gegangene Adel kehrt zurück.[4] Ludwig XVIII. und die Royalisten werden vom Volk als Vertreter des Ancien Régime angesehen, das das revolutionäre Frankreich 1789 vertrieben hat. Die Errichtung der neuen Monarchie wird von der Bevölkerung dem Ausland zugeschrieben und als Werkzeug der Armeen der Koalition, die Frankreich seit 1792 bekämpft, betrachtet. Das erniedrigte Volk ist orientierungslos und trauert seinem Kaiser nach, dem es nach der Revolution gelang, ein vereintes Frankreich zu schaffen und der die Verkörperung der Vaterlandsliebe war.

Ein knappes Jahr später, am 5. März 1815, flieht Napoleon von Elba und kommt nach Frankreich zurück, um die Macht zu übernehmen, die er hundert Tage innehat. Der von Napoleon selbst so bezeichnete »Adlerflug« bringt ihn vierzehn Tage später an der Spitze einer Freiwilligentruppe nach Paris, die wieder an Ruhm, die Trikolore und die Marseillaise glaubt. Der König flieht am 19. März. Napoleon, der bald eine neu aufgestellte, 400 000 Mann starke Armee befehligt, zieht erneut in den Kampf gegen die europäischen Armeen: ein starkes englisch-holländisches Heer unter Wellington, 124 000 Preußen unter Blücher, eine russische Armee unter Barclay de Tolly und die Österreicher unter Schwarzenberg. Die französischen Truppen werden von den Preußen und Engländern am 18. Juni 1815 bei Waterloo zerschlagen. Napoleon dankt erneut ab und wird in sein zweites Gefängnis auf der weit entfernten Insel St. Helena gebracht, wo er am 5. Mai 1821 stirbt. Der legendäre Kaiser Napoleon lebt nun in der Volkserinnerung und im Gedächtnis aller unglücklichen Helden weiter.[5]

Die erste Restauration ist problemlos gewesen, aber die zweite verursacht schwere Gewaltakte. Seit den »Hundert Tagen« spitzen sich die Auseinandersetzungen zu. Im Osten und Südwesten werden Hunderte von Bonapartisten und Republikanern von den Monarchisten standrechtlich erschossen. Dieser »Weiße Terror«, während dem sich die Royalisten königlicher als der König verhalten, bringt als Wahlergebnis 1815 die »unfindbare Kammer« (*Chambre introuvable*) als gefügiges Instrument des Königs hervor. Die Ultraroyalisten rächen sich. Der des Verrats angeklagte Marschall Ney wird exekutiert; Verwaltungsbehörden werden bereinigt. Frankreich ist wieder eine Monarchie, die nach dem Tode Ludwigs XVIII. am 16. September 1824 von seinem Bruder Karl X. (1824–1830) regiert wird. Das gesamte politische Leben Frankreichs ist in dieser Zeit von Spannungen zwischen Royalisten und Republikanern beherrscht. Die monarchische Machtausübung mit vom König bestimmten Ministern und einer durch Klassenwahl gewählten Abgeordnetenkammer löst ebenfalls Reaktionen aus. Am 13. Februar 1813 wird der Neffe des Königs, der Herzog von Berry, ermordet. Das bedeutet das Ende des parlamentarischen Systems von 1789. Darüber hinaus muss nun Frankreich eine Kriegsentschädigung von 7 000 Millionen Francs bezahlen. Auch als geschlagene Nation ist es immer noch Opfer alter Dämonen, die eine Spaltung hervorrufen.

Zur selben Zeit ist das siegreiche Preußen mit seinem Aufbau beschäftigt. Innerhalb von etwa zehn Jahren hat sich die Geschichte Frankreichs und Preußens mehrfach gekreuzt und umgekehrt.

Die preußische Verfassung

Die preußischen Befreier von 1813 fordern Nationalismus und Liberalismus. Der Nationalismus wird hier nicht, wie im revolutionären und kaiserlichen Frankreich, als egalitäre Bestrebung betrachtet, sondern hat eine große deutsche Nation mit allen deutschen Staaten im Auge. Der Liberalismus ist die jedem Bürger zugestandene Freiheit, nach eigenem Gutdünken innerhalb der rechtlichen Grenzen zu handeln. Der Wiener Vertrag, der die Monarchie vieler Staaten nicht antastet, enttäuscht die Reformer.[6]

Friedrich Wilhelm III. verpflichtet sich am 22. Mai 1815, seinem Land eine Verfassung und eine Nationalversammlung zu geben. Der Wunsch der Liberalen nach einem Repräsentativsystem beunruhigt ihn jedoch. Er fürchtet den revolutionären Geist und begreift nicht, dass die Zeit gekommen ist, vom Absolutismus, in dem er aufwuchs, Abschied zu nehmen. Im Wiener Vertrag sind keinerlei Hinweise auf eine erneute Etablierung einer absolutistischen Staatsform zu finden, aber es ist auch nicht verbrieft, dass der Obrigkeitsstaat durch eine Verfassung geschwächt werden soll. Friedrich Wilhelm III., der nicht auf seine Minister, darunter Staatskanzler von Hardenberg, hört, sondern auf seine konservativen Berater, will mit einer kurzlebigen Verfassungskommission Zeit gewinnen.

Die Liberalen bieten ihm jedoch die Stirn. Im Oktober 1817 lädt eine Gruppe von Studenten der Jenaer Universität alle deutschen protestantischen Studenten zu einem Treffen auf der – mit dem Andenken Luthers eng verknüpften – Wartburg ein. Dort soll der 300. Jahrestag des Thesenanschlags Luthers und der vierte Jahrestag der Völkerschlacht bei Leipzig gefeiert werden. Die gastgebenden Studenten, die den neuen, liberalen und nationalen Ideen nahe stehen, haben sich in einer Vereinigung, der Burschenschaft, zusammengeschlossen, die »Ehre, Freiheit, Vaterland« zur Devise hat und die Farben der Fahne des Lützow'schen Freikorps trägt. Die zahlreichen Gäste ehren Gott, Luther, die deutsche Geschichte und die Größe des deutschen Volkes. Zum Schluss findet auf dem benachbarten Wartenberg eine Bücherverbrennung statt, bei der »deutschfeindliche« Bücher den Flammen übergeben werden. Dabei handelt es sich um Schriften der Theoretiker der Restauration und der Heiligen Allianz wie August von Kotzebue, aber auch um den *Code Napoléon*, um die Zeitschrift *Allemania* und *Germanomania*, ein polemisches Werk von Saul Ascher. Auch Militärkleidung, als Symbol des verabscheuten Absolutismus, wird verbrannt. Um sich als Deutsche zu fühlen, lassen die Burschenschaftler, deren geistiger Vater der Turnvater Jahn ist, ihrem Antisemitismus und ihrer Frankophobie freien Lauf. Dieses Ereignis hat einen »außerordentlich politischen, vollständig antifeudalen und antiabsolutistischen, revolutionären und nationalen«[7] Charakter und versetzt die Regierungen, Kanzler Metternich, Friedrich Wilhelm und alle konservativen Kräfte in Unruhe.

Durch die Petition des Schriftstellers Joseph Görres, in der 1818 die Etablierung eines Repräsentativsystems gefordert wird, verbessert sich die Lage nicht. Im Gegenteil, durch den Mord an dem in Diensten des konservativen Zaren stehenden

Dichter Kotzebue verschärft sich die Sitatuion. Metternich ruft die Regierungen auf, energisch gegen den möglicherweise auf die bürgerliche Gesellschaft übergreifenden studentischen Liberalismus vorzugehen und Friedrich Wilhelm III. folgt eiligst diesem Rat. Preußen und Österreich führen durch das Abkommen von Teplitz, die »Teplitzer Punktation«, Repressionsmittel ein, die von den zehn größten Bundesstaaten bei ihrem Karlsbader Treffen übernommen werden.

In den Universitäten setzt eine Verhaftungswelle ein und die Presse- und Buchzensur wird verstärkt. Die patriotischen Kreise im Turnverein von Jahn werden aufgelöst. Ernst Moritz Arndt verliert seinen philosophischen Lehrstuhl in Bonn. Wegen seiner nationalistischen Haltung wird der Theologe Schleiermacher von der protestantischen Orthodoxie als Abweichler angesehen. Insgesamt wird dem preußischen Staat vorgeworfen, keinerlei Repräsentativität zuzulassen und das deutsche Genie zu verkennen. Zu diesem Zeitpunkt wollen die Reformer die königliche Machtbefugnis nicht außer Kraft setzen, sondern plädieren für eine konstitutionelle Monarchie. Der König nimmt den Rücktritt seiner liberalen und konstitutionalistischen Minister, allen voran Wilhelm von Humboldt, an, was für das gesamte politische Leben Preußens den Sieg des Konservatismus bedeutet: in den preußischen Provinzialständen sitzen – größtenteils adlige – Grundbesitzer und Mitglieder des städtischen Bürgertums. Diese Provinzvertretungen sind Machtinstrumente des Staates. Der preußische Konservatismus steht in Einklang mit anderen konservativen mitteleuropäischen Staaten. Trotz der Gemeinsamkeiten mit dem französischen Konservatismus, besonders unter Karl X., dem Nachfolger Ludwigs XVIII., gibt es aber einen grundlegenden Unterschied: Die französische Opposition will sich der Monarchie entledigen, während die deutsche Opposition sich auf die Verteidigung des Liberalismus und Nationalismus beschränkt.

Die Zeit zwischen 1815 und 1819 spielt eine wichtige Rolle in der Geschichte des deutschen Nationalismus, der nicht mehr nur allein eine Angelegenheit der Gebildeten ist, sondern auf alle Gesellschaftsschichten übergreift. Zur Zeit der Befreiungskriege herrschte der Glaube vor, allein Preußen könne die nationale Einigung herbeiführen. Enttäuscht von seinem nach 1815 vollzogenen Rechtsruck sympathisieren die liberalen Kräfte mit den anderen deutschen Staaten.[8]

Preußischer Aufschwung

Friedrich Wilhelm III. ist gegen den politischen Liberalismus, befürwortet dagegen aber einen wirtschaftlichen Liberalismus, der sein Land völlig verändert und seine Zukunft revolutioniert. Der dirigistische Staat ist zum »besten Schüler Adam Smiths«[9] geworden.

1818 beseitigt Preußen auf Initiative des Finanzministers Karl Georg Maaßen seine Binnenzölle und schafft ein einheitliches Zollgebiet mit freien Handelsbeziehungen. Diese Zollfreiheit soll mit Unterstützung der hohen Funktionäre Eichhorn und Motz auf die anderen deutschen Staaten ausgedehnt werden, die sich dem aber aus Misstrauen und wegen ihrer eigenen Traditionen entziehen. Benachbarte Staaten wie Hessen-Kassel und Hannover betrifft dies auch.

1828 schaffen Bayern und Württemberg eine Zoll- und Handelsorganisation und sehen sogar Frankreich als privilegierten Handelspartner vor. Doch schließlich siegt am 30. März 1833 die wirtschaftliche Logik. Preußen, Bayern, Württemberg, Baden, Hessen-Darmstadt, Hessen-Nassau, Kurhessen, Sachsen und Thüringen vereinigen sich in einem Zollverein, dem sich aufgrund seines erfolgreichen Wirkens andere Staaten schnell anschließen. 1842 sind 28 Staaten des Deutschen Bundes Mitglied des Zollvereins, der einen Markt von 26 Millionen Einwohnern versorgt. Minister Motz deutet eine auf dieser wirtschaftlichen Basis mögliche politische Union an, der sich Österreich auf Druck seiner Wirtschaft nicht anschließen will.

Die Etablierung dieses Zollvereins hat wichtige Konsequenzen. Zum einen wird die preußische Wirtschaft angeregt und die Macht Preußens gestärkt. Des Weiteren tritt eine Konkurrenz mit Österreich immer offensichtlicher zutage und die Umrisse des Kleindeutschlands, das Bismarck später zu einem von Preußen dominierten Reich ausbauen wird, zeichnen sich schon jetzt ab. Letztlich wird auch die Überlegenheit Preußens über Österreich sichtbar. Die entscheidenste Auswirkung der Zollfreiheit aber ist die schnell wachsende Industrialisierung. Dass die technische Erneuerung, bei der Preußen einen Nachholbedarf gegenüber England hat und Frankreich noch in den Anfängen begriffen ist, eine wichtige Rolle spielt, ist den Kapitalbesitzer bewusst. Der Staat hat mit dem technischen Unterricht, der zum ersten Mal 1821 in Berlin stattfindet, zur raschen Entwicklung der Industrialisierung beigetragen. Die technische Schule nimmt über 2 500 Schüler aus bescheidenen Verhältnissen auf. Ähnliche Einrichtungen entstehen auch in der Provinz. Preußen verfügt über umfangreiche Kohlebergwerke in Oberschlesien, sowie in den beiden Frankreich entrissenen Gebieten Ruhrgebiet und Saarland.

Zwischen 1820 und 1848 vervierfacht sich die Kohleproduktion nahezu (von 1,2 auf vier Millionen Tonnen). Parallel dazu entwickelt sich in Preußen eine Schwerindustrie unter Einfluss von Alfred Krupp und Mathias Stinnes, den ersten kapitalistischen Unternehmern. Mitte des Jahrhunderts zählt Preußen 120 Stahlwerke.[10] Im ganzen Land werden diverse öffentliche Vereine zur Unterstützung der Industriellen geschaffen. Die schwerfällige Bürokratie wird erleichtert.

Die industrielle Revolution mit Freihandel erfordert eine Weiterentwicklung der Transportmittel. Der Umfang des Straßennetzes im Deutschen Bund, vor allem in Sachsen, im Rheinland und in Westfalen, verdoppelt sich. Wasserstraßen werden angelegt oder verbessert und die Entwicklung der Eisenbahn ist beeindruckend. Die Dampflokomotiven sind dem in England seit 1825 gebräuchlichen Modell nachempfunden. Die ersten Eisenbahnlinien entstehen in Bayern und Sachsen; Preußen zieht schnell nach mit den durch Privatkapital finanzierten Strecken Berlin – Potsdam (1838), Berlin – Anhalt (1841) und Berlin – Stettin (1842). 1842 erstreckt sich das preußische Eisenbahnnetz über 861 Kilometer und wird vier Jahre später die dreifache Länge erreichen. 1837 gibt es in Preußen 423 Dampflokomotiven, davon dreißig in Berlin, die im sogenannten Feuerland, einem nördlich des Oranienburger Tors gelegenen Viertel, und später in Moabit, gebaut werden.

In derselben Zeit hat sich die Landwirtschaft durch die seit dem Krieg ab 1807 begonnenen Reformen weiterentwickelt. Durch das Regulierungsedikt Hardenbergs sollten wohlhabende Bauern die Möglichkeit haben, Grundbesitzer zu werden, indem sie einen Großteil der von ihnen bewirtschafteten Ländereien den Großgrundbesitzern abkaufen. Die mittellosen Bauern behalten ihren vorherigen Status, durch den sie dem Willen und der Rechtssprechung der Großgrundbesitzer ausgesetzt sind, die auch die alleinigen Nutznießer dieser Regelung sind.

In der Landwirtschaft haben sich zwei Extreme entwickelt: Auf der einen Seite das landwirtschaftliche Proletariat und auf der anderen die Großgrundbesitzer, die ihren Wohlstand noch vergrößern, indem sie Bauern, die sich selbstständig machen wollen, die besten Parzellen abkaufen. Die Folge ist ein landwirtschaftlicher Kapitalismus, der zwar nicht ausschließlich, aber doch in den meisten Fällen vom Adel beherrscht wird. Der Umfang der großen Ländereien steigt zwischen 1815 und 1848 von 7,3 auf zwölf Millionen Hektar an.[11] Die Großgrundbesitzer behalten und vergrößern in einigen Fällen sogar ihren Einfluss auf die Landräte und Landtage. Die Wirtschaft profitiert von dieser Entwicklung, durch die Arbeitsplätze geschaffen werden und die Ernährung der Bevölkerung gesichert ist. Der Kartoffelanbau findet allgemeine Verbreitung.

Die französische Krise um 1830

Nach dem Wiener Kongress hat die Geschichte Frankreichs einen im Vergleich zu Preußen grundlegend anderen Verlauf genommen. In erster Linie ist es die Geschichte eines besiegten Landes, das eine hohe Kriegsschuld zu begleichen hat und vielmehr neue innenpolitische Strukturen und eine Normalisierung der Gesellschaft sucht als wirtschaftliche Entwicklung. In Frankreich wird es erst in der zweiten Hälfte des Jahrhunderts zum wirtschaftlichen Aufschwung kommen. Im Gegensatz zu Deutschland hat sich Frankreich eine Verfassung in Form einer Charta gegeben. Allerdings handelt es sich dabei um einen, in politischer Hinsicht, doppeldeutigen Text, der gegensätzlich interpretiert werden kann: dem König wird die volle Autorität übertragen und durch Bildung eines Parlaments werden die Grundlagen für eine liberale Gesellschaft geschaffen.[12] Es hat weder eine royalistische, noch eine liberale Restauration gegeben, was zu zahlreichen Konflikten führt, da das königliche Erbprinzip mit der durch Klassenwahl nicht ausreichend repräsentierten Nation in Einklang zu bringen ist. Dies ist im Verhältnis zu Preußen, wo ein linearer Konflikt zwischen Konservativen und Liberalen besteht, eine ungleich kompliziertere Situation.

König Ludwig XVIII. (1815–1824) hegt die löbliche Absicht, »das Königtum in eine Nation und die Nation in ein Königtum umzuwandeln«.[13] Der Herzog von Richelieu, ein ehemaliger moderater Emigrant, wird Premierminister. Die ersten Parlamentswahlen haben jedoch eine konservative »unauffindbare Kammer«, die keine Toleranz duldet, zum Ergebnis. Sie ist in erster Linie konterrevolutionär eingestellt, begünstigt den Erbadel und ist von der Notwendigkeit eines unnachgibigen Katholizismus überzeugt. Sie versteht sich als Gegenmittel zur Aufklärung und zu der in eine Revolution ausartenden Anarchie. Ludwig XVIII. löst diese Kammer am 5. September 1815 auf. Der neue Premierminister Elie Decazes bekämpft die Ultraroyalisten, allerdings zieht die Ermordung des Herzogs von Berry, eines Neffen Ludwigs XVIII., am 13. Februar 1820 einen Schlussstrich unter diesen Liberalisierungsversuch. Die Ultras kehren unter Führung des neuen Premierministers Graf von Villèle zurück und es kommt zu einer außerparlamentarischen Opposition aus Republikanern, Liberalen und Bonapartisten, der auch der Schriftsteller Chateaubriand und General Lafayette angehören.

König Ludwig XVIII. stirbt am 16. September 1824. Sein beinahe siebzigjähriger Bruder Karl X., der letzte Enkel Ludwigs XV., wird sein Nachfolger. Er hat schon immer gegen die Revolutionäre opponiert und betrachtet sich als Führer der Ultras, die im Falle eines Konflikts mit dem Parlament die Oberhand hätten. Er lässt sich in Reims krönen und knüpft wieder an die Tradition der Könige, der »Verbindung von Thron und Altar«, an. Nach einem überraschend toleranten Beginn regiert Karl X. aber sehr schnell im Einklang mit seinen Überzeugungen. Er verabscheut die konstitutionellen Monarchien nach dem Vorbild Englands und zeigt durch den Beschluss zur Entschädigung von Emigranten, die von der Regierung der Revolutionszeit um ihr Eigentum gebracht wurden, seinen wahren Charakter. Die Presse unterliegt wieder der Zensur. Die Kirche mischt sich mit ihrer »Priesterpartei« in die Politik ein. Das Gesetz der Doppelwahl, das den am höchsten besteuerten Wählern eine zweimalige Wahlbeteiligung ermöglicht, begünstigt die Wahl einer konservativen Mehrheit.

Indessen gewinnt die liberale Opposition die Wahlen von 1827, was den Rücktritt de Villèles auslöst. Dem König gelingt keine Verständigung mit den Gemäßigten. Am 8. August 1829 überträgt er Jules Polignac, einem Ultraroyalisten, die Regierungsführung. Ludwig XVIII. konnte keine Übereinstimmung mit einer konservativen Abgeordnetenkammer finden und Karl X. nicht mit einem liberalen System.[14]

Karl X. und Polignac hoffen – wenn auch vergeblich –, dass ihre in Algerien erfolgreiche Kolonialpolitik ein Umschwenken der öffentlichen Meinung zu ihren Gunsten herbeiführen kann. Das Abgeordnetenhaus wird im Mai aufgelöst. Am 25. Juli 1830 versucht der König, die Situation durch vier Ordonnanzen in den Griff zu bekommen. Er setzt die Pressefreiheit aus und löst die Abgeordnetenkammer wieder auf. Des Weiteren ändert er das Wahlgesetz zugunsten einer konservativen Kammer und schiebt Neuwahlen bis in den September auf.

Am 27. Juli ruft die Presse zum Widerstand auf und es kommt zu Massenaufläufen der erregten Menge. Die königliche Garde soll die Ordnung wiederherstellen und besetzt unter Führung von General Marmont die neuralgischen Plätze der Hauptstadt. Die östlichen Pariser Stadtteile werden verschanzt. Insgesamt werden in drei Tagen 4 000 Barrikaden errichtet und die Zusammenstöße zwischen Armee und Volk häufen sich. Schüsse fallen und Steine fliegen. Von der Rathausfassade und von Notre-Dame wehen Trikoloren.

Am 29. Juli wird Paris durch die Armee evakuiert, eine provisorische Regierung eingesetzt und der König zum Abdanken gezwungen. Eine kleine Gruppe von Abgeordneten unter der Führung des politischen Journalisten Thiers spricht sich für eine konstitutionelle Monarchie nach englischem Vorbild aus. Louis-Philippe, Fürst aus dem Hause Orléans, das auf den Bruder Ludwigs XIV. zurückgeht, nimmt die Königswürde an. Er ist Verfechter der Revolution, Bürgerkönig und Bewunderer des britischen Parlamentarismus und der Trikolore sowie der Charta verpflichtet. Er erhält nicht mehr den Titel des letzten Bourbonen »König von Frankreich durch Gottes Gnaden«, sondern wird am 9. August zum »König der Franzosen« proklamiert. Karl X. geht nach England ins Exil und besiegelt somit das Ende der Bourbonenherrschaft. Die liberale Bourgeoisie will mit allen Mitteln eine Neuauflage der Jakobinerrepublik vermeiden.[15] Die Liberalen sind mit der Wahl Louis-Philippes einverstanden, da er sowohl die Monarchie als auch ein republikanisches Ideal repräsentiert. Somit haben die liberale Bourgeoisie, Bankiers, Großgrundbesitzer, Händler und Industrielle über die Aristokratie und den Klerus gesiegt und die nationale Souveränität über das monarchische Prinzip. Die

Zensur wird abgeschafft und der katholische Glaube ist nicht mehr Staatsreligion, die Gesetzgebungsinitiative wird auf die Parlamentskammern übertragen und die Wahlgebühr heruntergesetzt.

Die Pariser Julirevolution ruft in Europa starke Anteilnahme hervor. Eine Reihe von nationalen Befreiungsbewegungen und sozialen Revolten wird die durch den Vertrag von Wien 1815 in Gang gesetzte Restauration erschüttern. Belgien, an den Pforten der preußischen Rheinprovinz gelegen, proklamiert seine Unabhängigkeit und befreit sich vom niederländischen Joch. Die polnischen Patrioten mobilisieren sich gegen die russische Übermacht. Italien erhebt sich gegen Österreich. In Deutschland, das kein gesamtstaatliches Repräsentationsorgan hat, findet der Protest auf lokaler Ebene statt. Der liberale Aufruhr erzwingt in Braunschweig, Hannover, Sachsen und Hessen die Verabschiedung von Verfassungen. Der Höhepunkt ist am 27. Mai 1832 mit dem Hambacher Fest erreicht, bei dem sich erneut 20 000 bis 30 000 Studenten um die Anführer, die Journalisten Siebenpfeiffer und Wirth, unter den schwarz-rot-goldenen Fahnen versammeln. Dieses Fest »aller Deutschen« ist die Treuekundgebung für ein liberales und demokratisches Deutschland, das es in Form einer einheitlichen Republik gegen die Fürsten aufzubauen gilt. Da Deutschland die nationale Einheit nicht über eine Reform der Verfassung des Bundes herstellen kann, kommt das Heil durch das Volk.[16] Nicht von ungefähr fällt die Wahl auf die bayrische Pfalz und Hambach: Die Pfalz bedauert, nicht mehr die unter französischer Besatzung erlangten Bürgerrechte zu haben und der regionale Partikularismus ist hier sehr stark ausgeprägt. Frankreich hat Europa zu neuem Aufschwung verholfen. »Heilige Tage des Juli in Paris! Ihr werdet auf ewig Zeugnis ablegen vom Erbadel des Menschen, der niemals vollständig zerstört werden kann …«, wie Heine sagte.[17]

Die Geschichte Preußens und Frankreichs ist von Neuem, bis auf einige Abweichungen, verwoben. In Frankreich ging es nicht um nationale Einheit, sondern um Auflehnung gegen den Absolutismus. In Deutschland hat die Protestbewegung sowohl eine liberale Verfassung als auch die Geburt eines vereinten deutschen Vaterlandes gefordert. Preußen und Österreich reagieren heftig auf die Hambacher Ereignisse. Im August 1836 veranlasst die Regierung Friedrich Wilhelms III. die Verurteilung von 204 Burschenschaftlern: 39 werden zum Tode verurteilt. Die restlichen 165 werden zu lebenslangen oder schweren Gefängnisstrafen verurteilt. Die Presse wird wieder überwacht, Artikel mit liberalistischer Tendenz verboten. Heinrich Heine zieht seine Konsequenzen hinsichtlich dieser Unterdrückungswelle und geht nach Paris ins Exil: »An einem schönen Morgen habe ich meine Bindungen gelöst und bin nach Paris geflüchtet, wo ich das fröhliche Leben eines befreiten Preußen zu leben begann.«[18]

Aufschwung in Preußen und Stagnation in Frankreich: 1830–1848

Die zweite Hälfte des Vormärz – die Jahre zwischen dem Wiener Kongress und der Revolution von 1848[1] – ist in Preußen wie auch in Frankreich durch gefährliche Gegensätze gekennzeichnet. Die Situation der öffentlichen Finanzen hat sich seit Ende des Krieges verbessert und ein gewisser, die Kreativität begünstigender Wohlstand ist in beiden Ländern sichtbar. Allerdings betrifft dies nur die Elite, alle anderen sind unkultivierte Analphabeten. Ein Kapitalismus des Bürgertums, der Industrie, der Landwirtschaft und der Banken hat sich entwickelt, der zu einem einige Jahre zuvor unbekannten Wohlstand führt, von dem aber die unteren Klassen ausgeschlossen sind. Die Bedingungen für eine explosive soziale Spannung sind gegeben.

Friedrich Wilhelm III., sein Sohn Friedrich Wilhelm IV. (1840–1861) in Preußen und Louis-Philippe (1830–1848) in Frankreich verstehen sich als Herrscher, denen das Wohlergehen ihrer Untertanen am Herzen liegt, aber ihre reaktionäre Vorgehensweise ruft beidseitig des Rheins eine liberale und populäre Opposition hervor, die zunimmt und 1848 zu einer Revolution führt. Vor einem vergleichbaren Hintergrund der Unzufriedenheit sind dennoch Unterschiede festzustellen, die Auswirkungen des enttäuschenden Wiener Vertrags sind. Während sich die Unzufriedenheit in Frankreich aus einer Republik-Nostalgie, vermischt mit dem Andenken an einen ruhmreichen Kaiser, entwickelt hat, liegt die Problematik in Preußen in nationalistischen Bestrebungen, die aber nicht ausdrücklich auf eine Änderung der Staatsform abzielen.

Das Leben in Paris

1833 wird in einer feierlichen Zeremonie, die durch keinerlei Demonstrationen gestört wird, in Anwesenheit Louis-Philippes und seiner Familie die Statue Napoleons wieder auf der Spitze der Vendôme-Säule angebracht. Die Gesetzgeber machen Gesetze, die Händler Geschäfte und die Bürger genießen die Ordnung. Louis-Philippe wird als Retter Frankreichs, Besieger der Anarchie und Gestalt der Vorhersehung, dessen Königtum auf dem »dem göttlichen Willen überlegenen«

Volkswillen beruht, angesehen. Metternich betrachtet ihn nicht mehr als Intriganten, sondern als König, und für Talleyrand ist er der europäische König, der am stärksten von der Aufklärung beeinflusst wurde.[2]

Sein Hof residiert in St. Cloud und den Tuilerien, denn die Schlösser der früheren Monarchen, Versailles und Fontainebleau, werden restauriert. Louis-Philippe ist ein bürgerlicher König, aber auch ein Bürgerkönig. Die Kammern gehen ihren Verpflichtungen nach, in einer ruhigen Atmosphäre, die noch vor Kurzem unmöglich schien. Die wichtigsten Gesetze der Julimonarchie, einer konstitutionellen Monarchie, finden Akzeptanz. Im Oberhaus werden die dem Allgemeinwohl förderlichen Gesetze diskutiert. Das Abgeordnetenhaus, dessen Mitglieder keine Vergütung erhalten, nimmt sich mit Sorgfalt der öffentlichen Sache an. Frankreich kann mit seiner konstitutionellen Monarchie zufrieden sein. Das Departementgesetz verleiht dem Land eine administrative Struktur und durch das Enteignungsgesetz können die großen Bauvorhaben in Angriff genommen werden. Guizot macht sich die Demokratisierung des Primarunterrichts zur Aufgabe.

Die königliche Familie hat einen einfachen Lebensstil. Der gutmütige König ist dem Prunk abgeneigt und dadurch sehr populär. Er gibt sich Mühe bei der Verwaltung seines Landes, ist überzeugter Patriot und Kriegsgegner. Es gelingt ihm, mit England eine wahrhaft freundschaftliche Beziehung aufzubauen, Belgiens Neutralität zu garantieren und die Bourbonen ohne allzu große Schwierigkeiten wieder auf dem spanischen Thron zu etablieren. Er besitzt Weitblick, respektiert Justiz und Verfassung.

Aber diese Ruhe dauert nur achtzehn Monate. Der Aufruhr im Volk, der zur Revolution von 1830 geführt hat, ist immer noch zu spüren. Er wird, bedingt durch Instabilität auf ministerieller Ebene, weiter zunehmen und zum Konflikt mit einem König führen, der als konstitutioneller Herrscher dennoch stolz ist auf seine Vorrechte und seine persönliche Autorität den Ministern gegenüber herausstellen möchte.

Anfang 1832 kommt es zu ersten Tumulten, die durch eine Cholera-Epidemie noch verstärkt werden, in deren Verlauf Minister Casimir Perrier, ein autoritärer und von Republikanern und Legitimisten gehasster Bankier, stirbt.[3] Die Republikaner und Legitimisten verlangen, an der Regierung beteiligt zu werden. Im April 1832 kommt es zu Volksunruhen, angeheizt durch die Angst vor der Krankheit und Hass auf die Autoritäten. Der Tod Perriers im Mai verschärft die Lage. Im Juni gehen die Tumulte in einen Volksaufstand über, der allerdings durch Louis-Philippes Verhandlungsgeschick in Zaum gehalten werden kann.

Den Nachfolgern Perriers gelingt es auch, weitere Rebellionsbewegungen, den von der Herzogin von Berry angeführten Aufstand der Legitimisten und die geheimen Gesellschaften der Republikaner, in den Griff zu bekommen. Es kommt zu harter Repression, besonders im April 1834, als erneut Barrikaden im Pariser Rathausviertel errichtet werden und Soldaten die Einwohner eines Hauses am Boulevard du Temple, aus dem ein Schuss abgegeben wurde, töten. Am 28. Juli 1835 trachtet der Korse Fieschi Louis-Philippe nach dem Leben. Einige Tage später werden legitimistische und republikanische Zeitungen verboten, die Schwurgerichte können in Abwesenheit der Angeklagten Recht sprechen und die Beleidigung des Königs und die Unterstützung der Republik werden zu Straftaten erklärt. Unter der Zivilbevölkerung Frankreichs kommt es erneut zu Zusammenstößen und Hassausbrüchen.[4] Es gelingt Louis-Philippe nicht, Ruhe einkehren zu lassen und sich mit seinem Volk zu arrangieren.

Alle Länder Europas, Preußen an der Spitze, betrachten Frankreich als »Ferment der Unordnung und Korruption, als Erbin der gefährlichen Traditionen des Empire, auf der Grundlage von Propaganda und brandstifterischen Reden handelnd«.[5] Eine strenge Überwachung erscheint notwendig.[6]

Die Zusammensetzung der Abgeordnetenkammer – eine Handvoll Republikaner um Ledru-Rollin und eine von Berryer geführte Opposition aus Legitimisten – zeugt von der inneren Komplexität. Unter den bürgerlichen Abgeordneten gibt es zwei Gruppen: die eine unter Perrier betrachtet die Revolution als vollendet und ist jeder neuen Konzession gegenüber abgeneigt; die andere, im Dunstkreis von Lafayette, plädiert dafür, das Anliegen des Volks durch Zugeständnisse zu befriedigen, ohne eine neue Revolution zu riskieren. Die Führer der Orleanistischen Partei, auch Widerstands-Partei genannt, Thiers, Guizot und der Herzog von Broglie, die nach dem Tod von Perrier eine Einigung erzielen, spalten sich später auf. Louis-Philippe nutzt dies, um seine eigenen Vorstellungen durchzusetzen. Von Oktober 1840 bis zum Ende dieser Regierung hat Guizot, ein erst liberal, später immer mehr konservativ eingestellter protestantischer Akademiker, eine wichtige Rolle inne und regiert in Übereinstimmung mit dem König. Seine Politik bezüglich des Primarunterrichts wird begrüßt: öffentliche und Privatschulen bestehen nebeneinander, weiterführende Schulen und je eine Normalschule pro Departement werden eingerichtet und der Status des Volksschullehrers festgelegt. Guizot ist aber durch einen absoluten Konservatismus geprägt: »Kommen Sie durch Arbeit und Sparen zu Reichtum und Sie werden Wähler«, entgegnet er seinen Gegnern.[7] Durch diese Abneigung gegenüber einer Reform des Wahlrechts wird die Regierung geschwächt.

Trotz der politischen Spaltung des französischen Volks, aus der zahlreiche Ministerwechsel während der achtzehn Jahre andauernden Julimonarchie resultieren, wird das politische Leben respektiert, was auch an der Oppositionspresse abzulesen ist. Ungeachtet der schwierigen Umstände tritt der König als ernsthafter, aktiver Mann mit Weitsicht hervor. Er regiert unter Respektierung der Gesetze und will das Glück für sein Volk. »Lebt ruhig, sät, pflügt, macht Handel und vermehrt euren Reichtum ... Seid frei nach eurem Gewissen. Seid liberal ohne den Staat in Unruhe zu versetzen!«[8], gibt er seinen Untertanen als Leitsatz mit.

Frankreich wird nicht zu einem demokratischen Land, da das öffentliche Leben nur eine Minorität betrifft, aber es wird liberal. Die vermögenden Klassen der Gesellschaft ziehen daraus den größten Nutzen, hauptsächlich die Bourgeoisie, die an Banken und Industrie beteiligt ist und sich, von Louis-Philippe unterstützt, zur Geschäftsbourgeoisie wandelt. Zwischen Bankiers und Industriellen herrscht große Solidarität. Familie Rothschild und Emile Pereire tragen zur Entwicklung der Eisenbahn bei. Die Bauindustrie floriert. Der öffentliche Dienst steht in erster Linie der Bourgeoisie zur Verfügung und Grundbesitz ist eine geschätzte Einnahmequelle. Das bürgerliche Frankreich sorgt sich um seine Ersparnisse und ist vorsichtig bei seiner Kapitalverwaltung. Es möchte, nach Guizots Formulierung, »Freiheit und Muße« haben, um sich der intellektuellen Reflexion und den Künsten widmen zu können.

Während dieser Jahre der Prosperität unter der Regierung Guizot, von 1835 bis 1848, scheint die Zukunft der Monarchie trotz innerer Uneinigkeiten nicht in Frage gestellt. Das Pariser Volk arbeitet fleißig und bleibt in den alten, verfallenen, unhygienischen Vierteln. Die bessere Gesellschaft – darunter Politiker wie Guizot, Thiers, Molé, Aristokraten und bekannte Persönlichkeiten – wie James de Rothschild, Heinrich Heine und Rossini trifft sich in den Salons, deren Gastgeberinnen dem Adel und der oberen Gesellschaft angehören und unter denen sich Damen wie die Gräfin Du Châtel, die Gräfin Ségur, sowie Mme Joseph Perrier, die Schwägerin des gefürchteten Ministers, und Mme Lehon befinden. Auch Schriftsteller wie Hugo, Balzac, Lamartine, Gautier, Musset, Vigny, Dumas und die Musiker Chopin und Liszt besuchen diese Salons und haben ihre eigenen literarischen Kreise. Ab 1830 gesellen sich Briten wie William Makepeace Thackeray und Charles Dickens dazu, die von der Selbstgefälligkeit und Arroganz der Londoner Snobs genug haben.

Das Leben in Berlin

Der preußische Vormärz hat die Monarchie nicht in Frage gestellt, sondern nur ihren Absolutismus angeprangert. Seitdem die Frage der Konstitutionalität – zu Metternichs Befriedigung – für Friedrich Wilhelm III. kein Thema mehr ist, besteht das Auswahlkriterium für Ratgeber und Minister darin, inwieweit sie der

Reaktion angehören. Eine bleierne Zeit der Polizeigewalt bricht an, in der nur noch Reformen durchgeführt werden können, die von königstreuen Ministern initiiert werden.

In der preußischen Geschichte nach Hambach stehen landwirtschaftliche Veränderungen und eine Entwicklung des Handels und der Industrie an erster Stelle. Widerstand gegen den Autoritarismus beschränkt sich auf die intellektuellen Zirkel und hat keinen Einfluss auf das tägliche Leben, da er sofort polizeilich unterdrückt wird. Goethes *Egmont*, in dem angeblich revolutionäre Ansichten verbreitet werden, wird 22 Jahre lang von den Spielplänen der Theater gestrichen und Schillers *Räuber* werden zensiert. Der Theologe Schleiermacher, der lieber vom »Unendlichen« als von einer königlichen Autorität abhängt, geht nach Königsberg ins Exil. Kleists *Prinz von Homburg*, der schon einer Zensur unterzogen wurde, wird nach zwei Vorstellungen durch königlichen Erlass verboten. Nationalismus und Liberalismus werden als schädliche Theorien eingestuft und einige Texte Fichtes nicht mehr neu aufgelegt. Lebende und Tote fallen unter die Zensur. Der Absolutismus hat sich sogar auf die Religion ausgedehnt.

Papst Gregor XVI. verurteilt die These einer vernünftigen und offenen Religion des Theologieprofessors Georg Hermes. Der preußische König greift daraufhin als überzeugter Protestant die katholische Kirche und den neuen Kölner Erzbischof, Clemens August von Droste-Vischering, an. Dieser stellt einen königlichen Erlass in Frage, demzufolge die aus einer protestantisch-katholischen Mischehe stammenden Söhne den Glauben ihres Vaters übernehmen sollen. Der Prälat möchte der katholischen Kirche zu besserem Ansehen verhelfen. Friedrich Wilhelm III. lässt ihn 1837 in Minden inhaftieren, was zu einer Mobilisierung der katholischen Partei in ganz Deutschland führt. 1839, auf dem Höhepunkt der Mindener Revolte, setzt der König Erzbischof Dunin in der Festung Kolberg in Haft.

Trotz dieser vom König ausgeübten Zwänge floriert des soziale und kulturelle Leben Berlins. Da der König sich nicht des Obskurantismus schuldig machen will, kann er das explosionsartig ausbrechende intellektuelle Leben nicht eindämmen. Die Salons sind weiterhin ein Ort der Diskussion und des gedanklichen Austauschs. Unter dem Einfluss der französischen Revolution haben sich die Berliner Salons Anfang des 19. Jahrhunderts auf eine ganz spezifische Art wie nirgends sonst in Europa etabliert. Eine Salonnière stellt ihren Wohnsitz regelmäßig hochrangigen Intellektuellen und Künstlern von unabhängiger und toleranter Geisteshaltung zur Verfügung. Was zählt, ist einzig und allein die Reflexion.[9] In Paris werden diese Salons meistens von adligen Damen mit einem Faible für Macht geführt, in Berlin dagegen vor allem von Jüdinnen, die auf der Wahrheitssuche durch geistigen Austausch sind. Es entstehen Freundschaften und manchmal auch Liebesbeziehungen. Der bekannteste Salon wird von Rahel Levin, durch Heirat Rahel Varnhagen, geführt. Vorgängerinnen oder Zeitgenossinnen sind Amalie von Helvig, Henriette von Crayen, Prinzessin Radziwill, Elisabeth von Staegemann. Unter den Nachfolgerinnen befinden sich Henriette Solmar, Bettina von Arnim, Clara Mundt-Mühlbach, Elisa Gräfin Ahlefeldt und Henriette Palzow. Ihre Salons stehen in der Regel als Abendgesellschaften den in Berlin bedeutenden Persönlichkeiten offen. Dazu zählen die romantischen Schriftsteller Chamisso, Hoffmann, Ludwig Tieck und auch Wackenroder, weiter die Brüder Humboldt und Schlegel, die Literaturkritiker und Begründer der Zeitschrift *Athenäum* sind, der Philosoph Fichte, der Historiker Ranke und der Arzt Hufeland.

Man trifft auch auf Künstler, die gerade in Mode sind, wie Schinkel, den großen Architekten des Königs, der ein Museum, Theater, die Neue Wache und auch Schlösser und Villen in der Umgebung Berlins erbaut (Babelsberg, Tegel, Glienicke, Charlottenhof). Ebenso kann man bei den Diners und Abendgesellschaften weitere berühmte Persönlichkeiten antreffen, wie den neoklassizistischen Bildhauer Schadow, Musiker wie Spontini, der Lieblingskomponist des preußischen Königs wird, den Goethe-Freund Zelter und von Weber, die das Theaterorchester dirigieren. Es bilden sich enge Freundeskreise wie der von Bettina von Arnim und Heinrich Heine vor seinem französischen Exil. Es gibt Gelegenheit zu intensivem Austausch von selbst sehr nonkonformistischen Ideen, wobei man sich nicht um die königliche Zensur schert. Die romantische Atmosphäre begünstigt zudem auch Liebesbeziehungen: Schleiermacher macht Henriette Herz den Hof und Friedrich Schlegel entbrennt für Dorothee Veit, die konvertierte Tochter von Moses Mendelssohn.

Auf den Wiener Vertrag folgt in Preußen und ganz Deutschland die Blütezeit der intellektuellen, literarischen und künstlerischen Kreativität, die durch das monarchische Regierungssystem, trotz seiner absolutistischen Züge, Unterstützung erfuhr. Im Übrigen droht seit dem Wiener Vertrag an den Grenzen keine Gefahr, wodurch eine verstärkte intellektuelle Entwicklung möglich ist. Die literarischen Salons finden ihre Ergänzung durch Kaffeehäuser, die von Schweizern eröffnet werden, wo man sich unterhält und Zeitung liest. Die Offiziere gehen ins »Kranzler« an der Ecke Unter den Linden / Friedrichstraße und die Beamten ins ebenfalls Unter den Linden gelegene »Spargnapani«.

Der Aufschwung Berlins macht sich auch in der Theater- und Opernwelt und an der Universität bemerkbar, die die berühmtesten Professoren beruft, so beispielsweise Hegel, Ranke, Raumer, den Philologen und Orientalisten Bopp, den Nibelungen-Herausgeber Lachmann und den Juristen Gans. Auch Alexander von Humboldt hat eine Reihe hervorragender Vorlesungen gehalten. Der Gymnasialunterricht entwickelt sich ebenfalls in bemerkenswerter Weise. 1846 werden 26 000 Schüler gezählt, was eine Verdopplung der Schülerzahl innerhalb von zwanzig Jahren bedeutet. 1834 wird das Abitur endgültig konzipiert. Ein Kultusministerium ist für kulturelle Einrichtungen, Theatervorstellungen, Musikgesellschaften und einen botanischen Garten zuständig. Weiterhin finanziert es Forschungsreisen ins Ausland und kauft Kunstsammlungen in der ganzen Welt auf. Das erste Kunstmuseum Berlins wird von Schinkel im Lustgarten gegenüber dem Schloss gebaut.

Äußere Probleme

Im Juli 1840 wird das seit dem Versailler Vertrag in die Wege geleitete und durch intellektuellen Austausch begünstigte Einvernehmen zwischen Frankreich und Preußen durch eine harte Krise erschüttert. Frankreich bewundert die Erneuerung der Wissenschaft und Industrie in Preußen. Preußen, genauer gesagt das linke Preußen, ist vom liberalen, demokratischen und sozialistischen Ideenreichtum Frankreichs fasziniert. Frankreich hat Modellcharakter für die Befürworter eines Wechsels in Deutschland, die gemäßigten Liberalen und radikalen Demokraten, die Deutschland als gesättigte Nation betrachten.[10]

Zu Problemen zwischen den beiden Ländern kommt es durch die Unabhängigkeit Griechenlands, die Begehrlichkeiten auslöst. Preußen ist mit Österreich und Russland, deren Interessengebiet der östliche Mittelmeerraum ist, verbunden, während Frankreich den Vizekönig von Ägypten gegen seinen Istanbuler Lehnsherrn unterstützt. England, Österreich, Russland und Preußen bilden eine gemeinsame Front gegen Frankreich, das sich der langsamen Agonie des türkischen Volks entgegenstellt. Dies muss dem unvorsichtigen und waghalsigen Premierminister Adolphe Thiers angelastet werden. Ein latent vorhandenes Misstrauen Frankreich gegenüber, verbunden mit der Furcht, dass es diese Krise zur Wiedereroberung des linken Rheinufers nutzen könnte, ist spürbar. Seitens Frankreichs hat Thiers ein revanchistisches Kriegsklima geschaffen und in Deutschland greifen die Liberalen wieder zu kriegerischen antifranzösischen Parolen. Antifranzösische Lieder wie der *Deutsche Rhein* von Nicolaus Beckler werden angestimmt und in Frankreich mit ähnlichen lyrischen Ergüssen beantwortet.[11]

Die heftige Krise ist allerdings nur von kurzer Dauer und findet mit der Entlassung Thiers ihren Abschluss, aber sie macht deutlich, dass der französisch-preußische Antagonismus in der Tiefe weiter besteht, jedoch durch innenpolitische Schwierigkeiten in beiden Ländern vorübergehend verschwindet. Je weiter die Konstruktion der deutschen Einheit voranschreitet, umso mehr machen sich die Nationalismen beiderseits des Rheins bemerkbar.

Unzufriedenheit in Preußen und Frankreich

Sowohl in Frankreich als auch in Preußen sind dieselben, eine Revolution begünstigenden Kriterien zu verzeichnen: eine absolute Monarchie steht im Konflikt mit Abgeordneten- und Oberhaus, trotz der vielen dort tagenden Notabeln und hohen Beamten. Die Bedingungen der Arbeiterklasse haben sich aufgrund von Missernten verschlechtert. Die intellektuellen und künstlerischen Kreise unterstützen die Forderungen des Volkes. Zahlreiche Vereinigungen, in Deutschland vor allem von Musikern und Philologen, rufen nach einer Höfe und Bürokraten nicht berücksichtigenden Konstitutionalität. In beiden Ländern stehen sich Befürworter einer tiefgreifenden Revolution und Gemäßigte gegenüber. In beiden Ländern ist der Liberalismus nicht mehr das Monopol der öffentlichen Opposition. Links von ihr ist eine radikalere Strömung aufgetaucht, deren Führer der junge Karl Marx, Chefredakteur bei der *Rheinischen Zeitung*, ist. Als die preußische Behörde seine Zeitung verbietet, geht er 1843 nach London, findet dort Anschluss an den Sozialismus und veröffentlicht 1847, zusammen mit Friedrich Engels, das *Kommunistische Manifest*.

Es gibt jedoch einen grundlegenden Unterschied zwischen den Protestbewegungen. In Deutschland strebt der Liberalismus nach der Einigung der deutschen Länder in einem gemeinsamen Vaterland. Im geeinten und zentralisierten Frankreich dagegen wird der Liberalismus als Bewegung gegen Dirigismus und Etatismus verstanden.

1848 in Paris und in Berlin

Frankreich kommt durch die 1830 eingesetzte sogenannte konstitutionelle Monarchie nicht zur Ruhe. König Louis-Philippe ist sicherlich ein Bürgerkönig, der mit dem Ancien Régime brechen will, aber er regiert ohne das Parlament, zumindest in den letzten Regierungsjahren, und gleicht somit seinen Vorgängern. Die Personen werden ausgewechselt, aber die Strukturen bleiben gleich.[1] Die fatale Politik Louis-Philippes führt dazu, dass die Monarchie in Frankreich endgültig abgelehnt wird. Louis-Philippe kümmert das soziale Elend nicht, er hat kein Gespür für das Unbehagen in der Gesellschaft, ist taub für die Warnungen der Republikaner und verursacht dadurch die Vereinigung von Proletariat und republikanischer Bewegung, ein in der Geschichte Frankreichs wesentliches und nirgendwo sonst zu beobachtendes Phänomen,[2] das der Historiker Tocqueville folgendermaßen beschreibt: »Nach und nach werden innerhalb der Arbeiterklasse Ideen verbreitet, nach denen nicht nur gewisse Gesetze, ein Ministerium oder eine bestimmte Regierung umzustürzen seien, sondern die Gesellschaft selbst, durch die Fundamente, auf denen sie heute ruht.«

Diese Entwicklung wird begünstigt durch die Zerschlagung der politischen und sozialen Ziele Frankreichs, die zu einer Koexistenz von Monarchisten, gemäßigten und revolutionären Republikanern, Liberalen, Proletariern und revolutionären Radikalen führt.

Die französische Nation während der konstitutionellen Monarchie

Allem Anschein nach geht das öffentliche Leben seinen gewohnten Gang. Im Parlament wird debattiert, auch wenn dies oft zu keinem Ergebnis führt. Das Finanzgesetz wird jedes Jahr bestätigt, die Oppositionspresse erlebt einen Aufschwung und die politischen Parteien haben als Vorsitzende angesehene Persönlichkeiten. Die Partei von Minister Lafitte setzt sich für erweiterte Reformen ein und unterstützt die revolutionären Bewegungen, die jetzt überall in Europa zu beobachten sind. Die Partei der Mitte von Casimir-Périer ist eine für Ordnung eintretende Partei, die mit den untereinander uneinigen Konservativen de Broglie, Thiers und

Guizot zur konterrevolutionären Partei wird. Die Republikaner um Ledru-Rollin nehmen die englische konstitutionelle Monarchie zum Vorbild. Die sogenannte legitimistische Opposition wird von Berryer angeführt. Daneben gibt es noch die Anhänger einer parlamentarischen Regierungsform.

Das aus Bankleuten und Industriellen bestehende Großbürgertum beherrscht die Gesellschaft, die mit Sparen und der Verwaltung des Erbes beschäftigt ist und an den öffentlichen Angelegenheiten teilnimmt. Die Aristokratie hat ihre dominierende politische Rolle verloren und lebt zurückgezogen auf ihren Ländereien. Die Monarchie Louis-Philippes riskiert keine Kriegsabenteuer, geht eine *entente cordiale* mit England ein, erobert Algerien, kann dort Frieden schaffen und die Grundlagen für ein Kolonialreich legen. Durch den geplanten Bau von einem 60 000 Kilometer langen Nebenstraßen- und einem 4 000 Kilometer langen Eisenbahnnetz soll die Einheit Frankreichs gefestigt werden. Paris ist das Zentrum sowohl dieses Verbindungsnetzes als auch des intellektuellen und politischen Lebens. 1832 verkündet der Minister für das staatliche Unterrichtswesen, Guizot, ein Gesetz, demzufolge öffentliche und private Schulen nebeneinander bestehen, schafft weiterführende Primarschulen, richtet in jedem Departement eine *École normale* ein und legt die Bedingungen für Primarschullehrer fest.

Im Jahre 1846 zählt Frankreich 35 402 000 Einwohner, wächst jedoch langsamer als andere europäische Länder. Die Industrie erfährt durch die rasche Entwicklung der Eisenbahn und der Metallurgie einen Aufschwung. 1848 wird in Frankreich indessen nur eine 1 900 Kilometer lange Eisenbahnstrecke genutzt, wohingegen England und Preußen über 6 450 bzw. 3 500 Kilometer verfügen.

Aber dieses idyllische Bild wird getrübt. Die aus Tagelöhnern, Groß- und Kleinbauern bestehende untere Gesellschaftsschicht ist durch langsame Verkehrsmittel benachteiligt und verharrt in ihren alten Gewohnheiten. Ihre Lage hat sich seit dem Ancien Régime kaum verbessert und sie stellen in der nationalen Politik eine zu vernachlässigende Größe dar. Die aus Arbeitern, Handwerkern und fliegenden Händlern bestehende Stadtbevölkerung, auch »Arbeiterklasse« genannt, ist heterogen. Nur ein Viertel der Arbeiter ist in der Großindustrie beschäftigt, der Großteil arbeitet in Kleinunternehmen, besonders in der Baubranche. Die Textilarbeiter, die in Heimarbeit für einen Unternehmer arbeiten, leben unter besonders unwürdigen Bedingungen. Sie sind der Arbeitslosigkeit, dem Hunger, Elend, ja der Sklaverei ausgeliefert, bekommen geringe Löhne und genießen keinerlei sozialen Schutz. Kinderarbeit existiert und die Kindersterblichkeit ist hoch. Victor Hugo ist über das Schicksal dieser »Elenden« entrüstet. Der liberale Wirtschaftswissenschaftler Adolphe Blanqui gibt eine genaue Beschreibung der Arbeitsbedingungen der Fabrikarbeiter. Die von republikanischen und sozialistischen Ideen beeinflusste Widerstandsbewegung gärt besonders unter den Handwerkern, die der städtischen Aufruhrstimmung ausgesetzt sind – unter anderem bei den intelligenten und sesshaften Arbeitern der Rue Saint Martin. Nach Heinrich Heine sind dies Leute,»die sich durch Robespierres Reden, durch Marats Pamphlete und andere Schriften ernähren, die wie die Geschichte der Verschwörung von Babeuf einen Blutgeruch haben«.[3]

Vorboten der Revolution

Achtzehn Jahre dauert der sich immer deutlicher abzeichnende Verlust der Macht und des Ansehens des Königs. In den Jahren 1831, 1832, 1834 und 1839 kommt es zu Aufständen, die dadurch ausgelöst werden, dass das republikanische Ideal ganz offensichtlich verspottet wird und die sozialen Ungleichheiten sich vergrößern. Außerdem sind politische Heuchelei, Fortschrittsfeindlichkeit und eine repressive Haltung seitens der Regierung dafür verantwortlich. Der Aufstand der Lyoner Seidenarbeiter 1831 illustriert die Kämpfe der Besitzlosen gegen die Wohlhabenden. Die Frage des allgemeinen Wahlrechts ist noch immer ungeklärt. In den Kammern, die ihre Seriosität verloren haben, gibt man sich Geistesübungen hin, vermeidet ernsthafte Diskussionen und ergötzt sich an internen Streitereien. Der arrogante und oberflächliche Guizot, der während der Julimonarchie ohne Unterbrechung einen Ministerposten innehat und von 1847 bis 1848 Regierungschef ist, hegt keine Sympathie für das »niedere Volk«. Auch der König, vielleicht sogar noch mehr als Guizot, ist entschlossen, »weder einer Wahl- noch einer Parlamentsreform zuzustimmen«. Er fürchtet, »dass jeder demokratische Fortschritt bei einem stolzen und noch durch die Erinnerungen an die Revolution benebelten Volk ein Schritt auf den Krieg hin sei«.[4]

Der finanzielle Erfolg des bürgerlichen Milieus und eine gewisse Toleranz der wohlhabenden Gesellschaft, vermischt mit politischen Unruhen, sind der Nährboden für Skandale, die ihrerseits die Machtstruktur schwächen. Duvergier de Hauranne, ein Gemäßigter, drückt es folgendermaßen aus: »All die Skandale, all die Unruhen sind keine Unfälle, sondern die notwendige, unvermeidliche Konsequenz aus unserer perversen Politik, die sich anstrengt, Frankreich zu korrumpieren, da sie zu schwach ist, um es zu unterwerfen.«[5]

Das Jahr 1847 ist reich an Skandalen, die die öffentliche Hand, Armee und Justiz anklagen und über die die Radikalen, die Republikaner und alle anderen Oppositionellen frohlocken. Zahlreiche Intellektuelle und Schriftsteller ergreifen für die Revolutionäre Partei und Monarchie und Demokratie trennt von nun an ein unüberwindlicher Graben. Sue, Hugo, Sand und Lamartine werfen Louis-

Philippe vor, die Monarchie mit der konstitutionellen Monarchie zu verwechseln: Der König soll präsidieren, nicht regieren. Radikale Ansichten werden laut; nach Proudhon ist »Eigentum gleich Diebstahl«.[6]

Die revolutionären Republikaner streben ein soziales System an; sozialistische und kommunistische Zukunftsvorstellungen herrschen vor. Ideologen kommen zu Wort und entwerfen große philosophische Projekte zur Veränderung der Welt: Pecqueur interpretiert das Evangelium nach sozialistischen Ideen, Louis Blanc ruft nach dem Staat für die gesetzliche Produktionsregelung und Flora Tristan[7] öffnet in ihrem Werk *Arbeitereinheit* dem Klassenkampf Tür und Tor und vertritt die These, dass die Arbeiter sich nur durch Einheit retten können. Damit nähert sie sich Marx an, der die Julimonarchie als Aktiengesellschaft sieht, die gegründet wurde, um den nationalen Reichtum abzuschöpfen.

Die fehlende Kommunikation zwischen König und Abgeordnetenhaus, die zerrissene Mehrheit, Armut und Arbeiterelend werden durch schlechte wirtschaftliche Bedingungen noch stärker in den Vordergrund gerückt: der Brotpreis hat sich seit der Missernte von 1846 verdoppelt. Thiers hält die Vergrößerung der Grundlage der konstitutionellen Monarchie für eine Lösung, aber der König weigert sich, das Wahlrecht zu verändern. Das Lager der sozialistischen und kommunistischen Oppositionellen verstärkt sich und führt zu Unruhen in den Arbeiterstädten, die sich zu ernsthaften Aufständen entwickeln.

Im Juli 1847 beginnt in Paris eine Kampagne mit Banketten, die organisiert werden, um die gemäßigte Öffentlichkeit auf die notwendigen Reformen aufmerksam zu machen und bei denen das republikanische Ideal herausgestellt wird, ohne den Sozialismus zu verdammen. Die Mode solcher Bankette greift auf ganz Frankreich über, ohne dass sich Guizot und der König in ihrem Optimismus erschüttern lassen. Ein für den 22. Februar angesetztes Bankett wird von Guizot untersagt. Louis-Philippe höhnt: »Sie wollten absolut ein Bankett. Jetzt bekommen sie nicht einmal Krümel.«[8] Die Volksunruhe wird stündlich größer. Die Ratgeber des Königs schicken sich an, bewaffnete Soldaten auf die Straßen zu schicken. König Leopold von Belgien bedauert, dass sein »Schwiegervater bald wie Karl X. verjagt« werden wird. Er behält Recht.

Die Revolution in Paris

Die Revolution dauert drei Tage, vom 22. bis zum 24. Februar 1848. Alle Unzufriedenen sind auf der Straße: Arbeiter, Studenten, Proletarier, denen sich im Straßenkampf erfahrene Männer anschließen. Dragoner und Kürassiere sind von der Regierung mobilisiert und die Nationalgarde steht bereit. Der von Guizot gerufene, repressionsfreudige Marschall Bugeaud ist Kommandant der Streitkräfte. Barrikaden werden errichtet. Die ersten Aufstände enden in einer Katastrophe, als die Mehrheit der Nationalgardisten zu den Aufständischen überläuft und es somit keine Nationalgarde mehr gibt, die die Institutionen beschützt.

Endlich begreifen Guizot und Louis-Philippe den Ernst der Lage. Zwischen Reitern und Nationalgardisten kommt es zum Schusswechsel und seitens der Aufständischen zu Ausschreitungen jeglicher Art. Zur selben Zeit beschimpfen sich Mehrheit und Opposition im Abgeordnetenhaus. Schließlich wird der erzkonservative Guizot vom König um seinen Rücktritt gebeten, was im reformistischen bürgerlichen Lager mit Befriedigung aufgenommen wird und die Spannungen kurzzeitig entschärft. Jedoch befindet sich der König weiterhin unter Waffenschutz im Tuilerien-Schloss, weshalb die Kämpfe wieder aufgenommen werden, insbesondere vor dem Außenministerium am Boulevard des Capucines. Es gibt viele Tote, vor allem unter den Oppositionellen. Die zwischen Bugeaud, der für Gewalt eintritt, und den Gemäßigten mit Thiers an der Spitze schwankende Regierung kommt zu keinem Entschluss und wird durch den Anhänger einer konstitutionellen Monarchie, Odilon-Barrot, unterstützt. Aber die Opposition gibt sich nicht geschlagen und es kommt an den Tuilerien erneut zu Kämpfen. Das Volk will nicht länger die Familie von Orléans an der Macht sehen und verlangt nach einer Republik.

Schließlich dankt der König ab und der königlichen Familie gelingt unter schwierigen Bedingungen die Flucht nach England. Die Aufständischen, das Pariser Volk, Vorortgesindel und Barrikadenkämpfer fallen im königlichen Schloss ein und plündern es. In der Abgeordnetenkammer herrscht Anarchie. Im Rathaus wird eine provisorische Regierung aus Königsgegnern wie Lamartine, Dupont de l'Eure, Arago, Garnier-Pages, Ledru-Rollin und dem Sozialisten Louis Blanc eingesetzt. Die vornehme Pariser Gesellschaft steht diesen Ereignissen, die den König zur Flucht zwingen, fassungslos gegenüber. Seltsamerweise lässt der Druck durch das Volk ebenso schnell nach, wie er sich aufgebaut hat. Eine große Ungewissheit herrscht. 1830 stand dem bürgerlichen Lager eine andere Dynastie zur Verfügung, die bereit war, die Nachfolge Karls X. anzutreten und Legitimität zu wahren. 1848 ist dies anders: Die Republik wird nicht von der Gesamtbevölkerung gewünscht und nimmt einen leeren Platz ein. Daraus wird Louis Napoleon Bonaparte einige Jahre später seinen Nutzen zu ziehen wissen.

In dieser angespannten Lage setzt die provisorische Regierung auf Beschwichtigungspolitik. Sollen in diesem Entwurf der Republik auch soziale Rechte neben den politischen Rechten bestehen? Dieser Punkt beunruhigt das bürgerliche Lager, das einen Eingriff in das Recht auf Besitz fürchtet. Ein allgemeines Wahlrecht, von dem allerdings die Frauen ausgeschlossen bleiben, wird schließlich eingeführt und das Recht auf Arbeit verkündet. Die soziale Komponente der Revolution ist weiterhin Kernpunkt der politischen Debatte.

1848 in Preußen

Seit 1830 werden sowohl Preußen als auch Frankreich von einem absoluten und reaktionären Herrscher regiert. Der 1840 auf den Thron gekommene Friedrich Wilhelm IV. versteht sich als Herrscher durch Gottes Gnaden, dessen politisches Vorbild das christliche Mittelalter ist. Trotz des 1815 von seinem Vater gegebenen Versprechens, kann er sich nicht mit der von den Progressisten immer wieder in die Debatte eingebrachten Verfassungsidee anfreunden. Er lässt den Königsberger Arzt Johann Jacoby zu zweieinhalb Jahren Gefängnis verurteilen, weil er die Verfassung als Volksrecht ansieht. Vor dem Vereinigten Landtag spricht sich Friedrich Wilhelm feindlich gegenüber jeder zwischen ihm und seinem Volk vermittelnden Körperschaft aus.

Die Stadtbevölkerung, die durch die Industrie angezogen wird, verlangt nach einer Verfassung. Der Wille zu demokratischer Veränderung wird durch die wirtschaftliche Krise und die Hungeraufstände, die 1847 vermehrt auftreten, zusätzlich angefacht. Der Liberalismus der Opposition wird auf seinem linken Flügel vom Sozialismus überholt. Karl Marx und Friedrich Engels unterstützen die Unzufriedenheit durch ihr *Kommunistisches Manifest*. In Preußen nehmen die Spannungen aus denselben Gründen zu wie in Paris, zumindest in den ersten Monaten des Jahres 1848.

Die Nachricht von der Pariser Revolution 1848 fällt – wie schon 1830 – »vom Himmel wie ein Blitz« und setzt Berlin in Brand[9] wie bereits zuvor, am 13. März in Wien, wo sie ein einschneidendes Ereignis, nämlich den Rücktritt und das Exil Fürst Metternichs, zur Folge hat. Am 18. März erreicht die Welle Berlin, das zur damaligen Zeit 397 000 Einwohner zählt, von denen 85 Prozent der Arbeiter- und Proletarierklasse angehören.[10] Wie in Paris wird die Unzufriedenheit noch durch das Verhalten des Königs geschürt: Einerseits beruft Friedrich Wilhelm einen vereinigten Landtag ein und erleichtert die Zensur, verstärkt aber andererseits die militärische Präsenz in Berlin. Die Berliner richten ihr Augenmerk nur auf neuerliche Zwangsmaßnahmen. Es kommt zu einem Massenauflauf vor dem königlichen Schloss, bei dem der Abzug der Militärs gefordert wird. Der König will den Platz militärisch säubern lassen, worauf die Demonstrationen eskalieren. Nun werden, wie bereits in Paris,[11] auch in Berlin Barrikaden errichtet und es kommt zu heftigen Zusammenstößen zwischen Armee und sämtlichen Schichten der Bevölkerung. Am Nachmittag ist der Höhepunkt des Kampfs am Oranienburger Tor, an der Universität, dem Neuen Markt, am Alexanderplatz und beim Gendarmenmarkt[12] erreicht. Am darauffolgenden Tag werden 230 Tote gezählt – mehr als in Paris. Friedrich Wilhelm IV. trifft seinen Entschluss schneller als Louis-Philippe. Der in sein Potsdamer Schloss geflüchtete König befiehlt der Armee den Rückzug außerhalb der Stadt und eine Bürgergarde schützt die Familie Hohenzollern. Bei der Suche nach den Schuldigen für diese Revolution, werden sowohl Franzosen als auch Juden angeklagt.

Der König, der sich als Christ ansieht, ist durch die Todesfälle zutiefst getroffen und dies könnte, zumindest teilweise, bei seiner Entscheidung für eine Reform der Institutionen eine Rolle gespielt haben. Er denkt, von von Radowitz inspiriert, an eine Reform für ganz Deutschland. »Preußen geht fortan in Deutschland auf!« wird sein Credo. Das von den Liberalen Ludolf Camphausen und David Hansemann geführte Kabinett soll Preußen eine Verfassung und ein demokratisches Wahlgesetz geben. Die demokratische Linke erlangt im ersten preußischen Parlament, das am 8. Mai gewählt wird, die Mehrheit. Damit ist die Sache jedoch noch nicht abgeschlossen. Die *Neue Rheinische Zeitung*, Sprachrohr des aus dem Exil zurückgekehrten Karl Marx, gibt sich mit diesem Fortschritt nicht zufrieden und die Konservativen finden sich mit der konstitutionellen Überwachung des Königs nicht ab und äußern sich in der *Preußischen Zeitung* und der *Kreuzzeitung*. Am 18. und 19. August versammelt sich die preußische adelige Opposition in Berlin. Einer ihrer Hauptredner ist Otto von Bismarck, der den königlichen Angriff auf die Interessen der Grundbesitzer nicht akzeptiert und der von anderen Konservativen wie den Brüdern Gerlach unterstützt wird. Unter dem Druck der Straße wird die königliche Autorität zu einer liberalen Politik gezwungen.

Preußische Eigenheiten

Aufgrund seiner Sturheit, seines Zögerns und seines Mangels an Weitblick musste der König von Frankreich, Louis-Philippe, abdanken und hat ein in verschiedene politische Strömungen aufgespaltenes Land zurückgelassen. Die Zweite Republik (1848–1852) war nur eine Notlösung, die die grundsätzlichen Probleme unberührt ließ. Die am 4. November 1848 gewählte Verfassung gibt dem Vorsitzenden der Exekutive alle Macht und enthält keine Klausel für den Fall auftauchender Schwierigkeiten zwischen ihm und der gesetzgebenden Versammlung. Es kommt zwei Monate nach dem Aufstand, im April 1848, erneut zu Spannungen. Der Staatshaushalt befindet sich in einem katastrophalen Zustand. Die führenden Sozialisten, Barbès und Blanqui, werden gefangen genommen und die als

Unruheherde betrachteten *Ateliers nationaux* (staatliche Produktionsbetriebe) geschlossen, was einen kurzen Bürgerkrieg (23. bis 26. Juni) zur Folge hat, bei dem sich Arbeiter und Bürger, die Linke und die Rechte gegenüberstehen und der als Fortsetzung der Revolution angesehen werden muss. Unter Führung von General Cavaignac stehen im Kolonialkrieg gestählte Armeetruppen und die Nationalgarde den vom Elend gezeichneten Menschen auf den Barrikaden gegenüber. Frankreich ist in zwei Lager geteilt: Auf der einen Seite die Reaktionäre, die eine neue jakobinische Schreckensherrschaft fürchten, und auf der anderen die Proletarier, die in die Opposition getrieben wurden. Von der allgemeinen Begeisterung der Franzosen, deren ursprüngliches Ziel eher die Liberalisierung der Politik als die Absetzung des Königs war, ist nichts mehr zu spüren. Louis Napoleon Bonaparte hat seine Wahl zum Präsidenten der Republik am 10. Dezember 1848 vor allem seinem Namen, der Erinnerungen an alte Größe weckt, und dem beruhigenden Titel seines Buches *Vertilgung des Pauperismus* zu verdanken. Unmittelbar nach seiner Wahl bildet er eine von Thiers geführte konservative Regierung, die ohne Umschweife ihren Willen zur Aufrechterhaltung der Ordnung bekundet.

Preußen ist der Krise von 1848 auf sehr unterschiedliche Art begegnet. Auch auf die Gefahr eines Konflikts mit der mächtigen konservativen Partei, sucht König Friedrich Wilhelm IV. wirklich einen modus vivendi mit den Revolutionären. Er verneigt sich vor den Särgen der im Kugelhagel gefallenen Aufständischen, trägt eine schwarz-rot-goldene Armbinde und hisst eine gleichfarbige Fahne auf seinem Schloss. Er gibt den Befehl zum Rückzug der Armee aus Berlin und verteilt Lebensmittel an die Aufständischen. Durch diese Vorgehensweise ist es ihm gelungen, den sozialen und antimonarchistischen Forderungen eine Richtung hin zur Frage der deutschen Einheit zu geben, die sein Land schon beinahe ein halbes Jahrhundert beschäftigt. Aus der sozialen Revolution ist eine nationalistische geworden. Hat der Sohn Königin Louises aus einer bemerkenswerten Weitsicht so gehandelt oder war er müde und durch das Blutvergießen emotional geschwächt?

Zwei unmittelbar nach der Revolution getroffene Maßnahmen – Generalamnestie für politische Gefangene und Pressefreiheit – führen zu allgemeiner Euphorie, gereichen dem preußischen Königtum zu Ehren und ermöglichen es, die Zukunft neu zu überdenken. Seit seiner Krönung wurden dem König keine vergleichbaren Ovationen zuteil.

Die Geschichte Berlins ist in gewisser Weise konträr zur Geschichte Paris' verlaufen. Die unsichere politische und soziale Lage Frankreichs verhindert, dass ein langfristiger Aufbau ins Auge gefasst wird. In Preußen ist das Gegenteil der Fall. Hier findet die Geschichte des ausgehenden 19. Jahrhunderts, der Sieg Preußens und die Niederlage Frankreichs, ihren Ursprung, ebenso wie die deutsche Einheit.

In dem durch die preußischen Provinzen erweiterten Deutschen Bund werden Parlamentswahlen abgehalten. Zur Festlegung der Wahlmodalitäten wird ein Reichstag einberufen, die Wahlen finden im Mai statt. Aufgrund der zwei Wahlgänge, unter Ausschluss der Armen beim ersten Wahlgang, besteht die Abgeordnetenversammlung in der Hauptsache aus Intellektuellen wie Professoren, hohen Verwaltungsbeamten und Richtern. Die aus 831 Abgeordneten bestehende Frankfurter Nationalversammlung konstituiert sich am 18. Mai 1848 und tagt in der Frankfurter Paulskirche. Heinrich von Gagern ist der erste Präsident. Erzherzog Johann, der letzte Bruder des verstorbenen Kaisers von Österreich, hat das Amt eines Reichsverwesers inne, woran niemand Anstoß nimmt, da er ein Kriegsveteran der napoleonischen Kriege, ein deutscher Patriot und »Abtrünniger« hinsichtlich der österreichischen Politik ist. Ein Reichsministerium ohne genau definierte Funktionen konstituiert sich.

Preußen (und Österreich) nehmen dies zum Anlass, ihren Truppen zu verbieten, einen Eid auf den Reichsverweser abzulegen. Preußen lehnt direkte Verhandlungen mit der Frankfurter Versammlung ab und begnügt sich mit diplomatischen Beziehungen durch einen akkreditierten Verwaltungsbeamten. Der Geschäftsablauf der Frankfurter Versammlung wird durch eine politische Restautonomie der verschiedenen Staaten, eine nachlassende Versammlungsdynamik der deutschen Völker und der Rivalität zwischen zwei großen Staaten, Preußen und Österreich, beträchtlich gestört.

1848 bis 1870

Die Revolution von 1848 führt sowohl in Frankreich als auch in Preußen zu einer Rückkehr der konservativen reaktionären Kräfte. Wie Napoleon III. in Frankreich, so regieren Wilhelm I. und Bismarck in Preußen allein, ohne zu einer Volksrepräsentation aufzurufen. Jedoch weisen ihre politischen Konzeptionen fundamentale Unterschiede auf.

Napoleon führt aus generellen Prinzipien – Anerkennung des Nationalitätenprinzips, wirtschaftlichem Ehrgeiz und humanitären Erwägungen – heraus Kriege. Bismarck dagegen zielt darauf, den Wunsch, seinem preußischen Vaterland Macht und Ruhm zu verleihen, zu verwirklichen. Napoleon will sich selbst, Bismarck hingegen seinen Patriotismus durchsetzen. Napoleon ist Populist und scheitert. Bismarck gelingt eine erfolgreiche Realpolitik, die die liberalen Bestrebungen in Schach hält.[1] Das postrevolutionäre Frankreich bleibt ein unbeständiges, unvollendetes und auseinanderdriftendes Land, wohingegen Preußen zu einem mächtigen und beständigen Staat wird.

Französische Politik

Das politische Leben Frankreichs des 19. Jahrhunderts ist gekennzeichnet durch eine revolutionsbedingt große Unbeständigkeit hinsichtlich seiner Institutionen. Zwei Kaiserreiche, zwei Monarchien und zwei Republiken wechseln sich unter Blutvergießen ab. Den aus dem Ancien Régime hervorgegangenen Herrschern ist es nicht gelungen, die Macht der Pflicht unterzuordnen und ihren Untertanen Gehör zu schenken. Die Revolutionen haben ihnen gleichwohl gezeigt, dass ein Land nicht undemokratisch regiert werden kann.

Der fordernde und impulsive Charakter des französischen Volkes, der mit zum Ausbruch der Revolution von 1789 beigetragen hat, spielt auch künftig eine Rolle. Eigentlich hätte die Volksrevolution von 1848 dem französischen Volk Mitspracherecht verschaffen können. Im republikanischen System werden schon lange überfällige Maßnahmen ergriffen: allgemeines Wahlrecht, Brüderlichkeit und soziale Gerechtigkeit, Abschaffung der Sklaverei, Recht auf Arbeit und Pressefreiheit.

Aber die Unfähigkeit der Franzosen, eine die individuellen Meinungsverschiedenheiten überwindende Verfassungsform zu akzeptieren, verbunden mit der Angst der Regierung, Reformen einzuleiten, kann zu keiner tatsächlichen Demokratie führen.

Der Beginn der Zweiten Republik ist geprägt von der Wahl einer republikanischen Abgeordnetenkammer, die in der Mehrheit aus gemäßigten Republikanern und aus zwei Minderheiten besteht, der royalistischen und der sozialistischen. Auch weiterhin gärt es unter den Revolutionären und im Mai und Juni 1848 kommt es in Paris, mit Blanqui als Anführer, und in Rennes zu Zusammenstößen. Daraufhin gründet Premierminister Cavaillac eine »Partei der Ordnung« aus konservativen Republikanern und Monarchisten, die durch die linke Bewegung abgeschreckt sind. Die Republik braucht dringend einen Präsidenten. Für Louis Napoleon Bonaparte ist es, dank seines Namens, ein Leichtes, die Wahl zu gewinnen, trotz seiner etwas undurchsichtigen, von versuchten Staatsstreichen und einem kurzen Gefängnisaufenthalt geprägten Vergangenheit, in der er auch mit dem Sozialismus liebäugelte.

Präsident Bonaparte neigt zu einer doppeldeutigen, konservativen, aber auch dem Sozialismus aufgeschlossenen Politik. Der Bonapartismus setzt sich augenscheinlich für das Wohl des Volkes ein, befürwortet aber autoritäre Machtbefugnis.[2] Die »Partei der Ordnung«, die in der Abgeordnetenkammer die Mehrheit hat und auf die sich der Präsident stützt, hätte nichts gegen eine Schwächung der Republik einzuwenden.

Während der zwei Anfangsjahre der Republik stimmen sich die Regierungen mit dem Präsidenten hinsichtlich der Forderungen der Arbeiter ab. Zu Unstimmigkeiten kommt es, als die »Partei der Ordnung« die Oberhand gewinnt.[3] Der Präsidentialismus vertreibt die Republikaner aus der Regierung, der Unterricht bekommt wieder eine religiöse Komponente (Gesetz Falloux, 15. März 1850), die Nationalversammlung ist auf ihren gesetzgebenden Charakter beschränkt und das Wahlrecht wird nur der wohlhabenden Klasse zugestanden (31. Mai 1850). Gleichzeitig gibt sich der Präsident aber als Populist und lässt »seine linke Seele« sprechen. Er denkt vor allem an sich und träumt in erster Linie von einem Kaiserreich.

Der neue Präsident ist gegen eine verfassungsmäßige Begrenzung seiner Amtszeit auf vier Jahre. Da die Abgeordnetenkammer eine Verfassungsrevision abgelehnt hat, begeht Louis Napoleon Bonaparte mit Unterstützung von getreuen Konservativen in der Nacht vom 1. auf den 2. Dezember 1851 einen Verfassungsbruch, indem er die Armee die Nationalversammlung besetzen und in einem Akt der Willkür 75 Widerständler unter den Abgeordneten festnehmen lässt. Des Weiteren lässt er in ganz Paris Truppen aufmarschieren und löst die Nationalversammlung auf. Es kommt zu Protestbewegungen unter den Abgeordneten und der Bevölkerung und zu neuen militärischen Übergriffen, bei denen es schätzungsweise 380 Tote gibt.[4] Louis Napoleon behauptet sich durch ein Blutbad.

Er lässt sich für zehn Jahre als *Prince Président* einsetzen und eine Diktatur ersetzt den Parlamentarismus.[5] Frankreich hat wieder einen absoluten Herrscher. Diese Regierung ist ein Vorgeschmack auf das Kaiserreich. Bonaparte beruhigt das Volk und schmeichelt ihm. Die Rechte zieht daraus ihren Nutzen und lässt den Volksentscheid, durch den Bonaparte unter dem Namen Napoleon III. Kaiser der Franzosen wird, bestätigen. Am 2. Dezember 1852 wird das Zweite Kaiserreich ausgerufen. Das Datum ist nicht zufällig gewählt, denn es erinnert an zwei Ereignisse: an die Krönung von Bonapartes erlauchtem Vorfahren und an Austerlitz. Eine neue Verfassung wird ausgearbeitet.

Während der folgenden fünf Jahre regiert der Kaiser unangefochten ohne Premierminister mit einer weder rechts noch links angesiedelten Politik, die aber, gemäß der Proklamation vom 2. Dezember 1851, »das revolutionäre Zeitalter abschließen und die legitimen Ansprüche des Volks befriedigen« will. Staatsbeamte müssen einen Eid ablegen und die Presse ist der Selbstzensur unterworfen. Das allgemeine Wahlrecht besteht weiterhin, wird aber verwaltungsmäßig durch die Bestimmung eines offiziellen Kandidaten gelenkt. Freiheit findet ihren Ausdruck nicht mehr im Parlamentarismus, sondern in Volksentscheiden. Die Ordnung wird durch polizeiliche Maßnahmen aufrechterhalten. Universitäten, Präfekten und der Klerus stehen unter kaiserlicher Oberhoheit. Die Aktivitäten der Opposition lassen sich auf die Aufruhrstimmung in den Salons des Hauses Orléans, Stimmenthaltung der Legitimisten oder auf die im Untergrund tätigen Republikaner reduzieren, deren berühmtestes Mitglied der in Guernsey exilierte Victor Hugo ist. Das Land spaltet sich in Anhänger (Konservative, Legitimisten, Klerikale) und Gegner (Liberale, Republikaner und Linke) des Kaiserreichs wobei die Gegner durch energische Maßnahmen in Zaum gehalten werden. Die größten Widerständler werden nach Algerien abgeschoben. Napoleon III. stärkt seine Macht durch Waffengewalt, wodurch er die Niederlage Napoleons vergessen lässt, zerschlägt die für ihn ungünstigen europäischen Militärbündnisse und eilt den für unterdrückt gehaltenen Völkern zur Hilfe. Er verbündet sich aus Opportunismus mit England und greift das ausgesprochen reaktionäre Zarenreich an.

Der Krimkrieg (1853–1856) endet mit der Niederlage Russlands, das dadurch zugleich seinen Einfluss in Mitteleuropa verliert. 1855 unterstützt Napoleon III., zusammen mit England, das Königreich Piemont-Sardinien bei der Rückeroberung der inzwischen zu Österreich gehörenden Provinzen Lombardei und Venetien. Napoleon III., der sich für die Einigung Italiens stark macht, schlägt die Österreicher bei Magenta und Solferino. Algerien wird 1857 endgültig eine französische Kolonie.

Die Legislativwahlen von 1857 geben jedoch Aufschluss darüber, dass sich der Bonapartismus auf nationaler Ebene nicht durchgesetzt hat und Frankreich bei geeigneter Gelegenheit wieder auf andere Institutionen zurückgreifen könnte. Nach dem Attentat auf den Kaiser durch den italienischen Nationalisten Orsini am 14. Januar 1858 wird ein Gesetz zur allgemeinen Sicherheit verabschiedet, infolgedessen mehrere hundert verdächtige Regimegegner ins Exil verbannt werden.

Napoleon III. wird bewusst, dass eine Liberalisierung des Regimes unausweichlich ist, um an der Macht zu bleiben. Die erste liberale Maßnahme ist die 1860 unterzeichnete Freihandelspolitik mit England, die Besorgnis in Industriellenkreisen und bei ultramontanen Katholiken auslöst. Napoleon III. ändert die Verfassung dahingehend, dass er wieder das *droit d'adresse* (Antwort der Kammern auf die jährliche Thronrede) einführt, eine Erweiterung der Tätigkeiten des *Corps législatif* ins Auge fasst und die Zuständigkeit für den Staatshaushalt klärt.

Das Kaiserreich steht in einer nur noch kurze Zeit anhaltenden Blüte.[6] Die rechte Opposition gewinnt an Stärke. Durch die Wahlen von 1863 kommen 32 Oppositionelle in die Abgeordnetenkammer. Am 11. Januar 1864 fordert Thiers, der dabei von den Republikanern unterstützt wird, die fünf notwendigen Freiheiten (individuelle Freiheit, Presse- und Wahlfreiheit, Freiheit der Nationalvertretung und des *Corps législatif*). Den Arbeitern wird zugestanden, sich in Vereinen zu organisieren. Durch eine Reform des Erziehungswesens, das Duruy in die Wege leiten soll, versucht Napoleon III. die Gemäßigten an sich zu binden. Durch neue liberale Maßnahmen in den Jahren 1867 und 1868 (Interpellationsrecht, Genehmigung von öffentlichen Veranstaltungen, Lockerung des Presseabkommens) laufen Blanqui, Garibaldi, Rochefort und Gambetta zur Opposition über. Ihr erklärtes Ziel ist die Zerschlagung des Kaiserreichs und die Abschaffung der Diktatur in jeder Form. Bei den Wahlen von 1869 kann die mehrheitlich republikanische Opposition einen großen Zuwachs verbuchen. Die »Dritte Partei« von Ollivier fordert ein parlamentarisches System. Der Senat verliert seine konstituierende Befugnis, verharrt aber in seiner zweideutigen Haltung hinsichtlich eines parlamentarischen Systems und oszilliert zwischen dem Liberalismus Olliviers und der Oppositionshaltung des Kaisers. Durch den daraufhin vom Kaiser initiierten Volksentscheid vom 8. Mai 1870, dem eine lebhafte Werbekampagne vorausgeht, wird ihm eine überwältigende Mehrheit zuteil (7 358 000 Stimmen für ihn und

1 500 000 Gegenstimmen). Die dem Volk gestellte Frage konnte sich nur schwerlich gegen ihn richten: »Befürwortet das Volk die seit 1860 verfassungsmäßig verankerten liberalen Reformen?« Der Aufstieg der Konservativen kann vielleicht als Antwort auf die Angst vor einem sich abzeichnenden Krieg mit Preußen betrachtet werden, der tatsächlich zwei Monate später ausbricht. Nur durch einen Krieg und eine erniedrigende Niederlage wird Frankreich endlich wieder eine stabile Republik zu schätzen wissen.

Französische Wirtschafts- und Sozialpolitik
Während der Zweiten Republik und der Regierungszeit Napoleons III. kann Frankreich kein ungestümes, dafür aber stetes Wirtschaftswachstum verzeichnen. Dies ist in der Hauptsache der zunehmenden Industrialisierung, der Napoleon als Anhänger Saint-Simons größtes Interesse entgegenbringt, zuzuschreiben. Die internationalen Bedingungen, eine wachsende Geldmenge durch die Entdeckung der Gold- und Silberminen in Kalifornien und Australien, der technologische Fortschritt und die Mechanisierung haben auf das kaiserliche Frankreich eine positive Wirkung.

Durch den Wirtschaftsumschwung glaubt Napoleon fälschlicherweise, die Gunst der Arbeiter zu gewinnen. Die extreme Personalisierung der Macht aber und die Tatsache, dass der wirtschaftliche Fortschritt nur dem bürgerlichen Kapitalismus genützt hat, stehen dem im Wege. Napoleon III. beschränkt sich darauf, den Willen zur Verbesserung der Lebens- und Arbeitsbedingungen der Arbeiter durch Maßnahmen zu zeigen, die nicht in die wirtschaftlichen Interessen der Privilegierten eingreifen.[7]

Eine Erweiterung des Handelsaustauschs ist unbedingt erforderlich, um industrielle Aktivitäten zu fördern. Die Priorität liegt bei der Entwicklung des Eisenbahnnetzes. Frankreich ist diesbezüglich im Verhältnis zu anderen europäischen Ländern im Verzug, vor allem gegenüber Großbritannien und Deutschland, dessen Eisenbahnnetz das doppelte Ausmaß hat,[8] zehn Jahre später auf das Dreifache anwächst[9] und 1870, mit 20 000 Kilometern, sogar das englische übertrifft. Diese Entwicklung wird durch staatliche Interventionen und Privatbanken unterstützt. Der Schienenverkehr verhilft den Industrieaktivitäten – wie öffentliche Bauvorhaben, Bergbau, Eisenverhüttung und mechanische Konstruktionen – zum Aufschwung. Eine vorbildliche Wartung des Straßennetzes und ein gut entwickeltes Wasserstraßennetz mit neuen Häfen sind dem Handel förderlich. Das rückschrittliche elektrische Telegraphenwesen wird verbessert, was sowohl dem Handel als auch dem Militärwesen zugute kommt. Im Pariser Raum werden Verkehrs- und

Gesundheitsbedingungen verbessert. Die Landstriche der Sologne und der Landes werden saniert und der Landwirtschaft zugeführt.

Zwei Maßnahmen regen die Gesellschaft zum Unternehmertum an: Zum einen sind die Einführung des Freihandels und die Umorganisation des Bankenwesens durch die Einrichtung großer Kreditinstitute hierfür verantwortlich. Alle genannten Aktivitäten, wie auch die sich bemerkenswert rasch entwickelnde Eisenhütten- und Textilindustrie profitieren davon. Trotz dieser Erfolge wird im Kaiserreich das Wachstum nicht sonderlich angeregt. Die Industrieentwicklung geht laut Wirtschaftshistorikern sogar zurück.[10] Durch strukturelle Zusammenlegungen können die Bergbau- und Eisenhüttenindustrien den Rückgang vermeiden, was auf anderen Gebieten nicht möglich ist. Die Landwirtschaft, in der die Hälfte der französischen Bevölkerung beschäftigt ist, hat zahlreiche archaische Züge – weitab von technischem Fortschritt und mit mittelmäßigen Erträgen – beibehalten. Der Handel bleibt ebenfalls rückständig, mit mehr Vorgesetzten als Arbeitern unter unzureichenden Arbeitsbedingungen in irgendwelchen Verkaufsbuden. Die Unternehmer zeichnen sich durch mangelnde Dynamik aus und generell kommt die Modernisierung spät, ist unausgereift und umfasst nicht alle Bereiche.[11] Zum anderen ist das Zweite Kaiserreich durch die zweifelhaften Beziehungen zwischen Geschäftswelt und politischer Klasse geprägt. Allerdings kann sich nur eine Minderheit entfalten.

Während seiner Festungshaft auf Fort Ham (1840–1846) hatte sich Napoleon III. einer eklektischen Lektüre gewidmet. Seine innere Zerrissenheit, die sich auch darin ausdrückt, dass er zuerst das Präsidentenamt und später die Kaiserwürde innehat, macht es ihm unmöglich, eine Führungslinie für sein Land zu finden. Er hat eine moderne Einstellung, ist aber auf wirtschaftlichem Sektor unbedarft und zeigt in der Führung Frankreichs und den Beziehungen zu anderen Nationen Schwächen. Diese Inkohärenz steht in diametralem Gegensatz zur preußischen Realpolitik.

Die Politik Preußens

Die Zeit nach der 48er Revolution gestaltet sich in Preußen und Frankreich sehr unterschiedlich. Die preußische Monarchie, die den Widerstand in den Griff bekommt, kann sich um den Preis mehrerer Konzessionen erhalten. Der König hält seine Armee zurück, stellt die Nationalfarben zur Schau und verpflichtet sich zu einer Verfassung. Eine kohärente Politik kann sich in einer beruhigten Atmosphäre entfalten, da die Konservativen, darunter in erster Linie Bismarck, in der Minderheit sind.

Der revolutionäre Idealismus in Berlin verlangt nach einer verfassungsgebenden Versammlung, nach Identifizierung und Vereinigung einer deutschen Nation. Die 48er Revolution war eine libertäre Reaktion, stellte aber auch den Wiener Vertrag von 1815 in Frage, der die monarchischen Strukturen der Vergangenheit in Verbindung mit den Monarchien in den alten Grenzen anerkennt. Am 18. Mai 1848 tritt eine große Zahl von Volkvertretern in der Paulskirche in Frankfurt zusammen, um eine liberale Verfassung für ganz Deutschland zu verabschieden und eine deutsche Nationalregierung zu wählen. Dieses Parlament hat sich aufgrund einer Wahl im Deutschen Bund, dem auch Ostpreußen und Posen beigetreten sind und in dem die Liberalen die Mehrheit haben, konstituiert und es hat sich zunächst mit der Frage beschäftigt, für welche Gebiete Deutschlands diese Verfassung gelten soll. Es kann sich nicht zwischen einem »Großdeutschland«, mit allen deutschen Gebieten unter einem habsburgischen Kaiser, und einem »Kleindeutschland«, ohne die nichtdeutschen Gebiete Österreichs, entscheiden.

Das Parlament beschließt ein »Kleindeutschland«, d.h. ein vorherrschendes Preußen, das mit dem multinationalen Österreich nur ein Bündnis eingeht. Das Frankfurter Parlament schlägt König Friedrich Wilhelm IV. als Kaiser vor. Dieser lehnt jedoch ab, weil die Kaiserkrone »von revolutionärem Schmutz besudelt«[12] sei. Erschwerend kommt hinzu, dass die Landesfürsten im Südwesten Deutschlands sich nicht für ein »Kleindeutschland« und Friedrich Wilhelm IV. als Kaiser begeistern können, obwohl Preußen ihnen geholfen hat, sich der letzten revolutionären Ausläufer zu entledigen. Somit ist das Frankfurter Parlament nicht in der Lage, die Hoffnungen des Frühlings 1848 zu erfüllen. Es fehlt ihm an Macht und die Verfassung erfährt keine praktische Anwendung. Die deutsche Einigung kann nicht auf dem Parlamentswege, »durch Reden und Mehrheitswahl«, wie es Bismarck formuliert,[13] vollzogen werden. Sie kann nur »von oben«, durch monarchische Entscheidung, herbeigeführt werden.

Die preußische Monarchie nutzt diese verwirrende Situation zu ihrer Stärkung. Die 1848 genehmigte Verfassung wird, im Gegensatz zu der Österreichs, nicht abgeschafft. Die reaktionäre »unauffindbare Kammer« vom August 1849 schlägt konservative Maßnahmen vor. Die ministerielle Freiheit ist durch königliche Entscheidungen eingeschränkt und die Regierung ist nicht voll verantwortlich vor den Kammern. Das monarchische Prinzip bleibt ein kategorischer Imperativ. Die Stadtfreiheit wird 1853 eingeschränkt und eine teilweise auf dem Erbprinzip aufgebaute Kammer, die »Herrenkammer«, eingerichtet. Das anachronistische Dreiklassenwahlsystem bleibt bestehen. Die politische Debatte zwischen Legitimisten und Reaktionären, Pragmatikern und den sich in der Minderheit befindlichen Liberalen ist lebhaft, aber nicht schonungslos.

Die Gebrüder Gerlach und Bismarck führen die Gruppe der Legitimisten an. Die reaktionäre Stimmung hält bis 1858 an und wird durch die von Otto von Manteuffel (1805–1882) und seiner Regierung beschlossenen sozialen Maßnahmen zugunsten von Kindern und Bauern genährt. Friedrich Wilhelm beschließt auf von Radowitz' Rat hin, eine »begrenzte Union« unter Ausschluss Österreichs, wodurch Preußen der erste Platz in Deutschland zukommt. Die Legitimität des Frankfurter Parlaments wird in Frage gestellt. Drei Könige (Preußen, Sachsen und Hannover) billigen diesen Plan und alle Kleinstaaten außer Bayern und Württemberg folgen ihnen. Diese »kleindeutsche« Union gibt sich im März und April 1850 ein Parlament, das in Erfurt tagt. Aufgrund diverser Widerstände scheint ein Weiterverfolgen dieser Politik fraglich. Österreich reagiert auf das Erfurter Parlament mit dem Bestreben, den Deutschen Bund wieder aufleben zu lassen. Hannover und Sachsen werden abtrünnig und verbünden sich mit Bayern und Württemberg. Diese antipreußische Front wird vom österreichischen Kanzler Schwarzenberg unterstützt. In Hessen-Kassel tritt eine Krisensituation ein, als es zu Unstimmigkeiten zwischen dem Kurfürsten und seinen Untertanen kommt. Der Kurfürst fordert militärischen Beistand. Der von Österreich unterstützte Einmarsch bayrischer Truppen in Hessen erscheint Preußen als inakzeptable Bedrohung, da seine West- und Ostgebiete durch eine mit Österreich verbündete Armee voneinander getrennt würden. Preußen kommt deshalb der Besetzung Hessens durch Bayern zuvor, was die Spannung zwischen Österreich und Preußen auf den Höhepunkt treibt. Am 29. November 1849 entscheidet sich Friedrich Wilhelm für eine friedliche Lösung. Er hat keine andere Wahl, da ein Bündnis aller deutschen Staaten und eine Intervention Österreichs drohen und ihm auch der Vorwurf gemacht werden könnte, sich auf Liberale zu stützen. Radowitz wird ausgeschaltet und Manteuffel unterzeichnet die für Preußen erniedrigende Punktation von Olmütz, die den Wunsch nach einer Revanche in der Bevölkerung aufkommen lässt.

Zu einem Zeitpunkt, als Frankreich noch unter großen Schwierigkeiten seine inneren Probleme regelt, wendet sich die Geschichte Preußens schon dem Ausland zu. Daraus wird Bismarck später Gewinn ziehen. Im Augenblick begrüßt er, unterstützt von den Gebrüdern Gerlach und trotz des Säbelgerassels, die preußische Vorsicht. Der – damals noch – Abgeordnete Bismarck steht einer eventuellen föderalen, Preußens Macht verkleinernden Lösung der nationalen Frage und einem Krieg, der nur der Linken nützen würde, mit Vorbehalt gegenüber. Die Vorstellung, Preußen könne auch nur einen Funken an Macht verlieren, ist für ihn nicht akzeptabel. Ein erneutes ausgewogenes Verhältnis zwischen Preußen und Österreich erscheint ihm zu jenem Zeitpunkt notwendig und diese Haltung verhilft ihm zum Posten des preußischen Gesandten beim Bundestag in Frankfurt.[14]

Die Olmützer Punktation fällt mit dem Beginn der Ära Manteuffel zusammen, die mehr als sieben Jahre dauern wird. Der konservative Manteuffel wird die zu diesem Moment spannungsfreien politischen Beziehungen zu Österreich über lange Zeit hinweg beeinflussen. Er ist geprägt von der Kamarilla der Brüder Gerlach, die Friedrich Wilhelm nahe stehen, und verhilft dem Staat zu mehr Autorität. Die Revolution von 1848 ist vergessen. Ein Zensuswahlrecht in Form des Dreiklassensystems garantiert den Konservativen eine komfortable Mehrheit. Manteuffel schwankt zwischen den Ultras, deren Sprachrohr die *Kreuzzeitung* ist, und einer von Moritz August von Bethmann-Hollweg angeführten gemäßigteren Gruppe, die im *Wochenblatt* zu Wort kommt. Der Erbprinz schließt sich ihnen an und weist die Exzesse von 1848 und damit jede ultrareaktionäre Politik zurück. Die Junker haben eine Vormachtstellung innerhalb der preußischen Gesellschaft und sind in Armee und Verwaltung zahlreich vertreten. Der Adel dient auch dem Agrarkapitalismus.

Der sich verschlechternde Gesundheitszustand Friedrich Wilhelms bedingt eine Übernahme der Regierungsgeschäfte durch seinen Bruder, den Prinzen von Preußen, am 9. Oktober 1858. Im Januar 1861 besteigt er den Thron als Wilhelm I. (1861–1888). Er stellt seine Regierung aus Liberalkonservativen zusammen, da durch die Wahlen von 1858 die Konservativen in der Minderheit sind. Die Parlamentsmehrheit ist im rechten Zentrum angesiedelt (151 Altliberale, 44 liberale Konservative und nur 47 Konservative).

Aufgrund der Absichten des mit dem König befreundeten Kriegsministers, Albrecht von Roon, die Armee zu erneuern, verkompliziert sich die Lage. Von Roon will den Wehrdienst verlängern und die Landwehr, eine von den Befreiungskriegen überkommene Volksinstitution zugunsten einer der Regierung unterstellten Armee auflösen. Die Abgeordneten stimmen für die Wiedereinführung eines zweijährigen Wehrdienstes und die Kammer verabschiedet im Mai 1860 ein Budget zur Schaffung neuer Militäreinheiten. Die Regierung löst allerdings autoritär 36 Regimenter der Landwehr auf. Diese Angelegenheit wird zum politischen Streitpunkt, da die Liberalen das königliche Vorrecht in Militärdingen nicht anerkennen. Wilhelm I. betrachtet sich jedoch als »von Gottes Gnaden« auserkoren und sieht die militärischen Angelegenheiten als seine ureigene Sache.

Bei den Wahlen 1861 driftet das Abgeordnetenhaus nach links. Es wird aufgelöst, was aber keine Veränderung nach sich zieht. Wilhelm nährt die Illusion, einem gemäßigten Liberalismus anzuhängen, ist in Wirklichkeit aber nicht bereit, ein Einmischen des Parlaments in seine Absichten und Wünsche zu dulden.

Der Konflikt zwischen König und Parlament spitzt sich derart zu, dass der König eine Abdankung in Erwägung zieht, sich aber schließlich an den Mann der

Militärpartei wendet, der in den Augen der Liberalen die äußerste Reaktion verkörpert: Bismarck, der zu dieser Zeit Gesandter in Paris ist, kommt dem Ruf von Roons (»Periculum in mora«) nach und wird Premierminister. Er verfolgt ein einziges Ziel, das sich mit Achtung der preußischen Monarchie und dem Aufschwung seines Landes umschreiben lässt. Jede andere Art von Politik ist ihm fremd. Die Bismarck'sche Diktatur (1862–1897) beginnt in einer getrübten Atmosphäre, aber durch seinen unbeugsamen Willen wird Bismarck »durch Blut und Eisen« seinem durch einen Krieg geeinten Land zu Ruhm gereichen.

Der wirtschaftliche Wandel Preußens

Der deutsche Zollverein, in dem 28 der 39 Staaten des Deutschen Bundes vertreten sind, tritt am 1. Januar 1834 in Kraft. Es handelt sich um eine Organisation, deren Ziel es ist, die Wirtschaftskraft der Länder auszubauen. Die preußische Politik hebt sich hierdurch von der österreichischen Politik des Status quo und dem Protektionismus Frankreichs ab. Durch freien Warenaustausch innerhalb der Mitgliedsstaaten und die Ankurbelung des für den Handel unverzichtbaren Schienenverkehrs hat der Zollverein schon vor 1848 seine Wirksamkeit bewiesen. Preußen steht im Mittelpunkt eines weit verzweigten Netzes, das Königsberg mit Aachen, Berlin mit Kassel und Dresden, Westfalen und Sachsen verbindet.

Die Eisen- und Kohleschwerindustrie entwickelt sich im Ruhr- und Saargebiet sowie in Schlesien in bemerkenswerter Weise und wird durch die Liberalisierung des Bergabbaus 1851 und viele dynamische Unternehmer gefördert. Aktiengesellschaften werden gegründet. Die Produktion im Ruhrgebiet verdoppelt sich innerhalb von zehn Jahren und die Eisenproduktion in Preußen verdreifacht sich in derselben Zeit. Zink- und Bleiminen werden entdeckt. Die Größe der Produktionseinheiten nimmt unaufhörlich zu, was durch die Krupp-Fabriken in Essen bezeugt wird, die im Jahre 1860 7 000 Arbeiter beschäftigen, während es 1848 nur siebzig waren. Die Textilfabriken und die mechanische Industrie, insbesondere die Produktion von Lokomotiven, sind Beweise einer vitalen Wirtschaft. 1858 stellt Borsig seine tausendste Lokomotive her.[15] Geschäftsbanken und Aktiengesellschaften sind überall angesiedelt.

Profitsucht ist auf die Ideale des Vormärz gefolgt und kühne Unternehmer und Spekulanten siegen über das Biedermeier, den Zeitabschnitt der kleinen, angepassten und unbeweglichen Bürger. Die Bourgeoisie ist von diesem Wirtschaftsboom fasziniert, an Politik dagegen eher uninteressiert. Die Kaufkraft der Industriearbeiter nimmt zu und die Unternehmer akzeptieren die verbesserte Situation der Arbeiter.

Im Gegensatz zu Frankreich, das den Sozialismus, die Sozialdemokratie und die Industrierevolution fürchtet, praktiziert Preußen eine Politik der sozialen Reform und der Anerkennung des Proletariats. Der Konservative Bismarck hat verstanden, dass diesbezüglich Handlungsbedarf besteht, um die Hände frei zu haben. Eine Erziehungspolitik wird konzipiert. Die Arbeiter gründen die ersten auf Gegenseitigkeit beruhenden Unterstützungsorganisationen und wollen sich nach außen als Gemeinschaft präsentieren. Ein preußischer Sozialismus unter dem Einfluss Ferdinand Lassalles (1826–1900), August Bebels (1840–1913) und Wilhelm Liebknechts (1826–1900) tritt offen zutage. Er ist Grundlage für die 1869 gebildete Sozialdemokratische Arbeiterpartei und den deutschen Arbeiterverein, die die Vorläufer der heutigen deutschen Sozialdemokratie sind.

Ein preußischer Politiker: Otto von Bismarck

Wenn Menschen älter werden, ändern sie sich nur schwerlich. Sie sind geprägt von ihrer Vergangenheit. Bismarck hat dies an sich selbst 1840, 25 Jahre nach seiner Geburt, festgestellt.[1]

Otto von Bismarck (1815–1898) stammt aus einem Junkergeschlecht, das sich der Schmach der durch Napoleon I. erlittenen Niederlage bewusst ist, nach dem Wiener Vertrag von 1815 Hoffnung schöpft und durch die Agrarreform von vom Stein und Hardenberg einem Verlust an Ländereien entgehen konnte. Seinem Vater, Ferdinand von Bismarck, war stets bewusst, dass nach der Niederlage von Jena und Auerstädt französische Soldaten den Familiensitz in Schönhausen besetzt und seine Frau Wilhelmine belästigt hatten. Sein Onkel, der Offizier Friedrich von Bismarck, hat das erniedrigende Diktat von Tilsit, durch das Schönhausen zu einem Grenzgebiet auf dem rechten Elbeufer wurde, nie verwunden. »Sieben Männer aus meiner Familie haben am Krieg teilgenommen, drei sind auf dem Schlachtfeld gefallen und vier sind mit dem Eisernen Kreuz ausgezeichnet worden.«[2] Die adelige Familie Bismarck kann nicht verwinden, dass ihr seit Generationen hart erworbenes Recht auf preußischen Boden durch den Krieg und später durch liberale Reformen in Frage gestellt wird. Ihr Patriotismus beruht auf dem Bodenrecht.

Bismarck ist in Schönhausen geboren und verbringt seine Kindheit auf Kniephof, dem pommerschen Familienbesitz. Dieser Kontakt mit dem preußischen Boden prägt ihn für sein ganzes Leben und seine Treue zum Königshaus findet hier ihren Ursprung. Bismarck bleibt zeitlebens ein unabdingbarer Royalist und seine Abhängigkeit von der preußischen Erde wie auch vom König stellt eine unveränderliche Einheit dar. Er akzeptiert den Einfluss der in fernen Landen, wie Wien oder Petersburg, beschlossenen Politik nicht. Nach seinen Vorstellungen muss Preußen ein mächtiges Land bleiben und sein König vor jedweder Bedrohung durch die Instanzen, selbst preußischer, beschützt werden. Bismarck hasst alle auf eine Einschränkung der Königsmacht zielenden politischen Bewegungen.

Die adelige Familie mütterlicherseits, von Mencken, ist eine respektierte und seit Langem in Preußen ansässige Familie, die Juristen, Diplomaten, Politiker und politische Berater hervorgebracht hat, die ebenfalls einer absoluten Monarchie anhängen. Auf Wunsch seiner Mutter besucht Bismarck ein Berliner Internat, die Plamannsche Erziehungsanstalt, wo Drill und nationalistische Tendenzen vorherrschen und ihm Respekt vor der konservativen Gesellschaft, der er angehört, eingeimpft wird.[3] Später wechselt er zur Universität Göttingen. Dem emanzipatorischen Sirenengesang ist er nicht erlegen.

Seine Tätigkeit als Regierungsreferendar in Aachen wird ihm zur Last, er verlässt den öffentlichen Dienst und widmet sich der Verwaltung der Familiengüter in Schönhausen und Kniephof. Das Heimweh nach seinem preußischen Geburtsland verlässt ihn nie. Dreißig Jahre lang führt er ein Leben als untadeliger Gutsherr, umgeben von adligen Familien, den von Thadden, Blanckenburg, Puttkamer, Trieglaff, Mittelstädt und Gerlach, die dieselben Ideale verfolgen und mit denen er eine gemeinsame Zugehörigkeit und denselben nationalistischen, lutherischen und manchmal pietistischen Glauben teilt.

1847 wird er Vertreter der Ritterschaft im Vereinigten Landtag in Berlin, einer von Friedrich Wilhelm III. auf Vorschlag des Freiherrn vom Stein eingesetzten Institution, in der vom König ernannte Vertreter der Hocharistokratie, des Rittertums, der Bourgeoisie und der Großbauern vereinigt sind. Zur Freude Bismarcks handelt es sich nicht einmal im Ansatz um den Vorläufer eines Parlaments.

Politische Anfänge

Als Abgeordneter des Vereinigten Landtags stößt Bismarck mit der liberalen Mehrheit zusammen und greift auch die Demokraten an, die seiner Meinung nach Preußen in die Revolution treiben. Er lobt den König, die beiden Parteien an der kurzen Leine gehalten zu haben. Ihm zufolge ist »der Konservatismus die einzige Zukunft der Geschichte« und er weiß damit die Mehrzahl der Junker hinter sich.

Das Chaos vom März 1848 empört ihn: der Barrikadenaufstand in Berlin, die Toten, die Verabschiedung einer parlamentarischen Verfassung; die Drohungen des Pöbels gegen Friedrich Wilhelm IV. schockieren ihn zutiefst. Als er vom Barrikadenaufstand erfährt, will er der Gewalt mit Gewalt begegnen und fordert bewaffnete Bauern zur Befreiung des Königs auf.

Er ist Abgeordneter im Zweiten Vereinigten Landtag und strebt nach einer bedeutenden Rolle in der Politik. Er möchte der Anstifter einer Gegen-Revolution sein.[4] Er kann nicht verstehen, dass Menschen Grundrechte zustehen, und verachtet den Amerikanischen Unabhängigkeitskrieg und die Französische Revolution. Der Untergang der preußischen Monarchie ist für ihn unvorstellbar, denn mit ihr würde nach seinem Verständnis ganz Preußen untergehen, eine für ihn unerträgliche Vision. »Wir sind Preußen und wollen es bleiben.«[5]

Während der König durch die Revolution ausgeschaltet wird, versucht Bismarck, den nach England geflüchteten und somit disponiblen Bruder des Königs, Prinz Wilhelm, zu fördern. Augusta, die Gattin Wilhelms, hat ihm lange Zeit dieses irrationale und intrigante Verhalten vorgeworfen. Die Revolution von 1848 schockiert Bismarck zutiefst, da er sein monarchisches und nationalistisches Ideal bedroht sieht. Durch den Aufstand hätte der Wiener Vertrag, dem Preußen seine Gebietsvergrößerungen verdankt und der die Ideale der Französischen Revolution begräbt, unter Umständen annulliert werden können. Bismarck kann nicht akzeptieren, dass der König klein beigibt und ein aus allgemeiner Wahl hervorgegangenes preußisches Parlament anerkennt. Sein Zorn verwandelt sich in Verzweiflung, als er vom Ausspruch des Königs hört, er habe sich nie so frei gefühlt wie unter dem Schutz der Berliner Bürger, und er beschließt, der Politik den Rücken zu kehren und sich wieder in Schönhausen niederzulassen, wo seine ein Jahr zuvor geehelichte Frau Johanna von Puttkamer lebt. Diese Eheschließung war der Wunsch seiner im Sterben liegenden großen Liebe Marie von Thadden.

Bismarck ist ein adliger Gutsbesitzer, der sein politisches Ideal nicht verloren hat. Er gründet die konservative *Neue Preußische Zeitung* und nutzt die Unzufriedenheit der Junker, um gegen die Agrarreform zu wettern. Bismarck ist von jeher ein Verteidiger des Grundbesitzes gewesen. Er ist an der Bildung eines »Junker-Parlaments« im April 1848 beteiligt, das sich jedweder liberalen Initiative widersetzt, und ist aktives Mitglied in diesem konservativen Zirkel. Mit Hilfe seiner Freunde Kleist, Retzow und Wagener und unterstützt von der konservativen Kamarilla der Gebrüder Gerlach macht sich Bismarck unter Aufbietung all seiner Kräfte daran, »Vereinigungen für den König und das Vaterland« zum Kampf gegen die liberalen und demokratischen Kräfte ins Leben zu rufen. Ludwig und Leopold von Gerlach, Adjutant des Königs und Präsident des Berufungsgerichts in Magdeburg, sind Christen, überzeugte Konservative, Anhänger einer das Volk respektierenden Monarchie und mit der von Bismarck und den Konservativen geleisteten Arbeit sehr zufrieden.[6]

Nach ihrer Niederlage 1848 haben die Konservativen bei den beiden Landtagswahlen wieder an Stärke gewonnen. Die Koalition aus Zentrum und Rechtsparteien kann ihren Präsidentschaftskandidaten gegen die Linke durchsetzen. Im Februar 1849 kehrt Bismarck, von der Entwicklung der Dinge beruhigt, in die Politik zurück. Er ist Abgeordneter von Zauche-Belzig-Brandenburg und beschließt, seinen Wohnsitz in Berlin einzurichten. Im Parlament verteidigt er seine mit demokratischen und liberalen Anschauungen verbrämten Ansichten.

Am 3. April 1849 wird er von Friedrich Wilhelm IV. als preußischer Gesandter in die Nationalversammlung in Frankfurt bestellt, die ihm wie ein Kartenhaus vorkommt und die er als »die kleine Frankfurter Spezialität« bezeichnet.[7] Was für ihn zählt, ist einzig und allein die Zukunft Preußens, die von der inneren Ordnung, der Diplomatie und, falls nötig, von der Machtdemonstration gegenüber der Außenwelt abhängt.

Es ist anzunehmen, dass Bismarck das Heilige Römische Reich wiedererschaffen wollte und er schreibt sogar in seinem Tagebuch: »Das Elsass Frankreich abzuverlangen und die deutsche Fahne auf der Spitze des Straßburger Münsters zu hissen, würde [...] der Macht und Einheit Deutschlands Genugtuung verschaffen.«[8] Ein »Großdeutschland« behagt ihm jedoch nicht, da dadurch die Frage der Vormachtstellung Preußens zur Diskussion stünde. Er fürchtet, dass Preußen von Österreich beherrscht würde und nimmt sich vor dem Ehrgeiz der Habsburger in Acht. Bismarck will nur Preußen und Deutschland verschmelzen. Der zukünftige König Wilhelm unterstützt ihn in dieser Ansicht bedingungslos: »Preußen muss an der Spitze Deutschlands stehen und nicht als Provinz anerkannt werden, anders gesagt, sich in diesem Deutschland auflösen«, schreibt er 1848.[9]

Die letztendlich einer deutschen Vereinigung zustimmende Frankfurter Nationalversammlung bietet Friedrich Wilhelm IV. die Krone, verbunden mit dem Kaisertitel an (21. April 1849), der sie aber unter dem Vorwand ablehnt, es handele sich nicht um eine ausschließlich preußische Krone. Bismarck ist dem Willen des Königs verpflichtet. Die Schaffung einer aus Preußen, Sachsen, Hannover und den kleineren deutschen Enklaven bestehenden Union, anders ausgedrückt eines »Kleindeutschlands«, mit Unterstützung des königlichen Rats, Minister José Maria von Radowitz, stellt eine weitere Schwierigkeit dar. Im August 1849 tritt Baden diesem Plan bei und im März 1850 ruft die Union in Erfurt ein Parlament zur Verabschiedung einer Verfassung ein. Bismarck widersetzt sich diesem Plan, weil er Österreich ausschließt und befürchtet, Österreich könnte sich mit der Bildung einer Gegenkoalition rächen.

Die Unfähigkeit der Frankfurter Nationalversammlung, eine Lösung für die deutsche Einigung zu finden, gibt Bismarck Recht, der diese Institution, die im Mai 1849 bereits wieder aufgelöst wird, immer als Hirngespinst angesehen hat. Bismarck hat das Konzept einer deutschen »Nation« niemals ernst genommen, die Rückkehr der Habsburger gefürchtet und immer nur nach dem Ruhm Preußens unter hohenzollernscher Regentschaft getrachtet.[10] Seine Zurückhaltung hinsichtlich eines »Großdeutschland« verärgert die preußischen Konservativen und die Vertrauensbasis mit den Liberalen erleidet einen Bruch, als er der »kleindeutschen« Lösung, der Union, nicht zustimmt. Es ist ihm bewusst, dass er von nun an auf sich allein gestellt ist. Ein Beweis dafür ist der Rückzug von Olmütz. Bismarck verteidigt am 3. Dezember 1850 vor der Zweiten Kammer des Landtags den

Rückzug Preußens gegenüber Österreich: »Die einzige vernünftige und gesunde Grundlage eines großen Staates, die ihm erlaubt, sich von einem kleinen Staat zu unterscheiden, ist ein Staatsegoismus und keine Romantik; es ist eines großen Staates nicht würdig, sich für eine Sache einzusetzen, die nicht in seinem eigenen Interesse liegt.«[11] Die Meinungsverschiedenheiten unter den politischen Parteien in Hessen sind die Schrecken des Kriegs nicht wert, selbst wenn ein Staatsmann »die Trompeten der Kavallerie mit dem Wind der Popularität ertönen lassen will, um anschließend dem sterbenden Musketier im Schnee das Urteil zu überlassen, ob das Regiment siegreich oder geschlagen aus dem Kampf hervorgeht«.[12]

Bismarck spricht ganz offen über die vom preußischen Volk empfundene Erniedrigung, was ihm neue Konflikte beschert. Er hält sich an eine Regel, die auch sein späteres Handeln bestimmt: Die nationale Politik darf keine »konservative Prinzipienpolitik« sein, sondern muss von einer tiefgehenden Einschätzung der gegebenen Umstände abhängig sein. Bismarck plädiert für eine »Realpolitik«. Der König äußert sich über Bismarck, er sei »gut zu gebrauchen, wenn die Bajonette das Terrain beherrschen«.[13]

Intermezzo als Gesandter

Trotz der Vorbehalte der Politiker, insbesondere der Liberalen, wird Bismarck auf Empfehlung von Leopold von Gerlach zum preußischen Gesandten beim Bundestag in Frankfurt ernannt. Er kann nach seinen ureigenen Prinzipien handeln und gleichzeitig eine wichtige diplomatische Rolle spielen. Bismarck arrangiert sich mit den oberflächlichen Spielregeln in dieser mondänen und reichen Stadt und knüpft unter anderem freundschaftliche Beziehungen zu Mayer Amschel Rothschild, dem Oberhaupt des Bankhauses, und zu Barschall, einem anderen Juden, der seine Wahl unterstützt hat. Er zeichnet sich durch kompromisslose Loyalität gegenüber der preußischen Monarchie aus und entwickelt aufgrund seiner Kenntnisse der europäischen Angelegenheiten, die er genaustens verfolgt, opportunistisch geprägte Regeln für die Innen- wie auch die Außenpolitik.

Bismarck stimmt in seinen Vorstellungen nicht mehr mit den Gerlachs und dem konservativen Lager überein. Er hat beschlossen, als Taktiker zu agieren, während die Gerlachs Prinzipien vertreten. Seinem »verehrten Freund« Leopold von Gerlach schreibt er, dass die Politik Napoleons III. ihm nun als Modell diene.[14] Als innenpolitische Maßnahme beabsichtigt er bereits eine gegen die Demokraten gerichtete Annäherung an bestimmte Teile der liberalen Bourgeoisie, um den Fortbestand der Interessen des Junkerstands zu sichern. Die größten Meinungsverschiedenheiten bestehen allerdings hinsichtlich der Außenpolitik.

Die Quintessenz der Bismarck'schen Politik ist die Verteidigung und Durchsetzung der preußischen Überlegenheit gegen Österreich, sogar um den Preis eines Bündnisses mit dem Frankreich Napoleons III. Damit steht Bismarck wieder in Opposition zu den Gerlachs, die für eine Bündnispolitik der konservativen Monarchien gegen die revolutionäre Gefahr eintreten.

Der von Frankreich und England gegen Russland geführte Krimkrieg (1854–1858) gibt Bismarck Gelegenheit, seine Unabhängigkeit von Russland und sein Bestreben, sich niemals in einem für Preußen nicht profitablen Konflikt zu engagieren, unter Beweis zu stellen. 1853 ist nichts mehr von den Garantien des Wiener Kongresses hinsichtlich eines Friedens in Europa übrig.

Der Krimkrieg steht in Zusammenhang mit dem von Russland seit Jahrhunderten ausgeübten Druck auf die unter türkischer Hoheit stehenden Meerengen. England strebt nach der Kontrolle über sämtliche Meere und Napoleon III. will diesen Umstand nutzen, um Europa die wiedergewonnene Macht Frankreichs zu beweisen. Der französisch-britische Sieg sorgt für politischen Aufruhr. Eine gemäßigte konservative Strömung, die Wochenblatt-Partei, wünscht ein gemeinsames Vorgehen Preußens und Englands, um die Präsenz Österreichs auf internationaler Ebene einzuschränken. Die »alten preußischen Konservativen« plädieren dafür, dass Preußen Russland zu Hilfe kommt. Der Thronerbe, Prinz Wilhelm, unterstützt eine preußisch-österreichische Allianz. Bismarck will, in Abstimmung mit dem König, keine solche Verbindung eingehen. Preußen bleibt neutral, allerdings fürchtet Bismarck ein Vorgehen Österreichs gegen Preußen.

Der im März 1856 unterzeichnete Vertrag von Paris hat den Ambitionen des Zaren im Schwarzen Meer und der post-napoleonischen Ordnung der Heiligen Allianz ein Ende bereitet. Russland hat keine Chance mehr, in Europa eine starke Politik durchzusetzen. Die Beziehungen zwischen Österreich und Russland sind dauerhaft geschädigt und Österreich ist geschwächt. Dem Aufstieg Preußens steht nichts mehr im Wege.

Bismarck, dessen Realpolitik greift, zieht aus der neuen Situation in Europa unmittelbaren Nutzen. Da er sich immer noch als Gesandter Preußens sieht – obwohl der Bund nicht mehr existiert – intrigiert er mit dem russischen Botschafter in Frankreich, Glinska, gegen Österreich. Bereits 1855, bei seinem Besuch in Paris anlässlich der Weltausstellung, traf Bismarck Napoleon III. Der lebhafte, stahlblaue Blick Bismarcks trifft auf den grauen, verhangenen Napoleons und ruft eine gegenseitige Sympathie hervor, deren Ursache im Dunkeln bleibt. Gibt es eine gewisse Ähnlichkeit zwischen den beiden von sich überzeugten, sowohl konservativen als auch auf Veränderung abzielenden Männern? Oder ist diese Sympathie nur ein gegen den gemeinsamen Feind Österreich und die russischen Ambitionen in Europa gerichtetes, diplomatisch gefärbtes Einverständnis? Bismarck lüftet später das Geheimnis, indem er Frankreich als Schachbrettfigur bezeichnet, die man unabhängig von der jeweiligen Regierung einsetzen müsse.

Im Herbst 1857 muss der König von Preußen krankheitshalber abdanken und sein Sohn Wilhelm wird sein Nachfolger, zuerst als Regent, dann ab 1861 als König. Bismarck wird Gesandter in St. Petersburg (1859–1862), wo er die gegenseitigen Respektsbekundungen zwischen Russland und Preußen, die Feindschaft zwischen Österreich und Russland und den französisch-österreichischen Krieg im Sommer 1859 mit Befriedigung zur Kenntnis nimmt. Er ist von dem riesigen russischen Zarenreich, das eben die Insel Sachalin besetzt und Wladiwostok gegründet hat, beeindruckt. Allerdings langweilt er sich in St. Petersburg und besucht oft Berlin. Er ist bei den Krönungsfeierlichkeiten für Wilhelm I. in Königsberg anwesend, wo ihm, wie allen ehrgeizigen Menschen, mit Misstrauen begegnet wird.

Nach den Siegen von Magenta und Solferino schließt Franz Joseph von Österreich Frieden mit Napoleon III., wobei Piemont die den Habsburgern abgenommene Lombardei erhält und Frankreich 1860, nach einem Volksentscheid, Savoyen und Nizza. Bismarck fürchtet, dass der Prinzregent in Erinnerung an die anti-napoleonischen Befreiungskriege dem österreichischen Kaiser zu Hilfe eilen könnte und es gelingt ihm, Wilhelm davon abzubringen.

1862 wird Bismarck Gesandter in Paris, obwohl er seine konservativen Freunde enttäuscht hat, die einstimmige Kritik der Liberalen einstecken muss und der König und die Minister über seine sprachlichen Entgleisungen erstaunt waren. Seine Ungeduld und sein Ehrgeiz haben ihre Erfüllung gefunden. Am 1. Juni 1862 übergibt er sein Beglaubigungsschreiben und wird von Napoleon III. und Kaiserin Eugenie wie ein alter Freund empfangen. Ein Diskussionspunkt ist eine bedingungslose Allianz zwischen Frankreich und Preußen, mit der eine Reorganisation der preußischen Armee verbunden wäre, um Österreich den Krieg erklären zu können und die deutsche Einheit unter Führung Preußens zu realisieren.

Bismarck vertreibt seine Langeweile in einem durch die Sommerhitze ausgestorbenen Paris, indem er nach London reist und anschließend nach Biarritz, dem Sommeraufenthaltsort par excellence. Dort lernt er Fürst Orloff und seine schöne, kultivierte und charmante Gattin kennen, mit der er ein Idyll erlebt, das er auch seiner Frau nicht verheimlicht. Nach seiner Rückkehr nach Paris erfährt er von den Schwierigkeiten des Königs von Preußen mit dem Parlament und wird vom Kronprinzen auf Rat von Kriegsminister von Roon mit einem Telegramm folgenden Inhalts nach Berlin zurückbeordert: »Beeilen Sie sich, periculum in mora.«[15]

Am 23. September 1862 wird Bismarck zum Staatsminister und Ratspräsidenten ernannt und wird zwei Wochen später Ministerpräsident und Außenminister.

Innenpolitik

Die allein dem König zustehende Ernennung Bismarcks zum Ministerpräsidenten ruft im vorwiegend liberalen Preußen Erstaunen, ja Entrüstung hervor. Seit der 48er Revolution wird Bismarck als konservativer, autoritärer und sturer Junker angesehen. Aber nach Ansicht des Kriegsministers General Albrecht von Roon kann nur er den zwischen König und Parlament bezüglich der Heeresreform bestehenden Konflikt regeln. Wilhelm befürwortet eine Verstärkung des Heeres von 150 000 auf 200 000 Mann, eine Erhöhung des Wehrdienstes von einem auf zwei Jahre und die Auflösung der Landwehr. Somit würden alle Bewaffneten dem König unterstehen. Das Parlament widersetzt sich diesem Plan. Der inzwischen König gewordene Regent gibt nicht nach und wegen der zunehmenden Spannungen zieht Wilhelm sogar die Abdankung in Betracht. Bismarck hält am 30. September 1862 vor einem den Aufstand praktizierenden Parlament seine berühmte Rede: »Nicht auf Preußens Liberalismus sieht Deutschland, sondern auf seine Macht [...]. Nicht durch Reden und Majoritätsbeschlüsse werden die großen Fragen der Zeit entschieden – sondern durch Eisen und Blut.«[16] Bismarck ist bekannt, dass der König laut Verfassung ohne die Zustimmung des Parlaments regieren kann und so bezeichnet er das Parlament als »unfähige Bande«,[17] die brutal angefasst werden muss. Er vertritt die Ansicht, dass Preußen durch kriegsbedingtes Blutvergießen im Ausland seine durch die Innenpolitik in Mitleidenschaft gezogene Größe wiedererlangen kann. Die wiederholten Parlamentsauflösungen zwischen 1863 und 1865, die Presseverordnung vom Mai 1863 und die Polizeirepression gegen Beamte und liberale Richter verleihen Bismarck diktatorische Macht. Die Mehrheit des Landtags ist gegen ihn, der Kronprinz misstraut ihm und seine Frau verabscheut ihn, aber das erschüttert Bismarck nicht. Er kommt aus der Zwickmühle heraus, indem er erst Dänemark und anschließend Österreich angreift und dafür sein Leben riskiert. Ferdinand Cohen-Blind unternimmt am 7. Mai 1866 ein Attentat auf Bismarck, der dadurch eine gewisse Popularität erlangt. Er genießt das volle Vertrauen Wilhelms I. Pragmatisch wie er ist, verhandelt er mit den Liberalen, um den Meinungsverschiedenheiten zwischen Krone und Parlament ein Ende zu setzen und ernennt einen Liberalen, Rudolf von Delbrück, zum Kanzleramtspräsidenten. Der Bruch mit den Konservativen ist damit vollzogen.

Krieg als Nationalpolitik

Für Bismarck und den preußischen General Carl von Clausewitz ist Krieg »die Fortsetzung der Politik unter Einbeziehung anderer Mittel«.[18] Durch den Tod König Friedrichs VII. von Dänemark am 15. November 1863, der keine direkten

Nachkommen hat, stellt sich das Problem der Zugehörigkeit der benachbarten und verbündeten Herzogtümer Schleswig und Holstein. Christian aus der Glücksburger Linie strebt danach, Christian IX. von Dänemark, Schleswig und Holstein zu werden. Friedrich, der aus der Holstein-Augustenburger Linie stammt, erhebt den Anspruch auf die Königskrone dieser beiden vereinten Länder als Friedrich VIII. Er beruft sich dabei auf ein aus dem 15. Jahrhundert stammendes Dekret, nach dem Schleswig und Holstein nicht getrennt werden dürfen. Für Bismarck ist dies eine Gelegenheit, einzugreifen und Holstein in Preußen zu integrieren, zumal diese deutschsprachige Provinz dem Deutschen Bund angehört. Aber auch dem Erwerb beider Herzogtümer ist er ganz und gar nicht abgeneigt, da sich Preußen dadurch nach Norden ausdehnen könnte. Christian IX. beharrt jedoch auf seinen Vorrechten und auch Friedrich gibt nicht nach. Wilhelm I. ist gegen eine militärische Intervention, um nicht den Zorn Londons und St. Petersburgs zu erregen. Österreich kann eine Expansion Preußens nicht hinnehmen. Bismarck erkennt, dass Österreich sich möglicherweise mit England und Russland verbündet und vollzieht einen diplomatischen Schachzug: ein unabhängiges Abkommen zwischen Preußen und Österreich, das Schleswig und Holstein durch eine gemeinsame Verfassung vereinen soll. Die Armeen des Königs von Sachsen und des Königs von Hannover besetzen darauf Holstein, was Friedrich erneut Hoffnung gibt. Christian IX. gibt nicht nach. Preußen und Österreich stellen ihm gemeinsam ein Ultimatum.

Am 1. Februar 1864 überschreitet die Armee des preußischen Generals Wrangel die Grenze. Die hannoveranischen und sächsischen Truppen werden in Holstein von der preußischen und österreichischen Armee aufgehalten. Der Nachfolger Wrangels, Marschall Helmuth Graf von Moltke, unternimmt mit Unterstützung der österreichischen Armee einen Angriff auf die Dänen, die sich in die Düppeler Schanzen zurückgezogen haben. Die besser bewaffnete preußisch-österreichische Koalition kann schließlich nach schrecklichen Kämpfen in die dänischen Verteidigungslinien einbrechen.

Die durch Heirat ihrer Kinder mit der königlichen Familie Preußens und Dänemarks verbundene Königin Victoria interveniert für einen Frieden, der am 30. Oktober 1864 geschlossen wird. Preußen und Österreich besetzen die beiden Herzogtümer militärisch, da Friedrich von Augustenburg auf seine Rechte verzichtet. Bismarck will Österreich ausschließen, ist jedoch nicht bereit, dessen Rückzug aus den Herzogtümern mit einer preußischen Beteiligung an der Wiedereroberung der Lombardei zu entgelten, und verlangt nun die Unterstützung der deutschen Staaten. Er handelt das Einverständnis der europäischen Mächte und die Neutralität Englands und Frankreichs aus. Napoleon III. stimmt schließlich dem

Krieg als Nationalpolitik **177**

Bismarck'schen Plan zu. 1865 wird Österreich gezwungen, Schleswig an Preußen, das schon Holstein, Lauenburg und den Kieler Hafen besitzt, abzutreten.

Die Strategien Bismarcks finden bei den westfälischen Unternehmern große Zustimmung, die durch einen Ausbauplan für den Kieler Hafen und den Nord-Ostsee-Kanal geködert werden. Bismarck sieht sich nun in der Lage, endgültig die Oberhand über Österreich zu gewinnen. Am 9. April 1866 fordert der Gesandte Preußens als Repräsentant Bismarcks, dass der Frankfurter Bundestag aufgrund des allgemeinen Wahlrechts gewählt und der Bund reformiert werden soll. Bismarck stiftet damit Verwirrung, die er für die Kriegserklärung an Österreich nutzt. Europa ist in heller Aufregung: die Konservativen distanzieren sich von Bismarck aus der Furcht heraus, eine Trennung zwischen Preußen und Österreich könne zu einem europäischen Desaster führen. Königin Victoria und der Zar ersuchen Wilhelm I., seinen Kanzler zur Vernunft zu bringen; Napoleon III. gelingt es nicht, die beiden Parteien zu versöhnen, und er sucht, wie immer, Zuflucht in diplomatischer Erpressung. Er droht Österreich mit einer Allianz mit Preußen, wenn es Venetien nicht an Frankreich abtritt, und schlägt die Errichtung eines Pufferstaats zwischen dem Deutschen Bund und der französischen Grenze vor. Diese Vorschläge werden von Österreich im Geheimen akzeptiert.

Durch die Vertreibung der österreichischen Resttruppen aus Holstein löst Bismarck den Krieg aus. Österreich mobilisiert seine Truppen am 11. Juni und appelliert an die Armee des Bundes. Die Antwort des preußischen Gesandten besteht in einem Aufruf zur Auflösung des Bundes. Den ausgezeichneten österreichischen Soldaten stehen die ebenfalls hervorragenden bayrischen, sächsischen und württembergischen Truppen bei. Das isolierte Preußen kann nur mehr auf die kleinen Fürstentümer zählen. Seine Nadelgewehre schießen vier Mal schneller als die österreichischen Gewehre. Krupp liefert Kanonen mit stählerner Mündung. Preußens Finanzen sind solider als die Österreichs.

In Hessen stoßen die preußischen Truppen auf keinen Widerstand. In Sachsen ziehen sich die Österreicher rechtzeitig nach Böhmen zurück. Am 29. Juni werden die preußischen Truppen nach Langensalza, zwischen Sachsen und Thüringen, zurückgeworfen. Es gelingt ihnen jedoch zwei Tage später, die mit Österreich verbündete hannoversche Armee zu umzingeln, die kapituliert. Somit ist die preußische Armee Alleinherrscher in Norddeutschland. Der Großteil der österreichischen Truppen ist in Böhmen konzentriert um die sogenannte Nordarmee, die nur durch Sachsen verstärkt wird, da die Süddeutschen in ihren Gebieten bleiben. Der Oberbefehlshaber der Nordarmee ist der ausgezeichnete ungarische Marschall Benedek, dem es allerdings noch an taktischen Kenntnissen fehlt. Der preußische Oberbefehlshaber Helmuth von Moltke (der Ältere) konzentriert seine

Streitkräfte auf ihn: Die erste Armee marschiert von Görlitz und Zittau heran, die »Elbarmee« von Dresden, während sich die zweite, vom Kronprinzen kommandierte Armee in Niederschlesien formiert. Das nördlich von Prag in Gitschin eingerichtete Hauptquartier befiehlt der ersten Armee und der Elbarmee, die Front anzugreifen, während die zweite Armee sich im geeigneten Augenblick der Flanke des Feindes zuwenden soll. Die Österreicher verschanzen sich in der kleinen Festung Königgrätz nahe Sadowa. Nach heftigem Beschuss durch die österreichische Armee gewinnt Preußen durch den Flankenangriff der Armee des Kronprinzen die Oberhand. Die Frontarmee bricht in das österreichische Heer in seiner Stellung bei Chlum ein. Mit der von Preußen über Österreich gewonnenen Schlacht von Königgrätz am 3. Juli 1866 beginnt durch die Entstehung eines zugleich preußischen und deutschen Imperiums eine neue Ära.

Bismarcks Ideenwelt

Das Parlament ist in Bismarcks Vorstellungen eine Tribüne, auf der sich die Volksvertreter über wirtschaftliche und soziale Belange äußern, die aber nicht zum Regieren berufen ist. Im Übrigen kann es nicht einmal sich selbst regieren. Die Abgeordneten vertreten weder die Nation, was durch ihre Uneinigkeit bezeugt wird, noch das Volk, denn die Wahlen sind manipuliert. Bismarck strebt eine korporative Repräsentation der Gesellschaft an, in der das Individuum zugunsten des Staats zurücktritt. Seine Gleichgültigkeit den politischen Parteien gegenüber ist legendär. Durch die militärischen Siege werden die nicht auf seiner Linie liegenden politischen Parteien sowie die Öffentlichkeit gewonnen und er kann Institutionen zu seiner Machtausübung als Kanzler aufbauen. Er ist Initiator der Verfassung des Norddeutschen Bunds, in der mehr von Preußen als von Deutschland die Rede ist. Bismarck hat weitestgehend dazu beigetragen, dass sich ein Parlamentarismus in Deutschland erst sehr spät entwickelt, und hat wie ein der Monarchie anhängender Despot regiert.

Bismarcks einziges Ziel ist es, Preußen, das er zu einem ausgedehnten Königreich gemacht hat und das sich von Litauen bis Holland, Belgien, Luxemburg und Frankreich erstreckt, eine Vormachtstellung zu verschaffen. Dies gelingt ihm durch den Sieg über Österreich in einem Blitzkrieg. Die Schlacht von Königgrätz hat die politische Lage in Europa durcheinander gebracht, das Vertrauen zwischen Frankreich und Preußen zerstört. Napoleon III. hatte auf einen zeitlich langen preußisch-österreichischen Krieg gehofft, aus dem Frankreich in der Vermittlerrolle Nutzen ziehen könnte, insbesondere was die Rheingrenze und Venetien anbelangt. Frankreich hat sich einer Illusion hingegeben. Der Sieger Bismarck hat seine Bedingungen diktiert: Annexion der nördlichen Herzogtümer und Länder und Ausschließung Österreichs aus dem Bund, der durch den Preußen vollständig untergeordneten Norddeutschen Bund ersetzt wird. Napoleon III. möchte einige Zugeständnisse erhalten: Die Annexionen sollen nicht mehr als vier Millionen Menschen betreffen, die süddeutschen Staaten dürfen Separatbündnisse schließen und im dänischsprachigen Nordschleswig muss eine Volksabstimmung abgehalten werden. Bismarck geht auf keine einzige der Forderungen ein. Die Volksabstimmung findet nicht statt und das österreichische Venetien wird nicht an Frankreich, sondern an Italien abgegeben. Am 26. Juli 1866 wird der Friedensvertrag zwischen Preußen und Österreich in Nikolsburg unterzeichnet. Wien hat seinen Einfluss verloren und Österreich bleibt seinen internen Querelen überlassen. Bismarck ruft die »ruhmreiche tschechische Nation« auf, sich gegen die Habsburger aufzulehnen, aber dieser Appell bleibt ungehört und hat keinerlei Konsequenzen, da die Habsburger weitaus weniger gefürchtet sind als die Preußen.

Der Sieg von Königgrätz hat auch in Preußen Auswirkungen. Kanzler Bismarck ist zum Helden geworden. Seit 1848 kann die öffentliche Meinung in Deutschland als mehrheitlich liberal bezeichnet werden. Mit wirtschaftlichem Wohlstand wird, vor allem in der Bourgeoisie, ein »weicher« Nationalismus, also das Gefühl, einem Volk anzugehören, artikuliert. Die »harten« Vorstellungen von Hegel, Arndt und Fichte bewegen nur eine intellektuelle und militärische Minderheit. Nach Königgrätz jedoch wird der Begriff »Nation« mit einer vollständig anderen Bedeutung belegt. Das preußische Volk fühlt sich einem großen Vaterland zugehörig. Die preußische Nation ist entstanden und seine Diener, Soldaten und Bauern sind stolz darauf. Nach dem Sieg ist das Parlament in seiner Mehrheit wieder konservativ ausgerichtet. Bismarck nutzt dies, um die Indemnitätsvorlage, die rückwirkend die Haushalte legalisiert, im Landtag einzubringen. Sie wird mit großer Mehrheit angenommen. Somit erringt der Sieger von Königgrätz einen weiteren Sieg über den Landtag, der es ihm ermöglichen wird, die Macht Preußens weiter auszubauen. Diesmal zu Ungunsten Frankreichs.

Die Irrtümer Napoleons III.

Dass Bismarck für den Deutsch-Französischen Krieg von 1870 verantwortlich ist, kann als gesichert gelten. Ob dies auch auf Napoleon III., Kaiser der Franzosen, im selben Maß zutrifft, kann so eindeutig nicht beantwortet werden. Seine Fehler, die präzisiert werden müssen, um die Verantwortung Frankreichs im Vergleich zu Deutschland herauszustellen, sind unbestritten.

Louis Napoleon Bonaparte ist ein seltsamer Mann, der sich während seiner Jugendzeit im Exil, als *carbonaro*, »Sozialist« und »Anhänger Saint-Simons« ansieht. Während seiner Präsidentschaft unterstützt er jedoch die reaktionären Maßnahmen und lässt den Volksprotest anlässlich seiner Machtergreifung unter Gewaltanwendung niederschlagen. Er verfolgt eine autoritäre Politik und stützt sich auf den allgegenwärtigen Polizeiapparat, die ihm wohlgesinnte Bourgeoisie und die Unternehmer. Seine Kolonialpolitik ist skrupellos, aber er unterstützt unterdrückte Nationen. Er will Italien von den Österreichern befreien und einigen, meint aber, sich Mexikos bemächtigen, die Französisierung Algeriens beenden und den Bau des Suezkanals vorantreiben zu können.

Allgemein gilt die Auffassung, Napoleon III. habe Frankreich ehrlich gedient und sei mutig gewesen.[1] Befasst man sich allerdings mit seiner Preußenpolitik, so wird klar, dass sie keine klaren Konturen aufweist, mit ungerechtfertigten Illusionen und skrupellosem Ehrgeiz befrachtet ist.

Als Ergebnis der Karriere Napoleons III. ist das Gegenteil dessen zu verzeichnen, was er zu Beginn zu realisieren hoffte. Seinem Temperament nach fühlt er sich Preußen näher als Österreich, was bedingt ist durch seine Verteidigung des Nationalitätenprinzips, das von der österreichischen Monarchie, die alteingesessene Österreicher, Ungarn, Italiener, Tschechen und andere umfasst, nicht respektiert wird. Durch seine führende Rolle in der Einigungsbewegung der deutschen Staaten handelt Preußen dagegen nach seinen Vorstellungen.

Anlässlich seines Besuchs der Pariser Weltausstellung 1855 hat sich Bismarck mit Kaiser Napoleon und seiner Frau, der schönen Kaiserin Eugenie, angefreundet. Der Kaiser, der seine Jugend in der deutschen Schweiz verbracht hat, spricht gut Deutsch, was die Beziehung vereinfacht. Napoleon vertraut Bismarck zu dessen Genugtuung an, dass er einen Angriff auf Österreich zu unternehmen gedenkt. Im Jahr darauf bezeugt Bismarck dem französischen Kaiser erneut seine Sympathie. Am 26. Juni 1862, bei der Übergabe seines Beglaubigungsschreibens als preußischer Gesandter in Paris, bietet Napoleon Bismarck ein bedingungsloses Bündnis an.[2]

Wie kann sich innerhalb weniger Jahre ein solches Vertrauensverhältnis derart verschlechtern, dass es zum Deutsch-Französischen Krieg kommt?

1864 steht Napoleon III. hinter Preußen, als es sich Schleswigs und Holsteins trotz seines diesbezüglich mit Österreich eingegangenen Bündnisses bemächtigen will. Er gibt zu bedenken, dass diese Annexion ohne Mitspracherecht der Bevölkerung vollzogen wurde; eine solche, seinen Prinzipien zuwiderlaufende Handlung kann er nicht gut heißen. Zur selben Zeit verkündet er seine Absicht, sich der europäischen Angelegenheiten annehmen zu wollen und hat möglicherweise Bismarck an einer empfindlichen Stelle getroffen.

Der Kaiser hofft von dem erneut aufflammenden Antagonismus zwischen Preußen und Österreich nach dem Deutsch-Dänischen Krieg, der das Europa des Wiener Vertrags destabilisiert, profitieren zu können. Er will das Andenken an seinen Onkel Napoleon I. ehren und hofft, durch diesen Konflikt zu einem Gebietserwerb zu kommen. Die Instabilität Europas könnte zur Regelung der venezianischen Frage, von der Napoleon III. eigenartigerweise besessen ist, dienen. Venetien ist noch immer zu Unrecht von Österreich besetzt und Napoleon III. hat Cavour eine Angliederung Venetiens an das geeinte Italien versprochen. Preußen und Österreich stehen diesem Plan ablehnend gegenüber und deshalb muss, nach den Überlegungen des französischen Kaisers, die deutsche, also österreichisch-preußische, Front aufgebrochen werden. 1865 schließt sich der damalige Abgeordnete und Führer der liberalen Opposition, Thiers, dieser Auffassung an und wettert gegen Preußen, das in Venetien an Österreichs Stelle treten will.

Anlässlich eines Besuchs Bismarcks in Frankreich, bei dem er sich dessen Neutralität im Falle eines preußisch-österreichischen Kriegs sichern will, trifft sich der Kanzler mit Napoleon in Biarritz. Das Treffen bleibt ergebnislos. Die unbeständige und eigennützige Persönlichkeit des Kaisers enthüllt sich Bismarck erst spät. Napoleon verpflichtet sich zu nichts und versucht, seine Neutralität dem jeweiligen Sieger zu verkaufen.

Kurz nach dem Treffen schreibt Bismarck über den Kaiser: »Bevor ich ihn kennenlernte, hatte ich Angst. Seither bin ich beruhigt. Hinter seiner geheimnisvollen Art verbirgt sich nichts [...]. Die enorme Unfähigkeit des Kaisers wird nicht erkannt.«[3]

Nach Ansicht Bismarcks kann sich Preußen nun voll und ganz in den Kampf mit Österreich stürzen. Bismarck will sich dennoch zusätzlich absichern. Um ein eventuelles Bündnis zwischen Frankreich und Österreich auszuschließen, schlägt er vor, dass Frankreich nach dem Krieg eine Gebietsvergrößerung durch die Annexion Luxemburgs und der Gebiete der oberen Mosel erfährt. Napoleon, vom Wunsch beseelt, noch mehr herauszuschlagen, weist dies zurück. Er rät Victor Emmanuel, sich mit Preußen zu verbünden, und erreicht, dass die unter einer doppelten Bedrohung stehenden Österreicher versprechen, Venetien abzutreten.

Aufgrund seiner Neutralität glaubt Napoleon, die Situation zu beherrschen. Er zielt auf größere Gebietserwerbungen als die von Bismarck vorgeschlagenen ab: Er strebt nach einem Teil des Rheinlandes, Luxemburgs und Belgiens sowie außerdem nach der Entstehung eines zwischen Preußen und Österreich gelegenen Pufferstaats, dessen Größe vom Ausgang der Militäroperationen abhängen soll. Kaiser Napoleon III. wünscht eine Realisierung all dessen, was sein Onkel versäumt hat: Er möchte Europa nach seinen Vorstellungen gestalten. 1851 äußert er gegenüber Offizieren: »Ich werde Ihnen nicht befehlen ›Marschieren Sie, ich folge Ihnen‹, sondern ›Ich marschiere, folgen Sie mir‹.«[4]

Der Krieg zwischen Preußen und Österreich beginnt am 20./21. Juni 1866. Die riskante Diplomatie Napoleons hat ihr Werk getan. Am 8. April unterzeichnen Preußen und Italien ein offensives und defensives Bündnis. Am 12. Juni wird in einem Geheimvertrag zwischen Frankreich und Österreich die Neutralität Frankreichs im Falle eines Konflikts zwischen Österreich und Preußen festgelegt, unter der Bedingung, dass Österreich sich aus Venetien zurückzieht.[5]

Am 3. Juli 1866 schlägt die preußische Armee das österreichische Heer bei Königgrätz aufgrund einer Fehlentscheidung des kommandierenden Generals Benedek, der die österreichische Armee teilte. Der preußische Sieg und die diplomatischen Aktivitäten Napoleons III. haben beträchtliche Auswirkungen. Sie sind die Prämissen für den vier Jahre später ausbrechenden Krieg zwischen Preußen und Frankreich.

Bismarck und der erniedrigte Kaiser Franz Joseph akzeptieren Frankreich als Vermittler. Jedoch ist Bismarck, der den wechselhaften und unsteten Charakter Napoleons III. erkannt hat, fest entschlossen, nicht auf dessen Forderungen einzugehen. Der französische Kaiser hätte seinen Fehler einsehen und seiner Politik eine andere Richtung geben können. Sein Außenminister Drouyn de Lhuys rät ihm, seine Armee an den Rhein zu schicken, um Berlin Angst einzujagen, im Hinblick auf ein eventuelles Bündnis mit den süddeutschen Staaten, die Preußen fürchten. Bismarck hat später zugegeben, dass eine solche Strategie für ihn hätte sehr gefährlich sein können. »Durch einen kleinen französischen Truppenauflauf

Die Irrtümer Napoleons III. **183**

am Rhein in Verbindung mit den zahlreichen Militärkorps Süddeutschlands, hätten sich die Preußen zur Verteidigung Berlins und dem Verzicht auf ihre Erfolge in Österreich gezwungen gesehen.«[6]

Napoleon aber hört auf seinen Innenminister La Valette, der eine derartige Politik Frankreichs nicht in Betracht zieht. Diejenigen, die – wie die Kaiserin Eugenie, Drouyn, Rouher und andere Minister – eine harte politische Linie fordern, können sich kein Gehör verschaffen. Der französische Kaiser verzichtet auf eine Intervention, erkennt somit die Stellung Preußens an und stellt Frankreichs Wankelmütigkeit bloß. Bismarck reagiert schnell, die Friedensbedingungen werden von Preußen diktiert. Mit dem am 23. August 1866 geschlossenen Frieden von Prag wird die Auflösung des Deutschen Bundes wirksam, wodurch der österreichische Einfluss beträchtliche Einbuße erfährt. Preußen geht einen Bündnisvertrag mit Baden, Württemberg und Bayern ein, annektiert Schleswig, Holstein, Hannover, Hessen-Kassel, Nassau und Frankfurt und bildet einen Norddeutschen Bund, dem verfassungsgemäß eine Armee und ein Budget zustehen. Das Präsidium hat der preußische König inne und Otto von Bismarck wird am 14. Juli 1857 zum Kanzler gewählt.

Venetien wird an Italien zurückgegeben, was als einziger diplomatischer Erfolg Napoleons III. gewertet werden kann. Seine nicht legitimen Gebietsansprüche werden von Preußen zurückgewiesen. Das linke Rheinufer bleibt deutsch und Belgien und Luxemburg behalten ihre Unabhängigkeit. Napoleon III. äußert sich befriedigt über die Auflösung des Deutschen Bunds, »der mit Preußen und Österreich 80 Millionen Einwohner zählte und sich von Luxemburg bis Triest, und von der Ostsee bis Trente erstreckte, uns mit einem eisernen Gürtel umgab und uns durch geschickte Gebietskombinationen ankettete«.[7] Dem französischen Kaiser bietet sich nunmehr als einzige Möglichkeit, wieder Einfluss zu gewinnen, die Vorbereitung seiner Armee auf den Angriff Preußens.

Es wurden oft Gründe für die verhängnisvollen Entscheidungen Napoleons III. gesucht, besonders was ihn dazu bewogen hat, sich nach Königgrätz Preußen zu beugen. Man hat seine schwere Nierenkrankheit dafür verantwortlich gemacht und seine Leichtfertigkeit angeprangert, mit der er die Aussage Marschall Randons, er könne sofort eine große, gut ausgestattete Armee an den Rhein schicken, aufnahm. Aber auch seine Enttäuschung darüber, von der Kontrolle über Österreich ausgeschlossen zu sein, wurde als Erklärung herangezogen. Eines ist jedoch sicher: Seine Geisteshaltung war widersprüchlich und unverantwortlich.

Die Annexion Elsass-Lothringens[1]

Für Bismarck, den Nacheiferer von Friedrich dem Großen und Clausewitz, ist Krieg ein Instrument, um die Größe Preußens auch für die Zukunft sicher zu stellen. Er gibt vor, die »europäische Solidarität« zu respektieren, zögert aber nicht, das Gleichgewicht der Kräfte zu Preußens Vorteil zu verändern.[2]

Bismarck besiegt Österreich 1866, um den Deutschen Bund, durch den Preußens Machtaufstieg verhindert wird, zu zerschlagen. Der Krieg von 1870/71 gegen das Frankreich Napoleons III. ist weniger ein durch das Deutschtum des Elsass legitimierter Eroberungskrieg als ein Mittel der Unterwerfung Deutschlands unter Preußen.[3]

Bismarck kann durch beide Kriege die nationalistischen Gefühle der Armee und der Zivilbevölkerung zu neuem Leben erwecken und es gelingt ihm, die Feindschaft der deutschen Fürstentümer sowie der Verbündeten Österreichs, wie Sachsen, Württemberg und Bayern, zu neutralisieren. Die Entstehung des Norddeutschen Bunds, den Bismarck als Plattform nutzt, um Preußen Identität und militärische Stärke zu verleihen und die nationale Einheit zu verwirklichen, hat dabei eine wichtige Rolle gespielt.

Er wahrt auf bewundernswerte Art die dem König direkt unterstellte preußische Militärinstitution, die Unabhängigkeit der Armee von der Zivilmacht institutionalisiert und den Ehrgeiz der Militärs, darunter besonders General Helmuth von Moltke, die aus dem Krieg einen politischen Vorteil ziehen wollten, gebremst. Somit zollt er dem Junkerideal seiner Herkunft Respekt und stellt den preußischen Adel, dem so gut wie alle Offiziere angehören, zufrieden. Außerdem gelingt es ihm, die durch den nationalistischen Historiker Heinrich von Treitschke und den linksliberalen Abgeordneten Theodor Mommsen angefachten nationalistischen Bestrebungen zu erfüllen, ohne sie ausdrücklich zu verurteilen.

Noch vor dem Krieg mit Österreich ist sich Bismarck bewusst, dass seine Politik unausweichlich auf einen Krieg mit Frankreich hinausläuft. Nach dem Prager Frieden zwischen Preußen und Österreich am 23. August 1866, schreibt er: »Ich war mir immer darüber klar, dass auf einen Krieg gegen Österreich unweigerlich ein Krieg gegen Frankreich folgt. Ich war davon überzeugt, dass der im Verlauf der

Geschichte erzeugte Graben zwischen dem Norden und Süden des Vaterlandes auf keine glücklichere Art als einen nationalen Krieg gegen das Nachbarvolk, das unser jahrhundertelanger Angreifer war, zugeschüttet werden könne.«

Jedoch ist es Frankreich, das durch einen zweifachen Fehler Napoleons III. als Kriegstreiber dasteht. Der Kaiser meint, aufgrund seiner Neutralität während des preußisch-österreichischen Kriegs einen Anspruch auf linksrheinische Gebiete zu haben und möchte keinen Hohenzollern als Nachfolger auf dem spanischen Thron sehen.

Vorboten des Krieges

Eine am 30. Juni 1870 von der britischen Nachrichtenagentur Reuters verbreitete Nachricht löst ungeheure Aufregung aus. Das spanische Parlament, der Cortes, ist im Begriff, den Fürsten Leopold aus dem Hause Hohenzollern-Sigmaringen zum Herrscher zu wählen. Das Frankreich des 16. Jahrhunderts befand sich in einer außenpolitischen Umklammerung durch österreichische und spanische Habsburger, das Frankreich Napoleons III. kann sich nicht des Eindrucks erwehren, sich drei Jahrhunderte später mit den Hohenzollern in vergleichbarer Situation zu befinden.

Königin Isabelle II. von Spanien wurde durch General Juan Prims y Prats des Landes verwiesen und der spanische Thron ist zu besetzen. Bismarcks nachhaltiges Interesse gilt diesem Staatsstreich, da das mit den spanischen Bourbonen verbundene Frankreich in diesen Konflikt verwickelt ist. Schon 1869, zwei Monate nach Absetzung der Königin, hat Bismarck – so scheint es – im Geheimen durch Bestechung der Abgeordneten des Cortes für einen Hohenzollern als Nachfolger plädiert. Er meint, dass zwei Gegebenheiten sich für ihn günstig auswirken könnten: Zum einen ist es ihm gelungen, Fürst Karl von Hohenzollern auf den rumänischen Thron zu bringen, zum anderen ist Napoleon III. mit den Hohenzollern verbunden, da die beiden Großmütter des Prinzen Leopold mit der Familie Bonaparte verwandt sind.

Wilhelm I., der eine in einen Krieg mündende Eskalation dieser Affäre fürchtet, gibt sich zögerlich und steckt damit auch seine Sigmaringer Vettern an. Bismarcks Beharrlichkeit siegt jedoch. Er versucht, Napoleon III. zu destabilisieren, um die Einheit Deutschlands zu verwirklichen. Am 19. Juni nimmt Leopold von Hohenzollern-Sigmaringen die spanische Krone an. König Wilhelm bedauert diese Entscheidung, stellt sich ihr aber nicht in den Weg. Bismarck will den Prozess beschleunigen, aber der Cortes tritt wegen des heißen Madrider Sommers nicht zusammen. Dies macht sich nun Frankreich zunutze, das diese Wahl noch immer nicht akzeptiert und als Argument vorbringt, dass in Europa schon oft Einwände hinsichtlich der Thronbesteigung eines ihrer Mitglieder auf einem fremden Thron berücksichtigt wurden.

In Paris ist Ratspräsident Emile Ollivier damit beschäftigt, die Spannungen zwischen Preußen und Frankreich zu entschärfen. Jedoch hat Außenminister Gramont, der über keine große Kenntnis Preußens verfügt, einen gravierenden Fehler begangen: Seine beschwichtigend gemeinte Rede in der Abgeordnetenkammer, in der er erklärt, Frankreich vertraue auf die Freundschaft mit den Spaniern und die Klugheit der Deutschen, um die bestehenden Schwierigkeiten auf friedlichem Wege zu lösen, hat sich als Zündstoff erwiesen. Wenn diese Hoffnung enttäuscht werde, »wüssten wir, meine Herren, kraft Ihrer Unterstützung und der der Nation, ohne Zögern und ohne Schwäche unsere Pflicht zu tun«. Der Tumult hebt darauf erneut an. Der Leibchirurg des Kaisers, Professor Nélaton, gibt zu bedenken, dass der Gesundheitszustand Seiner Majestät eine bewaffnete Auseinandersetzung ausschließe. Der englische Botschafter, Lord Lyons, appelliert an den Pazifismus Frankreichs und versucht, die Rede Gramonts zu entschärfen. Von seinem Herrschaftssitz Varzin aus äußert sich Bismarck lediglich über Gramonts Affront, ohne weiter auf diese Angelegenheit einzugehen.

Der französische Botschafter in Berlin, Benedetti, begeht nun seinerseits eine Reihe von Ungeschicklichkeiten. Er bittet Wilhelm I. um eine Audienz im Hinblick auf ein Appeasement, das nur Gültigkeit hätte, wenn Leopold auf die spanische Krone verzichtet. Wilhelm lädt ihn daraufhin in seinen Kurort Bad Ems ein und die Gespräche verlaufen zur Befriedigung Benedettis. Der preußische König lässt ihn wissen, »dass er seine volle Zustimmung zu einem Rückzug der Kandidatur gibt, dass er in dieser Sache keine Rolle gespielt hat und dies nur eine Familienangelegenheit ist«. Die Aufregung legt sich trotzdem nicht. Die Königin von England und der Zar verlangen von Bismarck, sich von der Kandidatur Leopolds zu distanzieren. Süddeutschland bedauert einen *casus belli*, der den Interessen einer ausländischen Monarchie dient.

König Wilhelm bleibt vage. Am 12. Juli drängt Benedetti auf eine weitere Audienz und Wilhelm erhält vom Vater Leopolds, Karl Anton von Hohenzollern, die Versicherung, dass seine Familie kein Interesse an Spanien hegt. Die Nachricht wirkt sowohl in Preußen als auch in Frankreich beruhigend.

Da begeht Frankreich eine erneute Ungeschicklichkeit, die zur Katastrophe führt. Der charakterlich ungestüme Gramont beauftragt Benedetti, mit zwei unglaublich naiven Gesuchen an Wilhelm I. heranzutreten. Dieser soll den Verzicht Leopolds schriftlich billigen und erklären, auch in Zukunft eine Kandidatur der Hohenzollern auf den spanischen Thron nicht zu unterstützen. Wilhelm akzeptiert den ersten Punkt, aber nicht den zweiten. Er lässt Benedetti durch seinen Adjutanten, Fürst Radziwill, mitteilen, dass Karl Anton von Hohenzollern den Verzicht seines Sohnes bestätigt hat, lehnt aber erneut eine längerfristige Verpflichtung ab. Seinen Mitarbeiter Abeken beauftragt er mit der Abfassung einer Depesche an Bismarck über die Ereignisse: »Graf Benedetti fing mich auf der Promenade ab, um auf zuletzt sehr zudringliche Art von mir zu verlangen, ich sollte ihn autorisieren, sofort zu telegraphieren, dass ich für alle Zukunft mich verpflichtete, niemals wieder meine Zustimmung zu geben, wenn die Hohenzollern auf ihre Candidatur zurückkämen. Ich wies ihn, zuletzt etwas ernst, zurück, da man à tout jamais dergleichen Engagements nicht nehmen dürfe noch könne.

Natürlich sagte ich ihm, dass ich noch nichts erhalten hätte und da er über Paris und Madrid früher benachrichtigt sei als ich, er wohl einsähe, dass mein Gouvernement wiederum außer Spiel sei.

Seine Majestät [...] hat beschlossen, den Grafen Benedetti nicht mehr zu empfangen, sondern ihm nur durch einen Adjutanten sagen zu lassen, dass Seine Majestät jetzt vom Fürsten die Bestätigung der Nachricht erhalten, die Benedetti aus Paris schon gehabt, und dem Botschafter nichts weiter zu sagen habe.«[4]

Beim Erhalt dieser Depesche bricht Bismarck in Zorn aus. Der Rückzug der Hohenzollernfürsten und die Tatsache, dass er aus den geheimen Verhandlungen ausgeschaltet war, schockieren ihn zutiefst. Er denkt an Rückzug aus der Politik, allerdings nicht, ohne der Presse zuvor noch eine redigierte Version dieser Depesche zukommen zu lassen – ohne Wilhelm davon in Kenntnis zu setzen. Er übergeht stillschweigend die Versöhnungsbemühungen Radziwills und die relative Gleichgültigkeit des Königs hinsichtlich des spanischen Throns und hofft, dass die Zeit ihm behilflich ist. Bismarck ist knapp und bündig: »Nachdem die Nachrichten von der Entsagung des Erbprinzen von Hohenzollern der Kaiserlich Französischen Regierung von der Königlich Spanischen amtlich mitgeteilt worden sind, hat der Französische Botschafter in Ems an S. Maj. Den König noch die Forderung gestellt, ihn zu autorisieren, dass er nach Paris telegraphiere, dass S. Maj. Der König sich für alle Zukunft verpflichte, niemals wieder seine Zustimmung zu geben, wenn die Hohenzollern auf ihre Kandidatur wieder zurückkommen sollten.

Seine Maj. Der König hat es darauf abgelehnt, den Franz. Botschafter nochmals zu empfangen, und demselben durch den Adjutanten vom Dienst sagen lassen, dass S. Majestät dem Botschafter nichts weiter mitzuteilen habe.«

Bismarck gibt sich Frankreich gegenüber nun kriegerisch. Er will auf diese Weise einen Ausweg aus der Sackgasse finden, in die er durch den König, der seine spanische Politik missbilligt, geraten ist. Der verletzte und erniedrigte Bismarck strebt danach, seine politische Vormachtstellung wiederherzustellen. Es gelingt ihm, Napoleon III. die Verantwortung für diesen Konflikt zuzuschieben, denn auf die Emser Depesche kann es keine andere Antwort als die Kriegserklärung geben. Der französische Kaiser wird zum Aggressor und das ganze deutschsprachige Volk steht hinter Bismarck. Der Krieg wird zum unfehlbaren Mittel für die Einigung des deutschen Volkes eingesetzt, die vor allem ihm am Herzen liegt. Er ist aber auch erbittert über die Ambitionen und Meinungsumschwünge in der Politik Napoleons und über die Arroganz der französischen Diplomaten. Die Wut siegt über die oberflächliche Herzlichkeit zwischen dem französischen Kaiser und dem preußischen Kanzler. Alle Gründe sind für Bismarck nun gegeben, um zur Tat zu schreiten.

Reaktionen der Regierung

Die von Bismarck redigierte Depesche erreicht Paris am 14. Juli. Die Regierung ist sprachlos. Ollivier, der zu unrecht von Benedettis diplomatischen Künsten überzeugt ist, wäre bereit gewesen, auf die langfristigen Garantien zu verzichten. Trotz der schwierigen Situation treffen Napoleon III. und der Ministerrat keine Entscheidung. Sie verweigern dem Kriegsminister die Genehmigung zur Einberufung der Reservisten und reagieren erst, als die internationale Presse den Affront gegen Frankreich verbreitet. Dadurch, dass Bismarck die ausländischen Regierungen informiert, wird Napoleon III., mit dessen Gesundheit es nicht zum Besten steht, zu einem von ihm nicht gewollten Kampf gezwungen. Es gibt allerdings mehrere Gründe, die für einen Krieg sprechen. Seine Armee ist stark – was Bismarck selbst anerkennt – und hat Russland und Österreich besiegt. Außerdem könnte er die Gelegenheit nutzen, um seinen Fehler von 1866 auszugleichen. Er muss auch der entzückenden Kaiserin Eugenie seine Stärke beweisen, die 18 Jahre jünger ist als er und sich zu einer überzeugten französischen Patriotin entwickelt hat. Napoleon hätte die Depesche einfach ignorieren können, aber er glaubt, weitere Verhandlungen mit Preußen nicht mit seiner Ehre vereinbaren zu können. Wilhelm I. ist über Benedettis Impertinenz empört, zögert aber, wie schon oft im Zivil- und Militärleben. Bismarck treibt ihn ständig zu den Waffen. Empfindet der König die Einmischung Frankreichs in preußische Angelegenheiten nicht als Demütigung?

Durch die Bewilligung von militärischen Sonderkrediten verschärft Frankreich die Lage. Um Europa von der Verantwortlichkeit Frankreichs zu überzeugen, lässt Bismarck der *Times* einen Vertragsentwurf zwischen Frankreich und Preußen zukommen, der sich auf eine Teilung Belgiens bezieht. Der Entwurf stammt aus dem Jahre 1866, was Bismarck verschweigt. England ist über die zynische Doppelzüngigkeit Frankreichs entrüstet. Auf italienischer Seite wird Victor-Emmanuel, ein alter Freund Napoleons, von den Republikanern Garibaldi und Mazzini davon abgehalten, sich der französischen Sache zu verschreiben. Kaiser Franz Joseph von Österreich und sein Premierminister Beust hätten bei dieser Gelegenheit gern Rache für Königgrätz genommen, aber die Doppelmonarchie wird von der ungarischen Aristokratie unter Druck gesetzt und muss neutral bleiben. Russland reagiert nicht, denn seine Armee ist nicht für einen Konfliktfall gerüstet.

Napoleon III., der ständig nach Bündnissen trachtet und von dem der Satz stammt »Ich werde nur Krieg machen, wenn ich die Hände voller Allianzen habe«, steht nun Preußen allein gegenüber. Sogar die Vereinigten Staaten, die die Intervention Frankreichs in Mexiko nicht vergessen haben, verweigern ihm militärische Unterstützung. »Mit einem Wort, die ganze zivilisierte Welt war neutral oder feindlich eingestellt. Nur Schweden und die Türkei hielten an der alten Freundschaft fest.«[5]

In Frankreich wie in Deutschland löst die Verkündung des Kriegs in allen Gesellschaftsschichten große Begeisterung aus. Preußen fühlt sich wieder auf dem Wege zur Militärmacht. Bismarck zeigt sich in Militäruniform und mit Pickelhaube. Frankreich glaubt sich unbesiegbar.

In Deutschland werden diese nationalistischen Ausbrüche durch die Überzeugung hervorgerufen, die Zeit für die deutsche Einheit sei gekommen. In Frankreich stehen sie mit dem Wunsch, einen hoheitlichen Platz unter den Nationen einzunehmen, in Verbindung. Davon wird nach zwei großen Kriegen nichts mehr übrig bleiben.

Der Krieg von 1870

Die französische Armee hat eine Stärke von 300 000 Mann und die gegnerische preußische mit den süddeutschen Verbündeten ist 450 000 Mann stark. Zu diesem zahlenmäßigen Unterschied kommt hinzu, dass die französische Armee Organisationsmängel aufweist, die die traditionsgemäß gut organisierte preußische Armee nicht hat. Die französischen Reservisten sind nicht in die Kampfeinheiten integriert. Die drei französischen Armeen beschränken sich im Grunde auf Armeekorps und Straßburg ist ohne Verteidigung. Die deutsche Offensive vom 4. August überrascht die Franzosen. Moltke verfügt über drei Armeen an der nördlichen Grenze des Elsass. Die erste Offensive betrifft Wörth und Wissembourg. Die französischen Kürassiere werden am 6. August bei Reichshofen von den Preußen und Bayern zurückgeworfen. Mac-Mahons Verteidigungsstellungen werden von Goersdorf bis Morsbronn durchbrochen. Die aus den ersten vier Kürassieren bestehende Division Bonnemain wird unter dem Feuer von 48 Kanonen und einer geschützten deutschen Infanterie vernichtet. Beide Gegner erleiden enorme Verluste. Mac-Mahon zieht sich hinter die Vogesen zurück, ohne die Tunnel zerstört zu haben. Die Preußen haben freien Zugang zur elsässischen Ebene und können Mac-Mahon verfolgen. Straßburg wird besetzt und ist unendlichen Gräueltaten ausgeliefert. Moltke kennt kein Pardon, er wünscht einen »Exterminationskrieg« und widersetzt sich dem entsetzten Bismarck, der zu Bedachtsamkeit aufruft. Mac-Mahon zieht sich in Richtung Metz zurück, wo die Truppen von Bazaine belagert sind. Er ist gezwungen, sich nach Sedan zu wenden und liefert dort eine Schlacht, die er verliert. Am 2. September wird ein Waffenstillstand unterzeichnet, bei dem 83 000 französische Soldaten dem Feind übergeben werden. Kaiser Napoleon III. erklärt sich zum Kriegsgefangenen und dankt ab.

Die Kampfhandlungen gehen jedoch weiter, angeheizt durch den Präsidenten der französischen Regierung der nationalen Verteidigung, Gambetta, und Thiers, den Chef der Exekutivregierung der Dritten Republik. Während Moltke Paris besetzt, wird der Krieg an der Loire fortgeführt.

Bismarcks erneute Appelle zur Mäßigung werden von Moltke, Scharnhorst und Gneisenau boykottiert. Die französischen Generäle Chanzy, Faidherbe und Bourbaki glauben währenddessen immer noch an ein mögliches Zurückdrängen der Deutschen hinter die Grenzen. Jedoch kapituliert die besetzte, ausgehungerte und bombardierte Stadt Paris am 28. Januar 1871. Der Friedensvertrag wird am 10. Mai unterzeichnet. Durch Frankreichs Widerstand nach Sedan wird der Sieger zu höheren Friedensforderungen angestachelt.

Das Schicksal des Elsass
Mit Ausnahme der Gegend um Belfort ist das Elsass von Preußen besetzt. Deutsch-Lothringen mit Metz und Thionville ereilt dasselbe Schicksal. Eine Million Elsässer und 14 500 Quadratkilometer Land werden deutsch. Frankreich wird zu einer Kriegsschuld von fünf Milliarden Goldfrancs, zahlbar innerhalb von drei Jahren, verurteilt.

Am 18. Januar 1871 nimmt der inzwischen mit dem Kaisertitel ausgezeichnete preußische König Wilhelm I. seine neuen Gebiete in der Spiegelgalerie des Versailler Schlosses in Besitz, anlässlich der Proklamation des aus dem Norddeutschen Bund und den süddeutschen Staaten bestehenden Deutschen Reiches. Bismarcks Wille hat seine Erfüllung gefunden. Er hat erreicht, dass der König von Preußen den Kaisertitel eines deutschen Reiches akzeptiert, auch auf die Gefahr hin, Preußen dadurch zu brüskieren. Wilhelm I. stellt erneut die Vorbehalte, die sein Vater, Friedrich Wilhelm IV., vor dem Frankfurter Bundestag zwanzig Jahre zuvor geäußert hat, zur Diskussion. Die Hohenzollern können keinesfalls akzeptieren, dass ihr Titel die Herrschaft über Preußen unterschlägt. Bismarck zögert nicht mehr, da er weiß, dass das Deutsche Reich unter preußischer Vorherrschaft stehen wird.

Während des Krieges mit Frankreich hat Bismarck das Ziel einer eventuellen Annexion Elsass-Lothringens niemals klar geäußert. Sein politischer Plan betrifft nur die Beziehungen Preußens zu den deutschen Staaten. Außerdem fürchtet er die durch eine Annexion hervorgerufenen Reaktionen des Auslands. Während der ersten Friedensgespräche scheint es, als wäre ihm nur an den Festungen gelegen und er hätte sich unter Umständen bereits mit ihrer Zerstörung zufrieden gegeben. Entgegen der Meinung der Militärs hält er die beiden Provinzen für die Sicherheit Deutschlands nicht für unabdingbar. Die sehr vereinfachende Propaganda, die das Elsass als eine unter dem preußischen Joch stehende Provinz darstellt, ist nicht nach seinem Geschmack.

Sein Sieg über die französische Armee erfüllt Bismarck mit Befriedigung. Mitte Januar regt er Wilhelm I. zu einem Friedensangebot an die Familie Bonaparte an, die nicht mehr in der Lage ist, Krieg zu führen. Obwohl er realisiert, dass das deutsche Volk seinen Vorschlag nicht akzeptieren wird, muss nach seiner Meinung das französische Reich in der Lage sein, »die Rolle einer wenn schon nicht verbündeten, so zumindest sympathisierenden Regierung zu spielen«.[6] Aber Bismarck weist den französischen Vorschlag zurück, die beiden französischen Provinzen gegen einige afrikanische Kolonien zu tauschen.

Aus drei Gründen hat er schließlich doch Elsass-Lothringen annektiert. Der erste ist, dass Bismarck aus dem preußischen Landadel der Junker stammt, einem Menschenschlag, der sich über Jahrhunderte für die Vergrößerung seines Vaterlands eingesetzt hat und für den Glück und Größe gleichzusetzen sind mit dem Besitz eines erweiterten Gebiets. Der zweite Grund steht in Zusammenhang mit der Unbeugsamkeit der Offiziere seines mehrheitlich preußischen Generalstabs. Nach Moltke verdient Frankreich eine brutale Behandlung. »Wir müssen mit allen unseren Kräften gegen dieses Volk von Lügnern kämpfen und es zermalmen«, äußert er gegenüber dem Kronprinzen. Der Krieg muss ein »Exterminationskrieg« sein. Moltke betrachtet sich als Handlanger eines rächenden Gottes einem unterlegenen, aufdringlichen und eitlen, von Rachegelüsten beseelten Volk gegenüber. Dieselbe Brutalität, mit der Ludwig XIV. zwei Jahrhunderte zuvor das deutsche Volk behandelt hat, sei angebracht. Der dritte Grund liegt in Bismarcks noch nicht endgültig gestorbener Hoffnung einer Erneuerung des Heiligen Römischen Reiches Deutscher Nation. Bismarck ist genauso nationalistisch eingestellt wie Moltke, jedoch will der eine diplomatisch, der andere militärisch vorgehen. Bismarck ist nicht in der Lage, diese Forderung zurückzuweisen. Er braucht die Armee zur Realisierung seines Plans eines Groß-Preußens. Die fortgesetzten Kampfhandlungen nach der Kapitulation von Sedan haben seinen Wunsch nach einem endgültigen Sieg verstärkt.

Das Reichsland Elsass

Vom 27. August bis 13. September 1870 wird Straßburg pausenlos vom deutschen General von Werder bombardiert und es werden sowohl militärische als auch zivile Ziele in Angriff genommen. Ganze Viertel werden ausgelöscht, das Münster schwer beschädigt und auch viele öffentliche Gebäude, Justizpalast, Bahnhof, Kirchen und Theater in Mitleidenschaft gezogen. Von Werder akzeptiert keinen Waffenstillstand und die einzige Lösung ist die Kapitulation. Diese Barbarei entsetzt die Elsässer mehr als die Annexion.

Durch ein gleich nach dem Frankfurter Vertrag erlassenes Gesetz vom 9. Juni 1871 wird das Elsass übergangslos dem Deutschen Reich einverleibt. Bismarck versucht, wohl wissend, dass eine Wiedereingliederung des Elsass und Lothringens in den deutschen Kulturraum nicht von heute auf morgen zu realisieren ist, die elsässische Bevölkerung zu schonen, gibt aber vor dem Reichstag seine Unbeugsamkeit zu erkennen. Er möchte den »französischen Lack auf der Oberfläche zersplittern« und gewährleisten, dass Elsass und Lothringen »ihre wahre deutsche Natur wieder finden«. Das neue Reichsland untersteht der direkten Machtbefugnis des Kaisers und seines Kanzlers und wird von einem Oberpräsidenten regiert, der mit außergewöhnlichen Machtbefugnissen ausgestattet ist, die es ihm erlauben, eine deutsche Verwaltung einzusetzen, jeden Aufstand im Keim zu ersticken und Deutsch als offizielle Sprache durchzusetzen. Eduard von Möller, Oberpräsident von 1871 bis 1879, hat dieses Amt aufgrund seiner Kompromisslosigkeit bekommen. Er setzt *Assemblées départementales* ein, die mit den Deutschen und einem kleinen, aus den *conseils généraux* hervorgegangenen Parlament, das nur eine beratende Funktion hat, zusammenarbeiten. Die Aufgabe dieser Institutionen ist es, die Protestanten im Elsass zu unterstützen.

1879 werden die Provinzialbefugnisse durch Ernennung eines Statthalters und die Einrichtung eines Ministeriums für Elsass-Lothringen, das aus einem Minister und vier Unterstaatssekretären besteht, ausgedehnt. Nach der Reichsverfassung von 1874 kann das Elsass Abgeordnete in den Reichstag entsenden. Die ersten fünfzehn gewählten Abgeordneten waren nicht in die französische Vorkriegspolitik verwickelt und es handelt sich durchweg um Protestanten. Sie können sich im Reichstag kein Gehör verschaffen.

Die Elsässer haben das Recht, »sich für Frankreich zu entscheiden«, um durch ihren Wegzug das Elsass von eventuellen Widerständlern zu bereinigen. Die Zahl der Emigranten beläuft sich auf 238 642, die vor allem der höheren Gesellschaftsschicht angehören und leicht Arbeit in Frankreich finden können. Unter ihnen sind viele Juden, die den Antisemitismus Preußens und Bismarcks fürchten, auch wenn Bismarck 1869 einen den Juden das Bürgerrecht zugestehenden Gesetzesentwurf unterstützt hat. Erst 1911, vierzig Jahre später, wird das Elsass aufgrund eines konzilianteren politischen Systems ein gleichberechtigtes Land mit gesetzgebender, juristischer und fiskaler Gewalt. Berlin behält aber ein Vetorecht.

Während von Möllers Amtszeit hat das Elsass seine Annexion sehr schlecht verkraftet. Die Religion hatte in dieser Provinz schon immer einen hohen Stellenwert und die anti-katholische Haltung Preußens hat die Bevölkerung aufgebracht, umso mehr als sich nicht sehr viele Protestanten der Besatzungsmacht anschließen. Der obligatorische deutsche Militärdienst findet keinen Anklang. Die Verdeutschung der Verwaltung, der Justiz, der Universitäten und der Schulen wird dem von Wilhelm I. im August 1870 gegründeten General-Gouvernement des Elsass übertragen und fällt in den Aufgabenbereich von zwei Preußen, Friedrich Alexander von Bismarck-Bohlen und Friedrich Herbert von Kühlwetter. Der Nachfolger von Möllers ist, von 1879 bis 1885, der auf eine glorreiche militärische Vergangenheit zurückblickende Marschall von Manteuffel. Diese tolerante Persönlichkeit wird von den Notabeln respektiert, was ihn in den Augen Bismarcks suspekt erscheinen lässt. Von Manteuffel möchte Ruhe im Elsass einkehren lassen, die Annexionspolitik aber dennoch fortsetzen. Wegen der für Deutschland negativ ausfallenden Wahlen 1881 und 1884 greift er jedoch auf energischere Maßnahmen zurück, wie die Ausbürgerung französischer Unternehmen, die noch auf elsässischem Boden verblieben waren. Sein Nachfolger Fürst Hohenlohe verfolgt diese harte Politik weiter, indem er deutsche Beamte kommen lässt und das tägliche Leben verdeutscht.

Bismarck ist im annektierten Elsass so unpopulär, dass er eine Reise in dieses neue Land nie riskiert. Das Elsass ist seiner neuen Nationalität gegenüber derart ablehnend eingestellt, dass der Nachfolger Bismarcks, General von Caprivi, 1895 verbittert feststellt, dass »nach 19 Jahren Annexion der deutsche Geist im Elsass keinen Fortschritt gemacht hat«.

Jedoch kann sich die Geschichte nicht auf den zwischen Preußen und der eroberten Provinz herrschenden Manichäismus beschränken, wie er so oft in den Revancheschriften zum Ausdruck kommt. Dagegen steht die lange Vergangenheit der kulturellen, religiösen, sozialen und wirtschaftlichen Übereinstimmung des Elsass mit den Nachbarländern des rechten Rheinufers. Immer schon hat Straßburg die Deutschen – Universitätslehrer, Händler und Arbeiter aus Baden, Württemberg und der Pfalz – angezogen und auch, allerdings in geringerem Maße, aus Bayern und Hessen, die nie das Gefühl hatten, eine Grenze zu überschreiten. In der Zeit der konstitutionellen Monarchie und des *Second Empire* gibt es acht bis zehn Prozent Mischehen in der Bevölkerung Straßburgs.

Zahlreiche deutsche Großstädte haben ihren Beitrag zur Beseitigung der Kriegsschäden geleistet. Durch diese lange interkulturelle Vergangenheit kommt es in der intensivsten Zeit der Verdeutschung nicht zu Aufständen. Die Provinz Elsass hat nach und nach ihren Hass auf die Unerbittlichkeit Preußens gerichtet und dabei die anderen Länder außer Acht gelassen.

Von 1890 bis 1914 wird das Elsass allmählich deutsch, aber nicht preußisch. Der von Nationalisten aller Couleur hervorgehobene unausrottbare Antagonismus zwischen dem Elsass und Deutschland muss in milderem Licht gesehen werden. Nachdem das Unglück in Vergessenheit geraten ist, hat sich eine tatsächliche Annäherung an das Deutsche Reich vollzogen, sodass schließlich von einer Fusion der beiden Länder die Rede sein kann. Auch wenn es bis zu Beginn des 20. Jahrhunderts immer noch Oppositionelle gibt, haben allmählich alle Gesellschaftsschichten aufgehört, die Besatzungsmacht zu ignorieren. Die Mischehen, die zu Beginn des 20. Jahrhunderts 25 Prozent ausmachen, haben sicher dazu beigetragen. Die preußische Eiserne Hand ist der zunehmenden Selbstverwaltung der Provinz gewichen und dies umso mehr, als das Reich, das um sein Image bemüht ist, großen Verdienst um die Modernisierung Straßburgs hat. Die Universität, das Krankenhaus und andere öffentliche Gebäude werden renoviert, Kirchen und eine Synagoge erbaut und die Altstadt durch eine Neustadt mit wissenschaftlichen Instituten, Präsidentenpalast, Universitätsbibliothek und Ministerien erweitert. Bei den ersten Universitätslehrern handelt es sich um hochqualifizierte Deutsche. Deutsche Studenten kommen an die erneut ihren früheren Rang einnehmende Straßburger Universität, die ihren Beitrag zur Verbreitung des deutschen Gedankenguts leistet.

Die Elektrifizierung macht in dieser Zeit enorme Fortschritte. Das Straßenbahnnetz und die Straßenbeleuchtung können modernisiert werden. Durch die Eisenbahn werden die Industrie- und Handelsbeziehungen mit dem »alten Deutschland« verstärkt. Zur Jahrhundertwende erfährt die Wirtschaft einen neuen Aufschwung und erreicht ein unverhofftes Niveau. Nachdem Elsass-Lothringen den Status eines deutschen Landes erreicht hat, nehmen die Protestwahlstimmen ab. Dennoch gibt es immer wieder Anlass zu Unzufriedenheit hinsichtlich der unterdrückten französischen Kultur, der Schwierigkeiten beim Briefverkehr mit den ins »innere Frankreich« gezogenen Elsässern und weiteren deutsch-französischen

Inkompatibilitäten. Jedoch vergessen die Elsässer allmählich die französische Niederlage und dies umso mehr als der Boulangismus, der Antiklerikalismus, der Panama-Skandal und die Dreyfus-Affäre das Image Frankreichs angekratzt haben. Die Spannung mit Frankreich lässt etwas nach, als General Boulanger, der den französischen Kommissar der Grenzpolizei, Schnaebele, fälschlicherweise der Spionage bezichtigt hatte, im April 1887 zurücktritt.

Die neue Generation, die in den ersten Jahren des 20. Jahrhunderts die Geschicke leitet, sieht sich mit einer liberaleren kaiserlichen Politik, einer gelockerten Zugehörigkeit zu Frankreich und der Wiedereingliederung ihrer Provinz in die Länder des Rheins konfrontiert. Das politische Leben hat zu seiner Normalität zurückgefunden und in großem Maße die deutschen politischen Parteien inspiriert. Die Sozialdemokratie erweist sich, neben einer liberalen Strömung und einer religiösen Partei, als sehr aktiv. 1893 wird der deutsche Sozialist und Kritiker des Deutsch-Französischen Krieges, Bebel, in den Stadtrat von Straßburg gewählt. Die Führer sind oft deutschen Ursprungs.

Allmählich tritt eine doppelte elsässische Zugehörigkeit zutage, die sich aus Erinnerungen an eine französische Präsenz und dem Gefühl, die deutschen Wurzeln wiedergefunden zu haben, zusammensetzt. Straßburg ist eine reiche deutsche Reichsstadt geworden. Daran ändern auch der tägliche Gruß der konservativen Studenten am Denkmal von Kléber und die Aufmärsche ihrer Kamaraden in Paris vor dem Denkmal der Stadt Straßburg auf der *Place de la Concorde* nichts. Natürlich bleiben frankophile, aktive Gruppierungen mit eigener Presse bestehen. Eine politische Bewegung entsteht, die sich zum elsässischen Partikularismus bekennt und die politische Autonomie verlangt. Auch Intellektuelle, Maler und Lehrer der Hochschule der Künste glorifizieren das Elsass als Einheit.

Durch den Wahnsinn der politischen Führer und die Rachegelüste Frankreichs wird die ganze westliche Welt 1914 wieder dem Abgrund entgegentaumeln.

Preußens Agonie

Die 25 Staaten des Deutschen Reichs sind autonom und verwalten ihre Angelegenheiten selbst. Bismarck ist sich darüber bewusst, dass das Reich nur unter dieser Voraussetzung entstehen kann. Preußen hat indessen im Bundesrat durch seine 17 Stimmen eine Führungsrolle und kann Gesetzesvorlagen blockieren. Das Königreich Preußen nimmt 65 Prozent der Fläche des Reichs ein und beherbergt 62 Prozent seiner Einwohner.[1] Preußen hat sich auch das Recht angeeignet, die Außenpolitik des Reichs zu bestimmen. Sein Kaiser ist Oberbefehlshaber der gesamten Militärkräfte.

Das Reich ist eine konstitutionelle, aber keine parlamentarische Monarchie. Der Reichstag wird durch das allgemeine Wahlrecht gewählt, aber die Abgeordneten können den Kaiser nicht absetzen. Durch das Drei-Klassen-Wahlrecht wird, von 1879 bis 1918, eine konservative Mehrheit in der Abgeordnetenkammer begünstigt. Der Kaiser bestimmt Kanzler und Regierung. Es gibt keine Minister, sondern mehr oder weniger gefügige Staatssekretäre, die aus der Verwaltung und nicht aus der Politik kommen.

Bismarck gründet mit dem Reich eine auf Dauer ausgerichtete Institution. Er hofft sicher, es möge dem Heiligen Römischen Reich Deutscher Nation (das tausend Jahre bestand) oder Preußen (das siebzig Jahre, von 1701 bis 1871, existierte) an Festigkeit nicht nachstehen.

Innenpolitik

Bismarck hat in diesem Reich, dem er ein preußisches Gerüst geben will, freie Hand. Er stützt sich vor allem auf die politische, militärische und gesellschaftliche Elite, die an den Traditionen ihrer Vorfahren, der Junker, festhält. Das Offizierskorps besteht im wesentlichen aus Junkern und nur einer Minorität von Bürgerlichen gelingt der Eintritt.

Die Verwaltung wird vom preußischen Adel und von nach den preußischen Tugenden – Patriotismus, Disziplin, Arbeit und die Lehre Luthers – erzogenen Bürgerlichen geprägt. Der Konservatismus beherrscht die politische Bühne. Die

Mehrheit der konservativen Abgeordneten kommt aus den preußischen Provinzen. Der Landadel stellt eine mächtige Lobby dar, die im Regierungs- und Verwaltungsapparat stark vertreten ist. Ihr gelingt es 1879, die Freihandelspolitik abzuschaffen und die Importe einzuschränken. Maßnahmen gegen Katholizismus und Sozialismus, gegen die von Bismarck so genannten »Reichsfeinde«, werden eingeleitet.

Als Kulturkampf wird der Kampf Bismarcks gegen die katholische Kirche bezeichnet. Er wird darin von Adalbert Falk, dem preußischen Kultusminister, unterstützt. Seit der Reichsgründung 1871 sieht sich Preußen mehreren katholischen Ländern im Westen (Rheinland und Westfalen) und Süden (Württemberg und Bayern) gegenübergestellt. Die Katholiken stellen ein Drittel der Reichsbevölkerung und werden als störend empfunden. Sie haben gegen die Reichsgründung opponiert und hängen dem Dogma der Unfehlbarkeit des Papstes an, durch das ihre Reichszugehörigkeit in Frage gestellt werden kann. Bismarck hasst die katholische Zentrumspartei, die bereits 1871 24 Prozent der Stimmen erhielt und seitdem einen ständigen Aufschwung erfährt.

Die durch Bismarck ausgeübten Repressionen sind heftig. Zu Hunderten werden Gläubige und Ungläubige ins Gefängnis geworfen oder mit Strafen belegt und Hunderte von Mönchen und Nonnen werden ausgewiesen oder eingesperrt. Die Partei des Zentrums leistet einen solchen Widerstand, dass Bismarck letztendlich aufgibt. Zu Beginn der Achtzigerjahre zeichnet sich ein Kompromiss ab, aber die deutschen Katholiken werden sich lange Zeit an die preußische Unbeugsamkeit erinnern.

Bismarck erklärt auch der Sozialdemokratie und ihrer Speerspitze, der Sozialdemokratischen Arbeiterpartei, den Krieg. August Bebel hat schon bei Eröffnung des ersten Reichstags 1871 mit einer Lobrede auf die Pariser Kommune gegen Bismarck opponiert. Ferdinand Lassalle ist 1864 gestorben, wodurch ein Bündnis mit dem Allgemeinen Deutschen Arbeiterverein nicht mehr möglich ist. Bismarcks Ziel ist es, die Liberalen auszuschalten. Der Kanzler duldet nicht, dass die Arbeitermassen unter Übergehung der Großgrundbesitzer und der Finanziers ihr Recht verlangen.[2] Die Sozialgesetze sind nur ein Köder. Die Sozialdemokratische Partei ist in stetigem Aufschwung begriffen. Bei den Wahlen 1871 erringt sie 3,2 Prozent der Stimmen, 1877 9,1 Prozent und 19 Prozent im Jahre 1890.

1878 gelingt es Bismarck, das bis 1890 gültige Sozialistengesetz durchzubringen und somit den Sozialismus offiziell zu bekämpfen. Jedoch gewinnt dieser ebenso schnell an Terrain, wie sich die Industrialisierung an Rhein und Ruhr entwickelt, und Bismarck kann sich nicht erlauben, das Zentrum zu verlieren. Er erleidet hinsichtlich seiner sowohl gegen die Linke als auch gegen die Katholiken gerichteten

Politik eine Niederlage. Ein Bündnis aus Links- und Rechtsparteien, sowie der katholischen Zentrumspartei verhindert 1890, dass dieses Gesetz weiterhin Gültigkeit behält.

Durch seine militärischen Siege ist Bismarck im Volk sehr populär, auch bedingt durch die Unterstützung Wilhelms I., der sich der Qualitäten seines Ministers bewusst ist. Aber Bismarck stößt auch auf große Ablehnung. Die königliche Familie ist ihm feindlich gesonnen, da sie seinen tyrannischen und impulsiven Charakter, gepaart mit mimosenhafter Empfindlichkeit, nicht ausstehen kann. Die Katholiken und Polen der Ostprovinzen (Litauen und Masuren) stehen der deutschen Kolonialisierung abweisend gegenüber und begehren auf. Viele Abgeordnete lehnen ihn ab. Die parlamentarische Opposition behindert seine Legislativ- und Budgetentwürfe, die eine Mehrheit im Reichs- wie auch im Bundestag erfordern.

Von 1871 bis 1877 findet Bismarck problemlos Unterstützung durch eine nationalliberale Mehrheit. Die zu erwartenden Schwierigkeiten entstehen durch die Linksliberalen, den Historiker Theodor Mommsen und den Arzt Rudolf Virchow, die ein Versinken Deutschlands in »Kult um Macht, Stärke, materiellen Erfolg, Nationalstolz, Nichtachtung der Schwachen und Fremden«[3] fürchten. Die Lage verschärft sich durch die Forderung der Nationalliberalen nach verstärkter parlamentarischer Macht, einer Anpassung der Handelspolitik und durch den Anschluss des Zentrums an diese aufrührerische Bewegung. Als geschickter Taktiker stützt sich Bismarck auf die durch den beendeten Kulturkampf besänftigten Katholiken und variable Mehrheiten, die nicht mehr von der nationalliberalen Partei beherrscht werden. Seit seinem Regierungsantritt 1862 ist die Unabhängigkeit der Armee eine seiner Prioritäten. Er erreicht dieses Ziel kraft einer Parlamentsmehrheit, die ihm den Militärhaushalt für jeweils sieben Jahre bewilligt.

Jedoch verdirbt es sich der Kanzler schließlich mit vielen. Die Linksliberalen betrachten ihn als gefährlichen Autokraten und die Konservativen hätten mehr von ihm erwartet, was das Hin und Her zwischen Freihandel und Protektionismus erklärt. Die Nationalliberalen fühlen sich von ihm verraten. Seine Außenpolitik hingegen wird von allen Parteien anerkannt. Nach dem Sieg 1871 sorgt er für Bündnisse, um einem Racheakt Frankreichs zuvorzukommen: zwischen Deutschland, Russland und Österreich (Dreikaiserbündnis), zwischen Deutschland, Österreich und Italien (Dreibund), zwischen Deutschland, Österreich und Rumänien und zwischen England, Österreich und Italien.

»Die Stunde der großen Gefahr für unser Land wird schlagen, wenn Frankreich wieder den europäischen Monarchien würdig erscheint, in ein Bündnis aufgenommen zu werden«,[4] ahnt er. Er hält dieses Netzwerk für fähig, einen Beitrag zu dem von ihm ernsthaft erhofften Frieden zu leisten.

Der letzte Kaiser

Der alte Kaiser Wilhelm stirbt am 9. März 1888 im Alter von 91 Jahren. Sein Sohn Friedrich III. regiert nur wenige Monate, bevor er einem Kehlkopfkrebsleiden erliegt. Wilhelm I. hat nicht den Mut, Bismarck zu entlassen, obgleich viele Gründe dafür sprechen.

Der Sohn Wilhelms I. wird 1888 als Wilhelm II. Kaiser des Deutschen Reichs und Preußens und wird es dreißig Jahre lang bleiben. Er ist impulsiv und intelligent, aber oberflächlich. Er ist sich seiner Würde bewusst und liebt Glanz und Gloria der Armee. Hinter dem Federbusch verbirgt sich ein unsicherer und nicht sehr ausgeprägter Charakter, der mit der angeborenen Atrophie seines linken Arms und der mangelnden Fürsorge seiner Mutter, der königlichen Prinzessin Victoria von England, zusammenhängt.

Der ungeduldige und stolze Kaiser kann sich mit einem so imposanten und dickköpfigen Kanzler wie Bismarck nicht arrangieren. Es ist ihnen unmöglich, einen Konsens hinsichtlich der Sozialgesetze zu finden, die der Kaiser zu erlassen beabsichtigt, um die immer größeren Zulauf findende Sozialdemokratische Partei zu neutralisieren. Darüber hinaus haben sie unterschiedliche Auffassungen bezüglich der Außenpolitik. »Jetzt bin ich endlich Kaiser«, kommentiert Wilhelm II. das Demissionsschreiben Bismarcks,[5] den 1890 der diskretere und servile General Leo von Caprivi ersetzt.

Bei seinem Regierungsantritt findet Wilhelm II. ein in einem umwälzenden Entwicklungsprozess befindliches Reich vor. Zwischen 1871 und 1914 schnellt die Einwohnerzahl auf 67,4 Millionen in die Höhe. Deutschland ist eine große Industriemacht geworden, besonders im Bereich der Chemie, Elektrik und Mechanik, und nimmt den zweiten Rang im weltweiten Vergleich ein, noch vor den Vereinigten Staaten und oft (aber nicht immer) hinter England. Auch die Wissenschaftsentwicklung geht rasant voran. Besonders die deutsche Medizin nimmt auf Weltniveau den ersten Rang ein und das Berliner Krankenhaus Charité ist Quelle für neue Entdeckungen.

Emil von Behring (1854–1917) entdeckt ein Serum gegen Diphtherie und bekommt den Nobelpreis, den auch Robert Koch (1843–1917) für die Entdeckung des Tuberkelbazillus und des Cholera-Erregers erhält. Rudolf Virchow (1821–1902) ist Begründer der Zellularpathologie.[6] Hermann von Helmholtz (1821–1894) sind die Grundlagen der modernen Neurophysiologie zu verdanken.[7] Alle diese Arbeiten finden Unterstützung durch die Regierung Wilhelms II. Die Auseinandersetzung zwischen Louis Pasteur (1822–1895) und Robert Koch reflektiert eine unerbittliche Wissenschaftskonkurrenz. Pasteur bedauert die mangelnde Unterstützung der französischen Regierung im Vergleich zur deutschen.[8]

Im Gegensatz zu seinem Vorgänger schließt Wilhelm das ganze Reich in seine Politik ein, was die Wahl der Kanzler bezeugt. Der Kanzler von 1894 bis 1900, Fürst Chlodwig von Hohenlohe-Schillingsfürst, ist ein Bayer. Bernhard von Bülow, der von 1900 bis 1909 das Kanzleramt innehat, stammt aus Mecklenburg und Theobald von Bethmann-Hollweg (1909–1917) aus einer reichen Frankfurter Bankiersfamilie. Georg von Herling (1917–1918) ist Bayer, ebenso wie Fürst Max von Baden (Oktober bis November 1918).

Die Industriegebiete befinden sich im Westen, aber Berlin bleibt Reichshauptstadt, in der der Kaiser das Sagen hat. Der Kult um das »Alte Preußen« mit seiner Strenge, seinem Pomp, seinem Militär und seinen ostelbischen Junkern bleibt bestehen. Wilhelm II. lässt keine Gelegenheit aus, um den Glanz seines Hofes mit blinkenden Uniformen, Militärparaden und Bällen zu demonstrieren.[9] Er umgibt sich mit Aristokraten und trägt gerne eine Pickelhaube über seinem gezwirbelten Schnurrbart. Deutschlands kultureller Einfluss hat seinen Höhepunkt erreicht. Alle Künste sind in Berlin vertreten. Czernowitz an der ukrainischen Grenze und Dorpat in Estland sind deutschsprachige Universitäten. Die Macht des Reiches erstreckt sich auf alle Bereiche. Durch die Annexion Elsass-Lothringens wird an die Idee eines germanischen Siegfried-Deutschlands angeknüpft.

Wilhelm II. liebt das Meer. »Unsere Zukunft liegt auf dem Wasser«, ruft er von seiner Jacht.[10] Er verstärkt die deutsche Marine, zuerst um den Handel zu schützen und dann, ab 1897, um durch eine Militärflotte, die in der Lage ist, mit der weltstärksten englischen Flotte zu rivalisieren, die Meere zu beherrschen. Mit diesem Programm wird Admiral Tirpitz betraut.

Zu der Zeit beherrscht England mit seinem Empire den Westen und die Welt. Wilhelm II. könnte sich mit England verbünden, aber seine Ambitionen in der Seeschifffahrt verbieten es. Verhandlungen des Diplomaten Joseph Chamberlain scheitern. Durch die Überbewaffnung Deutschlands wendet sich England Frankreich und Russland zu. Die *Entente cordiale* zwischen Frankreich und England wird 1904 unterzeichnet und der englisch-russische Vertrag 1907.

Der Kaiser stürzt sich in Abenteuer und Missionen in fernen Ländern, zu denen er von Militärs, Industriellen und einigen Abenteurern angeregt wird. In Jerusalem gründet er ein protestantisches Bistum und beunruhigt damit die Engländer. In Marokko will er die Ambitionen der Franzosen durchkreuzen, doch trotz der Entsendung eines Kanonenboots nach Agadir bleibt Marokko in französischer Hand. Die deutsche Expansionspolitik sorgt für Unruhe bei den Engländern im Iran, die ihr traditionelles Einflussgebiet durch eine geplante Eisenbahnstrecke zwischen Berlin und Bagdad gefährdet sehen. In China trägt Wilhelm zur Zerstückelung des Landes bei.

Diese Weltpolitik wird von ganz Deutschland begrüßt, mit Ausnahme der Revolutionäre (Rosa Luxemburg und Karl Liebknecht) und der immer mehr Zulauf findenden Sozialdemokraten, die bei den Wahlen von 1911 ein Drittel der Stimmen erhalten haben. Die öffentliche Meinung steht hinter der aggressiven Politik ihrer politischen Führer. Die großen Industriekapitäne sind konservativ und nationalistisch eingestellt. Die hohen Funktionäre sind stolze Diener des Reichs. In der Armee herrscht der Dünkel vor.

Der Kolonialverein und der Flottenverein, der eine Million Mitglieder zählt, unterstützen Tirpitz. Der Alldeutsche Verband vertritt ein Programm der Unterstützung der deutschen Minoritäten in Zentral- und Osteuropa. Eine oppressive Germanisierungspolitik wird in den Polen entrissenen Provinzen und in Elsass-Lothringen verfolgt. In der führenden und mittleren Gesellschaftsschicht macht sich ein Antisemitismus bemerkbar, der konträr zu der seit Jahrhunderten praktizierten Emanzipations- und Assimilationspolitik der Juden steht.

Seit dem Soldatenkönig und Friedrich II. stützt sich Preußens Macht auf die Armee, die weitestgehend dazu beigetragen hat, den französischen Kaiser Napoleon I. auszuschalten. Durch drei siegreiche Kriege konnte Bismarck das Deutsche Reich gründen. Die preußische Armee gehorcht aber nur den Befehlen des Königs. In den Verfassungen von 1850 und 1871 hütet sich Bismarck, eine politische Struktur zu schaffen, die die Armee autonom macht. 1866 und 1870/71 ist es ihm mit mehr oder weniger großen Schwierigkeiten gelungen, die Forderungen des Generalstabs einzudämmen.

Wilhelm II. führt insofern eine Änderung herbei, als er die Militärordnung über die Zivilordnung erhebt. Kanzler von Bülow hat die von Admiral Tirpitz mit des Kaisers Unterstützung verfolgte Flottenpolitik gedeckt und sein Nachfolger Bethmann-Hollweg konnte sich trotz der Bitten Englands nicht gegen Tirpitz durchsetzen. Dass sich die Armee die Macht angeeignet hat, wird auch durch den Plan des Grafen General von Schlieffen, der 1894 an die Spitze des Generalstabs berufen wird, bewiesen. Der Plan des alten Moltke sah im Falle eines Angriffs auf eine doppelte Front im Osten und Westen vor, sich als besten strategischen Zug zuerst mit der Ostfront zu beschäftigen. Schlieffen setzt das Gegenteil, die Westfront, durch, wodurch die seit 1831 von den europäischen Mächten garantierte Neutralität Belgiens gefährdet ist.

Diese strategisch gefährliche Entscheidung wird diskussionslos vom Kaiser akzeptiert. Wilhelm II., grenzenloser Bewunderer der militärischen Sache, wollte nie seinem Generalstab widersprechen, der sich inzwischen in Bezug auf den Kaiser zu einer »Gegenmacht«[11] entwickelt hat und es bis zum Zweiten Weltkrieg bleiben wird.

Die Emanzipationsbestrebungen der Armee, das Fehlen von Direktiven seitens der Kanzler und des Kaisers gegenüber ihren Generälen ist in der Geschichte Preußens noch nie dagewesen und wird bei dem bevorstehenden Konflikt eine katalysatorische Wirkung entfalten.

Der Erste Weltkrieg

Das seit 1871 von Bismarck aufgezogene schützende Netz aus Bündnissen zerreißt beim Übergang vom 19. zum 20. Jahrhundert. Großbritannien, durch Deutschlands Ambitionen im maritimen Bereich irritiert, unterzeichnet 1904 eine *Entente cordiale* mit Frankreich, nicht zuletzt wegen der Ansprüche Wilhelms II. auf Marokko.

Der deutsche Kaiser liebt seine Mutter, die Tochter der Königin Victoria, nicht. England zahlt ihm das heim: sein Onkel, der Erbprinz, bezeichnet ihn als »schlecht erzogenen Jungen«. Daraufhin ergreift Wilhelm Partei für die Buren im südafrikanischen Transvaal, die von dem zahlen- und kräftemäßig tausendfach überlegenen England angegriffen werden. Er schickt ein Unterstützungsschreiben an Präsident Kruger, der den Unabhängigkeitskrieg (1899–1902) gegen die Briten führt. Dieses Verhalten stößt auf Unverständnis in London. Die Anglophobie ist unter den deutschen Stahlindustriellen, Reedern und Großhändlern verbreitet, die von der Flottenentwicklung profitieren können. Die wohlwollende Neutralität, die England dem Bismarckdeutschland gegenüber an den Tag legte und die für die Reichsgründung nützlich war, gehört der Vergangenheit an. Russland verübelt Wilhelm II. den Plan der Bagdad-Bahn, die die russischen Ambitionen hinsichtlich der Meerengen in Frage stellt.

Der Mord an Erzherzog Franz Ferdinand von Österreich in Sarajewo am 28. Juni 1914 setzt dieses instabile Europa in Flammen. Das Attentat wird von serbischen Nationalisten verübt. Darauf entsteht eine Kettenreaktion, Österreich gegen Serbien, Russland gegen Deutschland, Frankreich und England gegen Deutschland, das nur noch ein durch interne Querelen geschwächtes Österreich als Verbündeten hat. Deutschland ist zwischen zwei Fronten geraten, eine von Bismarck gefürchtete Situation. Auch zur Türkei besteht keine Verbindung mehr.

Frankreich macht am 1. August 1914 mobil und am 4. August erklärt England den Krieg. Den Durchmarsch der deutschen Armee durch das neutrale Belgien gemäß dem Schlieffen-Plan kann England nicht akzeptieren. Deutschland will Frankreich vernichten, um sich dann Russland zuzuwenden. Die in Belgien siegreiche deutsche Armee dringt nach Frankreich bis zur Marne, unweit von Paris, vor. Der französische General Joffre tritt einen geordneten Rückzug an, um am

5. September 1914 die Gegenoffensive zu starten. Durch die Marneschlacht werden die Deutschen in die Champagne zurückgeworfen. An der Ostfront werden die Russen aus Ostpreußen verdrängt.

Die ersten Siege entfachen in Deutschland eine Welle der nationalen Begeisterung, die alle Gesellschaftsschichten ergreift. Kriegslieder werden angestimmt. Die Intellektuellen prangern den *morbus gallicus* an. Schriftsteller, unter ihnen Thomas Mann, der dies später bereut, ergehen sich in Lobpreisungen über die germanische Rasse und die Annexionen der Grenzgebiete. Die patriotische Begeisterung ist einhellig und betrifft alle politischen Lager.

In Frankreich ist dasselbe Phänomen zu beobachten. Die Sozialisten der Regierung Viviani beteiligen sich an der *Union sacrée* und die Konservativen überwinden ihre Aversion gegen eine Linksregierung. Die Hoffnung, den Deutschen Elsass-Lothringen wieder zu entreißen, ist ein Leitmotiv geworden und macht die Leiden und den Verlust der ersten Soldaten erträglich. Auf deutscher Seite hat die Militärmacht die politische Macht vollständig verdrängt. Beide Länder stecken in der Kriegssituation fest. An der Westfront findet mit den Grabenkämpfen ein Stellungskrieg statt, der viele Menschenleben kostet. Die Gegner scheitern auf beiden Seiten mit ihren jeweiligen gigantischen Offensiven. Die deutschen und französischen Generalstäbe entscheiden sich daraufhin für einen Abnutzungskrieg, der auf beiden Seiten Millionen von Menschenleben kostet.

Nachdem die deutschen und österreichisch-ungarischen Heere im Osten den russischen Angriff zurückgeworfen haben, gehen sie in der russischen Weite verloren. Italien tritt 1915 in den Krieg gegen Deutschland ein, trotz eines gescheiterten französisch-englischen Angriffs in den Dardanellen, der als Neutralisierung der Türkei und Hilfestellung für Russland konzipiert war. Deutschlands Verteidigung besteht in einem unerbittlichen Unterwasserkrieg, unter dem besonders England leidet. Provoziert durch die Aggressivität der deutschen U-Boote ändern die Amerikaner ihre Einstellung und treten, unter Aufgabe ihrer Neutralität, am 6. April 1917 an der Seite der Alliierten in den Krieg ein.

Ab 1915 werden sowohl in Frankreich als auch in Deutschland im linken Lager Friedensideen verbreitet, die in Frankreich zu großer politischer Instabilität und sozialen Protesten führen. Auf deutscher Seite unterstützen Rosa Luxemburg, Karl Liebknecht, Friedrich Ebert und der Journalist Philipp Scheidemann die überall, insbesondere in den Waffenfabriken, ausbrechenden Streiks. Später wird es heißen, die Linke habe den tapferen Frontkämpfern den Dolch in den Rücken gestoßen.

In Verdun an der Westfront erleiden die Deutschen 1916 eine blutige Niederlage. Die Ostfront löst sich Anfang 1917 auf und wird zum Feld einer politischen Auseinandersetzung. Der Wunsch des russischen Volks nach Beendigung des Kriegs ist einer der Faktoren, die die Revolution auslösen. Der militärische Niedergang wird dadurch nicht verhindert, sondern der Aufstieg der Bolschewikenführer Lenin und Trotzki begünstigt, die, indem sie sich für den Frieden einsetzen, ihre Macht über ganz Russland festigen wollen. Sie unterzeichnen mit Deutschland am 3. März 1918 den Friedensvertrag von Brest-Litowsk, durch den sie Polen, die baltischen Staaten und Weißrussland an Deutschland abtreten und die Unabhängigkeit der Ukraine anerkennen. Nach Lenin muss man »Gebiet verlieren, um Zeit zu gewinnen«. Diese Vereinbarung kommt Deutschland entgegen: die Ostfront wird aufgelöst und die Truppen heimgeholt. Die Rückkehr vollzieht sich langsam und eine pazifistische Strömung bleibt in der Armee bestehen. In beiden Lagern herrscht Unsicherheit. Ein möglicher Ausweg aus dieser Lage ist für beide Länder der Ruf an außergewöhnliche Persönlichkeiten.

Ende des Kriegs

Raymond Poincaré ernennt 1917 Georges Clemenceau zum Ministerpräsidenten Frankreichs. In seiner Person tritt er an die Stelle der *Union sacrée* und weckt wieder Vertrauen im Volk, indem er keinen Kompromissfrieden eingeht. Seine Strategie ist einfach und lautet: »Ich mache Krieg«, »das Volk wird anerkennen, dass es verteidigt wird«.[12] Die französische Armee wirft die deutschen Truppen zurück, die von März bis Juli 1918 versuchen, vor Ankunft der in den Krieg eingetretenen Amerikaner die Front zu durchstoßen.

Auf deutscher Seite betreten nun der alte General von Hindenburg, der Sieger über Russland in Ostpreußen 1914, und General Erich Ludendorff die politische Bühne und verlangen die Entlassung des Armeeoberbefehlshabers Falkenhayn. Die Militärmacht siegt endgültig über die politische Macht. Hindenburg und Ludendorff sind die Herren Deutschlands. Sie sind Verfechter eines auf der Überlegenheit der germanischen Rasse beruhenden totalen Krieges und bewegen den Kaiser dazu, den als zu schwach empfundenen Kanzler Bethmann-Hollweg abzusetzen.

Sozialdemokraten, Linksliberale und Zentrumsmitglieder sind für einen Frieden ohne Annexion. Hindenburg, Ludendorff und das militärisch-industrielle Establishment geben sich Illusionen hin. Trotz des massiven Fronteinsatzes der Amerikaner und der französischen Militärerfolge beschließen sie, die Kampfhandlungen fortzusetzen. Amerikanische und französische Truppen unter Marschall Foch haben im Frühjahr die letzte der vier deutschen Offensiven aufgehalten und die Deutschen in die Defensive, zur Aufgabe Nordfrankreichs und Belgiens und zur Rückkehr in ihre natürlichen Grenzen gezwungen. Dies hat zur Folge, dass die lange zurückgehaltenen politischen Kräfte sich wieder ihren pazifistischen Aktivitäten widmen können.

Scheitern der Monarchie

Ludendorff ändert seine Meinung und bedrängt die Zivilmacht, ein Einstellen der Kampfhandlungen zu verhandeln. Der amerikanische Präsident Wilson fordert eine Änderung des Regierungssystems durch Abschaffung des Drei-Klassen-Wahlrechts und Einführung einer parlamentarischen Verantwortlichkeit des Kanzlers gegenüber dem Reichstag. Seine Forderung kommt einem Verschwinden des alten Preußens gleich. Die amerikanische Position findet Anhänger und der Kaiser akzeptiert die Bildung einer parlamentarischen Regierung unter Führung des liberalen Fürsten Max von Baden. Die Führer der Mehrheitssozialdemokraten, Ebert und Scheidemann, gehören dieser Regierung an mit dem Hintergedanken, eine parlamentarische Monarchie zu schaffen. Armee und Marine schließen sich den Friedensdemonstrationen der Bevölkerung an. Das bolschewistische Beispiel hat Schule gemacht.

Anfang November 1918 richtet die deutsche Regierung ein Waffenstillstandsgesuch an die Kriegsgegner. In der Kriegsmarine bricht eine bewaffnete Revolte aus und weitet sich auf die Hauptstadt und München aus. Dieser außergewöhnliche Vorfall überzeugt den Kaiser, unter Einfluss der Generäle, die deutsche Niederlage und eine Änderung der innerpolitischen Struktur zu akzeptieren. Anstatt seine Soldaten, die beim Rückzug noch kämpfen, zu unterstützen, flieht Wilhelm II. nach Holland und gibt so die preußische Monarchie und seine Ambitionen auf die Herrschaft auf. Fürst Max von Baden übergibt die Macht an Friedrich Ebert.

Der Zentrumsabgeordnete Erzberger, der seinen vorübergehenden Hoffnungen auf Annexionen nicht mehr nachhängt, wird zum Wortführer der pazifistischen Bewegung von 1917. Er unterzeichnet auch den Waffenstillstand von Rethondes, im Wald von Compiègne, am 11. November 1918. Die gemäßigten Sozialisten akzeptieren die Rückkehr zur Demokratie und hätten sich mit einer konstitutionellen Monarchie unter der Herrschaft des ältesten der Kinder Wilhelms II. begnügt, die Revolutionäre wollen jedoch ein politisches System nach bolschewistischem Vorbild errichten.

Durch den am 28. Juni 1919 im Spiegelsaal von Versailles unterzeichneten Vertrag fällt Elsass-Lothringen wieder an Frankreich und die Niederlage von 1871 ist gerächt. Das inzwischen unabhängige Polen erhält Dreiviertel der ostpreußischen Gebiete zurück. Belgien bekommt Eupen und Malmedy und Nordschleswig geht in dänischen Besitz über. Das linke Rheinufer wird vorübergehend entmilitarisiert und das Saarland als Übergangslösung Frankreich zugeschlagen. Die Engländer stellen sich einem Anschluss des Rheinlands an Frankreich entgegen, aber diese Provinz ist von französischen Truppen besetzt.

Preußen verliert auch seine Kolonien und muss eine beträchtliche Entschädigungssumme an Frankreich und Belgien zahlen. Die Reichsflotte geht in die Verfügungsgewalt Großbritanniens über. Gleichzeitig vergrößert England sein Herrschaftsgebiet durch einige deutsche Kolonien.[13]

Die preußische Monarchie wird durch eine Republik ersetzt, aber Preußen besteht als politische Einheit weiter. Preußen hat nicht mehr die Kommandogewalt über das Deutsche Reich und muss einen Prestigeverlust hinnehmen. Es ist der Agonie ausgeliefert.

Preußens Untergang

Der Waffenstillstand von Compiègne hat den Ersten Weltkrieg, eines der schrecklichsten Blutbäder aller Zeiten, beendet. Jedes der in den Krieg verwickelten großen Länder – Frankreich, Großbritannien und Deutschland – hat über eineinhalb Millionen Tote zu beklagen. Der Norden Frankreichs war vier Jahre lang besetzt. Die Kriegszerstörungen in den Frontgebieten und den besetzten Gebieten, also in Belgien und Frankreich, sind beträchtlich.

Die Alliierten geben Deutschland die Schuld. Sie sind der Ansicht, allen voran Clemenceau, dass dieses Land durch ein sehr weit greifendes Diktat bestraft werden muss. Der am 28. Juni 1919 unterzeichnete drastische Versailler Friedensvertrag ist erniedrigend. Nur Preußen ist von den dem besiegten Reich abverlangten Gebieten betroffen. Es muss Elsass-Lothringen, Nordschleswig, einen Teil Westpreußens, Memel, Eupen und Malmedy sowie Oberschlesien abgeben, verliert 4,6 Millionen Einwohner und Gebiete in der Größe von 56 000 Quadratmetern, die, teilweise erneut, französisch und polnisch werden. Außerdem muss Preußen hohe Reparationszahlungen leisten.

Der Kaiser und König von Preußen, Wilhelm II., flieht und setzt damit gleichzeitig der Dynastie der Hohenzollern ein Ende, die das zu Preußen gewordene Brandenburg ununterbrochen seit fünf Jahrhunderten mit Hingabe regiert hat. Das Symbol Preußens, die Armee, ist vernichtet.

Preußen kann nicht umhin, die Forderungen der Alliierten zu akzeptieren, obwohl es in Bezug auf Anerkennung der Kriegsschuld äußerst zurückhaltend ist.[1] Im Übrigen betrachtet Preußen sich nicht als tatsächlich besiegte Macht, da sein Gebiet nicht von den alliierten Armeen besetzt ist.

Während der preußischen Herrschaft über das Reich greifen die Sozialisten Bebel, Liebknecht und Mehring das dynastische System an, aber es sind auch die Sozialisten, die Preußen retten werden, zweifellos aus Furcht vor dem Verschwinden des Fundaments der deutschen Nation.[2] Es gelingt ihnen, Preußens Existenz in einem zwar reduzierten, aber dennoch sich vom Rhein über das Gebiet um Danzig bis zur Oder erstreckende Deutschland aufrecht zu erhalten. Die dem linken Flügel angehörenden Männer Friedrich Ebert (1871–1935) und Philipp Scheidemann (1865–1919), Reichspräsident und Reichskanzler in der provisorischen verfassunggebenden Regierung, machen sich um die Rettung Preußens verdient. Reaktionäre Bewegungen, die ihre Empörung über die Vergangenheit zum Ausdruck bringen und nach Wegen für eine bessere Zukunft suchen, erschweren ihre Aufgabe. Die Atmosphäre ist vergiftet. Die Linke muss sich der Anschuldigung stellen, Deutschland »einen Dolchstoß von hinten« verpasst zu haben, wobei besonders der Spartakusbund und die Unabhängige Sozialdemokratische Partei Deutschlands (USPD) ins Visier genommen werden. Verdammt werden auch die Juden und die »Feiglinge« der hinteren Reihen, die sich über den Krieg empört haben.[3]

Die provisorische Regierung sieht sich anderen, noch ernsteren Bedrohungen gegenübergestellt, die einen Verlust der Provinzgebiete zur Folge haben könnten. Posen und Westpreußen können sich dem rekonstituierten Polen anschließen, eine starke separatistische Bewegung ist im von Hannoveranern und Franzosen besetzten Rheinland ausgebrochen und das katholische Westfalen hat seinen Anschluss an Preußen nie befürwortet.

In gewissen politischen Kreisen um Innenminister Hugo Preuss, der eine Verfassung für Deutschland vorbereitet, wird die Auflösung Preußens in seine Provinzen in Erwägung gezogen. Preuss ist der Meinung, dass Bismarck mit der Reichsgründung 1871 unter preußischer Vorherrschaft einen Fehler begangen hat. Er stimmt für ein dezentralisiertes, aus vierzehn großen Provinzen bestehendes Reich, wobei keinerlei Übereinstimmung dieser Provinzen mit den früheren Staaten des Bismarckreiches vorhanden wäre. Gemäß dieser Überlegung wäre Preußen nur eine sich selbst regierende, an ein zentralisiertes Reich angeschlossene Provinz.

Der damalige Kölner Oberbürgermeister Konrad Adenauer unterstützt dieses Konzept, das aber letztendlich nicht übernommen wird. Rathenau, der zukünftige Außenminister, setzt sich für ein ungeteiltes Preußen ein: »Ziehen Sie Preußen von Deutschland ab und es bleibt nur der Rheinbund übrig.«[4] Und Paul Hirsch, der sozialdemokratische Interimsministerpräsident fügt hinzu: »Das alte Preußen ist tot, es lebe Preußen!«

Die Verfassung der neuen deutschen Republik wird am 31. Juli 1919 vom provisorischen Reichstag, der sich aus dem unsicheren und vom Spartakusbund bedrohten Berlin zurückgezogen hatte, angenommen. Eine Zentralgewalt bleibt bestehen und die Staatsgewalt der jetzt zu Ländern gewordenen Staaten wird verstärkt. »Das Ganze geht aus den Teilen hervor.«[5] Jeder Staat besitzt die Hoheitsrechte für Wirtschaft, Erziehung und Religion. Laut Verfassung gibt es siebzehn Staaten, darunter das durch die Friedensbedingungen von Versailles amputierte Preußen. Wie in den anderen Ländern steht an der Regierungsspitze Preußens ein vom Reichskanzler unabhängiger Ministerpräsident. Preußen hat einen aus allgemeiner Wahl hervorgegangenen Landtag. Der Staatsrat, eine aus den Mitgliedern der vierzehn Provinziallandtage bestehende Kammer, besitzt ein Einspruchsrecht hinsichtlich der vom Landtag verabschiedeten Gesetze. Die Reichsregierung verfügt über die Außenpolitik und hat sowohl die Steuerhoheit als auch die Armeegewalt.

Das neue Deutschland

Die aus der Revolution von 1918 hervorgegangene und am 11. August 1919 proklamierte Weimarer Republik wird von einer Großen Koalition aus Sozialdemokraten, Linksliberalen und Mitgliedern der katholischen Zentrumspartei regiert, die vereint den großen Schwierigkeiten ins Auge sehen. Am 25. Oktober 1929 wird durch den aufgrund von industrieller Überproduktion verursachten amerikanischen Börsenkrach eine weltweite Finanzkrise ausgelöst, der auch Deutschland zum Opfer fällt. Sie hat tragische Auswirkungen insofern, als die Verschuldung durch die Kriegsreparationen die prekäre Finanzlage verschärft. Die Große Koalition findet bei der Diskussion des Young-Plans, der die Modalitäten der Reparationszahlungen präzisiert, eine gemeinsame Basis.[6] Sie kann jedoch den Wirtschaftsverfall des Landes nicht aufhalten, der zu Massenarbeitslosigkeit und Forderungen der Gewerkschaften und Arbeiterverbände führt. Durch die Unbeständigkeit der ersten Monate des Jahres 1919 wurde diese kritische Situation herbeigeführt. Die bewaffnete Intervention der Freikorps unter Gustav Noske hat nur eine prekäre Ordnung hergestellt und die Ermordung der Kommunisten Rosa Luxemburg und Karl Liebknecht am 15. Januar hinterlässt tiefe Spuren. Die Staatsführung der Weimarer Republik ist von Anfang an durch eine linke und rechte Opposition bedroht. Von 1920 an legen beide politische Lager gegenüber der entstehenden Republik eine feindliche Einstellung an den Tag. Drei Jahre später ist die politische Instabilität offensichtlich.[7] Es vergeht kein Jahr ohne rechten oder linken Putsch. Hitlers Putsch von 1923 reiht sich in eine Serie von Erschütterungen ein, die ab 1920 zu verzeichnen sind: der Mord an Minister Rathenau am 24. Juni 1922 durch nationalistische Militante und der Putsch des ehemaligen hohen preußischen Beamten Wolfgang Kapp im März 1920, der durch Truppen des Generals von Lüttwitz und des Obersten Ehrhardt unterstützt wird.

Kapp wollte die Bismarck'sche Tradition unter Anwendung von Gewalt wiederherstellen und gleichzeitig Reichskanzler und preußischer Ministerpräsident werden. Eine hundertprozentige Loyalität der Armee gegenüber der Republik hat nie existiert. Die Armee der Weimarer Republik ist prinzipiell einzig und allein der Reichsautorität unterstellt, aber nicht wenige unter den Offizieren preußischer Herkunft haben monarchistische Tendenzen. Die preußische Armeetradition hat überlebt und die Regierung sieht sich mehrmals mit Plänen für eine Untergrundarmee und illegalen Veteranenmanövern konfrontiert. Während des Ersten Weltkriegs verkörpert die preußische Armee ganz Deutschland. Durch ihre Gründerväter, die Deutschritter, genießt sie großen Respekt im ganzen Land.[8] Oswald Spengler trauert in seinen unter dem Titel *Preußentum und Sozialismus* erschienen Reflexionen der Vergangenheit nach und prangert an, dass ausländische Demokratien sich aus Eigeninteresse in deutsche Angelegenheiten einmischen. Die Weimarer Republik müsse sich auf die preußischen Tugenden zurückbesinnen, die auf Pflicht, Arbeit und einem ethischen Sozialismus beruhen und den Wertvorstellungen der Deutschritter und Friedrichs des Großen entsprechen.[9]

Die Weimarer Republik ist von Anfang an eine »Republik ohne Republikaner«[10] und demnach unregierbar. In vierzehn Jahren amtieren zwanzig Regierungen im Schnitt für acht Monate. Der Sozialdemokrat Philipp Scheidemann bildet die erste und der parteilose Kurt von Schleicher die letzte Regierung.

Am 30. Januar 1933 siegt der Nationalsozialismus Adolf Hitlers.[11] Im Gegensatz zum Reich ist Preußen bis zum Jahre 1932 ein beispielhaft beständiger Staat. So wie auf Reichsebene, geht bei den Wahlen jeweils die Drei-Parteien-Koalition aus Sozialdemokraten, Katholiken und Liberalen als Sieger hervor. Otto Braun, ein ehemaliger ostpreußischer Gewerkschafter, ist von 1920 bis 1932 Ministerpräsident im neuen Preußen. Er möchte keine Funktion auf Reichsebene haben und setzt seine ganz Kraft für Preußen ein, das er in bemerkenswerter Weise umgestaltet. Sehr geschickt und mit Unterstützung der Minister Carl Severing und Albert Grezesinski demokratisiert er den Verwaltungs- und Polizeiapparat. Allerdings gelingt es nicht, die Rechtswähler unter den ehemaligen Offizieren der kaiserlichen Armee auszuschalten.

Die Justiz steht der Weimarer Republik nicht ohne Vorbehalte gegenüber und beruft sich auf ihre Unabhängigkeit, was die Nachsicht mit den Mördern von Politikern und anderen herausragenden Persönlichkeiten der Weimarer Zeit erklärt. Beim Abtreten von der politischen Bühne äußert Braun seine Befriedigung über den Wandel Preußens von einem Staat der Klassenunterschiede, mit Arbeiterunterdrückung und Junkerherrschaft, zu einem republikanischen Volksstaat.[12] Die Regierung Braun hat ein weiteres Mal ihren Glauben an die Republik unter Beweis gestellt, als sie im Mai 1930, als der Aufschwung der extremen Parteien unübersehbar wird, den preußischen Staatsbeamten den Beitritt zur nationalsozialistischen NSDAP oder kommunistischen KPD untersagt. Unversöhnliche Kräfte werden diesen guten Willen in Frage stellen.

Der Aufstieg Hitlers und der Untergang Preußens

Die auf einer Kerntruppe von zwölf, im Januar 1919 in München versammelten Personen basierende Partei wird 1932 als stärkste Partei aus den Landtagswahlen mehrerer Bundesstaaten, darunter Preußen, und den Reichstagswahlen hervorgehen. Von der Gründung an lenkt Adolf Hitler ihre Geschicke und bestimmt die am 24. Februar 1920 in einem 25-Punkte-Programm verkündete politische Linie. Die darin enthaltenen herausragenden Punkte sind die Rückkehr zu einem »Großdeutschland«, die Veränderung des politischen Systems, die Schaffung einer neuen Ordnung und ein aggressiver Antisemitismus. Bedingt durch die Regierungsinstabilität, die Verschlechterung der sozialen und wirtschaftlichen Bedingungen, die verbreitete Nostalgie hinsichtlich des friderizianischen und Bismarck'schen Zeitalters, die »Schande« des Versailler Diktats, Hitlers magnetische Wirkung auf die Massen und deren Naivität kann die NSDAP an Kraft gewinnen.

Die große Koalition zerbricht am 27. März 1930. Kanzler Brüning und Reichspräsident von Hindenburg regieren autoritär durch Dekrete und Reichstagsauflösung. Sie bereiten dem »Geist von Weimar« ein abruptes Ende. Eine anhaltende Deflation verschlimmert die schon katastrophale wirtschaftliche Lage des Deutschen Reiches. Hitler wird die Anarchie und die Radikalisierung der extremen Parteien für seine Zwecke nutzen. Das Einverständnis der NSDAP ist für eine erneute Präsidentschaft Hindenburgs, die 1932 zu Ende geht, notwendig. Hitler verweigert sie und fordert die Entlassung Brünings. Sein Nachfolger ist Franz von Papen, der sich der Schlagkraft der Partei Hitlers, deren Abgeordnetenzahl im Reichstag wächst, bewusst ist. Die Weimarer Republik steuert immer schneller ihrem Ende entgegen. Durch massiven Druck seitens der konservativen Kräfte, unter anderem von Papens, ernennt Hindenburg trotz seiner Vorbehalte Hitler am 30. Januar 1933 zum Reichskanzler; von Papen wird Vizekanzler.

Während der zwölf folgenden Jahre wird die Ideologie der Nationalsozialisten mit Gewalt umgesetzt. Die Chronologie des Schreckens ist bekannt: Januar 1933 – Hitler wird Reichskanzler; Juli 1933 – Auflösung aller Parteien mit Ausnahme der NSDAP; 1934 – Hitler wird Reichspräsident und Oberbefehlshaber der Wehrmacht.

Und die Chronologie der Ereignisse: 1935 – Außerkraftsetzung der militärischen Bedingungen des Versailler Vertrags; 1936 – Remilitarisierung des Rheinlands und einseitige Aufkündigung der Verträge von Locarno; 1938 – Anschluss Österreichs und des Sudetenlandes; 1939 – Errichtung des Reichsprotektorats Böhmen und Mähren; Einmarsch in Polen; 1940 – Besetzung von Dänemark, Norwegen, Holland, Belgien, Luxemburg und Frankreich; 1941 – Besetzung von Jugoslawien. Hitler beherrscht nun den gesamten europäischen Kontinent.

Die Schreckenslawine der Kämpfe kommt mit dem Selbstmord des Diktators im Führerbunker am 30. April 1945 zum Stillstand.

Preußen geht an den Folgen dieses unvorstellbaren Konflikts zugrunde. Die Potsdamer Konferenz (17. Juli bis 2. August 1945) tilgt Preußen von der Landkarte. Die Länder, aus denen das ehemalige Preußen bestand, haben vom Rhein bis zur Elbe ihre Grenzen und ihre Unabhängigkeit wiedererlangt. Der Fall der Berliner Mauer am 9. November 1989 hat die bei der Potsdamer Konferenz erklärte Teilung Deutschlands beendet. Nicht zuletzt durch den Untergang Preußens konnte ein vereintes, föderalistisches Deutschland entstehen.

Der Große Kurfürst, Friedrich der Große, Königin Luise und Kanzler Bismarck waren die Erbauer des preußischen Staates, der durch den Wahnsinn Kaiser Wilhelms II. und des Diktators Hitler zerstört wurde. Kaiser Wilhelm hat mit einer gewissen Naivität angenommen, dass sein Land Europa dominieren könne, und Hitler beschloss, dass es das Zentrum eines die Welt unterjochenden Riesenreiches werden sollte. Im Gegensatz zu Wilhelm II. hat Hitler das Schicksal Preußens nicht gekümmert. Er hat, gestützt durch die preußische Militärtradition, seine Kriegsgelüste befriedigt, ohne sich um Preußen zu sorgen. Allein die Zukunft der nationalsozialistischen Ideologie, der die gebürtigen Preußen im Übrigen weniger anhingen, beschäftigte ihn. Der wahrhafte Totengräber des preußischen Staates war somit Wilhelm II.

Während des Zweiten Weltkriegs haben zahlreiche Politiker der Koalition gegen den Nationalsozialismus Hitlers Barbarei mit dem Preußentum identifiziert. Auf diesen Irrtum muss noch einmal hingewiesen werden. Eine Kontinuität von Bismarck zu Hitler hat es nicht gegeben.[13]

Über zwei Jahrhunderte hinweg haben Preußen und Frankreich nach der gleichen Kultur gesucht. Die beiden französischen Kaiser, Napoleon I. und Napoleon III., haben, ebenfalls aufgrund ihres Größenwahns, diese Verbindung zerstört; der Ursprung der zwei Jahrhunderte andauernden Feindschaft zwischen Frankreich und Preußen ist auf ihren Imperialismus zurückzuführen. Die Schuldigen bei der Konfrontation beider Länder im 19. und 20. Jahrhundert sind drei Kaiser, zwei französische und ein deutscher. Ihre Maßlosigkeit steht im Verhältnis zu ihrem hohen Adelstitel. Es gibt nur einige Männer, die Geschichte machen, ohne das Ergebnis ihres Handelns zu kennen. Die Beziehungen zwischen Frankreich und Preußen sind der Beweis und sie zeigen auch, dass die Menschen die Kraft besitzen, »sich am Ende immer der Tyrannen und Götter zu entledigen«.[14]

Schlusswort

Bis heute besteht Geschichtsschreibung in einer Aufzählung von Tatsachen in Bezug auf die Vergangenheit eines Landes, verbunden mit dem Versuch, sie objektiv zu interpretieren. Dies erweist sich bei der Geschichte der Außenbeziehungen als schwierig, wenn nicht die allgemeine politische Lage aller beteiligten Länder bekannt ist. Die großen historischen Werke räumen sicherlich der Analyse des internationalen Kontexts den ihr gebührenden Platz ein, jedoch wird durch die Komplexität der Ereignisse das Verständnis einer multifaktoriellen Analyse erschwert. Deshalb besteht in beiden Fällen, vor allem bei einer elementaren Geschichtsschreibung, die Neigung, sich auf eine beschreibende und wenig interpretierende Aufzählung zu beschränken. Das Konzept einer verwobenen, sich auf nur zwei Zivilisationen, Nationen oder Kulturen konzentrierenden Geschichtsschreibung stellt ein Korrektiv dar.

Es wurde hier auf die Geschichte Frankreichs und Deutschlands angewandt und erschien umso notwendiger, als die politische Annäherung dieser beiden Länder heute als Priorität betrachtet wird. An Beispielen für eine gegenseitige Befruchtung mangelt es in der französischen und deutschen Geschichte nicht.

Wie kann man in der französischen Geschichtswissenschaft die Geschichte des französischen Protestantismus studieren, ohne Kenntnis seiner tiefgreifenden Auswirkungen auf das Leben in Deutschland, besonders in Brandenburg zu haben? Wie lässt sich die Geschichte der Französischen Revolution von 1789 behandeln, ohne Kenntnis der Auswirkungen jenseits des Rheins, bei denen es sich sicherlich nur um momentane Begeisterungsausbrüche handelte, die aber so nachhaltig wirkten, dass sie vielleicht teilweise zur Erklärung der indifferenten Haltung Preußens bei der sich anbahnenden Invasion Frankreichs herangezogen werden können? Wie kann man die Beziehung zwischen Napoleon III. und Bismarck verstehen, wenn man nicht weiß, dass die beiden Männer sich und ihre Politik durch – den nationalen Kontext durchbrechende – Ränke behaupten wollten? Wie ist Bismarcks Haltung gegenüber Frankreich verständlich, wenn man nicht die Gründe für seine gegen Dänemark und Österreich geführten Kriege kennt? Inwieweit kann man vom Steins Reformen von den preußischen Befreiungskriegen trennen? Wäre ohne diesen großen Staatsdiener Frankreich aus Preußen vertrieben worden?

Einseitige Analysen gilt es zu vermeiden. Eine verwobene Geschichte zwischen Frankreich und Preußen ist durch mehrere, unauflöslich miteinander verknüpfte Ereignisse legitimiert, zu denen die Immigration von Hugenotten und der Stil des Großen Kurfürsten, die Ereignisse von 1848 in Paris und Berlin und selbstverständlich die jeweilige Politik zu Beginn des 20. Jahrhunderts zu rechnen sind. Der nationale Partikularismus, ja Patriotismus ist heutzutage in Frankreich und Deutschland aus unterschiedlichen historischen Gründen, aber in gleicher Intensität im Rückschritt begriffen. Diese vereinheitlichende Tendenz wird durch den Wegfall der Grenzen und die Einbindung beider Länder in das vereinte Europa ergänzt. Die Geschichte der Völker – auf einem Kontinent oder auf Weltebene – ändert sich durch immer engere Beziehungen der Länder untereinander. Die Geschichte der Nationen ist im Begriff, von einer Weltgeschichte abgelöst zu werden. Für diese neue Sichtweise ist jedoch eine genaue Kenntnis der gegenseitigen Beziehungen zwischen einer Nation und ihrem unmittelbaren Nachbarn unerlässlich.

Anhang

Anmerkungen

Einführung

1 Werner, Michael / Zimmermann, Bénédicte (Hrsg.): *De la comparaison à l'histoire croisée*. Paris 2004
2 François, Etienne: *Mémoires divisées, mémoires partagées: à la recherche des mémoires allemandes*, in: François, Emile / Schulze, Hagen (Hrsg.): *Mémoires allemandes*. Paris 2007, S. 9–28
3 Le Quintrec, Guillaume / Gleiss, Peter (Hrsg.): *Histoire / Geschichte: die Welt und Europa seit 1945*. Paris und Leipzig 2006

Ludwig XIV. und die Revokation des Edikts von Nantes

1 Febvre, Lucien: *Un destin, Martin Luther*. Paris 1928, S. 23–24
2 Cotteret, Bernard: *Biographie de Calvin*, in: Johnson, Paul: *A history of Christianity*. New York 1977, S. 309
3 Léonard, Emile-G.: *Histoire générale du Protestantisme*, Band II. Paris 1988, S. 82
4 Le Roy Ladurie, Emmanuel: *Henri IV ou l'ouverture*. Paris 2005
5 Mitterrand, François: *Trentenaire de l'Edit de Nantes*, in: Joxe, Pierre: *L'Edit de Nantes*. Paris 1998, S. 353
6 Bouyer, Christian: *Louis XIII*. Paris 2006, S. 55–61
7 Petitfils, Jean-Christian: *Louis XIV*. Paris 2002, S. 45
8 Garisson, Jeanine: *L'Edit de Nantes et sa révocation: histoire d'une intolérance*. Paris 1985; Quéniart, Jean: *La Révocation de l'Edit de Nantes: protestants et catholiques français de 1598 à 1685*. Paris 1985
9 Labrousse, Elisabeth: »*Une foi, une loi, un roi*«: *la révocation de l'Edit de Nantes*. Paris–Genf, 1985
10 Postel, Guillaume, zitiert nach Petitfils, Jean-Christian, a. a. O., S. 459
11 Deyon, Solange: *Du royalisme au refus: les protestants français et leur député général entre la Fronde et la Révocation*. Arras 1976, S. 141
12 Léonard, Emile-G: *Histoire générale du protestantisme en France*, Band II. Paris 1988, S. 379–389
13 Hölscher, Lucian: *Geschichte der protestantischen Frömmigkeit in Deutschland*. München 2005, S. 162

Der große Kurfürst und die preußische Toleranz

1 Kossert, Andreas: *Ost-Preußen – Geschichte und Mythos*. München 2007, S. 90; Kerski, Basile: *Preußen – Erbe und Erinnerung*. Potsdam 2005, S. 268
2 Clark, Christopher: *Preußen 1600–1947*. München 2007, S. 6
3 Philippson, zitiert nach Clark, Christopher: *Der Große Kurfürst,* in: Ders., a. a. O., S. 66
4 Charpiot, Roland: *Histoire de Berlin*. Paris 2006, S. 27
5 Ebd.
6 Rürup, Reinhard (Hrsg.): *Jüdische Geschichte in Berlin – Bilder und Dokumente*. Berlin

1995, S. 22–23; Roth, Andrew / Frajman, Michael: *Das jüdische Berlin heute*. Berlin 1999, S. 163

7 Léonard, Emile-G.: *Histoire générale du Protestantisme*, Band II. Paris 1988, S. 2

8 Haffner, Sebastian: *Preußen ohne Legende*. Berlin 1998, S. 653

9 Gahrig, Werner: *Unterwegs zu den Hugenotten im Land Brandenburg*. Berlin 2000, S. 17–33; Reinke, Andreas: *Das Edikt von Potsdam: Toleranz hat Tradition*. Berlin 1996

10 Muret, Edouard: *Geschichte der französischen Kolonie in Brandenburg-Preußen*, zitiert nach Werner Gahring, a. a. O., S. 29

11 Buffet, Cyril: *Fisimatenten. Franzosen in Berlin und Brandenburg*. Berlin 2004, S. 12

12 Ders.: *Berlin*. Paris 1993, S. 79

13 Ders.: *Fisimatenten*, S. 13

14 Fuhrich-Grubert, Ursula: *Die Französische Kirche zu Berlin: ihre Einrichtungen 1672–1945*. Berlin 1992, S. 5

15 Lavisse, Ernest: *Etudes sur l'histoire de la Prusse*. Paris 1879, S. 203–213

16 Gahrig, Werner, a. a. O., S. 40

17 Opgenoorth, Ernst: *Friedrich Wilhelm der Große Kurfürst von Brandenburg*, Band II. Göttingen 1978, S. 278–289

18 Thadden, Rudolf von: *Einwanderer in einer ständischen Gesellschaft: Integrationsprobleme der Hugenotten in Preußen und Berlin*, in: Kramp, Horst / Braun, Günter: *Berlin und seine Wirtschaft: Ein Weg aus der Geschichte in die Zukunft. Lehren und Erkenntnisse*. Berlin 1987, S. 5–19

19 Fuhrich-Grubert, Ursula., a. a. O., S. 7

20 Mende, Hans-Jürgen / Wernicke, Kurt: *Berlin-Mitte. Das Lexicon*. Berlin 2001, S. 214

21 Coque, Emilie: *La provenance des réfugiés huguenots à Berlin*, in: Bohm, Manuela u. a. (Hrsg.): *Hugenotten zwischen Migration und Integration*. Berlin 2005, S. 63

22 Ludwig, Hans: *Altberliner Bilderbogen*, in: Harndt, Ewald: *Französisch im Berliner Jargon*. Berlin 2007, S. 16

23 Thadden, Rudolf von, a. a. O., S. 5–19

24 Clark, Christopher, a. a. O., S. 89; Coque, Emilie, a. a. O., S. 59

25 Gahring, Werner, a. a. O., S. 29

Hugenotten oder Preußen?

1 *Das Edikt von Potsdam*. Veröffentlichungen des Berliner Senats. Berlin 1996

2 Ohff, Heinz: *Preußens Könige*. München 2008, S. 17

3 Kerautret, Michel: *Histoire de la Prusse*. Paris 2005, S. 100

4 Friedrich II.: *Mémoires pour servir à l'histoire de la maison de Brandebourg*. Berlin 1751, S. 234

5 Kerautret, Michel, a. a. O., S. 103

6 Bled, Jean-Paul: *Histoire de la Prusse*. Paris 2007, S. 108

7 Leonard, Julien: *Le parcours du pasteur David Ancillon*, in: Hoche, Philippe: *De la Moselle à Berlin*. Metz 2006, S. 109–126

8 Clark, Christopher: *Preußen 1600–1947*. München 2007, S. 101

9 Bouillet, Marie-Nicolas / Chassang, Alexis: *Dictionnaire universel d'histoire et de géographie*, in: Wackernagel, Hans Georg: *Die Matrikel der Universität Basel*. Basel 1975; Gahrig, Werner: *Unterwegs zu den Hugenotten im Land Brandenburg*. Berlin 2000

10 Réau, Louis: *L'Europe française au siècle des Lumières*. Paris 1971, S. 84

11 Charpiot, Roland: *Histoire de Berlin*. Paris 2006, S. 69

12 Fuhrich-Grubert, Ursula: *Die Französische Kirche zu Berlin. Ihre Einrichtungen 1672–1945*. Berlin 1992, S. 72

13 Hoche, Philippe, a. a. O., S. 176–177

14 Ebd., S. 243

15 Hilbold, Alain: *Des Messins dans l'armée du Brandebourg*, in: Hoche, Philippe, a. a. O., S. 89–109

16 Muret, Edouard: *Geschichte der Französischen Kolonie in Brandenburg-Preußen, unter besonderer Berücksichtigung der Berliner Gemeinde*. Berlin 1885

17 Chauvin, Etienne: *Lexicon philosophicum*, Einleitung. Hamburg 1967, S. 11–14
18 Siehe Kap. 7
19 Siehe Kap. 4

Rheinsberg – ein französisches Glück in Preußen

1 Bluche, François: *Louis XV*. Paris 2000, S. 198
2 Ebd., S. 12
3 Clark, Christopher: *Preußen 1600–1947*. München 2007, S. 123, 227
4 Gaxotte, Pierre: *Frédéric II*. Paris 1872, S. 10
5 Krockow, Christian von: *Rheinsberg, ein preußischer Traum*. Leipzig 1992, S. 83
6 Ebd., S. 5
7 Bled, Jean-Paul: *Histoire de la Prusse*. Paris 2007, S. 57
8 Friedrich an Duhan de Jaudun, *Werke*, Bd XVII., S. 270
9 Friedrich an Grubkow von Ruppin aus: *4. September 1732*, in: *Werke*, Bd XVI, S. 270
10 Bentzien, Hans: *Nur in Rheinsberg bin ich glücklich gewesen*. Berlin 2001; Krockow, Christian von, a. a. O., S. 9
11 Friedrich an Wilhelmine von Berlin, aus: *6. März 1732*, in: *Werke*, Bd XXVII, S. 4
12 Wilhelmine, Markgräfin von Bayreuth: *Mémoires*. Paris 1967, S. 150
13 zitiert nach Bentzien, Hans: *Nur in Rheinsberg bin ich glücklich gewesen*. Berlin 2001
14 Ebd., S. 66
15 Bled, Jean-Paul, a. a. O., S. 136
16 Eisler, Colin: *La peinture dans les musées de Berlin*. Paris 1996, S. 431–434
17 Friedrich an Wilhelmine, 3. Februar 1737, *Werke*, Bd XXVII, S. 46
18 zitiert in Milza, Pierre: *Voltaire*. Paris 2007, S. 213
19 Friedrich an Algarotti, 29. Oktober 1739, *Werke*, Bd XVI, S. 34
20 Friedrich an Voltaire, 9. September 1736, *Werke*, Bd XXI, S. 17
21 Voltaire an Friedrich, ca. 1. Januar 1737, *Correspondance*, Band I, S. 824
22 Friedrich II. an Algarotti, 21. November 1740, *Werke*, Bd XVIII, S. 25
23 Voltaire: *Mémoires*. Paris 1998, S. 64

Voltaire in Sanssouci

1 Voltaire: *Mémoires*. Paris 1998, S. 37
2 Milza, Pierre: *Voltaire*. Paris 2007, S. 200
3 Badinter, Elisabeth: *Mme du Châtelet ou l'ambition féminine au XVIIIe siècle*. Paris ²2006, S. 256
4 Voltaire an Friedrich II., 31. Dezember 1740. *Œuvres complètes: Correspondance*, Band II, S. 474 ff., zitiert nach Milza, Pierre, a. a. O.
5 Voltaire an den Grafen d'Argenval, 6. Januar 1741, a. a. O., S. 447–478, zitiert nach Milza, Pierre, a. a. O.
6 Milza, Pierre, a. a. O., S. 259
7 Ebd., S. 327
8 Friedrich II. an Voltaire, 10. Juni 1744, *Correspondance*, a. a. O., S. 59–60, zitiert nach Milza, Pierre, a. a. O., S. 370
9 Voltaire an Friedrich II. 29. Juni 1744, *Correspondance*, Band III, zitiert nach Milza, Pierre, a. a. O., S. 360
10 Voltaire: *Mémoires*, a. a. O., S. 111
11 Friedrich II. an Voltaire, 24. Mai 1740, *Correspondance*, a. a. O., zitiert nach Milza, Pierre, a. a. O., S. 872
12 Voltaire, *Mémoires*, a. a. O., S. 114
13 Ebd., S. 113
14 Milza, Pierre, a. a. O., S. 384
15 Voltaire, *Mémoires*, a. a. O., S. 113
16 Milza, Pierre, a. a. O., S. 387
17 Hellegouarc'h, Jacqueline: *Anmerkungen zu Voltaire: Mémoires*. Paris 1998, S. 112
18 Milza, Pierre, a. a. O., S. 388
19 Voltaire, *Mémoires*, a. a. O., S. 89
20 Ebd., S. 91
21 Ebd.
22 Milza, Pierre, a. a. O., S. 389
23 Clark, Christopher: *Preußen 1600–1947*. München 2007, S. 225

24 Voltaire an Marie-Louise Denis, 26. Dezember 1750, *Correspondance,* Band III, S. 302 f., zitiert nach Milza, Pierre, a. a. O., S. 398
25 Friedrich II. an Voltaire, 24. Februar 1751, *Correspondance,* a. a. O.
26 Kleiner, Franziska: *Voltaire heute.* Berlin 2007, S. 9
27 Milza, Pierre, a. a. O., S. 403
28 Voltaire: *Dialogue entre un Brahmane …,* in: Ders.: *Mélanges,* Paris 1961. S. 287
29 Milza, Pierre, a. a. O., S. 418
30 Vgl. ebd., S. 421
31 Siehe Kap. 7
32 Milza, Pierre, a. a. O., S. 437 f.
33 Voltaire: *Mémoires,* a. a. O., S. 123
34 Ebd., S. 125
35 Krebs, Roland u. a. (Hrsg.): *Dictionnaire du monde germanique.* Paris 2007, S. 1191

Französische Gelehrte in Preußen

1 Huisman, Denis: *Dictionnaires des philosophies.* Paris 1993
2 Descartes, *Œuvres et lettres.* Paris 1983, S. 257
3 Badinter, Elisabeth: *Les passions intellectuelles,* Band I. Paris 1999, S. 81
4 D'Alembert: *Discours préliminaire à l'Encyclopédie,* in: *Œuvres complètes.* Repr. Paris 1967, S. 114
5 Milza, Pierre: *Voltaire.* Paris 2007, S. 233
6 Chaussinand-Nogeat, Guy: *D'Alembert.* Paris 2007, S. 41
7 Badinter, Elisabeth, a. a. O., S. 154
8 Gaxotte, Pierre: *Frédéric II.* Paris 1972, S. 196
9 Voltaire: *Mémoires.* Paris 1998, S. 61
10 Badinter, Elisabeth, a. a. O., S. 161
11 Maupertuis: *Œuvres.* Lyon 1756
12 Badinter, Elisabeth, a. a. O., S. 291
13 Sammlung Maupertuis der Académie des Sciences, Paris, Briefe
14 Ebd.
15 Böhlke, Effi / Knobloch, Wolfgang: *Montesquieu und die »Académie Royale des Sciences et des Lettres«,* in: Böhlke, Effi / François, Etienne (Hrsg.): *Montesquieu.* Berlin 2005, S. 177
16 Martin, Claude, in: Böhlke, Effi / François, Etienne, *Montesquieu,* a. a. O., S. 19–20
17 Chaussinaud-Nogaret, Guy, a. a. O., S. 52
18 Grau, Conrad: *Maupertuis in Berlin,* in: Hecht, Hartmut (Hrsg.): *Pierre Louis Moreau de Maupertuis.* Berlin 1999, S. 35–37
19 Maupertuis: *Lettres*
20 Euler, Leonhard: *Introduction in analysis infinitorum.* Lausanne 1784
21 Ferrari, Jean: *Kant: Maupertuis et le principe de moindre action,* in: Hecht, Hartmut, *Maupertuis,* S. 228
22 Maupertuis, Pierre Louis Moreau de: *Essai de cosmologie,* in: Ders., *Œuvres,* Band I., S. 24–25
23 Guéroult, Martial: *Dynamique et métaphysique.* Paris 1967, S. 235
24 D'Alembert: *Œuvres complètes,* Band V. Genf 1967, S. 17–20
25 Marquis d'Argens an d'Alembert, 20. Oktober 1752, zitiert von Chaussinand-Nogaret, Guy, a. a. O., S. 88
26 D'Alembert an Friedrich, Paris 7. März 1763 in: *Œuvres complètes.* Band V., S. 251
27 Henry, Charles: *Œuvres et correspondances inédites de d'Alembert.* Genf 1967, S. 262 f.
28 Bled, Jean Paul: *Frédéric le Grand.* Paris 2004, S. 471
29 D'Alembert an Friedrich, 17. September 1764, in: Chaussinand-Nogaret, Guy, a. a. O., S. 212
30 Jauch, Ursula Pia: *Maschinetraum und Traummaschine bei Julien Offray de la Mettrie,* in: Hecht, Hartmut: *Julien Offray de la Mettrie.* Berlin 2004, S. 53
31 Markovits, Francine: *Quelle éthique pour M. Machine?,* in: Hecht, Hartmut, *de la Mettrie,* a. a. O., S. 179–193
32 Friedrich II.: *Examen de l'essai sur les préjugés,* in: *Œuvres,* Band IX., S. 131
33 Börsch-Supan, Helmut: *Das Bildnis La Mettries von Georg Friedrich Schmidt,* in: Hecht, Hartmut, *Maupertuis,* S. 15

34 Nagel, Fritz: *Eine Dekanatsrede auf La Mettrie in Basel*, in: Hecht, Hartmut, *Maupertuis*, S. 21–35

Lumières und Aufklärung

1 Schneiders, Werner: *Lexikon der Aufklärung*. München 1995, S. 2–24
2 Besnier, Jean Michel: *Histoire de la philosophie moderne et contemporaine*. Paris 1993, S. 13
3 *Dictionnaire du monde germanique*. Paris 2007, S. 615
4 Roux-Lanier, Catherine u. a. (Hrsg.): *Le temps des philosophes*. Paris 1996, S. 285
5 Schneiders, Werner: *Das Zeitalter der Aufklärung*. München 1997, S. 56
6 Bréhier, Emile: *Histoire de la philosophie*, Band II. Paris 1996, S. 58
7 Ebd., S. 267
8 Bled, Jean-Paul: *Frédéric le Grand*. Paris 2004, S. 139
9 Bréhier, Emile, a. a. O., S. 261
10 Besnier, Jean-Michel, a. a. O., S. 143
11 Volz, Gustav Berthold (Hrsg.): *Die politischen Testamente Friedrichs des Großen*. Berlin 1920, S. 110
12 *Dictionnaire du monde germanique*, a. a. O., S. 378
13 Ziechmann, Jürgen, zitiert nach Bled, Jean-Paul, a. a. O, S. 518
14 Friedrich II.: *De la littérature allemande*, in: Ders., *Œuvres*, Band VII., S. 92
15 Häseler, Jens: *Französisch Sein im Jahrhundert-Deutschland des 18. Jahrhundert – Fluch oder Privileg*, in: Ders. u. a. (Hrsg.): *Gallophobie im 18. Jahrhundert*. Berlin 2005, S. 221–229
16 Birn, Raymond: *La censure royale des livres dans la France des Lumières*. Paris 2007
17 Bréhier, Emile, a. a. O., Band II., S. 339
18 Le Ru, Véronique: *Subversives Lumières*. Paris 2007
19 *Dictionnaire de Jean-Jacques Rousseau*. Paris 1996, S. 346–348
20 Revel, Jean-François: *Histoire de la philosophie occidentale*. Paris 1994, S. 515
21 Schneiders, Werner: *Das Zeitalter der Aufklärung*. München 2005, S. 100
22 Bréhier, Emile, a. a. O., Band II, S. 490

Die französische Revolution in Deutschland

1 Furet, François: *Mirabeau*, in: Furet, François / Ozouf, Mona: *Dictionnaire critique de la révolution française*. Paris, S. 299–305
2 Mondot, Jean: *Les Illuminés de Bavière: un prélude allemand à la Révolution française*, in: Mondot, Jean / Ruiz, Alain: *Interférences franco-allemandes et Révolution française*. Bordeaux 1994, S. 43–66
3 Aprile, Iwan d': *Mirabeaus anderes Preußen*, in: Ders. (Hrsg.): *Europäische Ansichten*. Berlin 2004, S. 101–112
4 Ebd., S. 103
5 Friedrich II.: *Politisches Testament*, zitiert nach Bled, Jean-Paul: *Histoire de la Prusse*. Paris 2007, S. 176
6 Bled, Jean-Paul: a. a. O., S. 197
7 Friedrich II.: *Antimacchiavelli*, in : Ders., *Œuvres*, Band VIII., S. 139, zitiert nach Bled, Jean Paul a. a. O. S. 143
8 Bled, Jean-Paul, a. a. O., S. 165
9 Mondot, Jean: *Les Illuminés de Bavière: un prélude allemand à la Révolution française*, in: Mondot, Jean / Ruiz, Alain: *Interférences franco-allemandes et Révolution française*. Bordeaux 1994
10 Friedrich II. an die Königin von Schweden, zitiert nach Bled, Jean-Paul, a. a. O., S. 224
11 Brion, Marcel: *Goethe*. Paris 1949, S. 291–315
12 Klopstock, Friedrich Gottlieb: *Gedichte*. Berlin 1969, S. 108
13 Hegel, G. W. F.: *Leçons sur l'histoire de la philosophie*, Band IV., Paris 1985, S. 1719
14 Mondot, Jean / Ruiz, Alain, a. a. O.
15 Behler, Ernst: *Le premier romantisme allemand*. Paris 1992, S. 119–126

16 Fichte, J.G.: *Lettres et témoignages sur la révolution française*. Paris 2002, S. 13–15
17 Paul, Jean-Marie: *Fichte et l'idée de Révolution*, in: Fink, Gouthier-Louis (Hrsg.): *Les Romantiques allemands et la Révolution française*. Collection Recherches Germaniques, No. 3, Straßburg 1989, S. 13–26
18 Fichte, J.G., a.a.O., S. 15
19 Brion, Marcel, a.a.O.
20 Fichte, J.G., a.a.O., S. 289
21 Ruiz, Alain: *Le pélerinage vers la terre bénie de la liberté*, in: Mondot, Jean / Ruiz, Alain, a.a.O.
22 Bréhier, Emile: *Histoire de la philosophie*, Band II. Paris 1996, S. 486
23 *Dictionnaire du monde germanique*. Paris 2007, S. 413
24 Schiller, Friedrich von: *Die Räuber*

Preußische Neutralität und kulturelle Erneuerung

1 Clark, Christopher: *Preußen 1600–1947*. München 2007, S. 3
2 Bled, Jean-Paul: *Histoire de la Prusse*. Paris 2007, S. 238–243
3 Réau, Louis: *L'Europe française au siècle des Lumières*. Paris 1971, S. 51
4 Ebd., S. 48
5 Réau, Louis, a.a.O., S. 294
6 Buffet, Cyril: *Berlin*. Paris 1993, S. 123
7 Bled, Jean, a.a.O., S. 246
8 Kerautret, Michel: *Histoire de la Prusse*. Paris 2005, S. 263
9 Charpiot, Roland: *Histoire de Berlin*. Paris 2006, S. 70
10 Goethe-Institut (Hrsg.): *Poètes du romantisme allemand. Catalogue des témoignages*. Paris 1976
11 Dumont, Franz: *Les émigrés français en Allemagne*, in: Voss, Jürgen: *L'Allemagne et la révolution française 1789/1989*. Berlin 1989, S. 89
12 Kerautret, Michel, a.a.O., S. 257
13 Beyer, Elisabeth: *Le journal parisien de Wilhelm von Humboldt, 1797–1799*. Arles, 2001. S. 28
14 Ebd., S. 307
15 Botting, Douglas: *Un savant démocrate*. Paris 1988, S. 59
16 Humboldt, Alexander von: *Kosmos: Entwurf einer physischen Weltbeschreibung*. Tübingen 1845–1862
17 Botting, Douglas, a.a.O., S. 181
18 Staël, Germaine de: *De l'Allemagne*. Paris 1968
19 Diesbach, Ghislain de: *Mme de Staël*. Paris 1983, S. 278
20 Kerautret, Michel,. a.a.O., S. 267

Napoleon in Preußen

1 Casali, Dimitri (Hrsg.): *Napoleon Bonaparte*. Paris 2008, S. 179
2 Venohr, Wolfgang: *Napoleon in Deutschland*. München 1998, S. 97
3 Granier, Hermann: *Die Franzosen in Berlin*. Berlin 2006, S. 13–75
4 Venohr, Wolfgang, a.a.O., S. 99
5 Bauer, Frank: *Napoleon in Berlin*. Berlin 2006, S. 71
6 Casali, Dimitri, a.a.O., S. 179
7 Schultze, Hagen: *Napoleon*, in: François, Etienne / Schulze, Hagen (Hrsg.): *Mémoires allemandes*. Paris 2001, S. 201
8 Bauer, Frank, a.a.O., S. 111
9 Klessmann, Eckart: *Napoleon und die Deutschen*. Hamburg, 2007, S. 109; Granier, Hermann, a.a.O., S. 34
10 Granier, Hermann, a.a.O., S. 50
11 Bauer, Frank, a.a.O., S. 110
12 Klessmann, Eckart, a.a.O., S. 136
13 Gersdorff, Dagmar von: *Königin Luise und Friedrich Wilhelm III*. Hamburg 2006, S. 168
14 Ebd., S. 149
15 Bruyn, Günther de: *Preußens Luise*. 2004, S. 33
16 Casali, Dimitri, a.a.O., S. 179
17 Ebd., S. 195
18 Venohr, Wolfgang, a.a.O., S. 122

19 Gersdorff, Dagmar von, a. a. O.
20 Ebd., S. 162
21 Ohff, Heinz: *Preußens Könige*. Hamburg 2008, S. 201
22 Venohr, Wolfgang, a. a. O., S. 119
23 Ebd., S. 129
24 Gersdorff, Dagmar von, a. a. O., S. 177

Widerstand und aufkommender Nationalismus in Preußen

1 Kerautret, Michel: *Histoire de la Prusse*. Paris 2005, S. 285
2 Casali, Dimitri (Hrsg.): *Napoleon Bonaparte*, Paris 2008, S. 272
3 Clarke, Christopher: *Preußen*. München 2007, S. 419
4 Ebd., S. 420
5 Bled, Jean-Paul: *Histoire de la Prusse*. Paris 2007, S. 277
6 Berthier de Sauvigny, Guillaume: *Metternich*. Paris 1986, S. 157
7 Winkler, Heinrich August: *Histoire de l'Allemagne. XIX et XXe siècle*. Paris 2000, S. 39
8 Nipperdey, Thomas: *Réflexions sur l'histoire allemande*. Paris 1992, S. 164
9 Winkler, Heinrich August, a. a. O., S. 42
10 Ebd., S. 75
11 Ebd., S. 49
12 Schulze, Hagen: *Napoleon,* in: François, Etienne / Schulze, Hagen (Hrsg.): *Mémoires allemandes*. Paris 2007, S. 199
13 Ebd., S. 202
14 Winkler, Heinrich A., a. a. O., S. 58–66
15 Bled, Jean Paul., a. a. O., S. 261

Restauration in Preußen und Krisen in Frankreich

1 Kérautret, Michel: *Histoire de la Prusse*. Paris 2005, S. 323
2 Cahn, Jean Paul: *La postérité de la présence française dans l'Allemagne de l'après 1815*, in: Knopper, François / Mondot, Jean (Hrsg.): *L'Allemagne face au modèle français de 1789 à 1815*. Toulouse 2008, S. 302
3 Valjavec, Fritz in: Carpentier, Jean / Lebrun, François (Hrsg.): *Histoire de France*. Paris 1987, S. 301
4 Gallo, Max: *L'âme de la France*. Paris 2007, S. 350
5 Carpentier, Jean / Lebrun, François, a. a. O., S. 268
6 Brockhaus: *Deutsche Geschichte*. Leipzig, 2004. S. 155
7 François, Etienne: *La Wartburg*, in: Dies. / Schulze, Hagen (Hrsg.): *Mémoires allemandes*. Paris 2007, S. 150
8 Winkler, Heinrich August: *Histoire de l'Allemagne, 19e–20e siècle*. Paris 2000, S. 72
9 Kerautret, Michel, a. a. O., S. 359
10 Bled, Jean-Paul: *Histoire de la Prusse*. Paris 2007, S. 295
11 Ebd.
12 Waresquiel, Emmanuel de / Yvert, Benoît: *Histoire de la Restauration 1814–1830*. Paris 2002, S. 477
13 Carpentier, Jean / Lebrun, François, a. a. O., S. 268
14 Waresquiel, Emmanuel de / Yvert, Benoît, a. a. O., S. 436
15 Werner, Michael / Hauschild, Jan-Christoph: *Heinrich Heine*. Paris 2001, S. 143
16 Winckler, Heinrich A., a. a. O., S. 79
17 Zitiert nach ebd., S. 75
18 Werner, Michael / Hauschild, Jan-Christoph, a. a. O., S. 151

Aufschwung in Preußen und Stagnation in Frankreich: 1830–1848

1 Kerautret, Michel: *Histoire de la Prusse*. Paris 2005, S. 327
2 Lucas-Dubreton, J.: *Louis-Philippe*. Paris 1938, S. 293
3 Carpentier, Jean / Lebrun, François: *Histoire de France*. Paris 1987, S. 271
4 Lucas-Dubreton, J., a. a. O., S. 327
5 Ebd., S. 429

6 Sagave, Pierre-Paul: *Berlin und Frankreich. 1685–1871*, Berlin 1980
7 Carpentier, Jean / Lebrun, François, a. a. O., S. 272
8 Lucas-Debreton, J., a. a. O., S. 683
9 Wilhelmy-Dollinger, Petra: *Die Berliner Salons*. Berlin 2000, S. 11
10 Rovan, Joseph: *Histoire de l'Allemagne*. Paris 1994, S. 493
11 Sagave, Pierre-Paul, a. a. O., S. 151

1848 in Paris und in Berlin

1 Carpentier, Jean / Lebrun, François: *Histoire de France*. Paris 1987, S. 270
2 Gallo, Max: *L'âme de la France*. Paris 2007, S. 372
3 Lucas-Dubreton, J.: *Louis-Philippe*. Paris 1938, S. 582
4 Ebd., S. 559
5 Gallo, Max, a. a. O., S. 376
6 Ebd., S. 375
7 Flora Tristan war die Großmutter des Malers Paul Gauguin.
8 Lucas-Dubreton, J. a. a. O., S. 595
9 Hachtmann, Rüdiger: *Berlin*, in: Speck, Ulrich / Dipper, Christof (Hrsg.): *1848, Revolution in Deutschland*. Frankfurt 1998, S. 85
10 Ebd., S. 83
11 Sagave, Pierre-Paul: *Berlin und Frankreich*. Berlin 1980, S. 156
12 Löhken, Wilfrid: *Die Revolution 1848*. Berlin 1991, S. 65

1848 bis 1870

1 Winkler, Heinrich August: *Histoire de l'Allemagne, XIX et XXe siècle*. Paris 2000, S. 120
2 Barjot, Dominique u. a.: *La France au XIXe siècle*. Paris 2008, S. 318
3 Minc, Alain: *Une histoire de France*. Paris 2008, S. 284
4 Barjot, Dominique u. a., a. a. O., S. 412
5 Rémond, René: *La vie politique en France*, Band II., Paris 1969, S. 155
6 Milza, Pierre: *Napoleon III*. Paris 2004, S. 385
7 Ebd., S. 409
8 Schulze, Hagen: *Petite Histoire d'Allemagne*. Paris 2001, S. 113
9 Milza, Pierre, a. a. O., S. 392
10 Ebd., S. 403
11 Barjot, Dominique u. a., a. a. O., S. 122
12 Kerautret, Michel: *Histoire de la Prusse*. Paris 2005, S. 389
13 Bled, Jean-Paul: *Histoire de la Prusse*. Paris 2007, S. 322
14 Kerautret, Michel, a. a. O., S. 395
15 Ebd., S. 403

Ein preußischer Politiker: Otto von Bismarck

1 Herre, Franz: *Bismarck. Die Biographie*. Wien 2004, S. 13
2 Ebd., S. 14
3 Hermann, Ingo: *Preußen*. Köln 2000, S. 70
4 Fischer-Fabian, S.: *Sie veränderten die Welt*. Bergisch Gladbach 2005, S. 281
5 Herre, Franz, a. a. O., S. 74
6 Gall, Lothar: *Bismarck*. Paris 1984, S. 83
7 Richter, Werner: *Bismarck*. Paris 1962, S. 58
8 Gall, Lothar, a. a. O., S. 94
9 Ebd., S. 95
10 Richter, Werner, a. a. O., S. 59
11 Ullrich, Volker, *Otto von Bismarck*. Reinbek bei Hamburg 1998, S. 45
12 Richter, Werner, a. a. O., S. 51
13 Ullrich, Volker, a. a. O., S. 41
14 Klott, Sandrine: *Bismarck*. Paris 2003, S. 216
15 Fischer-Fabian, S., a. a. O., S. 288
16 Ullrich, Volker, a. a. O., S. 61
17 Klott, Sandrine, a. a. O.
18 Clausewitz, Carl von: *Vom Kriege*. Paris 1992

Die Irrtümer Napoleons III.

1 Séguin, Philippe: *Louis Napoleon Le Grand*. Paris 1990, S. 21
2 Richter, Werner: *Bismarck*. Paris 1962, S. 71 f.
3 Séguin, Philippe, a. a. O., S. 378
4 Willms, Johannes: *Napoleon III, Frankreichs letzter Kaiser*. Stuttgart 2008, S. 111
5 Séguin, Philippe, a. a. O., S. 382
6 Ebd.
7 Sogenanntes La Valette Rundschreiben

Die Annexion Elsass-Lothringens

1 Die Anmerkungen zu diesem Kapitel sind zu finden in: Philippe Meyer, *Histoire de l'Alsace*. Paris 2008
2 Klott, Sandrine: *Bismarck*. Paris 2003, S. 283
3 Ebd., S. 287
4 Richter, Werner: *Bismarck*. Paris 1962, S. 196–199
5 Ebd., S. 205
6 Ebd., S. 240

Preußens Agonie

1 Bled, Jean-Paul: *Histoire de la Prusse*. Paris 2007, S. 380
2 Rovan, Joseph: *Histoire de l'Allemagne*. Paris 1994, S. 566
3 Ebd., S. 568
4 Frank, Walter, zitiert nach Jean-Paul Bled, a. a. O., S. 391
5 Haffner, Sebastian / Venohr, Wolfgang: *Preußische Profile*. Berlin 2001, S. 201
6 Haffner, Sebastian: *Preußen ohne Legende*. Berlin 1998, S. 453
7 Meulders, Michel: *Helmholtz*. Paris 2001, S. 205–225
8 Codell Carter, K.: *The Koch-Pasteur dispute on establishing the cause of anthrax*, in: Bulletin of the History of Medicine 62. London 1988, S. 42–57

9 Haffner, Sebastian: *Preußen ohne Legende*, a. a. O., S. 465–469
10 Ebd., S. 463
11 Rovan, Joseph, a. a. O., S. 581
12 Minc, Alain: *Une histoire de France*, Paris 2008, S. 340
13 Haffner, Sebastian: *Von Bismarck zu Hitler*. München 2001, S. 183

Preußens Untergang

1 Winkler, Heinrich A.: *Histoire de l'Allemagne, XIX et XXe siècle*. Paris 2005, S. 339
2 Kerautret, Michel: *Histoire de la Prusse*. Paris 2005, S. 444
3 Krumeich, Gerd: *La légende du coup de poignard dans le dos*, in: François, Etienne / Schulze, Hagen (Hrsg.): *Mémoires allemandes*. Paris 2007, S. 507–525
4 Zitiert nach Schoeps, H. J.: *Preußen, Geschichte eines Staates*. Berlin 1981, S. 290, 300
5 Ebd.
6 Kerautret, Michel, a. a. O., S. 446
7 Marcowitz, Rainer: *Weimarer Republik 1929–1933*. Darmstadt 2007, S. 44
8 Haffner, Sebastian: *Anmerkungen zu Hitler*. München 2008, S. 64
9 Moeller van den Bruck, Arthur: *Der preußische Stil*. Zitiert nach Jean Pierre Bled: *Histoire de la Prusse*. Paris 2007, S. 411
10 Spengler, Oswald: *Preußentum und Socialismus*. Zitiert nach Jean Pierre Bled, a. a. O., S. 412
11 Ries, Heinz-Gerd: *Schnellkurs Deutsche Geschichte*. Köln 2005, S. 147
12 Braun, Otto: *Preußen. Versuch einer Bilanz*. Berlin 1981, S. 571
13 Haffner, Sebastian: *Von Bismarck zu Hitler*. München 1987
14 Fourastié, Jean: *Ce que je crois*. Paris 1981, S. 81

Literaturverzeichnis

Alembert, Jean Le Rond d': *Œuvres et correspondances inédites de d'Alembert*, hrsg. von Charles Henry. Genf 1967

Aprile, Iwan de (Hrsg.): *Europäische Ansichten. Brandenburg-Preußen um 1800 in der Wahrnehmung europäischer Reisender und Zuwanderer*. Berlin 2004

Badinter, Elisabeth: *Les passions intellectuelles*. Paris 1999

Badinter, Elisabeth: *Mme du Châtelet ou l'ambition féminine au XVIIIe siècle*. Paris ²2006

Barjot, Dominique u. a.: *La France au XIXe siècle*. Paris 2008

Bauer, Frank: *Napoléon in Berlin*. Berlin 2006

Behler, Ernst: *Le premier romantisme allemand*. Paris 1992

Bentzien, Hans: *Nur in Rheinsberg bin ich glücklich gewesen*. Berlin 2001

Berthier de Sauvigny, Guillaume: *Metternich*. Paris 1986

Besnier, Jean Michel: *Histoire de la philosophie moderne et contemporaine*. Paris 1993

Beyer, Elisabeth: *Le journal parisien de Wilhelm von Humboldt 1797–1799*. Arles 2001

Birn, Raymond: *La censure royale des livres dans la France des Lumières*. Paris 2007

Bled, Jean-Paul: *Frédéric le Grand*. Paris 2004

Bled, Jean-Paul: *Histoire de la Prusse*. Paris 2007

Bluche, François: *Louis XV*. Paris 2000

Böhlke Effi / François Etienne: *Montesquieu. Franzose – Europäer – Weltbürger*. Berlin 2005

Böhlke, Effi / Knobloch, Wolfgang: *Montesquieu und die »Académie Royale des Sciences et des Lettres«*, in: Böhlke Effi / François Etienne: *Montesquieu. Franzose – Europäer – Weltbürger*. Berlin 2005

Börsch-Supan, Helmut: *Das Bildnis La Mettries von Georg Friedrich Schmidt*, in: Hecht, Hartmut: *Julien Offray de la Mettrie. Absichten und Einsichten*. Berlin 2004

Botting, Douglas: *Un savant démocrate*. Paris 1988

Bouyer, Christian: *Louis XIII*. Paris 2006

Braun, Otto: *Preußen. Versuch einer Bilanz*. Berlin 1981

Bréhier, Emile: *Histoire de la philosophie*. Paris 1994

Brion, Marcel: *Goethe*. Paris 1949

Bruyn, Günther de: *Preußens Luise. Vom Entstehen und Vergehen einer Liebe*. München 2004

Buffet, Cyril: *Berlin*. Paris 1993

Buffet, Cyril: *Fisimatenten. Franzosen in Berlin und Brandenburg*. Berlin 2004

Cahn, Jean Paul: *La postérité de la présence française dans l'Allemagne de l'après 1815*, in: Knopper, Françoise / Mondot, Jean: *L' Allemagne face au modèle français de 1789 à 1815*. Toulouse 2008

Carpentier, Jean / Lebrun, François: *Histoire de France*. Paris 1987

Casali, Dimitri (Hrsg.): *Napoléon Bonaparte*. Paris 2008

Charpiot, Roland: *Histoire de Berlin*. Paris 2006

Chauvin, Etienne: *Lexicon philosophicum*. Hamburg 1967

Chaussinand-Nogeat, Guy: *D'Alembert*. Paris 2007

Clark, Christopher: *Preußen 1600–1947*. München 2007

Clausewitz, Carl von: *Vom Kriege*. Paris 1992

Codell Carter, K.: *The Koch-Pasteur dispute on establishing the cause of anthrax*, in: Bulletin of the History of Medicine 62, London 1988

Coque, Emilie: *La provenance des réfugiés huguenots à Berlin*, in: Bohm, Manuela u. a.: *Hugenotten zwischen Migration und Integration*. Berlin 2005

Cotteret, Bernard: *Biographie de Calvin*, in: Johnson, Paul (Hrsg.): *A history of Christianity*. New York 1977

Das Edikt von Potsdam. Veröffentlichungen des Berliner Senats. Berlin 1996

Descartes: *Œuvres et lettres*. Paris 1983

Deyon, Solange: *Du royalisme au refus: les protestants français et leur député général entre la Fronde et la Révocation*. Arras 1976

Dictionnaire de Jean-Jacques Rousseau. Paris 1996

Dictionnaire du monde germanique. Paris 2007

Diesbach, Ghislain de: *Madame de Staël*. Paris 1983

Dumont, Franz: *Les émigrés français en Allemagne*, in: Voss, Jürgen: *L'Allemagne et la révolution française 1789/1989*. Berlin 1989

Eisler, Colin: *La peinture dans les musées de Berlin*. Paris 1996

Euler, Leonhard: *Introduction in analysis infinitorum*. Lausanne 1784

Febvre, Lucien: *Un destin. Martin Luther*. Paris 1928

Ferrari, Jean: *Kant. Maupertuis et le principe de moindre action*, in: Hecht, Hartmut (Hrsg.): *Pierre Louis Moreau de Maupertuis. Eine Bilanz nach 300 Jahren*. Berlin 1999

Fichte, Johann Gottlieb: *Lettres et témoignages sur la révolution française*. Paris 2002

Fischer-Fabian, S.: *Sie veränderten die Welt*. Bergisch Gladbach 2005

Fourastié, Jean: *Ce que je crois*. Paris 1981

François, Etienne: *La Wartburg*, in: Dies./ Schulze, Hagen (Hrsg): *Mémoires allemandes*. Paris 2007

François, Etienne: *Mémoires divisées, mémoires partagées. A la recherche des mémoires allemandes*. in: Dies. / Schulze, Hagen (Hrsg.): *Mémoires allemandes*. Paris 2007

Friedrich II.: *Correspondance*. Berlin 1846–1857

Friedrich II.: *Œvres*. Berlin 1846–1857

Friedrich II.: *Antimacchiavelli*. Berlin 1846–1857

Friedrich II.: *Mémoires pour servir à l'histoire de la maison de Brandebourg*. Berlin 1751

Friedrich II.: *Politisches Testament*. Berlin 1920

Fuhrich-Grubert, Ursula: Hugenotten unterm Hakenkreuz. *Die Französische Kirche zu Berlin. Ihre Einrichtungen 1672–1945*. Berlin 1992

Furet, François: *Mirabeau*, in: Furet, François / Ozouf, Mona: *Dictionnaire critique de la révolution française*. Paris 1988

Gahrig, Werner: *Unterwegs zu den Hugenotten im Land Brandenburg*. Berlin 2000

Gall, Lothar: *Bismarck*. Paris 1984

Gallo, Max: *L'âme de la France*. Paris 2007

Garisson, Jeanine: *L'Edit de Nantes et sa revocation. Histoire d'une intolérance*. Paris 1985

Gaxotte, Pierre: *Frédéric II*. Paris 1972

Gersdorff, Dagmar von: *Königin Luise und Friedrich Wilhelm III*. Hamburg 2006

Goethe-Institut (Hrsg.): *Poètes du romantisme allemand. Catalogue des témoignages*. Paris 1978

Granier, Hermann: *Die Franzosen in Berlin*. Berlin 2006

Grau, Conrad: *Maupertuis in Berlin*, in: Hecht, Hartmut (Hrsg.): *Pierre Louis Moreau de Maupertuis: Eine Bilanz nach 300 Jahren*. Berlin 1999

Guéroult, Martial: *Dynamique et métaphysique*. Paris 1967

Hachtmann, Rüdiger: *Berlin*, in: Speck, Ulrich / Dipper, Christof: *1848. Revolution in Deutschland*. Frankfurt am Main 1998

Haffner, Sebastian: *Preußen ohne Legende*. Berlin 1998

Haffner, Sebastian / Venohr, W.: *Preußische Profile*. Berlin 2001

Haffner, Sebastian: *Von Bismarck zu Hitler*. München 2001

Haffner, Sebastian: *Anmerkungen zu Hitler*. München 2008

Häseler, Jens u. a.: *Gallophobie im 18. Jahrhundert*. Berlin 2005

Hecht, Hartmut (Hrsg.): *Pierre Louis Moreau de Maupertuis. Eine Bilanz nach 300 Jahren*. Berlin 1999

Hecht, Hartmut: *Julien Offray de la Mettrie. Absichten und Einsichten*. Berlin 2004

Hegel, G.W.F.: *Leçons sur l'histoire de la philosophie*. Paris 1985

Hellegouarc'h, Jacqueline: *Anmerkungen zu Voltaire: Mémoires*. Paris 1998

Hermann, Ingo: *Preußen*. Köln 2000

Henry, Charles: *Œvres et correspondance inédites de d' Alembert*. Genf 1967

Herre, Franz: *Bismarck. Die Biographie*. Wien 2004

Hilbold, Alain: *Des Messins dans l'armée du*

Brandebourg, in: Hoche, Philippe / Hölscher, Lucian: *Geschichte der protestantischen Frömmigkeit in Deutschland*. München 2005

Huisman, Denis: *Dictionnaires des philosophies*. Paris 1993

Humboldt, Alexander von: *Kosmos: Entwurf einer physischen Weltbeschreibung*. Tübingen 1845–1862

Jauch, Ursula Pia: *Maschinetraum und Traummaschine bei Julien Offray de la Mettrie*, in: Hecht, Hartmut (Hrsg.): *Julien Offray de la Mettrie. Absichten und Einsichten*. Berlin 2004

Kérautret, Michel: *Histoire de la Prusse*. Paris 2005

Kerski, Basile: *Preußen. Erbe und Erinnerung*. Potsdam 2005

Kleiner, Franziska: *Voltaire heute*. Berlin 2007

Klessmann, Eckart: *Napoléon und die Deutschen*. Hamburg 2007

Klopstock, Friedrich Gottlieb: *Gedichte*. Berlin 1969

Klott, Sandrine: *Bismarck*. Paris 2003

Knopper, Françoise / Mondot, Jean: *L'Allemagne face au modèle français de 1789 à 1815*. Toulouse 2008

Kossert, Andreas: *Ost-Preußen. Geschichte und Mythos*. München 2007

Krebs, Roland u. a. (Hrsg.): *Dictionnaire du monde germanique*. Paris 2007

Krockow, Christian von: *Rheinsberg. Ein preußischer Traum*. Leipzig 1992

Krumeich, Gerd: *La légende du coup de poignard dans le dos*, in: François, Etienne / Schulze, Hagen: *Mémoires allemandes*. Paris 2007

Labrousse, Elisabeth: *»Une foi, une loi, un roi«. La révocation de l'Edit de Nantes*. Paris 1985

Lavisse, Ernest: *Etudes sur l'histoire de la Prusse*. Paris 1879

Le Quintrec, Guillaume / Gleiss, Peter (Hrsg.): *Histoire / Geschichte. Die Welt und Europa seit 1945*. Paris / Leipzig 2006

Le Roy Ladurie, Emmanuel: *Henri IV ou l'ouverture*. Paris 2005

Le Ru, Véronique: *Subversives Lumières*. Paris 2007

Léonard, Emile-G: *Histoire générale du protestantisme en France*. Paris 1988

Leonard, Julien: *Le parcours du pasteur David Ancillon*, in: Hoche, Philippe: *De la Moselle à Berlin*. Metz 2006

Löhken, Wilfrid: *Die Revolution 1848*. Berlin 1991

Lucas-Dubreton, J.: *Louis-Philippe*. Paris 1938

Ludwig, Hans: *Altberliner Bilderbogen*, in: Harndt, Ewald: *Französisch im Berliner Jargon*. Berlin 2007

Marcowitz, Rainer: *Weimarer Republik 1929–1933*. Darmstadt 2007

Markovits, Francine: *Quelle éthique pour M. Machine?*, in: Hecht, Hartmut: *Julien Offray de la Mettrie. Absichten und Einsichten*. Berlin 2004

Maupertuis: *Essai de cosmologie*. Amsterdam 1750

Maupertuis: *Lettres*. Fond et Lettre de l'Academie des Sciences de Paris

Maupertuis: *Œuvres*. Bruyset 1756

Mende, Hans-Jürgen / Wernicke, Kurt: *Berlin-Mitte. Das Lexicon*. Berlin 2001

Meulders, Michel: *Helmholtz*. Paris 2001

Milza, Pierre: *Napoléon III*. Paris 2004

Milza, Pierre: *Voltaire*. Paris 2007

Minc, Alain: *Une histoire de France*. Paris 2008

Mitterrand, François: *Trentenaire de l'Edit de Nantes*, in: Joxe, Pierre: *L'Edit de Nantes*. Paris 1998

Mondot, Jean: *Les Illuminés de Bavière, un prélude allemand à la Révolution française*, in: Mondot, Jean / Ruiz, Alain: *Interférences franco-allemandes et Révolution française*. Bordeaux 1994

Muret, Edouard: *Geschichte der Französischen Kolonie in Brandenburg-Preußen, unter besonderer Berücksichtigung der Berliner Gemeinde*. Berlin 1885

Nagel, Fritz: *Eine Dekanatsrede auf La Mettrie in Basel*, in: Hecht, Hartmut: *Julien Offray de la Mettrie. Absichten und Einsichten*. Berlin 2004

Nipperdey, Thomas: *Réflexions sur l'histoire allemande*. Paris 1992

Ohff, Heinz: *Preußens Könige*. München 2008

Opgenoorth, Ernst: *Friedrich Wilhelm der Große Kurfürst von Brandenburg. Eine politische Biographie*. Göttingen 1971/1978

Paul, Jean-Marie: *Fichte et l'idée de Révolution*, in: Fink, Gonthier-Louis (Hrsg.): *Les Romantiques allemands et la Révolution française*. Collection Recherches Germaniques. Straßburg 1989

Petitfils, Jean-Christian: *Louis XIV*. Paris 2002

Quéniart, Jean: *La Révocation de l'Edit de Nantes. Protestants et catholiques français de 1598 à 1685*. Paris 1985

Réau, Louis: *L'Europe française au siècle des Lumières*. Paris 1971

Reinke, Andreas: *Das Edikt von Potsdam. Toleranz hat Tradition*. Berlin 1996

Rémond, René: *La vie politique en France*. Paris 1969

Revel, Jean-François: *Histoire de la philosophie occidentale*. Paris 1994

Richter, Werner: *Bismarck*. Paris 1962

Ries, Heinz-Gerd: *Schnellkurs Deutsche Geschichte*. Köln 2005

Roth, Andrew / Frajman, Michael: *Das jüdische Berlin heute*. Berlin 1999

Roux-Lanier, Catherine u. a.: *Le temps des philosophes*. Paris 1996

Rovan, Joseph: *Histoire de l'Allemagne*. Paris 1994

Ruiz, Alain: *Le pélerinage vers la terre bénie de la liberté*, in: Mondot, Jean / Ruiz, Alain: *Interférences franco-allemandes et Révolution française*. Bordeaux 1994

Rürup, Reinhard (Hrsg.): *Jüdische Geschichte in Berlin. Bilder und Dokumente*. Berlin 1995

Sagave, Pierre-Paul: *Berlin und Frankreich. 1685–1871*. Berlin 1980

Schneiders, Werner: *Lexikon der Aufklärung*. München 1995

Schneiders, Werner: *Das Zeitalter der Aufklärung*. München 2005

Schoeps: *Preußen. Geschichte eines Staates*. Berlin 1981

Schultze, Hagen: *Napoléon*, in: François, Etienne / Schultze, Hagen (Hrsg.): *Mémoires allemandes*. Paris 2001

Schultze, Hagen: *Petite Histoire d'Allemagne*. Paris 2001

Séguin, Philippe: *Louis Napoléon Le Grand*. Paris 1990

Speck, Ulrich / Dipper, Christof: *1848. Revolution in Deutschland*. Frankfurt am Main 1998

Staël, Germaine de: *De l'Allemagne*. Paris 1968

Thadden, Rudolf von: *Einwanderer in einer ständischen Gesellschaft. Integrationsprobleme der Hugenotten in Preußen und Berlin*, in: Kramp, Horst / Braun, Günter (Hrsg.): *Berlin und seine Wirtschaft. Ein Weg aus der Geschichte in die Zukunft. Lehren und Erkenntnisse*. Berlin 1987

Ullrich, Volker: *Otto von Bismarck*. Reinbek bei Hamburg 1998

Venohr, Wolfgang: *Napoléon in Deutschland*. München 1998

Voltaire: *Œuvres complètes de Voltaire*. Paris 1877

Voltaire: *Dialogue entre un Brahmane et un jesuite sur la nécéssité et l'enchaînement des choses*, in: Ders.: *Mélanges*. Paris 1961

Voltaire: *Mémoires*. Paris 1998

Volz, Gustav Berthold (Hrsg.): *Die politischen Testamente Friedrichs des Großen*. Berlin 1920

Wackernagel, Hans Georg: *Die Matrikel der Universität Basel*. Basel 1975

Waresquiel, Emmanuel de / Yvert, Benoît: *Histoire de la Restauration 1814–1830*. Paris 2002

Werner, Michael / Hauschild, Jan-Christoph: *Heinrich Heine*. Paris 2001

Werner, Michael / Zimmermann, Bénédicte (Hrsg.): *De la comparaison à l'histoire croisée*. Paris 2004

Wilhelmine, Markgräfin von Bayreuth: *Mémoires*. Paris 1967

Wilhelmy-Dollinger, Petra: *Die Berliner Salons*. Berlin 2000

Willms, Johannes: *Napoléon III. Frankreichs letzter Kaiser*. Stuttgart 2008

Winkler, Heinrich A.: *Histoire de l'Allemagne. XIX et XXe siècle*. Paris 2005

Personenregister

Abbt, Thomas 122
Abeken, Heinrich 188
Achard, François 26, 70
Adam, François Gaspard 97, 101, 125
Adenauer, Konrad 209
Ahlefeldt, Elisa Gräfin 146
Alcibiadus 47
Alembert, Jean Le Rond d' 9, 66 f., 69, 71–75, 83
Alexander I. (Zar) 104 f., 114 f., 117 f., 122
Algarotti, Francesco 51, 58 f., 63, 66
Ancillon, Charles 25 f., 32–36, 118
Anjou, Philippe von 29
Anna Amelie von Preußen (Prinzessin) 57
Anna von Österreich 13
Anne-Louise Bénédicte de Bourbon-Condé, Duchesse de Maine 52
Arago, François 153
Argens, Jean-Baptiste de Boyer Marquis 58 f., 63, 70, 96
Alembert, Jean Le Rond d' 58 f., 63, 70, 96
Argental, Charles-Augustin Fériol d' 51
Arnaud, Baculard d' 53, 58, 60
Arndt, Ernst Moritz 125, 135, 180
Arnim, Achim von 37, 101, 112, 125
Arnim, Bettina von 85, 101, 146
Ascher, Saul 134
Augereau, Pierre 107–109, 113
August II. von Sachsen 30 f.
August Wilhelm von Preußen (Prinz) 57, 87
Augusta von Sachsen-Weimar-Eisenach (Kaiserin) 171

Bach, Philipp Emmanuel 47
Bacon, Francis 77
Balzac, Honoré de 144
Bancelin, François 32
Barbès, Armand 155
Baumgarten, Alexander Gottlieb 82
Bayle, Pierre 41, 78 f.
Beaumarchais, Pierre-Augustin Caron de 97
Bebel, August 168, 196, 198, 208
Beckler, Nicolaus 147
Beethoven, Ludwig van 100, 124
Behring, Emile von 200

Bendas, Franz 47
Benedek, Ludwig von 178, 183
Benedetti, Vincent Graf 187–189
Bennigsen, Levin August von 113 f.
Bernadotte, Jean-Baptiste 104, 107 f.
Bernouilli, Daniel 66, 68, 70, 73
Bernouilli, Jean 33, 66, 68, 76
Bernstein, Eduard 202
Berry, Johann von Valois, Herzog von 133, 138, 142
Berryer, Pierre-Antoine 143, 150
Berthier, Louis Alexandre 110
Berthollet, Claude Louis 102
Bethmann-Hollweg, Moritz August von 166, 201 f., 205
Beust, Friedrich Ferdinand von 190
Bischoffwerder, Hans Rudolf von 87
Bischoffwerder, Johann Rudolf 98
Bismarck Bohlen, Friedrich Alexander 194
Bismarck, Ferdinand von 169
Bismarck, Friedrich von 169
Bismarck, Otto von 10, 136, 155, 158, 163, 165, 167–194, 198–200, 202 f., 209 f., 213 f.
Bismarck, Wilhelmine von 169
Blaise, Nicolas 97
Blanc, Louis 152 f.
Blanqui, Adolphe 150
Blanqui, Louis-Auguste 155, 159, 161
Blücher, Gebhard Leberecht von 108, 121 f., 125, 129, 133
Boldt, Jean de 26, 31, 36
Boerhaave, Hermann 75
Bois-Reymond, Emil du 37
Bonpland, Aimé 102
Bonaparte, Jérôme 114
Bonaparte, Joseph 109, 116
Bopp, Franz 146
Borck, Eleonore Katharine von 69
Boufflers, Stanislas de 59
Bourbaki, Charles Denis 191
Bradley, James 71
Brahe, Tycho de 45
Braun, Otto 211
Bréal, Michel 8

Brentano, Clemens 37, 101, 125
Broglie, Victor-Claude, prince de 143, 149
Brüning, Heinrich 212
Buchholtz, Friedrich 106
Bugeaud, Thomas Robert 153
Bülow, Bernhard von 106, 121, 129, 201 f.
Burke, Edmund 92
Bussy-Rabutin, Roger de 17

Cabanis, Pierre.Jean.Georges 102
Calvin, Johann 12, 23, 32
Campe, Joachim Heinrich 89, 91, 101
Camphausen, Ludolf 155
Camus, Albert 66
Caprivi, Leo von 194, 200
Carnot, Lazare 91
Cassini, Jacques 65–67, 69 f.
Cassini, Jean 70
Castlereagh, Robert Stewart 131
Caulaincourt, Armand Augustin Louis, Marquis de 110
Cavaignac, Louis-Eugène 156
Cavour, Camillo Benso von 182
Cayard, Louis 26
Cayart, Jean 36
Celsius, Anders 66 f.
Chamberlain, Joseph 201
Chamisso, Adelbert von 37, 93, 101, 125, 146
Champs, Jean de 46
Chanzy, Alfred 191
Charlotte Sophie von Aldenburg 60
Chateaubriand, François-René de 138
Châtelet, Emilie du 48, 50–53, 59, 66, 70, 72
Chauvin, Etienne 36
Chazot, François de 58 f., 63
Chièze, Philippe de la 23, 36
Chodowiecki, Daniel 100
Chopin, Frédéric 144
Christian IX. (König Dänemarks) 177
Christian Ludwig von Mecklenburg-Schwerin 97
Clairaut, Alexis-Claude 66 f., 71
Clausewitz, Carl von 118, 176, 185
Clemenceau, Georges 205, 208
Clemens XIV. (Papst) 79
Cloots, Jean Baptiste 91

Cohen-Blind, Ferdinand 176
Colbert, Jean-Baptiste 14
Combles, Isaac de 32
Condillac, Étienne Bonnot de 82, 102
Constant, Benjamin 103
Contamine, Charles Marie de La 69, 71
Crayen, Henriette von 146

Darget, Claude Etienne 58 f., 63
Davout, Louis-Nicolas 107–110
Decazes, Elie 138
Delbrück, Rudolf von 176
Denon, Dominique Vivant 111
Derfflinger, Georg Freiherr von 19
Descartes 36, 41, 45, 61, 65, 67, 75, 77
Devrient, Ludwig 37
Dickens, Charles 144
Diderot, Denis 58, 71, 73, 76, 83, 97
Dögen, Mathias 24
Dönhöff, Marion Gräfin von 87, 111
Dorothee von Holstein Glücksburg 24 f.
Droste-Vischering, Clemens August von 145
Drouyn de Lhuys, Édouard 183 f.
Droysen, Johann Gustav 30
Du Châtelet, Emilie 144
Dumas, Alexandre 144
Dumouriez, Charles-François 90 f.
Dunin, Martin von 145
Dupont de l'Eure, Jacques-Charles 153
Duroc, Géraud-Christophe-Michel 110
Duruy, Victor 161

Ebert, Friedrich 204, 206, 208
Egide, Jacques 39
Ehrhardt, Hermann 210
Eichel, Friedrich 47, 51, 53, 68, 73, 86, 160
Eichhorn, Karl Friedrich 136
Elisabeth Christine von Braunschweig-Bevern (Königin) 42
Elisabeth von Braunschweig-Wolfenbüttel 87
Emmanuel, Victor 183, 190
Enckes, Wilhelmine 87
Engels, Friedrich 148, 154
Enghien, Louis Antoine Henri de Bourbon-Condé, Herzog von 104, 124
Ephraim, Nathan Veitel 80

Erzberger, Matthias 206
Eugenie de Montijo (Kaiserin Frankreichs) 175, 181, 184, 189
Euler, Leonhard 68–70, 73

Faidherbe, Louis 191
Falk, Adalbert 198
Falkenhayn, Erich von 205
Farel, Guillaume 33
Federsdorff, Michael von 46
Fénelon, François 43
Ferdinand von Preußen (Prinz) 57
Ferry, Paul 32
Fichte, Johann Gottlieb 8, 89, 91 f., 98, 101, 117, 125, 145, 180
Fieschi, Joseph 143
Finck von Finckenstein, Albert Conrad 40
Fleury, André-Hercule de 38, 67
Foch, Ferdinand 205
Fontane, Theodor 37
Fontanes, Louis de 101
Fontenelle, Bernard Le Bovier de 47, 65, 78
Formey, Johann Heinrich Samuel 36 f., 57, 70, 76, 79, 82 f.
Fornerod, David 25
Forster, Georg 89
Francheville, Dufresne de 57 f.
Francke, August Hermann 45
Franz I. (Kaiser Österreichs) 13, 36, 118, 121
Franz II. von Österreich (Kaiser des Heiligen Römischen Reichs) 105
Franz Joseph (Kaiser Österreichs) 165, 175, 183, 190
Fredersdorf, Michael Gabriel 86
Friederike Louise von Hessen Darmstadt 87
Friederike Sophie Wilhelmine von Preußen, Markgräfin von Bayreuth 41, 57
Friedrich (Kurprinz) = Friedrich I. (König) 29 f., 34, 36, 39, 46, 95, 114
Friedrich Heinrich von Nassau-Oranien 21
Friedrich II. (Friedrich der Große) 9, 26, 29, 34 f., 36, 38–49, 51–76, 78–80, 85–88, 95–100, 103–105, 108–110, 122, 185, 202, 211, 213
Friedrich III. (Kurfürst) = Friedrich I. (König) s. oben Kurprinz

Friedrich III. (90-Tage-Kaiser) 200
Friedrich VII. (König Dänemarks) 176
Friedrich VIII. von Schleswig-Holstein 177
Friedrich von Augustenburg 177
Friedrich Wilhelm I. (Großer Kurfürst) 18–22, 24 f., 27–31, 33, 39, 45
Friedrich Wilhelm I. (Soldatenkönig) 39 f., 42, 202
Friedrich Wilhelm II. (König) 87–94
Friedrich Wilhelm III. (König) 35, 94–100, 104–107, 109, 112, 114 f., 117–119, 121, 126 f., 129 f., 134 f., 140 f., 144 f., 170, 177
Friedrich Wilhelm IV. (König) 35, 154–156, 164–166, 170, 172, 177, 191 f.
Fromery, Pierre 23

Gagern, Heinrich von 157
Galilei, Galileo 77
Gambetta, Léon 161, 191
Gans, Eduard 147
Garibaldi, Giuseppe 161, 190
Garnier-Pages, Louis-Antoine 153
Gautier, Théophile 144
Gay-Lussac, Joseph Louis 102
Genlis, Félicité de 51
Gentz, Friedrich 43, 92 f., 101
Georg von England 39
Georg Wilhelm (Kurfürst) 19
Gerlach, Karl Friedrich von 110, 155, 165 f., 174
Gerlach, Leopold von 155, 165 f., 171, 173 f.
Gerlach, Ludwig von 155, 165 f., 171, 174
Glume, Christian Friedrich 43
Gneisenau, August Neidhardt 112, 117 f., 121, 125, 129, 191
Goethe, Johann Wolfgang von 64, 80, 89, 91 f., 96–98, 100, 103, 112, 122 f., 145
Gontard, Carl von 26, 99
Görres, Joseph 124, 131, 134
Göthe, Eosander von 31
Gottsched, Johann Christoph 96, 98
Graf von Artois = Karl X. (König Frankreichs) 132 f. 135, 138 f.
Gramont, Antoine Alfred Agénor de 187
Grand Arnaud 18
Graun, Johann Gottlieb 47

Graun, Karl Heinrich 47
Grégoire, Abbé 85
Gregor XVI. (Papst) 145
Grezesinski, Albert 211
Grimm, Jacob 73, 83, 101, 123
Grimm, Wilhelm 73, 83, 101
Grouchy, Emmanuel de 114, 129
Guizot, François 142–144, 150–153

Halem, Gerhard Anton von 89
Hardenberg, Karl August von 104, 112, 117, 119, 126 f., 129, 134, 137, 169
Hatzfeld, Franz Ludwig 109
Haugwitz, Christian von 151
Hauranne, Duvergier de 151
Haydn, Joseph 100
Haye, Marie-Antoine Marc Launauy de la 86
Hegel, Georg Wilhelm Friedrich 64, 89, 110, 123, 146, 180
Heine, Heinrich 140, 144, 146, 151
Heinrich von Preußen (Prinz) 40, 60
Helmholtz, Hermann von 200
Helvetius, Claude Adrien 82
Helvig, Amalie von 146
Herder, Johann Gottfried 64, 96–98, 123
Herling, Georg von 201
Hermes, Georg 145
Herz, Henriette 100, 117, 146
Herzog von Berry 133, 138
Herzogin von Berry 142
Hille, Christoph Werner 45
Hindenburg, Paul von 205, 212
Hippel, Theodor Gottlieb 119
Hirsch, Paul 209
Hirschel, Abraham 59 f.
Hitler, Adolf 10, 210–213
Hobbes, Thomas 77
Hoffmann, E.T.A. 146
Hohenlohe-Schillingsfürst, Chlodwig von 108, 194, 201
Holbach, Paul Henri Thiry d' 71, 79, 82 f.
Hölderlin, Friedrich 89, 91
Horrebow, Peter Nielsen 71
Hufeland, Wilhelm 101, 146
Hugo, Victor 144, 151, 160, 209
Hulin, Pierre Augustin 109

Humboldt, Alexander von 9, 35, 37, 102, 146 f.
Humboldt, Wilhelm von 8 f., 34, 37, 85, 89, 100–103, 123, 127, 129, 135, 146
Hurland, Dorothea von 109

Iffland, August Wilhelm 100
Isabelle II. (Königin Spaniens) 186

Jacoby, Johann 154
Jahn, Friedrich Ludwig 125, 134 f.
Jefferson, Thomas 102
Joffre, Joseph 203
Johann von Österreich (Erzherzog) 157
Joly, Paul 32
Jordan, Charles Etienne 44, 46, 69 f.
Jullian, Camile 8

Kant, Immanuel 26, 72, 79 f., 82–84, 88 f., 92, 98, 100, 112, 123, 126
Kapp, Wolfgang 210
Karl Anton von Hohenzollern 187 f.
Karl August von Sachsen-Weimar 107
Karl IV. (König Spaniens) 102
Karl VI. (Kaiser) 49
Karl IX. (König Frankreichs) 13
Karl X. (König Frankreichs) 133, 135, 138 f., 152 f.
Karl XII. (König Schwedens) 30
Karl von Hohenzollern 186
Karl Wilhelm Ferdinand von Braunschweig 106
Kästner, Abraham Gotthelf 76
Katharina I. 67
Katharina II. (Katharina die Große) 91, 114
Katte, Hans Hermann von 42
Kauffmann, Angelika 99
Kellerman, François-Etienne 90
Kemmeter, Johann Gottfried 43
Keyserlingk, Dietrich Freiherr von 45, 51
Kircheisen, Friedrich Leopold von 110
Kléber, Jean-Baptiste 196
Kleist, Heinrich von 37, 85, 98, 112, 125, 145, 171
Klopstock, Friedrich Gottlieb 80, 88 f., 91, 96
Koch, Robert 200
König, Johann Samuel 62 f.

Kopernikus 45
Kosciuszko, Tadeusz 92
Kotzebue, August von 92, 134 f.
Krug, Wilhelm Traugott 125
Kruger, Paul 203
Krupp, Alfred 136, 167, 178
Kühlwetter, Friedrich Herbert von 194

La Beaumelle, Laurent Angliviel de 62
La Bruyère, Jean de 17
La Fontaine, Jean de 17
Lachmann, Karl Konrad Friedrich Wilhelm 147
Lafayette, Marie-Joseph Motier, Marquis de 138, 143
Lafitte, Jacques 149
Lamartine, Alphonse de 144, 151, 153
Lancret, Nicolas 46, 55, 97
Langevelt, Rutger von 20
Langhans, Carl Gotthard 100
Lannes, Jean 107–109, 113 f.
Laplace, Pierre-Simon 102
Lassalle, Ferdinand 168, 198
Lavisse, Ernest 8
Le Maître de Sacy, Louis-Isaac 16
Le Monnier, Louis Guillaume 66, 71
Le Nain de Tillemont, Louis-Sébastien 16
Leczinski, Stanislas 30
Ledru-Rollin, Alexandre 143, 150, 153
Leibniz, Gottfried Wilhelm 31, 34, 45, 68, 71 f., 77 f., 82, 95 f.
Lenin 205
Leopold (Hohenzollern-Sigmaringen) 186
Leopold Fürst von Anhalt-Dessau 29
Leopold I. (Kaiser) 28 f.
Leopold II. 90
Leopold von Belgien (König) 152
Lespinasse, Julie de 74 f.
Lessing, Gotthold Ephraim 58, 64, 76, 80, 96, 100, 122
Lestocq, Anton Wilhelm 109
Levin, Rahel 100 f., 107, 146
Leyden, Johann und Friedrich von 61
Liebknecht, Karl 202, 204, 208, 210
Liebknecht, Wilhelm 168
Linné, Karl von 71

Liszt, Franz 144
Locke, John 41, 50, 67, 79
Louis-Philippe (König Frankreichs) 139, 141–144, 149 f., 150–153, 155
Louvois, François Michel Le Tellier de 14, 16 f., 36, 40
Ludendorff, Erich von 205 f.
Ludwig Ferdinand von Preußen 107
Ludwig XIII. (König Frankreichs) 13
Ludwig XIV. (König Frankreichs) 12, 14–17, 26–29, 31 f., 36–40, 47, 50, 78, 81, 95, 97, 139, 192
Ludwig XV. (König Frankreichs) 38 f., 48, 52–54, 61, 65. 70, 74, 81 f., 138
Ludwig XVI. (König Frankreichs) 39, 47, 61, 65, 81 f., 85, 91, 98, 103, 132
Ludwig XVIII. (König Frankreichs) 129, 132 f., 135, 138 f.
Luise Henriette von Oranien 21, 31
Wilhelm von Oranien 19, 28, 30
Luise von Mecklenburg-Strelitz (Königin Preußens) 98, 112
Luther, Martin 12, 21, 32, 81, 84, 134, 197
Lüttwitz, Walther von 210
Luxemburg, Rosa 202, 204, 210
Lyons, Richard, Bickerton, Pernell, 1st Viscount 187

Maaßen, Karl Georg 136
Macdonald, Alexander 121
Machiavelli 49
Mac-Mahons, Patrice de 190
Madame de Pompadour (Jeanne-Antoinette Poisson) 52, 81
Madame Denis (Marie Louise Mignot) 53 f., 59, 63
Madame du Deffand (Marie de Vichy-Chamrond) 73
Maintenon, Françoise d'Aubigné 16, 81
Manteuffel, Otto von 165 f., 194
Marat, Jean Paul 151
Marggraf, Andreas Sigismund 71
Maria Theresia von Österreich 49
Marie-Luise von Österreich 120
Marmont, Auguste-Frédéric-Louis Viesse de 139

Marx, Karl 148, 152, 154 f.
Maupertuis, Pierre Louis Moreau de 9, 48, 57, 62 f., 65–74, 76
Maurepas, Jean-Frédéric Phélypeaux, comte de 69
Max von Baden 201, 206
Mazarin, Jules 13, 14
Mazzini, Giuseppe 190
Medicis, Katharina von 13
Mehring, Franz 208
Memhardt, Johann Gregor 20, 24
Mendelssohn, Moses 85, 101, 146
Metternich, Klemens Wenzel Lothar von 120–122, 130 f., 134 f., 142, 144, 154
Mettrie, Julien Offray de La 75 f., 82
Michaelis, Georg 205
Michelet, Anne 35 f.
Mirabeau, Honoré Gabriel de 9, 85
Mitterrand, François 13
Möllendorff, Richard Joachim Heinrich 108
Molé, Louis 144
Möller, Eduard von 193 f.
Moltke, Helmuth Graf von 177, 179, 185, 190–193, 202
Mommsen, Theodor 185, 199
Monnier, Louis Guillaume Le 66, 71
Monod, Gabriel 8
Montaigne, Michel 77
Montesquieu, Charles de Secondat de 69, 71
Moreau, Jean-Victor 65, 124
Mortier, Édouard Adolphe Casimir Joseph 114
Motte Fouqué, Friedrich de la 37, 45, 101
Motte Fouqué, Heinrich August de la 45
Motz, Friedrich von 136
Mouton de Lobau, Georges 129
Mozart, Wolfgang Amadeus 100
Müller, Adam 101, 125
Mundt-Mühlbach, Clara 146
Murat, Joachim 105, 108, 113
Muret, Eduard 36
Musset, Alfred de 144

Napoleon I. (Kaiser Frankreichs) 7 f., 10, 45, 95, 99, 101–126, 129 –134, 141, 169, 213
Napoleon III. = Bonaparte, Louis Napoleon (Kaiser Frankreichs) 153, 156, 158–163, 174 f., 178–186, 188–191, 202, 213 f.
Naudé, Philippe 35
Navarra, Heinrich von (später Heinrich IV.) 13
Necker, Jacques 103
Nélaton, Auguste 187
Nering, Arnold 31
Newton, Isaac 45, 50, 62, 65–67, 72 f., 79
Ney, Michel 107 f., 113 f., 120 f., 129, 133
Nicolai, Friedrich 98, 111
Nietzsche, Friedrich 64
Nipperdey, Thomas 8
Nollet, Jean-Antoine 65
Noske, Gustav 210
Novalis (Friedrich von Hardenberg) 8, 89, 91 f., 101, 112

Odilon-Barrot 153
Ollivier, Émile 161, 187, 189
Orloff, Grigori Grigorievitch, comte 175
Orsini, Felice 161
Oudinot, Nicolas 114, 121

Palzow, Henriette 146
Papen, Franz von 212
Paris, Gaston 8
Pater, Jean-Baptiste 46, 55
Pasteur, Louis 200
Pereire, Emile 144
Perier, Joseph 144
Perrier, Casimir 149
Pesne, Antoine 37, 43, 46, 57, 97
Peter der Große 30, 67, 115
Petrovna, Katharina 67
Pigalle, Jean Baptiste 97
Poincaré, Raymond 205
Polignac, Jules 139
Pöllnitz, Karl Ludwig Freiherr 63
Pope, Alexander 50
Posselt, Ernst Ludwig 124
Postel, Guillaume 15
Pott, Johann Heinrich 71
Preuss, Hugo 209
Prims y Prats, Juan 186
Proudhon, Pierre-Joseph 153

Pufendorf, Samuel von   21, 45
Puttkammer, Johanna von   171

Quantz, Johann Joachim   47
Quesnay, Abraham   26

Racine, Jean   17
Radowitz, Joseph von   155, 165, 172
Radziwill, Fürst Boguslaw   101
Radiziwill, Prinzessin   146
Ranke, Leopold von   146
Rathenau, Walther von   209 f.
Raumer, Friedrich von   146
Réaumur, René-Antoine Ferchault de   66
Reden, Friedrich Wilhelm Graf von   111
Reichardt, Johann Friedrich   89
Renan, Ernest   7 f.
Richelieu, Armand-Jean I. du Plessis de   13, 138
Rickewaert, Cornelius   20
Rivarol, Antoine   93
Robespierre, Maximilien de   151
Rochefort, Henri   161
Rollin, Charles   47
Roon, Albrecht von   167, 166, 175
Rosenberg, Julius   99
Rossini   144
Rothschild, James de   144
Rothschild, Mayer Amschel   144, 173
Rousseau, Jean-Jacques   73, 79, 82 f., 96 f.
Rückert, Friedrich   125

Saint Lambert, Jean François de   53
Saint-Pierre, Bernadin de   102
Saint-Simons, Henri de   162, 181
Salomon   47
Sand, George   151
Saurin, Bernard Joseph   65
Savoyen, Eugen von   42
Scarron, Paul   43
Schadow, Johann Gottfried   101, 111, 146
Scharnhorst, Gerhard von   8, 112, 116–120, 125, 191
Scheidemann, Philipp   204, 206, 208, 211
Schelling, Friedrich Wilhelm Joseph von   89
Schill, Ferdinand von   117

Schiller, Friedrich   37, 64, 80, 88 f., 92, 96 f., 100, 103, 106, 112, 122, 145
Schinkel, Karl Friedrich   99, 146 f.
Schlabrendorf, Gustav von   101
Schlegel, Friedrich   92, 100–103, 125, 146
Schleicher, Kurt von   211
Schleiermacher, Friedrich   100, 117, 135, 145 f.
Schlieffen, Alfred von   202 f.
Schlüter, Andreas   31, 34
Schomberg, Friedrich von   36
Schubart, Christian Friedrich   88
Schulenburg-Kehnert, Friedrich Wilhelm Graf von der   109
Schwarzenberg, Karl Philipp Fürst zu   122, 133
Ségur, Gräfin Sophie, comtesse de   144
Selle, Johann Samuel   43
Sénarmont, Alexandre-Antoine Hureau de   114
Senning, Werner   46
Severing, Carl   211
Sévigné, Marie de   17
Siebenpfeiffer, Philipp Jakob   140
Sigismund, Johann   21
Smids, Michael Matthias   20
Smith, Adam   135
Sophie Dorothea von Hannover   39, 41 f., 57, 95
Sophie Charlotte von Hannover   31 f., 34, 67, 95
Soult, Jean-de-Dieu   107 f., 129
Spener, Philipp Jakob   21
Spengler, Oswald   211
Spontini, Gaspare   146
Staegemann, Elisabeth von   146
Staël, Germaine de   9, 101–103
Steffen, Henrik   125
Stein, Karl vom und zum   8, 104, 112, 116–118, 125–127, 131, 169 f., 214 f.
Stinnes, Mathias   136
Sue, Eugène   151
Suhm, Ulrich von   45

Talleyrand-Périgord, Charles-Maurice de   99, 101, 142
Thackeray, William Makepeace   144
Thadden, Marie von
Thiers, Adolphe   139, 143 f., 147, 149, 152 f., 156, 161, 182, 191
Thomasius, Christian   82

Tieck, Ludwig 37, 89, 101, 146
Tirpitz, Alfred von 10, 201 f.
Tocqueville, Alexis de 149
Tolly, Barclay de 133
Trajanus 47
Treitschke, Heinrich von 185
Trenck, Friedrich von 57
Tristan, Flora 152
Trotzki, Leo 205
Turenne, Henri de Latour d'Auvergne, Vicomte de 28, 39
Turgot, Anne Robert Jacques de 83

Valory, marquis de 58
Vanloo, Amédée 97
Varnhagen von der Ense, Karl August 100
Vauban, Sébastien Le Prestre de 14, 36
Veit, Dorothee 101, 146
Victor, Claude 114
Victoria (Königin Englands) 177, 200, 203
Vigée-le-Brun, Élisabeth 101
Vigny, Alfred de 144
Villèle, Jean Baptiste de 138 f.
Virchow, Rudolf 199 f.
Viviani, René 204
Voltaire 9, 27, 41, 44–68, 70–76, 78 f., 83, 86, 96 f.
Voss, Julie von 87

Wackenroder, Wilhelm Heinrich 101, 146
Wagener, Françoise 171
Walther, Georg 61
Watteau, Antoine 46, 55, 97
Weber, Carl Maria von 146
Wellington, Arthur Wellesley, 1. Duke of 129, 133
Wenzeslaus von Knobelsdorff, Georg 43, 46 f., 55
Werder, August von 193
Wieland, Martin 80, 92, 96 f., 103, 122 f.
Wilhelm I. (Kaiser) = Prinz Wilhelm 10, 18, 30, 35, 39, 42, 49, 158, 166, 174–178, 186–189, 191, 194, 199 f.
Wilhelm II. (Kaiser) 10, 200–203, 206, 208, 213
Wilhelm von Oranien 19, 28, 30
Wilson, Woodrow 206
Wirth, Johann Georg August 140
Woellner, Johann Christoph von 98
Wolden, Gerhard Heinrich von 46
Wolff, Christian 45 f., 78, 82
Wöllner, Johann Christoph 87
Wrangel, Friedrich von 177
Wulff, Benjamin 80

Zelter, Carl Friedrich 146

Über den Autor

Philippe Meyer ist Professor für Medizin an der Universität Paris und Mitglied der französischen Akademie der Wissenschaften. Er arbeitete u. a. sieben Jahre in Berlin am Max-Delbrück-Centrum für molekulare Medizin. Philippe Meyer veröffentlichte zahlreiche Bücher über die Philosophie der Medizin und der Wissenschaften und forscht seit vielen Jahrzehnten auf dem Gebiet der deutsch-französischen Geschichte. Zuletzt erschien von ihm das Buch »Histoire de l'Alsace« (2008) mit einem Vorwort von Rudolf von Thadden.

Von Philippe Meyer ist erschienen:

Wissenschaftliche Werke
Physiologie humaine, Paris: Flammarion, 1977, 1982
Hypertension artérielle: mécanismes, clinique, traitement, Paris: Flammarion, 1978

Philosophie der Medizin
L'homme et le sel, Paris: Fayard, 1982 (deutschsprachige Ausgabe: *Die Würze des Lebens – Salz,* Zürich 1983)
La Révolution des médicaments, Paris: Fayard, 1984
Le Mythe de jouvence, Paris: Odile Jacob, 1987
Sommeils indiscrets, Paris: Orban, 1990
L'Irresponsabilité médicale, Paris: Grasset, 1993
L'Illusion nécessaire; Biophilosophie I, Paris: Plon / Flammarion, 1995
Anthologie du sommeil (gemeinsam mit S. de Sivry), Paris, 1995 (polnischsprachige Ausgabe: *Zludzenie konieczn,* Warszawa 1998)
Histoire de la pensée médicale (gemeinsam mit P. Triadou), Paris: Odile Jacob, 1996
L'œil et le cerveau. Biophilosophie de la vision, Paris: Odile Jacob, 1997 (portugiesischsprachige Ausgabe: *O Olho e o cérebro,* Sao Paulo 2002)
Leçons sur la vie, la mort, la maladie, Paris: Hachette, 1998
De la douleur à l'éthique, Paris: Hachette, 1999
L'art et la folie (gemeinsam mit S. de Sivry), Paris, 1998
Philosophie de la médecine, Paris: Grasset, 2000

Geschichte
Histoire de l'Alsace, Paris: Perrin, 2008

Verschiedenes
Le bonheur de ne pas être américain, Paris: Maren Sell, 2004

www.ingramcontent.com/pod-product-compliance
Lightning Source LLC
Chambersburg PA
CBHW081024240426
43671CB00029B/2920